Hanns Bruno Geinitz

Das Elbthalgebirge in Sachsen

Hanns Bruno Geinitz

Das Elbthalgebirge in Sachsen

ISBN/EAN: 9783742890078

Hergestellt in Europa, USA, Kanada, Australien, Japan

Cover: Foto ©Andreas Hilbeck / pixelio.de

Hanns Bruno Geinitz

Das Elbthalgebirge in Sachsen

Das

ELBTHALGEBIRGE

in

SACHSEN

von

Dr. Hanns Bruno Geinitz,

Ritter des Königl. Sächs. Verdienstordens und des Kais. Brasilianischen Rosenordens, Königl. Sächs. Hofrath, Director des Königl. Mineralogischen Museums, Prof. an der Königl. polytechnischen Schule in Dresden, Ehrenmitglied des Doctoren-Collegiums der K. K. Universität
zu Wien, etc.

Zweiter Theil.

Der mittlere und obere Quader.

1872—1875.

CASSEL.

Verlag von Theodor Fischer.

1875.

Inhalt des zweiten Theiles.

Das

ELBTHALGEBIRGE

in

SACHSEN

von

Dr. Hanns Bruno Geinitz,

Ritter des Königl. Sächs. Verdienstordens und des Kais. Brasilianischen Roseuordens, Director des Königl. Mineralogischen Museums, Prof. an der Königl. polytechnischen Schule in Dresden, Ehrenmitglied des Doctoren-Collegiums der K. K. Universität zu Wien, etc

Zweiter Theil.

Der mittlere und obere Quader.

I. Seeschwämme, Korallen, Seeigel, Seesterne und Haarsterne.

CASSEL,

Verlag von Theodor Fischer.

1872.

A. Zur Geologie des Elbthales.

Um unsere Aufgabe schneller zum Ziele zu führen, lassen wir schon jetzt das erste Heft des zweiten Theiles den weiter folgenden Heften des ersten Theiles vorausgehen. Dasselbe behandelt dieselben Klassen und Ordnungen des Thierreiches, welche bisher aus dem unteren Quader und Pläner beschrieben worden sind. Wem es wünschenswerth ist, sich von den Lagerungsverhältnissen der betreffenden Schichten im sächsischen Elbthalgebirge durch eigene Anschauung Kenntniss zu verschaffen, empfiehlt sich hierzu, ausser dem von Oberbergrath G ü m b e l in München besprochenen Profile zwischen Pirna, Rottwernsdorf, Neundorf, Krietzschwitz und Neu-Struppen, eine Wanderung von Königstein aus durch den Hüttengrund, Bielaer Grund nach dem Schneeberge und Tyssa in Böhmen, wobei sich hinreichende Gelegenheit findet, die wichtigsten Glieder des oberen, mittleren und unteren Quaders kennen zu lernen.

Der Weg führt zunächst durch den Hüttengrund an die Kaltwasserheilanstalt Königsbrunn, wo die nach Leupoldishain führende Schlucht ausmündet. An der darin sich emporziehenden Strasse gelangt man in ca. 1 Kilometer Entfernung von Königsbrunn an eine starke Quelle, die über Pläner entspringt, der bei ca. 6 Meter Mächtigkeit hier den mittleren Quader von dem oberen Quader trennt. Er besteht aus hellgrauen dünnplattigen und thonig-sandigen Schichten, die mit stärkeren Bänken eines feinkörnigen Plänersandsteines wechseln, nach unten hin aber in blaugraue und durch Kohlenbrocken gefleckte glaukonitische Plänerplatten und glaukonitische Sandsteine (sogen. Copitzer oder Cottaer Grünsand) übergehen. Der ganze Schichtencomplex entspricht den bei Kritzschwitz auftretenden oberturonen Plänerbildungen. Es ist an Versteinerungen noch nicht viel darin gefunden worden, *Chondrites furcillatus* A. Röm., *Inoceramus Brongniarti* Sow., *Pecten quadricostatus* Sow. und Stengel oder Zweige von Pflanzen, wie sie im Plänerkalke von Strehlen oft vorkommen, sowie mehrere noch unsicher bestimmte Muschelreste, unter denen auch *Exogyra Columba* Lam. nicht zu fehlen scheint.

Eine weitere Ausbeutung dieser Localität würde manchem Gaste von Königsbrunn eine erwünschte Gelegenheit bieten, das Angenehme mit dem Nützlichen zu verbinden und unsere Wissenschaft wesentlich fördern.

Der Weg durch den schönen Bielaer Grund führt von Königsbrunn aus bis an die Schweizermühle nur durch den Mittelquader, worin man vielorts *Inoceramus labiatus* Schl. sp., *Lima pseudocardium*

---

¹) G ü m b e l in Sitzungsb. d. Ges. Isis in Dresden, 1867. p. 72 und in Leonhard u. Geinitz n. Jahrb. 1867. p. 664.

Reuss. *Pecten curvatus* Gein., *Pecten quinquecostatus*, *Exogyra lateralis* Nilss., *Exogyra Columba* Lam., meist nur in kleinen Exemplaren, und einen neuen Brachiopoden (Taf. 8. Fig. 3. 4) antrifft. Besonders reich an Versteinerungen zeigte sich im September 1871 ein verlassener Steinbruch an der Abzweigung des Weges nach Reichstein.

Die romantischen Felsenpartien in der Nähe der Schweizermühle, welche jährlich Tausende von Besuchern anlocken, bestehen aus demselben mittleren Quader, den man erst verlässt, wenn man am Fusse des hohen Schneeberges in Böhmen angelangt ist. Von organischen Ueberresten sind mir auf dem ganzen Wege dahin nur *Inoceramus labiatus* und *Spongia Saxonica* begegnet, welche vereinzelt bis in die unmittelbare Umgebung des Schneeberges gefunden werden. Es ist höchst wahrscheinlich, dass jenes Exemplar von *Inoceramus labiatus* (= *I. mytiloides* Mant.), dessen in »Charakteristik III. 1842. S. 104« und später von uns erwähnt wird, nicht in dem oberen Quader des hohen Schneeberges selbst, sondern vielmehr in dem mittleren Quader der Umgebungen des Schneeberges gefunden worden ist. Dasselbe wurde mir seiner Zeit von einem längst verstorbenen Freunde übergeben, welcher die Grenzen des Schneeberges etwas weiter gefasst zu haben scheint.

In »Charakteristik« ist S. 103 schon angeführt worden: Das Vorhandensein des Pläners am Schneeberge gibt sich am besten durch mehrfache Quellen zu erkennen. die darüber hervorkommen und welche ziemlich in gleichem Niveau liegen. Zwei Quellen an der Bärenhübelwiese legten deutliche Plänermergel bloss, eine am Bornberge und eine am Mühlbrunnen verdeckten ihn auch nicht u. s. w. Mit dem kundigen Führer des Schneeberges, dem verstorbenen Vincenz, habe ich früher am Fusse des Schneeberges gegen 12 solcher Plänerquellen angetroffen. Von diesen ist der Fischersborn in der Nähe der Bärenhübelwiese am westlichen Fusse des hohen Schneeberges noch am leichtesten von dem Dorfe Schneeberg aus zugänglich.

Der dortige Pläner oder Quadermergel erinnert auffallend an jenen bei Königsbrunn und enthält wie dieser zum Theil glaukonitischen kalkigen Sandstein, zum Theil blaugraue thonigkalkige Plänerplatten, welche von weicheren thonigen Schichten oder Plänerthon überlagert werden. Man begegnet darin oft kleinen Austerschalen, die zu *Ostrea semiplana* Sow. gehören mögen, *Pecten quadricostatus* Sow., jenen schon bei Königsbrunn erwähnten Stengeln oder Zweigen von Pflanzen, sowie mehreren noch näher zu bestimmenden Muscheln, welche von denen des Plänerkalkes kaum verschieden erscheinen.

Darüber lagert der obere Quadersandstein, der den eigentlichen hohen Schneeberg zusammensetzt. Meist ist er grobkörnig oder mittelkörnig, doch kommen auch feinkörnige Sandsteine, namentlich in seinen unteren Partien vor. Viele seiner Platten sind ganz durchschwärmt von den starken Zweigen der *Spongia Saxonica*, deren knollige Abänderungen auch hier nicht selten sind. Nächst diesem in keinem Quadersandsteine fehlenden Seeschwamme ist *Lima canalifera* Goldf. die gewöhnlichste Erscheinung. Man trifft diese Muschel in vielen anstehenden Platten und in Blöcken in der Nähe des Thurmes oder in einem, unfern des sogenannten Goldquelles eröffneten Steinbruche, welcher viel Material zu dem Baue des stattlichen Thurmes und des gastlichen Wohnhauses auf dem hohen Schneeberge geliefert hat, aus deren Quadern hier und da eine *Lima canalifera* und ein *Pecten quadricostatus* herausblicken. Die beiden letzteren sind treffliche Leitmuscheln für den oberen Quader in Sachsen, Westphalen bei Haltern, sowie auch im Aachener Walde. Neben ihnen finden sich auf dem Schneeberge *Arca glabra* Sow., in ihrer typischen Form, wie bei Kieslingswalda im Glatzischen, *Rhynchonella plicatilis (octoplicata)* Sow., sowie auch *Exogyra Columba*, die von dem unteren Quader an durch alle Schichten bis in den oberen Quader steigt. Auf seiner Höhe wurde früher von mir *Cardiaster Ananchytis* Leske sp. gefunden, eine gleichfalls schöne Art.

Die neu angelegte directe Chaussee führt uns von dem Dorfe Schneeberg aus ununterbrochen auf dem **Mittelquader** bis auf die Höhe der berühmten Tyssaer Wände, einer der sehenswerthesten Partien des Elbthalgebirges. Wir haben uns nicht vergeblich bemüht, auch auf diesem Wege sowohl *Inoceramus labiatus* als *Spongia Saxonica* aufzufinden; prächtige Exemplare jener Leitmuschel pflegt auch der Pächter des Gräflich Thun'schen Gasthofes in Tyssa aus den von ihm betriebenen Sandsteinbrüchen oberhalb der Tyssaer Wände zu sammeln und bereitwillig abzugeben. Auf mehreren der in die Felswände selbst eingehauenen Treppenstufen treten sie deutlich hervor, so dass wir annehmen müssen, dass alle von Tyssa aus in die verschiedenen Sammlungen gelangten Exemplare dieses *Inoceramus* nur aus dem Mittelquader der Tyssaer Wände und ihrer nächsten Umgebungen, nicht aus dem u n t e r e n Q u a d e r herrühren.

Der letztere ist jedoch in dem Dorfe Tyssa und den dazu gehörigen Feldern entwickelt, aus welchen die in früheren Zeiten durch unseren fleissigen Dresdener Sammler Hübler in Strehlen massenhaft verbreiteten Gesteinsplatten mit Versteinerungen des unteren Quaders ausgeackert zu werden pflegen.

Unterhalb der Tyssaer Wände, deren Höhe an den eigentlichen Wänden 52 Wiener Ellen oder 40,5 M. betragen soll, wird das Niveau des u n t e r e n P l ä n e r s durch eine Quelle verrathen, welche an einem der letzten Häuser an dem östlichen Ende des Dorfes nahe dem Büchner'schen Hause gefasst ist. Unmittelbar vor dem jetzt als Milchkeller benutzten Raume zeigen sich in dem Bache, der das Wasser der Quelle dem Dorfe zuführt, dünne hellgraue Platten eines festen mergeligen Sandsteins, Pläner-Sandsteins, und jene wohlbekannten Quader-Sandsteinplatten, auf welchen *Turritella granulata* Sow., *Rostellaria Burmeisteri* Gein., *Dentalium glabrum* Gein., *Venus immersa* Sow., *Protocardium hillanum* Sow. sp., *Exogyra Columba* Lam. etc. sehr gewöhnliche Erscheinungen sind.

Bei Tyssa kommen ferner auch Ablagerungen vor, welche den Schieferthonen des unteren Quaders von Niederschöna und den etwas unreine Quaderkohle führenden Schichten von Mobschatz in Sachsen entsprechen. Es zeigen sich ganz ähnliche, durch Pflanzenreste und Kohle geschwärzte Schieferthone und Sandschiefer in ca. einem Kilometer westlicher Entfernung von dem Gräflich Thun'schen Gasthofe, die man mit einem Versuchsschachte nach Kohlen dort neuerdings aufgeschlossen hat. —

Bis heute ist es in Sachsen noch nicht gelungen, in jenen Quadermergeln oder Plänern, welche den Mittelquader von dem Oberquader trennen, die Fauna der Belemnitellenkreide oder der Salzbergmergel bei Quedlinburg aufzudecken, und wir sind in dieser Beziehung fast ganz noch auf die Umgegend von Kreibitz in Böhmen angewiesen; das darf man aber als sicher annehmen, dass man es hier mit keinen älteren als o b e r t u r o n e n Gebilden zu thun hat. Eine der nächsten Aufgaben wird sein, diese Schichten noch genauer im Elbthale selbst zu verfolgen, namentlich auch, um eine Uebereinstimmung mit der geologischen Uebersichtskarte der Oesterreichischen Monarchie von Franz R. v. Hauer, Blatt II., zu erzielen. Das ganze an Sachsen angrenzende Gebiet ist dort als Mittelquader bezeichnet, welcher den u n t e r n Q u a d e r b e i N i e d e r g r u n d überlagert.

Neue Sammlungen von Versteinerungen auf sächsischem Gebiete haben, etwa 5 Minuten von der böhmischen Grenze entfernt, in den auf dem linken Elbufer gelegenen Teichsteinbrüchen das häufige Vorkommen kräftiger Exemplare des *Inoceramus labiatus* erwiesen, wodurch sich dieses Gebiet als die unmittelbare Fortsetzung des böhmischen Mittelquaders ergibt. Da nun in dem elbabwärts gelegenen Hänel'schen Steinbruche unterhalb Krippen *Lima canalifera* vorkommt, während in den Dornsteinbrüchen, welche sich Schandau gegenüber befinden, neben *Exogyra Columba*, *Rhynchonella plicatilis* und *Pecten quadricostatus* vorherrschen, so lässt sich das Vorkommen jener den Mittel- und Oberquader trennenden Plänerbildung an dem linken Elbufer zwischen Schöna und Krippen vermuthen.

Aus den Quaderbrüchen des rechten Elbufers sind uns neuerlich durch einen zuverlässigen Sammler aus den unterhalb Schmilka befindlichen Postelwitzer Steinbrüchen *Inoceramus Brongniarti* Sow., *Pinna quadrangularis* Goldf., *Lecten quadricostatus* Sow. und *Lima canalifera* Goldf., aus den Schulhaiubrüchen oberhalb Rathen aber *Inoceramus Brongniarti*, *Lima canalifera*, *Exogyra Columba*, *Rhynchonella plicatilis* und *Catopygus Albensis* Gein. zugegangen, welche diese Sandsteine zumeist in den oberen Quader verweisen.

Da der 186.9 M. = 660', bis zum Wasserspiegel 600 Dr. Fuss tiefe Brunnen der Festung Königstein nicht bis in das Niveau der Elbe herabreicht, da die Höhenlage der Festung 243 Meter = 858'.033 Dresd. über dem Elbspiegel beträgt[1]), so wird man es sehr wahrscheinlich finden, dass die wasserführenden Schichten in diesem Brunnen denselben Plänerbildungen entsprechen, welche in der Nähe von Königsbrunn und bei Ober-Vogelgesang auftreten, und es würde hiernach die Hauptmasse des Königsteins zu dem oberen Quader gehören, während der Mittelquader nur seine unteren Partien bildet.

Solch eine gleichförmige Ueberlagerung der fast horizontalen oder nur wenig geneigten Schichten an den hohen senkrechten Felswänden des Elbthales erschwert die Bestimmung der geologischen Horizonte um so mehr, als das trennende Pläner-Glied äusserlich meist kaum bemerkbar wird und bei dem Herabstürzen der durch den eigenthümlichen Steinbruchsbetrieb gelösten Felswände obere und untere Sandsteinbänke durcheinander geworfen werden. —

In dem »Quadergebirge in Sachsen, 1850« ist S. 22 hervorgehoben worden, dass man die Gegend von Cotta bei Pirna als den Schlüssel zum Verständniss der ganzen sächsischen Schweiz betrachten kann, was sich durch Gümbel's spätere Untersuchungen vollkommen bestätigt hat. Ein jeder neuer Besuch dieser lehrreichen Gegend ist lohnend. Die Aufstellung eines Mittelquaders im Jahre 1867, das Hauptverdienst Gümbel's, welche die wichtigsten Fragen in dieser Gegend gelöst hat, veranlasst uns zunächst zu einigen Berichtigungen der 1850 darüber gegebenen Mittheilungen.

1. In jenem zu S. 19—22 dort beigefügten Profile zwischen Berggiesshübel und dem Kohlberge bei Pirna ist aller bei Rottwernsdorf, dem Lohmgrunde und Gross-Cotta erkennbarer Quader, der theils als unterer, theils als oberer bezeichnet worden ist, ein Mittelquader, welcher überall reich an *Inoceramus labiatus*, *Pinna Cottai* Gein., *Pinna decussata* Goldf. und *Spongia Saxonica* ist. Derselbe wird an dem Ausgange des Lohmgrundes und zwar an dessen linker Seite von Plänerschichten unterlagert, die man hiernach für unteren Pläner ansprechen kann, wiewohl bisher nur Spuren von Versteinerungen darin gefunden worden sind.

2. Die in dem Hofe und Lustgarten des Rittergutes Gross-Cotta durch Herrn von Burchardi früher aufgeschlossenen Plänerschichten und glaukonitischen Sandsteine, welche *Rhynchonella plicatilis*, jenen neuen Brachiopoden und *Ostrea semiplana* Sow. führen, stehen mit jenem unteren Pläner in keinem Zusammenhange,

---

[1]) Nach einer uns durch Herrn Oberstlieutenant Vollborn zugegangenen Mittheilung liegt das Plateau der Festung Königstein (östliche Seite):

353 M. = 1246',453 Dresd. über der Nordsee,

der Elbspiegel unterhalb Bahnhof Königstein:

110 M. = 388',410 Dresd. über der Nordsee,

hiernach Höhenlage der Festung:

243 M. = 858',033 Dresd. über dem Elbspiegel.

sondern entsprechen viel mehr dem über dem Mittelquader lagernden Copitzer oder Cottaer Grünsande, welcher mit thonigen Plänerschichten zusammen am deutlichsten nahe der Ziegelei von Gross-Cotta aufgeschlossen ist.

Die gewöhnlichste Erscheinung in diesem gröberen, glaukonitischen, kalkigen Sandsteine ist *Rhyncho-nella plicatilis (Terebratula octoplicata)* Sow., deren meist flachgedrückte Exemplare wiederholt zu unrichtigen Bezeichnungen, wie *Ter. gallina* und *Rhynchonella vespertilio (alata)*. Veranlassung gegeben haben. Daneben finden sich, ausser den vorher genannten kleinen Austern u. s. w. auch *Pecten quadricostatus* Sow. und Zähne von *Otodus appendiculatus* Ag.

3. Wir können von neuem bestätigen, dass ein lichtgrauer dünnplattiger Steinmergel, welcher oberhalb dieses Cottaer Grünsandes in einer kleinen Kirschallee zwischen dem Rittergute und der Ziegelei von Gross-Cotta an der südwestlichen Seite des Berges ansteht, den Plänerkalk von Strehlen vertritt und dass darin durch Frau von Burchardi *Pecten Dujardini* A. Röm. entdeckt worden ist.

4. An dem Ladenberge bei Berggiesshübel findet sich oberhalb des dort zum Chausseebau gewonnenen Thonschiefers, welcher in Contact mit Felsitporphyr tritt, eine gegen 4 Meter mächtige Plänereinlagerung im Quadersandsteine, die durch einen Schurf leidlich aufgedeckt ist.

Die sehr mächtige über diesem Pläner befindliche Sandsteinpartie des Ladenberges ist durch den Steinbruchsbetrieb in dem Schröter'schen Bruche gut aufgeschlossen. Man gewinnt hier gute Mühlsteine und verreibt kleinere Stücke weissen Sandsteines zu Streusand. Der Aufmerksamkeit der Pächterin, welche sich dieses Geschäftes unterzieht, verdanke ich bei einem Besuche dieser Stelle mit Frau von Burchardi im September 1871 eine umfängliche Sammlung der dabei ausgeschiedenen Versteinerungen, unter welchen *Inoceramus labiatus* in allen Altersstufen und *Spongia Saxonica* bei weitem vorherrschen. Das massenhafte Vorkommen dieser Muschel verweist die Hauptmasse der Sandsteine des Ladenberges zu dem Mittelquader, und es kann der obere Quader dort höchstens auf der Höhe des Berges nur einen verhältnissmässig kleinen Theil ausmachen. Für sein Vorhandensein spricht indess die lockere Beschaffenheit der auf der Höhe des Ladenberges umherliegenden Blöcke, in welchen hier und da *Rhynchonella plicatilis* gefunden worden ist. Dieser Mittelquader ist daher die unmittelbare Fortsetzung des Cottaer Bildhauersandsteins, wenn auch seine Gesteinsbeschaffenheit zum Theil sehr davon abweicht, während man ihn an einigen dicht neben der Chaussee entblössten Stellen wieder nicht unterscheiden kann von jenem thonigen und feinkörnigen Bildhauersandsteine.

Nach Feststellung dieses geologischen Horizontes wird man den ihn unterlagernden Pläner jenen oben erwähnten Schichten am Ausgange des Lohmgrundes parallelisiren müssen. Die Leitfossilien für cenomane Schichten, oder unteren Pläner, fehlen indess noch darin. Es ist den Bemühungen des Herrn Obersteiger Schreiter in Berggiesshübel bisher nur gelungen, in jenem Pläner am Ladenberge einige deutliche Exemplare des *Inoceramus labiatus* und *Ammonites peramplus* Sow. aufzufinden, die er die Güte gehabt hat, dem K. Mineralogischen Museum zu überlassen. Nach diesem Vorkommen aber scheint diese Plänerablagerung mehr einer Zwischenbildung des Mittelquaders selbst als dem eigentlichen unteren Pläner Sachsens zu entsprechen, und es ist noch nicht endgültig entschieden, ob man in dem darunter anstehenden Sandsteine die untere Partie des Mittelquaders oder den wirklichen unteren Quader Sachsens festhalten darf.

Dresden, den 12. December 1871.

H. B. Geinitz.

Index generum et specierum.

(Die hier beschriebenen Arten sind mit Cursivschrift, die Synonyme und nur beiläufig genannten Arten in gewöhnlicher Schrift.)

—•——•<—

I. Seeschwämme, Korallen, Seeigel, Seesterne und Haarsterne der mittleren und oberen Quader- und Plänerbildungen.

I. Classe. *Spongiae*. Schwämme. — I. S. 18.

1. Ordn. *Halisarcinae* O. Schmidt. Hornschwämme

Spongia L.

1. *Sp. Saxonica* Gein. — I. S. 21.

2. *Sp. ramea* Gein. — Taf. 1. Fig. 1.

1846. *Spongia sp.* Gein. Grundriss, Taf. 25, fig. 24.
1846. *Spongia ramosa* Reuss, Verst. d. böhm. Kreidef. II. p. 79. Taf. 20. fig. 7, 8
1849—1850. *Spongia ramea* Gein. Quad. Deutschl. p. 264.
1864—1866. *Amorphospongia ramea* A. Römer, Palaeontogr. XIII. p. 55.

Im Plänerkalke von Strehlen und Weinböhla finden sich walzenförmige oder nur wenig zusammengedrückte Bruchstücke von ca. 1.5 cm. Durchmesser, deren Oberfläche eine Structur zeigt, welche diese Körper an die Hornschwämme anschliesst. Man unterscheidet in dem lockeren Gewebe, das mit den blossen Augen wohl erkennbar ist, dichte Fasern, die sich zu dreien oder mehreren um fast knotig hervorstehende Punkte gruppiren. Es tritt in der Anordnung der Fasern eine mehr schiefe, wellenförmige, als eine eigentliche Längsrichtung hervor. Reuss hat in Böhmen auch ästige Abänderungen gefunden.

Vorkommen. Im Plänerkalke des Sächsischen Elbthales bei Strehlen und Weinböhla, in Oberschlesien bei Oppeln, in Böhmen nach Reuss im unteren und oberen Plänerkalke von Kutschlin und Bilin und im pyropenführenden Conglomerat von Meronitz.

2. Ordn. *Hexactinellidae* O. Schmidt. Gitterschwämme A. Römer. — I. S. 23.

Cribrospongia d'Orbigny, 1849. — I. S. 23.

1. Cr. angustata A. Römer. — Taf. 1. Fig. 3—6.

1841. *Scyphia angustata* u. *Sc. cribrosa* A. Römer, Verst. d. norddeutsch. Kreidef. p. 8, 9. Taf. 3. fig. 5.
1842. Desgl. Gein. Charakteristik, III. p. 94, 95. Taf. 23. fig. 4, 9.
1846. Desgl. Gein. Grundr p. 691. Taf. 25. fig. 20, 21.
1846. *Scyphia angustata* u. *Sc. Zippei* Reuss, Verst. d. böhm. Kreidef. II. p. 74, 76. Taf. 17. fig. 11. Taf. 18. fig. 5.
? *Sc. pedunculata* Reuss, eb. II. p. 75. Taf. 17. fig. 7—9.
1849—1850. Desgl. Gein. Quad. Deutschl. p. 258, 260.
1850. *Coscinopora Zippei* u. *Amorphospongia angustata* d'Orbigny, Prodrome II. p. 288, 289.
1864. *Coscinopora Zippei* u. *Cylindrospongia angustata* A. Römer, Palaeont. XIII. p. 13. 22. Taf. 8. fig. 10.
1870. *Cylindrospongia angustata* F. Römer, Geol. v. Oberschlesien. p. 309. Taf. 30. fig. 7, 8.

Diese verlängert-trichterförmige oder verkehrt-kegelförmige Art verengt sich nach unten allmählich in einen ziemlich langen glatten Stiel, von dessen Basis einige Wurzeln auslaufen (Fig. 3). In der Regel ist dieser Stiel aber abgebrochen, und er wurde bis jetzt nur von A. Römer ansitzend abgebildet. Da sich an *Cribrospongia angustata* oft förmliche Anwachsringe und Einschnürungen bilden, für welche ein Extrem von A. Römer (Pal. XIII. Taf. 8. fig. 10) bekannt worden ist, so erscheint ihr oberes Ende mitunter verengt.

Die Oeffnungen an der Oberfläche variiren in Bezug auf die Regelmässigkeit der Form und Anordnung so bedeutend, dass man sie meistens unter zwei Artnamen beschrieben hat, als *Scyphia angustata* Römer, mit unregelmässigen, und als *Scyphia Zippei* Reuss (früher *Sc. cribrosa* A. Römer) mit regelmässigen Oeffnungen.

Um den schon von F. Römer angedeuteten Zusammenhang beider Formen deutlich zu zeigen, bilden wir hier ein Exemplar aus dem Plänerkalke von Quedlinburg von zwei Seiten ab. Eine derselben (Fig. 4) zeigt die ziemlich unregelmässige Form und Anordnung der Oeffnungen, welche bald 3-, bald 4seitig, bald kleiner, bald grösser sind, wie es für *Scyphia angustata* bezeichnend ist, von welcher schon in unserem Grundriss der Versteinerungskunde Taf. 25. fig. 18 eine gute Abbildung eines Exemplars von Strehlen gegeben wurde.

Die gegenüber liegende Seite (Fig. 5) entspricht durch die weit regelmässigere Anordnung der nach dem Quincunx von ¹⁄₂ geordneten Oeffnungen der *Scyphia Zippei* Reuss (*Sc. cribrosa* in Gein. Grundr. Taf. 25. fig. 19), von welcher die älteren Abbildungen in Geinitz, Char. Taf. 23. fig. 4 und Reuss, böhm. Kreidef. Taf. 18. fig. 5 nicht richtig aufgefasst worden sind.

Die Dicke der Wandung des Schwammes erreicht an dem Fig. 4 und 5 abgebildeten Exemplare gegen 3 mm. Das poröse Gewebe dieser *Cribrospongia* ist Fig. 6 nach einem anderen Exemplare von Quedlinburg vergrössert dargestellt worden.

Vorkommen. Im Plänerkalke von Strehlen und Weinböhla in Sachsen, Oppeln in Oberschlesien, Hundorf in Böhmen, des Galgenberges bei Quedlinburg, Romberges bei Nemstedt (A. Römer), Vienenburg im Harze, auch in der Quadratenkreide bei Stapelnburg (nach A. Römer).

2. Cr. fragilis A. Römer. — Taf. 1. Fig. 9.

1841. *Scyphia fragilis* A. Römer, Verst. d. norddeutsch. Kreidef. p. 8. Taf. 3. fig. 11.
1849. Desgl. u. *Sc. Coscinopora* Gein., Quad. Deutschl. p. 260.
1864. *Cribr. fragilis* A. Röm. Palaeont. XIII. p. 12.
1870. Desgl. F. Römer, Geol. v. Oberschles. p. 304. Taf. 31. fig. 2.

Sie bildet sehr dünnwandige breite Trichter, oder erweitert sich von ihrer fast spitzen Basis regelmässig bis an den oberen, zuweilen wellenförmig gebogenen Rand. Ihre beiden Oberflächen lassen mit blossen Augen kleine rundliche Oeffnungen unterscheiden, die sich auf der äusseren Wand in schiefe Längsreihen anordnen, in deren Zwischenräumen sich kleine rundliche Poren einsenken (Fig. 9 b). Auf der inneren Wandung (Fig. 9 c) reihen sich die Oeffnungen mehr zu Längslinien, wenn auch die Oeffnungen zweier benachbarten Längsreihen mit einander abwechseln, was in der Abbildung nicht ganz richtig dargestellt worden ist. Das zwischen ihnen befindliche Gewebe zeigt auf der inneren Wandung sehr deutlich die rechtwinkelig oder gitterförmig sich durchkreuzenden Fasern. Bei kaum ein Drittel dicker Wandung des Schwammes kommen etwa 2 Oeffnungen darin mit 1 mm. Länge zu liegen.

Vorkommen. Ziemlich selten im Plänerkalke von Strehlen, häufiger bei Oppeln in Oberschlesien, woher auch die von A. und F. Römer beschriebenen Exemplare stammen.

3. Cr. (Retispongia) radiata Mant. sp. — Taf. 1. Fig. 7. 8.

1814. *Alcyonium chonoides* Mantell in Linnean Trans. Vol. XI. p. 401. Tab. 28 - 30.
1822. *Ventriculites radiatus* Mantell, Geol. of Sussex. p. 168. Tab. 11—14.
1826—1833. *Scyphia Oeynhausii* Goldfuss. Petr. Germ. I. p. 219. Taf. 65. fig. 7.
1833. *Ventriculites radiatus* Bronn, Leth. geogu. II. p. 586. Taf. 27. fig. 18.
1841. *Scyphia Oeynhausii* A. Römer, Norddeutsch. Kreidef. p. 7.
1816. Desgl. Gein. Grundr. p. 691.
1846. *Scyphia radiata* Reuss, böhm. Kreidef. II. p. 74. Taf. 17. fig. 14.
1849—1850. Desgl. Gein. Quad. Deutschl. p. 258.
1850. *Retispongia Hoeninghausii* d'Orbigny, Prodrome II. p. 284.
1859. *Retispongia radiata* de Fromentel, Introduction à l'étude des Éponges fossiles. Caen. p. 41. Pl. 8. fig. 15.
1864. Desgl. A. Römer. Palaeont. XIII. p. 15. Tab. 6. fig. 2.
1870. Desgl. F. Römer, Geol. v. Oberschles. p. 302, 355. Taf. 30. fig. 5, 6. Taf. 32.

Der netzförmig durchbrochene Schwamm hat die Gestalt eines Trichters, dessen Mündung sich oft plötzlich erweitert und zu einer tellerförmigen dünnen Scheibe ausbreitet (F. Römer).

Die wenigen deutlicheren in Strehlen gefundenen Exemplare haben den Typus der bei Oppeln in Schlesien viel häufiger und deutlicher vorkommenden Abänderung, welche F. Römer beschrieben hat und sehr treu abbilden liess.

Beide unterscheiden sich von der in der oberen Kreide Englands gewöhnlichen Normalform durch ihre kleineren, meist ovalen Oeffnungen, während bei jenen die Oeffnungen auf der äusseren Seite weit länger gestreckt sind und ihre Zwischenräume mehr ruthenartigen Verzweigungen gleichen.

Unter den uns von Strehlen vorliegenden Exemplaren zeigt Fig. 7 einen Theil der inneren Wandung mit einem in Wurzeln auslaufenden Stiel, welcher ähnlich ist jenen in Mantell's Abbildung Tab. 12. fig. 2. Das andere, Fig. 8 abgebildete Exemplar ist von der Aussenfläche gesehen, welche indess durch Verkiesung seine ursprüngliche Structur etwas verändert hat.

In Bezug auf die Gattung *Retispongia* d'Orbigny, 1849, welche für diese Art aufgestellt worden ist, muss bemerkt werden: Die von d'Orbigny, Prodrome 1850, II. p. 284, dafür angegebene Diagnose: „*Cupule comme réticulée par des branches; l'intérieur lisse*" passt nur für das von Goldfuss und nach dessen Zeichnung von Fromentel abgebildete Exemplar, dessen innere Wandung glatt erscheint, nicht aber für die weit vollständigeren Abbildungen von Mantell (Tab. 11, Tab. 14. fig. 1) und F. Römer (Taf. 32), bei welcher die deutlichsten Mündungen auch an der inneren Fläche vorhanden sind.

Da auch die Structur ihres Gewebes von jener anderer Cribrospongien nicht wesentlich abzuweichen scheint, so ist es wohl gerechtfertigt, die Gattung *Retispongia* ganz einzuziehen und nicht nur *R. radiata*, sondern auch die von A. Römer in „Palaeontographica" XIII. p. 15 und 16 zu dieser Gattung gestellten Arten mit *Cribrospongia* zu vereinen. Sie bilden in ihr eine kleine Gruppe, bei welcher, ähnlich wie *Cr. subreticulata* Mün. (I. p. 23. Taf. 2. fig. 2—4), die Oeffnungen auf der äusseren Seite sich in Längsfurchen anzuordnen pflegen.

Vorkommen. Im Plänerkalke von Strehlen und Weinböhla, von Oppeln in Oberschlesien; nach Reuss im unteren Plänerkalk von Kosstitz, im oberen von Hundorf, Kutschlin, Teplitz u. a. O., selten im Plänermergel von Luschitz und Priesen, im pyropenführenden Conglomerate von Meronitz und im Pyropensande von Trziblitz, sämmtlich in Böhmen; nach A. Römer im Cuvieri-Pläner bei Liebenburg, in der Quadratenkreide bei Oberg, im Köhlerholz bei Ilsenburg, in der Mucronatenkreide bei Ahlten, im Kreidemergel von

Darup, Coesfeld u. s. w., am häufigsten in der weissen Kreide von England bei Lewes, Brighton, nach Bronn auch auf Moën, also jedenfalls in turonen und senonen Ablagerungen.

3. Ordn. *Vermiculatae oder Lithistidae* O. Schmidt. — I. p. 26.

Amorphospongia d'Orbigny, 1849. — I. p. 26.

A. globosa v. Hag. sp. — Taf. 1. Fig. 2.

1839. *Achilleum globosum* v. Hagenow, n. Jahrb. p. 260.
1841. Desgl. A. Römer, Verst. d. nordd. Kreideg. p. 2.
1846. *Tragos globularis* Reuss, Verst. d. böhm. Kreidef. II. p. 78. Taf. 20. fig. 5.
1849—1850. Desgl. und *Spongia globosa* Gein., Quad. Deutschl. p. 262. 264.
1864—1866. *Amorphospongia globosa* A. Römer, Palaeont. XIII. p. 56.

Nach v. Hagenow ist *Achilleum globosum* kugelförmig, seltener oval, oder unförmig gestaltet, von der Grösse einer Erbse bis zu der einer starken Haselnuss, aus unregelmässig verwebten, rippenartig hoch aufliegenden Fasern bestehend.

Es ist dieses Fossil leicht zu verwechseln mit *Ceriopora nuciformis* v. Hag. (n. Jahrb. 1839. p. 286. Taf. 5. fig. 9), welche ganz ähnliche kugelförmige Körper bildet. Doch strahlen bei dieser aus einem Centralpunkte oder von einer, oft cylindrischen Höhlung aus zahlreiche und gedrängt stehende Röhren nach allen Seiten hin, welche cylindrisch und irregulär auf der ganzen Oberfläche münden. Zwischen den Oeffnungen liegen kleine unregelmässig eingestreute vertiefte Punkte oder Poren. Auch lassen die vollständigeren Exemplare zuweilen schwache rippenartige Anschwellungen erkennen, welche die Kugel wie Meridiane umgeben. — Von beiden Arten liegen uns Exemplare von Rügen vor, die wir Herrn v. Hagenow selbst verdanken.

Die in dem Pläner des Elbthales vorkommenden Exemplare und wahrscheinlich auch die durch Reuss aus dem Pläner von Böhmen und aus dem Pyropensande von Trziblitz beschriebenen entsprechen dem *Achilleum globosum.*

Vorkommen. Wie bei Strehlen und Weinböhla findet sich diese Art in dem Kreidemergel von Minoga in Polen, von Ilseburg im Harz und nach Römer in der Quadratenkreide von Peine und Wernigerode. Sie wurde zuerst aus der weissen Kreide von Rügen beschrieben.

II. Classe. *Polypi.* Korallen.

A. *Monastrea aporosa* Fromentel.

Parasmilia Edwards und Haime, 1848.

Polypenstock einfach, festgewachsen, verlängert und mit Spuren absetzenden Wachsthums; Kelch ganz oder fast kreisrund mit seichter Grube; Säulchen schwammig; Sternleisten überragend, seitlich stark gekörnelt. Querleisten wenig zahlreich und nur in der Tiefe vorhanden; Wand nackt oder mit spärlicher Epithek; Rippen gerade, einfach, etwas gekörnelt und nächst dem Kelche sich etwas stärker erhebend (Bronn).

1. P. centralis Mant. sp. — Taf. 1. Fig. 10—12.

1808. *Madreporite* Parkinson, Organic Remains, II. p. 32. Pl. 4. fig. 15, 16.
1822. *Madrepora centralis* Mantell, Geology of Sussex. p. 159. Tab. 16. fig. 2, 4.
1835. *Caryophyllia centralis* Philipps, Geology of Yorkshire. I. Pl. 1. fig. 13.
1841. *Turbinolia centralis* A. Römer, Verst. d. nordd. Kreidegeb. p. 26. z. Th.

1842. Desgl. Gein. Char. III. p. 92.
1845. Desgl. d'Orbigny in Murchison, de Verneuil et v. Keyserling. Géologie de la Russie. II. p. 497. Pl. 43. fig. 34.
1846. Desgl. Reuss. Verst. d. böhm. Kreidef. II. p. 62.
1849—1850. Desgl. Gein. Quad. Dentschl. p 230 z. Th.
1850. *Cyclosmilia centralis* d'Orbigny, Prodrome II. p. 276.
1850. *Monocarya centralis* Lonsdale in Dixon, Geol. of Sussex. p. 244. Taf. 18. fig. 1—4, 6, 7. (excl. fig. 5, 8, 10 nach de Fromentel.)
1850. *Parasmilia centralis* Milne Edwards u. Haime (Pal. Soc.), Monograph of the British Fossil Corals. 1. p. 47. Tab. 8. fig. 1.
1851—1852. Desgl. Bronn, Leth. geogn. V. p. 166. Taf. XXIX b. fig. 4.
1862. Desgl. de Fromentel, Paléont. franç. terr. crét. Tab. VIII. p. 210. Pl. 21. fig. 1.
1869. Desgl. Dunkan, in Palaeont. Soc. Vol. XXII. P. II. N. 1. p. 12. Pl. 5. fig. 8—15.
1870. Desgl. F. Römer, Geol. v. Oberschlesien. p. 310. Taf. 34. fig. 1.

Parasmilia centralis ist in Sachsen auf den oberen Pläner oder Plänerkalk beschränkt, welcher eine Anzahl meist undeutlicher Exemplare geliefert hat, die jedoch mit den Abbildungen von Parkinson, Mantell, Lonsdale und F. Römer gut übereinstimmen. Sie sind im Allgemeinen kleiner, als die in der Kreide von Rügen vorkommende Art, welche v. Hagenow (n. Jahrb. 1839. p. 289) als *Turbinolia excavata* unterschieden hat und auf welche sich auch manche Exemplare aus senonen Kreidemergeln Norddeutschlands zurückführen lassen werden.

Die Exemplare des Plänerkalkes sind entweder kreiselförmig oder cylindrisch-kegelförmig, unten festgewachsen und meistens etwas gekrümmt. Nach ihrer verschiedenen Breite enthalten sie eine grössere oder geringere Anzahl Lamellen oder Sternleisten, denen an der äusseren Oberfläche Rippen entsprechen, welche von dem Kelchrande bis an die Basis herablaufen. Schon hierdurch unterscheidet sich diese Koralle von der fast glattflächigen oder nur sehr undeutlich gerippten *Caryophyllia cylindracea* Reuss sp. (*Anthophyllum cylindraceum* Reuss, böhm. Kreidef. II. p. 61. Taf. 14. fig. 23—30. — *Car. cyl.* de Fromentel in Pal. franç. T. VIII. p. 165. Pl. 7. fig. 1. — *Monocarya centralis* Lonsdale in Dixon, Geol. of Suss. Tab. 18. fig. 5, 8 und 12), welche der Form nach leicht damit verwechselt werden kann.

Die innere Structur der Koralle ist nur an dem Fig. 10 abgebildeten Exemplare zu sehen, von dem eine Ansicht des verbrochenen oberen Endes bei a und ein Durchschnitt in der Nähe der Basis bei b gegeben worden ist. Man erkennt daraus doch wenigstens so viel, dass eine Anzahl Sternleisten erster Ordnung bis an das schwammige Säulchen laufen, während Leisten zweiter Ordnung sich von dem Umfange des Polypenstockes aus dazwischen stellen. An Steinkernen (Fig. 11) erscheinen die Längsrippen durch jene Leisten zweiter und dritter Ordnung gespalten. Fig. 12 zeigt das Abwechseln stärkerer Rippen, oder Leisten erster Ordnung, mit schwächeren Rippen, oder Leisten zweiter und dritter Ordnung, an der Oberfläche.

Vorkommen. Selten im Plänerkalke von Strehlen und Weinbölla, sowie bei Oppeln in Oberschlesien. In der Kreide von Northfleet, in Kent, Brighton, Charlton, Lewes in England, nach de Fromentel bei Sézanne (Marne), Beauvais (Oise) und Andelys (Eure) in Frankreich. — *Par. excavata* v. Hag. in der oberen Kreide von Rügen u. s. w.

2. **P. Guillieri** de Fromentel. — Taf. 1. Fig. 13.

1862. de Fromentel, Paléont. française, terr. crét. T. VIII. p. 213. Pl. 23. fig. 1.

Der nur 12 mm. lange Polypenstock ist cylindrisch-kegelförmig und besitzt einen kreisrund-ovalen vertieften Kelch, dessen Sternleisten eine ähnliche Beschaffenheit zeigen, wie bei *P. centralis.* Der wesentliche Unterschied von dieser liegt in der sehr deutlich granulirten Beschaffenheit ihrer Längsrippen.

Vorkommen. Ein Exemplar liegt von Strehlen vor. Das von Fromentel beschriebene Original wurde durch Guillier in cenomanen Schichten von Mans entdeckt.

Cyclobacia Bölsche, 1866.

C. Fromenteli Bölsche.

1866. Bölsche, in Zeitschrift d. deutsch. geol. Ges. Bd. 18. p. 474. Taf. 9. fig. 4.
1867. Desgl. Die Korallen des norddeutsch. Jura- u. Kreidegeb. p. 38. Taf. 3. fig. 4.

Auf einer gemeinschaftlichen Excursion mit den Professoren B e n e c k e aus Heidelberg, C r e d n e r aus Leipzig und v. S e e b a c h aus Göttingen am 10. Sept. 1871 lenkte der letztere zuerst die Aufmerksamkeit auf ein für unseren oberen Quadersandstein neues Fossil, dessen Vorkommen eine neue Bestätigung für sein senones Alter ist. Es wurde von ihm und seinen Begleitern *Cyclobacia Fromenteli* erkannt, welche W. Bölsche aus den Schichten mit *Belemnitella quadrata* von Gehrden, Haidberge und der Teufelsmauer bei Quedlinburg beschrieben hat.

Unsere Exemplare dieser kleinen halbkugelförmigen Koralle haben 6 mm. Durchmesser und lassen in ihren Abdrücken noch deutlich die horizontale oder flach-concave Unterseite und den kreisförmigen, regelmässig gewölbten Kelch mit seiner engen Grube, sowie dicht gedrängte Septen erkennen, welche die rudimentäre Columella strahlenförmig umgeben. Zur genaueren Beschreibung der Art müssen wir auf Bölsche's Abhandlung verweisen.

Vorkommen. Im oberen Quadersandstein, oberhalb Neu-Struppen am Wege nach Kritzschwitz, mit *Pecten quadricostatus*, *Lima canalifera* und *Rhynchonella octoplicata* zusammen.

III. Classe. *Radiata*. Strahlthiere.

1. Ordn. *Echinidea*. Seeigel.

Fam. *C i d a r i d e a* Cotteau.

Cidaris Klein, 1734. — Vergl. I. S. 65.

1. C. s u b v e s i c u l o s a d'Orb. — Taf. 2. Fig. 1—4.

1811. Parkinson, Organic Remains, Vol. III. Pl. 4. fig. 3.
1822. Cid. papillata Mantell, Geol. of Sussex. p. 194. Pl. 17. fig. 13. (non Flem.)
1846.? Cid. armata Reuss, Verst. d. böhm. Kr. II. S. 57. Taf. 20. fig. 23, 24.
1850. Cid. subvesiculosa d'Orbigny, Prodrome II. p. 271.
1850. Cid. vesiculosa Forbes in Dixon, Geol. of Sussex. p. 338. Pl. 25. fig. 1 u. 4.
1858. Cid. subvesiculosa Desor, Syn. des Ech. foss. p. 13. Taf. 5. fig. 27.
1855—1869. Desgl. Cotteau & Triger, Echin. du dép. de la Sarthe, p. 250. Pl. 41. fig. 1—9.
1862—1867. Desgl. Cotteau in Pal. franç. terr. crét. T. VII. p. 257. Pl. 1059, 1060, 1061.
1861. Cid. vesiculosa Wright, A Mon. of the British Fossil Echinodermata. I. p. 41. Pl. 2. fig. 5. Pl. 3. fig. 1.
Cid. subvesiculosa Wright, ib. p. 57. Pl. 8. fig. 4, 5, 6.

Eine grosse Art, welche der *Cid. vesiculosa* des unteren Pläners sehr nahe verwandt ist und, wie diese, nur wenig gebogene Fühlergänge besitzt. d'Orbigny hob 1850 als Unterschied hervor, dass bei ihr nur 2, statt 3 Reihen Tuberkeln auf eine jede Hälfte der Fühlerfelder zu liegen kommen, während nach Cotteau auch bei ihr 3 Reihen die vorherrschende Zahl bilden. Das Auszeichnende für *Cid. subvesiculosa* sind die breiten Tafeln der Zwischenfühlerfelder, von welchen 6—7 in einer Längsreihe liegen, und ihre Stacheln.

Letztere erreichen oft eine weit grössere Länge als bei *C. vesiculosa*, sind entweder cylindrisch oder spindelförmig und an ihrem feingestreiften Gelenkknopfe mit einem mehr hervortretenden Ringe versehen. Ihre Oberfläche ist meist mit spitzen, in Längsreihen geordneten schmalen Höckern bedeckt, neben welchen sich eine höchst feine Längsstreifung zeigt. Ausser diesen grösseren Stacheln finden sich hier und da kleinere, theils kegelförmige, theils pyramidale, mehr oder minder zusammengedrückte Stacheln an dem Körper ansitzend vor. (Taf. 2. Fig. 1 c. d. e.).

Der Taf. 2. Fig. 2 abgebildete Steinkern aus dem oberen Quadersandsteine unweit Ottendorf zwischen Schandau und Sebnitz entspricht in allen seinen Verhältnissen am nächsten den Abbildungen Cotteau's. Pal. franç. Pl. 1059. fig. 1—3. Der etwas niedergedrückt-kugelige Körper besitzt bei 60 mm. Durchmesser 37 mm. Höhe. Die Grösse des Peristoms oder Mundes (Fig. 2 a) und des Periproktes oder Afters haben nahezu dieselben Dimensionen, wie an den französischen Exemplaren. Auch zeigen sich deutliche Rudimente der Laterna Aristotelis in der Mitte des Peristoms, welche Cotteau a. a. O. Taf. 1060. fig. 9 von derselben Art abgebildet hat.

Vorkommen. Diese in turonen und senonen Ablagerungen Frankreichs und Englands verbreitete Art kommt als Seltenheit im Plänerkalke von Sachsen und Böhmen vor. Das eine der hier abgebildeten Exemplare, welches die bergakademische Sammlung in Freiberg bewahrt, stammt von Hundorf in Böhmen; von Strehlen kennt man bis jetzt nur Stacheln. Der Quadersandstein in der Nähe von Ottendorf in der Sächsischen Schweiz, welcher unsern Steinkern geliefert hat, gehört dem oberen, senonen Quader an. — Nach *Gümbel* im senonen Plänermergel von Priesen in Böhmen und häufig bei Regensburg.

2. *C. Reussi* Gein. — Taf. 2. Fig. 5. 6.

1842. *Cidaris papillata* Gein., Char. III. p. 90. (nicht Mantell.)
1846. Desgl. Reuss, Verst. d. böhm Kreidef. II. S. 57. Taf. 20. fig. 22.
1849. *Cid. Reussi* Gein., Quad. Deutschl. p. 220.

Die Stacheln, auf welche diese Art begründet worden ist, sind pfriemenförmig und erreichen mitunter 58 mm. Länge. An ihrem stielrunden Umfange stehen 8—12 scharfe Kanten, welche mit feinen aber scharfen Sägezähnen bedeckt sind. Der dazwischen liegende Raum ist mit sehr feinen Längslinien versehen, welche auch die Basis des Stachels bedecken.

Die zu diesen Stacheln gehörenden Tafeln (Taf. 2. Fig. 5) zeigen wiederum Aehnlichkeit mit jenen der *Cidaris vesiculosa*, wofür man sie früher auch gehalten hat. Wie dort, stehen auf den Zwischenfühlerfeldern 4—5 grosse, stacheltragende Warzen in einer Längsreihe. Aus einem grossen kreisrunden glatten Felde erhebt sich über einem glatten Gelenkringe die fast halbkugelige Warze, welche jedoch verhältnissmässig etwas kleiner ist, als bei *C. vesiculosa*. Sie nimmt ohngefähr ein Viertheil des kreisrunden Feldes ein. Die übrige Fläche der Tafel ist in ähnlicher Weise mit fast gleichgrossen Höckern bedeckt, wie bei jenen.

Ebenso sind die Fühlergänge nur schwach wellenförmig gebogen. Ihre runden Poren liegen eng nebeneinander, in der Längsrichtung aber weniger gedrängt hintereinander als bei *C. vesiculosa*. Zwei bis drei Knötchenreihen bezeichnen wiederum die Hälfte der Fühlerfelder.

Vorkommen. *C. Reussi* kommt vereinzelt im Plänerkalke von Strehlen und Weinböhla vor und man hat hier mehrfach ihre Tafeln mit den noch ansitzenden Stacheln gefunden. Reuss beschrieb ihre Stacheln aus dem unteren Plänerkalke von Kosstitz und dem Plänermergel von Krssina in Böhmen. Cotteau hat in Pal. franç. VII. p. 257 *Cid. papillata* Reuss zu *Cid. subvesiculosa* d'Orb. gezogen, mehrere in neueren Schriften aus der Kreide Englands unter anderen Namen beschriebene Arten scheinen mit *C. Reussi* identisch zu sein.

2. Fam. *Diadematidea* Cotteau.

Cyphosoma Agassiz, 1840. — Vgl. I. S. 71.

C. radiatum Sorignet, 1850. — Taf. 2. Fig. 7—10.

1842. *Cyph. granulosum* Gein.. Char. III. p. 90.
1846. Desgl. Reuss, d. Verst. d. böhm. Kreidef. II. p. 58.
1849—1850. Desgl. Gein. Quad. Deutschl. p. 220 z. Th.
1850. ? *Cyph. spatulifera* Dixon, Geol. and Foss. of Sussex. p. 310. Pl. 24. fig. 20—22, 28—31.
1862—1867. *Cyph. radiatum* Cotteau, Pal. franç. terr. crét. VII. p. 609. Pl. 1147. fig. 10—14. Pl. 1148.
1868. Desgl. G ü m b e l , Beitr. z. Kenntn. d. Procän- oder Kreidef. im nordwestl. Böhmen. (Abh. d. k. bayer. Akad.
d. Wissensch. X. II. p. 55.

Man hat die im Plänerkalke von Strehlen und Weinböhla häufig vorkommende Art seither zu *Cidarites granulosus* Goldf., Petr. Germ. I. p. 122. Taf. 40. fig. 7, gerechnet, in deren weiteren Formenkreis sie auch gehört, und wenn Goldfuss ferner, a. a. O..p. 123, das Vorkommen von *Cidarites variolaris* in den Plänerkalke von Sachsen erwähnt, so ist sicher keine andere Art als *Cyphosoma radiatum* gemeint. Auch in den Schriften von Bronn, Lethaea geogn. 1851—52. V. p. 186, und Cotteau, Pal. franç. VII. p. 684 finden wir die in dem Plänerkalke von Sachsen und Böhmen herrschende Art von *C. granulosum* nicht getrennt, welchen Bronn mit *C. Milleri* oder *C. Königi* vereinigt hat.

Nach den trefflichen Arbeiten von Desor, Synopsis des Echinides fossiles, und Cotteau a. a. O. haben sich auch die Sächsischen Vorkommnisse der mit *Cid. granulosus* nahe verwandten Formen jetzt sicherer entziffern lassen. Vergl. I. S. 72.

C. radiatum ist von mittlerer Grösse, hat eine niedergedrückt-halbkugelige Form und besitzt ein fünfseitiges Periprokt (Fig. 7a, 8a). Die Ecken dieses Pentagons, deren eine spitzwinkelig ist, grenzen an die Mitte der Zwischenfühlerfelder an. Die untere Fläche der Schale ist in der Nähe des schief-ovalen Peristoms vertieft. Das letztere nimmt mit seiner längeren Axe fast ein Drittheil des Durchmessers ein (Fig. 7 b, 8 b).

Die Fühlergänge sind wellig gebogen und bestehen aus kleinen runden Poren, deren Paare oft etwas schief gestellt sind. Die Fühlerfelder sind an ihrem oberen Ende (Taf. 2. Fig. 8 d) fast spitz, während sich an dem Umfange der Schale ihre Breite zu jener der Zwischenfühlerfelder verhält wie 5 : 7. Beide sind mit zwei Reihen grosser Warzen besetzt, von denen etwa 9 in einer Längslinie stehen. An der äusseren Seite der Zwischenfühlerfelder läuft von unten aus noch eine kurze und zuweilen unterbrochene Reihe kleiner Warzen fort, die sich jedoch bald in den gewöhnlichen Körnerreihen auflöst, welche den Rand einer jeden Tafel in ungleicher Zahl und Grösse umstellen. Es sind die warzentragenden Schilder aller Tafeln mehr oder weniger deutlich strahlenförmig. Ihr Gelenkring ist deutlich gekerbt, die ziemlich niedrigen Gelenkfortsätze sind allermeist nicht durchbohrt. Meist 20 mm. gross und 8—10 mm. hoch, seltener 25 mm. Durchmesser erreichend. Zu dieser Art gehören lang-pfriemenförmige Stacheln (Taf. 2. Fig. 9, 10), deren Basis kegelförmig und mit einem ziemlich dicken, vorstehenden Ringe versehen ist. Ihre ganze Oberfläche ist sehr fein liniirt und es treten diese Linien nur an dem unteren Theile des Stachels etwas deutlicher hervor. Ihre Stärke variirt an Stacheln von 10 mm. Länge, von 1 mm. bis 2 mm. Durchmesser. Wahrscheinlich ist, dass sie auch manchmal flachgedrückt erscheinen, wie es bei anderen Arten dieser Gattung vorkömmt, und es mag wohl *Cyph. spatulifera* Dixon nur eine Varietät von *Cyph. radiatum* sein.

Vorkommen. Von 20 mm. Grösse und 8—10 mm. Höhe, nur selten grösser, häufig im Plänerkalke von Strehlen und Weinböhla; bei Hundorf u. a. O. in Böhmen.

Fam. *Cassidulidea* Agassiz, Desor, Cotteau.

Catopygus Agassiz, 1836. — Vgl. I. S. 81.

C. Albensis Gein. — Taf. 3. Fig. 1.

1871. Gein. Elbthalgebirge. I. p. 82. Taf. 19. fig. 3.

Von dieser schon aus dem unteren Quadersandstein von Oberhässlich bei Dippoldiswalde beschriebenen und abgebildeten Art folgen hier weitere Abbildungen eines Steinkernes aus dem oberen Quadersandsteine von Rathen im sächsischen Elbthale.

Man trifft sie vereinzelt in dem an Versteinerungen überhaupt sehr armen oberen Quadersandsteine in den Brüchen an der Königsnase bei Ober-Vogelgesang unweit Pirna, bei Rathen, in dem Communbruche bei Königstein am linken Elbufer, in den Schulhainbrüchen, Postelwitz und anderen Orten des rechten Elbufers, sowie in dem Liebethaler Grunde und bei Langhennersdorf in dem Gottleubethale an.

Fam. *Echinocoridea* Cotteau.

Holaster Ag. 1836. — Vgl. I. S. 83.

H. planus Mantell sp. — Taf. 3. Fig. 2, 3.

1822. *Spatangus planus* Mantell, Geol. of Sussex. p. 192. Pl. 17. fig. 9, 21.
1842. *Ananchytes ovata* Gein., Char. III. p. 91.
1849—1850. *Hol. planus* Gein., Quad. Deutschl. p. 226 z. Th.
1853—1855. *Hol. planus* d'Orbigny, Pal. franç. terr. crét. T. VI. p. 116. Pl. 821.
1870. Desgl. F. Römer, Geol. v. Oberschlesien. p. 312. Taf. 37. fig. 1, 2.

Von ovalem Umfange ist die Schale länger als breit, an dem breiten vorderen Ende gerundet und mit einer schwachen Einbiegung versehen. Sie ist im Allgemeinen eiförmig gewölbt, die untere Fläche indess nur schwach-convex, vor dem quer-elliptischen Munde (Fig. 2 b, 3 b) vertieft, hinter demselben bis an den Hinterrand stumpf-gekielt und an ihren Seiten stumpfkantig. Der ovale After, oder das Periprokt, (Fig. 2 c, 3 c) liegt in der Mitte der Höhe an der schmäleren hinteren abgestutzten Fläche. Die Fühlerfelder, deren Anfänge durch einen lang gestreckten Scheitelapparat weit von einander getrennt sind, enthalten Paare quer verlängerter Poren (2 e, f, 3 e, f), die unter einem sehr stumpfen Winkel beisammen stehen. Es reichen die paarigen Fühlergänge kaum bis in die Mitte der Seitenfläche herab und werden dort undeutlich, bis sie ganz verschwinden. Das vordere Paar ist vorwärts, das hintere rückwärts gebogen.

Die Fühlerfelder bestehen aus einer grösseren, die Zwischenfühlerfelder aus einer geringeren Zahl von breiten, oft fast glatten Tafeln, welche mit vereinzelten Wärzchen und noch kleineren Körnern bestreut sind. Nur an der unteren Fläche der Schale werden dieselben längs der Mitte und an dem Rand zahlreicher und etwas grösser, und schwellen zu kleinen Warzen an, welche von sehr kleinen Körnern ringförmig umgeben sind.

Vorkommen. Nicht selten im Plänerkalke von Strehlen und Weinböhla und im oberen Plänermergel des Wesnitzgrundes bei Pirna, welcher unter dem oberen Quadersandsteine liegt. Im oberen Pläner von Oppeln in Oberschlesien, im Plänerkalke des Galgenberges bei Quedlinburg, Halberstadt, Wolfenbüttel; im Scaphiten-Pläner von Flöteberg bei Liebenburg im Harz, am Windmühlenberge bei Salzgitter, in den

Galeritenschichten von Fleischerkamp bei Salzgitter, Wolfenbüttel, in der Kreide von Lebbin auf Wollin, nach Mantell in der Kreide von Lewes in Sussex, nach d'Orbigny in senoner Kreide von Fécamp (Seine-inf.), Sens (Yonne) etc.

Cardiaster Forbes, 1850.

Schale bauchig und herzförmig, wie bei *Holaster*. Die vordere Furche mehr oder minder deutlich, zuweilen an ihren Rändern stark gekielt. Das unpaarige Fühlerfeld ist von den paarigen verschieden und enthält meist kleinere und zusammengedrückte Poren. Die paarigen Fühlerfelder sind nicht blumenblattartig und nicht vertieft. Ihre Porenzonen sind öfters ungleich, die vorderen schmäler als die hinteren. Das Peristom auf der unteren Fläche des Körpers liegt weit nach vorn und ist quer verlängert. Das ovale Periprokt oder der After liegt an der hinteren Seite. Scheitelapparat verlängert. Fasciole oder Binde randlich. Bei der sehr nahe verwandten Gattung *Holaster* fehlt die Fasciole.

C. Ananchytis Leske sp. — Taf. 3. Fig. 4; Taf. 4. Fig. 7.

1826. *Spatangus granulosus* Goldf., Petr. Germ. I. p. 148. Taf. 45. fig. 3.
1826. *Spat. suborbicularis* Goldf., eb. p. 148. Taf. 45. fig. 5 (nicht Defrance).
1842. *Holaster granulosus* Gein., Char. III. p. 91.
1849—1850. *Hol. granulosus* u. *Hol. suborbicularis* Gein., Quad. Deutschl. p. 226 z. Th.
1853. *Cardiaster Ananchytis* d'Orb. Pal. franç. terr. crét. T. VI. p. 131. Pl. 826.
1858. Desgl. Desor, Syn. des Ech. foss. p. 345. Tab. 49. fig. 7—9.
1855—1869. Desgl. Cotteau & Triger, Ech. du dép. de la Sarthe, p. 237. Pl. 51. fig. 2—5.
1869. *Cardiaster granulosus* Schlüter, Foss. Echinodermen d. nördl. Deutschl. I. Bonn. p. 29.

Wie die Gattung *Cardiaster* der Gattung *Holaster*, so tritt namentlich *Cardiaster Ananchytis* als Art dem *Holaster suborbicularis* Defr. sp. (vgl. I. S. 84) so nahe, dass ihre Steinkerne wenigstens sehr leicht damit verwechselt werden können.

Der Umfang der Schale ist oval-herzförmig, etwas länger als breit, und an ihren Seiten regelmässiger gerundet als bei *H. suborbicularis*. Mit dieser hat sie die breite und tiefe Rinne gemein, die von der Scheitelgegend über den stark eingebogenen Vorderrand nach dem Munde läuft. Der letztere, oder das Peristom, liegt fast in ¹⁄₅ der Länge der unteren Fläche (Taf. 3. Fig. 4 b). Der Scheitel liegt bei *Card. Ananchytis* etwas weiter nach vorn als bei *Hol. suborbicularis*, zwischen ihm und dem Hinterrande ist die Schale von einem stumpfen Kiele aus nach den Seiten hin förmlich abgedacht.

Das verschmälerte hintere Ende der Schale bildet eine abgestutzte, fast dreiseitige Fläche, in deren oberem Theile der ovale After, oder das Periprokt, (Taf. 4. Fig. 7) liegt. Der hintere Rand der Schale ist durch eine Kante scharf begrenzt.

Vorkommen. Im oberen Quadersandsteine der sächsischen Schweiz, z. B. in den Brüchen von Ober-Kirchleithen bei Königstein, bei Porschdorf unterhalb des Brandes zwischen Hohnstein und Schandau, zwischen Limbach und Kaltenbach bei Kreibitz in Böhmen, und als Seltenheit auf dem Schneeberge. Das Mineralogische Museum in Dresden besitzt diese Art aus dem oberen Kreidemergel von Osterfeld in Westphalen und von Nagorzany bei Lemberg; Schlüter citirt sie aus der oberen Kreide von Vaels bei Aachen und aus den Mucronatenschichten von Ahlen in Lüneburg. In Frankreich gehört sie nach Cotteau den senonen Bildungen an wie bei Meudon, aus Belgien kennt man sie von Ciply, aus England von Harfordbridge, Thetford, Norfolck etc., in der Korallenkreide von Faxe auf Seeland wird sie durch *Holaster Faxensis* Forchhammer*) vertreten.

Fam. *Spatangidea* Cotteau.

Micraster Agassiz, 1836.

Schale gross oder mittelgross, länglich, herzförmig, mehr oder minder bauchig. Die vordere von dem Scheitel nach dem Munde laufende Furche ist seicht und das in dieselbe fallende Fühlerfeld ist durch seine Poren von den anderen verschieden (Taf. 4. Fig. 1 d). Die paarigen Fühlerfelder sind blumenblattartig, mehr oder weniger vertieft, die vorderen meist länger als die hinteren. Das Peristom auf der unteren Fläche des Körpers, in der Nähe des Vorderrandes, ist quer verlängert, lippenförmig und mit einer vorspringenden Lippe versehen (Taf. 4. Fig. 1 b, 2 a). Das ovale Periprokt liegt an der hinteren Seite. Scheitelapparat compact (Taf. 4. Fig. 1 d). Die Fasciole oder Binde zieht sich unter dem After hin.

1. *M. cor testudinarium* Goldf. sp. — Taf. 4. Fig. 1—4.

1826—1833. *Spatangus cor testudinarium* Goldf., Petr. Germ. I. p. 156. Taf. 48. fig. 5.
1841.   *Spat. cor test.* u. *Spat. cor anguinum* A. Römer, Verst. d. norddeutsch. Kreidef. p. 33. z. Th.
1842.   *Micr. cor anguinum* Gein., Char. III. p. 91 z. Th.
1846.   Desgl. Gein. Grundriss p. 581 z. Th.
1846.   Desgl. Reuss, Verst. d. böhm. Kreidef. II. p. 56 z. Th.
1849—1850. Desgl. Gein. Quad. Deutschl. p. 224 z. Th.
1851—1852. Desgl. Bronn, Leth. geogn. V. p. 200 z. Th. Taf. 29. fig. 23.
1853—1855. Desgl. d'Orbigny, Pal. franç. terr. crét. VI. p. 207. Pl. 867 z. Th.
1858.   Desgl. Desor, Syn. des Echin. foss. p. 364 z. Th.
1858.   *Micr. cor testudinarium* Hébert, Bull. de la Soc. géol. de France, 2e sér. t. 16. p. 147.
1863.   Desgl. Hébert, Bull. de la Soc. géol. de France. t. 20. p. 609.
1855—1860. Desgl. Cotteau & Triger. Echinides du dép. de la Sarthe. p. 320. Pl. 54.
1868.   *Micr. cor testudinarium* Gümbel, Beitr. zur Kennta. d. Procän- oder Kreidef. in Böhmen. (Abh. d. k. bayer Akad. d. Wissensch. X. II. p. 55.)
1870.   *Micr. Leskei* F. Römer, Geologie von Oberschlesien. S. 310 z. Th. Taf. 34. fig. 3.

Die herzförmige Schale ist nach vorn erweitert und ausgerundet, nach hinten verengt und an ihrem Ende gerade abgestutzt. Ihre obere Fläche ist bauchig, nach hinten gekielt und es fällt ihre grosse Höhe zwischen den Scheitel und den Hinterrand. Der etwas vertiefte Scheitel liegt wenig vor der Mitte der Schale. Sein Plattenapparat (Taf. 4. Fig. 1 d) lässt 4 mit grossen Oeffnungen versehene Genitalplatten oder Eierleitertafeln und 5 verhältnissmässig grosse Ocellartafeln unterscheiden. An den letzteren entspringen die Fühlergänge, welche in breiten flachen Furchen liegen. Die vordere Furche enthält in dem unpaarigen Fühlerfelde jederseits über 20 Paare runder Poren, welche schief zu einander liegen, in der Nähe des Scheitels aneinander gedrängt, nach unten hin aber entfernter sind, bis sie nur noch vereinzelt erscheinen und ganz verschwinden.

Die Furchen, welche die paarigen Fühlerfelder tragen, erreichen nicht den unteren Rand und es lässt sich ihre Richtung bis an den Mund nur noch durch breite Streifen verfolgen, welche spärlicher mit

---

¹) Vgl. Schlüter in Leonh. u. Gein. n. Jahrb. 1870. p. 959.

Warzen bedeckt sind. als die übrige Fläche des Körpers. Ihre Poren sind breiter und stehen gerade neben einander in etwa 30 Paaren. Die hinteren Fühlergänge sind etwas kürzer als die vorderen, enthalten aber ziemlich eine gleiche Anzahl von Porenpaaren.

Die untere Schalenfläche ist flach gewölbt und an den Seiten gerundet. Der quer-elliptische Mund mit seiner darüber hervortretenden Lippe liegt fast genau in der Mitte zwischen der Mitte der Schale und dem vorderen Raude. Vor ihm ist die Schale nach der vorderen Furche hin vertieft, hinter ihm erhebt sie sich zu einem grösseren Felde, welches mit zahlreichen Reihen kleiner durchbohrter Warzen besetzt ist, die einen gekerbten Gelenkring besitzen und von einem Kranze kleiuer Körner umgeben werden (Taf. 4. Fig. 1 c). Warzen von ähnlicher Grösse und Beschaffenheit, doch in unregelmässiger Stellung, finden sich überall auf den Zwischenfühlerfeldern zerstreut und zwar in grösster Anzahl und ansehnlichster Grösse auf der unteren Fläche und an dem Rande der Schale.

Der ovale After, oder das Periprokt liegt nahe dem oberen Ende der hinteren Fläche, welche abgestumpft und meist schwach eingedrückt ist.

Es finden sich breitere Abänderungen dieser Art (Taf. 4. Fig. 1, 4), welche den Abbildungen bei Goldfuss am nächsten stehen, und schmälere Abänderungen (Taf. 4. Fig. 2), welche sich dem *Micraster Leskei* nähern.

Nach dem Vorgange Graf Münster's in Goldfuss, Petr. Germ. I. p. 157, welcher die in dem Plänerkalke von Sachsen und Böhmen vorkommende Art zu *Spatangus cor anguinum* Lam., und nicht zu *Spat. cor testudinarium* Goldf. gestellt hat, sind unsere Exemplare des *Micr. cor testudinarium* meist sehr allgemein als *Micraster cor anguinum* bezeichnet worden und es haben nur wenige Forscher diese beide Arten von einander geschieden.

Hébert hat die Unterschiede derselben von neuem festgestellt und Cotteau und Triger sind ihm gefolgt. Ich trete dieser Trennung gern bei, nachdem mir durch Hébert's Güte eine Anzahl charakteristischer Exemplare von beiden Arten für das Dresdener Museum überlassen worden ist, die eine Unterscheidung vollkommen rechtfertigen.

Bei *Micr. cor anguinum* liegt der Scheitel stets hinter der Mitte; vor ihm dacht sich die Schale nach vorn schneller ab, als bei *Micr. cor testudinarium*; die kürzere hintere Seite verläuft mit ihrem oberen Kiele in einen schnabelartigen Vorsprung, welcher über dem After liegt, und das Peristom ist dem Vorderrande etwas näher gerückt, als bei *M. cor testudinarium*. In der Regel ist auch bei *Micr. cor anguinum* das hintere Mittelfeld auf der unteren Seite stärker gewölbt als bei jener Art.

Micr. cor anguinum kommt in höheren Schichten vor als *Micr. cor testudinarium*, und zwar mit *Belemnitella quadrata* und *B. mucronata* zusammen.

Vorkommen. *Micraster cor testudinarium* ist neben *Cyphosoma radiatum* der gewöhnlichste Seeigel des Plänerkalkes im sächsischen Elbthale bei Weinböhla, Strehlen und der unreineren Schichten des oberen Pläners im Gebiete der sächsischen Schweiz wie bei Krietzschwitz, welche den Mittelquader mit *Inoceramus labiatus* überlagern und im Liegenden des oberen Quaders erscheinen. Der Plänerkalk von Dorna, Hundorf und Teplitz in Böhmen, Oppeln in Oberschlesien, Quedlinburg im Harze sind bekannte Fundorte für ihn. Gümbel wies ihn im Kalke der Kagerhöhe bei Regensburg nach. Sein Vorkommen in Deutschland entspricht ganz dem in Frankreich, wo nach Hébert unmittelbar über der *Craie à Inoceramus labiatus* die *Craie à Micraster cor testudinarium*, über der letzteren aber die *Craie à Micraster cor anguinum* folgt.

2. *M. Leskei* des Moulins sp.

1887. *Spatangus Leskei* des Moulins.
1840. *Micraster breviporus* Agassiz.
1850. *Micr. cor bovis*, Dixon, Geol. and Fossils of Sussex. p. 342. Pl. 24. fig. 5, 6.
1853. *Micraster Borchardi* v. Hagenow in litt.
1853—1855. *Micr. Leskei* d'Orbigny, Pal. franç. terr. crét. VI. p. 215. Pl. 809.
1858. Desgl. Desor, Syn. des Echin. foss. p. 366.
1869. *Micr. breviporus* U. Schloenbach im n. Jahrb. p. 819.
1870. *M. Leskei* F. Römer, Geol. v. Oberschles. p. 310 z. Th.

Diese Art, welche sehr eng an die schmäleren Abänderungen des *Micr. cor testudinarium* angrenzt, zeichnet sich bei einer mehr länglich-ovalen Form besonders durch ihre kürzeren Fühlergänge aus, so dass namentlich zwischen dem hinteren Paare und dem hinteren Schalenrande ein weit grösserer Flächenraum davon befreit ist, als bei den vorher beschriebenen. In dieser Beziehung gleicht das von F. Römer a. a. O. Taf. 34. Fig. 3 abgebildete Exemplar von Oppeln mehr dem *M. cor testudinarium* als dem *M. Leskei.*

M. Borchardi v. Hag. aus der Kreide von Staffin auf Wollin, wo er mit *Holaster planus* zusammen vorkömmt, ist nach Exemplaren, die ich Herrn v. Hagenow und Herrn Borchard verdanke, von *M. Leskei* nicht verschieden.

Vorkommen. Mit *M. cor testudinarium* zusammen selten im Plänerkalke von Strehlen und Weinböhla, wo ihn die Herren Emil Kühnscherf und G. Kirsten in Dresden zuerst aufgefunden haben. — Unter ähnlichen Verhältnissen findet er sich in dem oberen Pläner von Oppeln in Oberschlesien (F. Römer), nach Exemplaren in dem Dresdener Museum im Plänerkalke des Galgenberges bei Quedlinburg, in der Brongniarti-Schicht am Schneeberge bei Klein-Döhren unweit Salzgitter, in dem ober-turonen Grünsande von Rotheufelde bei Osnabrück (vgl. U. Schloenbach) und in der weissen Kreide von Lebbin auf Wollin. d'Orbigny und Desor führen ihn aus der weissen Kreide von Fécamp, Etretat und Dieppe, aus den Umgebungen von Beauvais, Méru (Oise), Vervins und la Capelle (Aisne), Andelys, Caussols (Var), Ciply in Belgien und von der Insel Wight an; nach Forbes in der Kreide von Sussex.

3. *M. gibbus* Goldf. sp., Ag.

1826—1833. *Spatangus gibbus* Goldfuss, Petr. Germ I. p. 156. Taf. 48. fig. 4.
1840. *Micraster gibbus* Agassiz.
1853—1855. *M. cor. anguinum* d'Orbigny, Pal. franç. VI. p. 207 z. Th.
1858. *M. gibbus* Desor, Syn. des Echin. foss. p. 365.
1855—1869. *M. cor. testudinarium* Cotteau & Triger, Ech. du dép. de la Sarthe, p. 320 z. Th.
1870. *M. gibbus* F. Römer, Geol. v. Oberschlesien, p. 355. Taf. 39. fig. 2.

Die Beantwortung der Frage, ob *Spatangus gibbus* eine besondere Art oder nur eine Varietät des *Micr. cor testudinarium* sei, wird stets verschieden beurtheilt werden; jedenfalls ist es eine von dem gewöhnlichen Typus des letzteren so abweichende Form, dass man sie mit vollkommen gleichem Rechte davon trennen kann, wie *M. Leskei.* Am meisten nähert sie sich der *Var. brevis* des *M. cor testudinarium* bei Cotteau und Triger, Ech. du dép. de la Sarthe Pl. 54, doch ist ihr Scheitel meist mehr noch erhaben. Der Umfang ist rundlich-herzförmig, zuweilen selbst breiter als lang, nach vorn mehr erweitert, nach hinten mehr verengt und zuletzt abgestumpft. Die obere Seite ist nach dem in der Mitte gelegenen Scheitel hin mehr oder weniger stark, fast kegelförmig erhaben, nach vorn schief abfallend und flach ausgerandet, hinten stumpf gekielt. Die untere Fläche ist flach gewölbt. In allen übrigen Beziehungen stimmt er mit *M. cor testudinarium* nahe überein.

Vorkommen. Aus Sachsen ist uns nur ein dickschaliges Exemplar bekannt, das Herr G. Kirsten im Pläuerkalke von Weinböhla aufgefunden hat. In der polnischen Kreide ist diese Art nach F. Römer sehr verbreitet, namentlich in der Nähe von Krakau, ferner von Chliny und Zarnowiec östlich von Pilica. Goldfuss beschrieb sie aus dem Pläner von Paderborn. Im Dresdener Museum befindet sich ein Exemplar von Heinberg, südwestlich von Weddingen bei Vienenburg, welches nach v. Unger dem Cuvieri-Pläner entnommen ist, ein Exemplar aus dem Pläner von Halberstadt und eins aus dem Grünsande von Nolle bei Rothenfelde, die sich mit *M. gibbus* vereinigen lassen. Desor citirt ihn aus der Kreide von Beausset (Var), von Brighton in England und von Palarca bei Nizza.

Hemiaster Desor, 1847. — Vgl. 1. S. 85.

1. *H. sublacunosus* Gein. — Taf. 4. Fig. 5, 6.

1849—1850. *Micraster cor anguinum* Gein. Quad. Deutschl. p. 224 z. Th.

Von kreisrund-ovalem oder rundlich-herzförmigem Umfange wird die Schale wenig vor der Mitte ihrer Länge eben so breit als lang, ist nach vorn breit gerundet und verschmälert sich nach hinten zu einer stumpf-abgerundeten Ecke. Ihre obere Seite ist nach vorn hin verflacht, nach hinten gekielt. Der vertiefte Scheitel liegt etwas hinter der Mitte und ist von breiten blumenblattartigen Fühlergängen umgeben, welche in tiefen stumpf endenden Furchen liegen. Neben denselben tritt die Schale fast polsterartig hervor. Nur die Furche, in welcher das unpaarige Fühlerfeld liegt, erweitert sich bis an den vorderen Rand und verläuft dann als schwache Vertiefung nach dem Munde. Von den paarigen Fühlergängen sind die hinteren um ein Drittheil kürzer als die vorderen. Ihre Poren sind quer-verlängert und die äusseren Reihen fallen auf die steile Wand der die Fühlergänge einschliessenden Bucht. Die untere Fläche der Schale ist ziemlich flach. Fast genau in der Mitte zwischen dem Vorderrande und der Mitte der Schale liegt der quer-elliptische, mit einer vorspringenden Lippe versehene Mund. Der ovale After fällt in die obere Hälfte der steil abgestumpften hinteren Seite.

Diese Art zeigt manche Aehnlichkeit mit *Micraster cor anguinum* Lam., namentlich durch die Lage des Scheitels, unterscheidet sich aber davon wesentlich durch grössere Breite und Tiefe der den Scheitel umgebenden Furchen.

Sie ist hierdurch weit näher verwandt dem *Hemiaster lacunosus* Goldf. sp. (Petr. Germ. I. p. 158. Taf. 49. Fig. 3), der sich jedoch durch eine weit geringere Länge des hinteren Paares der Fühlergänge und eine eigenthümliche Biegung der Porenreihen unterscheidet. Die hinteren Fühlergänge sind bei *H. lacunosus* kaum halb so lang als die vorderen, bei *H. sublacunosus* nehmen sie ohngefähr zwei Drittheile der Länge ein.

Vorkommen. Steinkerne von mittlerer Grösse, ca. 4 cm. lang und 2 cm. hoch, kommen vereinzelt vor in dem oberen Quadersandstein der sächsischen Schweiz, namentlich bei Rathen und Oberkirchleithen am rechten Elbufer und oberhalb Königstein an dem linken Elbufer (Taf. 4. Fig. 6) und in dem oberen Quadersandsteine des Annenberges bei Haltern in Westphalen (Taf. 4. Fig. 5). Den wirklichen *Hem. lacunosus* dagegen besitzt das Dresdener Museum aus dem Grünsande von Kiesslingswalde im Glatzischen und aus der oberen Kreide von Schonen.

2. H. Ligeriensis d'Orb. — Taf. 5. Fig. 1.

1853—1855. d'Orbigny, Pal. franç. terr. crét. VI. p. 253. Pl. 887.
1855—1869. Cotteau & Triger, Echinides du dép. de la Sarthe, p. 315. Pl. 52. fig. 7—9.

Der Umfang der Schale ist fast kreisrund und stimmt an einem Exemplare von Strehlen, welches 27 mm. gross ist, genau mit dem von d'Orbigny abgebildeten überein; das andere, hier abgebildete, von Weinböhla ist durch Druck nach der Breite verlängert. Die bauchige Wölbung der Oberfläche, welche hinter dem Scheitel eine bedeutende Höhe erreicht, ist an beiden von oben zusammengedrückten Exemplaren nicht mehr deutlich zu verfolgen. Der vordere Rand ist breit gerundet und ohne Einbuchtung, der hintere Rand nur wenig verengt und stumpf. Der etwas vertiefte Scheitel liegt ein wenig hinter der Mitte. Das unpaarige vordere Fühlerfeld fällt in eine schmale, wenig vertiefte Furche; die paarigen Fühlerfelder sind breiter und etwas mehr vertieft, das hintere Paar ohngefähr ⅔ so lang als das vordere. Ihre Fühlergänge bestehen aus langgezogenen Poren, deren Spitzen in schiefer Richtung einander zugekehrt sind (Fig. 1 c). Sie verbreiten sich mit eleganter Biegung bis an den bandförmigen Streifen, oder die Fasciole (Fig. 1 a), welche von Warzen befreit und nur höchst fein granulirt ist. Die ganze übrige Oberfläche ist dicht mit kleinen Wärzchen besetzt, die einen noch deutlichen Gelenkring besitzen und von kleineren Körnern umgeben werden (Fig. 1 e). Nach französischen Exemplaren liegt der quere, mit einer vorspringenden Lippe versehene Mund in dem vorderen Drittheil der Länge, der rundliche After aber in dem oberen Theil der hinteren Abstumpfung.

Vorkommen. Selten im Pläuerkalke von Strehlen und Weinböhla. Ein durch Herrn Kühnscherf bei Strehlen gefundenes Exemplar lenkte zuerst die Aufmerksamkeit auf diese Art. In Frankreich kennt man sie aus der senonen Kreide von Tours und St. Christophe (Indre-et-Loire) und bei St. Paterne, Villedieu (Sarthe).

3. H. Regulusanus d'Orb. — Taf. 5. Fig. 2.

1853—1855. d'Orbigny, Paléont. franç. terr. crét. VI. p. 248. Pl. 884.

Die Schale ist eiförmig, länger als breit, an unserem, etwas niedergedrückten Exemplare 33 mm. lang und 28 mm. breit, bauchig gewölbt, vorn gerundet und ohne Ausrandung, hinten abgestumpft. Der Scheitel liegt hinter der Mitte. Das vordere unpaarige Fühlerfeld liegt in einer schmalen und ziemlich tiefen Furche, die den Vorderrand nicht erreicht. Die paarigen Fühlergänge liegen in breiteren etwas flacheren Furchen und sind ähnlich wie bei H. Ligeriensis, nur viel ungleicher, indem das hintere Paar nur die halbe Länge des vorderen Paares einnimmt (Fig. 2 a). Der quere verlängerte Mund liegt an dem vorderen Viertheile der Länge, der After an der hinteren Abstumpfung.

Vorkommen. Von dieser seltenen Art bewahrt das mineralogische Museum in Dresden ein Exemplar aus dem oberen Quadermergel von Kreibitz in Böhmen, welches im Liegenden des oberen Quadersandsteines auftritt. Sie wurde in der senonen Kreide Frankreichs bei Beausset (Var) entdeckt.

2. Asteroidea. Seesterne. (Vgl. I. S. 86.)

Stellaster Gray, 1840. (Vgl. I. p. 86).

1. St. Schulzei Cotta & Reich. — Taf. 5. Fig. 3, 4.

1760. Ch. F. Schulze, Betrachtung der versteinerten Seesterne, Taf. 2. fig. 6.
1841. *Asterias Schulzii* A. Römer. Verst. d. norddeutsch. Kreideg. p. 28. Taf. 6. fig. 21 (excl. Tharand).
1842. Desgl. Gein. Char. III. p. 89 (excl. Tharander Wald).
1849. Desgl. Gein. Quad. Deutschl. p. 228. Taf. 13. fig. 5 (excl. Tharander Wald).
1863. Desgl. Drescher, Zeitschr. d. deutsch. geol. Ges. Bd. XV. p. 359.

Scheibe fünfseitig, beiderseits flach gewölbt, mit stumpfwinkelig gerundeter Einbiegung des Seitenrandes. Bei 25 mm. Länge des kleinen Radius beträgt die Länge des grossen Radius 58 mm., so dass sich beide zu einander verhalten wie 1 : 2⅓. Eine jede Seite ist mit etwa 50 schmalen Randtafeln besetzt, deren schmale Zwischenräume in den Abdrücken durch ziemlich hohe Leisten angedeutet sind. Jede der Randplatten ist der Länge und Breite nach gewölbt und ihre Länge nimmt von der Mitte der Seiten nach dem Ende der Strahlen hin allmählich ab, ohne dass sich ihre Breite wesentlich verringert. Die Länge der mittleren Randtafeln ist 3 bis 4 mal so gross als ihre Breite. Wo sich bei Abdrücken zwei Tafelreihen am Rande dieses Seesterns zeigen, wie Fig. 4, ist dies eine Folge des Druckes, wodurch Randtafeln der anderen Fläche zum Vorschein gelangt sind. Ihre Oberfläche scheint granulirt (oder punktirt) gewesen zu sein.

Rückenseite (Fig. 4) und Bauchseite (Fig. 3) waren mit rundlichen oder vieleckigen Scheibenplättchen besetzt, welche man bis an das Ende der Arme verfolgen kann und die auf der Rückenseite in der Richtung der Arme reihenförmig angeordnet sind. Alle diese Plättchen sind kleiner als bei *Stellaster Ottoi* des unteren Quaders.

In Fig. 4 ist bei a die Lage der Madreporenplatte zu sehen.

Wie es auch bei lebenden Seesternen oft vorkömmt, z. B. dem gewöhnlichen *Astropecten polyacanthus* Müll. & Trosch, ist auch hier die Spitze der Arme zuweilen plötzlich umgebogen und hat im Gesteine einen runden Eindruck hinterlassen (Fig. 3).

Die auf der Bauchseite befindlichen Fühlerfurchen sind bei dieser Art schmäler als bei *St. Ottoi*, wovon *St. Schulzei* schon durch weit zahlreichere und schmälere Randtafeln unterschieden ist.

Vorkommen. *Stellaster Schulzei* ist ein Leitfossil für den oberen Quadersandstein der sächsischen Schweiz und gehört zu den gesuchtesten Versteinerungen. Er wurde auf der linken Elbseite in den Gausbrüchen gegenüber Weblen, und in dem Rietzschgrunde zwischen Königstein und Schandau, auf der rechten Elbseite bei Posta, gegenüber Pirna, und bei Schandau wiederholt gefunden, ist jedoch immerhin ziemlich selten. Drescher beschreibt ihn in Zeitschr. d. deutsch. geol. Ges. 1863. Bd. XV. p. 359, aus dem senonen Quadersandstein von Rabendocken bei Hermsdorf in Niederschlesien, wo er, wie in der sächsischen Schweiz, mit *Lima canalifera* Goldf. zusammen vorkommt. In der Universitätssammlung zu Berlin befinden sich ausser mehreren Exemplaren aus der sächsischen Schweiz auch ein Exemplar des *Stellaster Schulzei* aus dem senonen Grünsande von Kieslingswalda im Glatzischen. Forbes [1] hält unsere Art für identisch mit *Stellaster Comptoni* Gray aus der Kreide von England, doch zeigt sich bei diesem, statt einer stumpfwinkelig gerundeten Einbiegung, ein weit flacher gewölbter Bogen, während diese Art durch ihre übrigen Charaktere dem *Stellaster Schulzei* jedenfalls am nächsten steht.

2. St. Albensis Gein. — Taf. 6. Fig. 3.

Abermals eine fünfstrahlige Art mit flacher Rücken- und Bauchseite. Sie ist durch verhältnissmässig sehr lange und schmale Arme ausgezeichnet, die mit einer stumpfwinkeligen Ausbiegung fast in der Form eines Spitzbogens aneinander grenzen. Bei 16 — 17 mm. Länge des kleinen Radius ist der grosse Radius der Scheibe 57 mm. lang, also mindestens 3⅓ mal so gross. Die Randtafeln, deren man zwischen den Enden zweier benachbarter Strahlen 46 zählt, waren tonnenartig gewölbt und an ihrer äusseren Seite mit einigen Höckern versehen, die sich im Abdrucke noch als Vertiefungen zeigen. Man trifft dies in ähnlicher Weise bei *Goniaster Smithi* Forbes (a. a. O. p. 334. Tab. 22. Fig. 1, 2), einer damit nicht zu verwechselnden Art.

---

[1] Forbes in Dixon. Geol. and Fossils of Sussex. p. 335. Tab. 22. fig. 8.

Die Tafeln sind in der Mitte des Randes fast dreimal so lang als breit und stossen auf der Rückenseite der Scheibe (Fig. 3) an dem Anfange der langen Arme zusammen. Der mittlere Raum der Scheibe bildet ein Fünfeck mit schwach eingebogenen Seiten, welches regelmässig getäfelt ist und wobei die verhältnissmässig grossen, 4- oder 6-seitigen Täfelchen sich in der Richtung der Arme zu Längsreihen anordnen.

Vorkommen. Eine grosse Seltenheit in dem oberen Quadersandsteine von Postelwitz in dem sächsischen Elbthale, von wo ich dieselbe durch den verstorbenen Professor Ficinus erhielt. Ein zweites Exemplar befindet sich in dem Freiberger Museum.

3. St. Coombii Forbes sp. — Taf. 6. Fig. 4—6.

1849—1850. *Asterias quinqueloba* Gein. Quad. Deutschl. p. 228 z. Th.
1850. *Goniaster (Astrogonium) Coombii* Forbes in Dixon, Geol. a. Foss. of Sussex, p. 334. Tab. 23. fig. 6.

Diese mit *Stellaster Ottoi* Gein. am nächsten verwandte Art bildet eine fünfseitige, beiderseits flache Scheibe, deren kleiner und grosser Radius sich zu einander verhalten wie 24 : 56 mm., oder wie 1 : 2¹/₃. Die stark eingebogenen Ränder sind jederseits mit ca. 30 länglichen und schwach convexen Randtafeln besetzt, deren Oberfläche bis an die steilabfallenden Gelenkflächen regelmässig und eng punktirt ist. Im ursprünglichen Zustande war sie mit kleinen Körnern bedeckt. Die längsten dieser Tafeln, in der Mitte des Randes, erweitern sich stark nach innen, wie die Schlusssteine eines steilen Gewölbes (Fig. 5, 6), und sind bei 6 mm. Länge an ihrer äusseren Seite 2 mm., an ihrer inneren aber 3 mm. breit, andere sind etwas kürzer und weichen in ihrer Breite nicht so stark von einander ab (Fig. 4).

Vorkommen. Randplatten und zum Theil auch die kleinen vieleckigen Scheibentäfelchen nicht selten im Plänerkalke von Strehlen und Weinböhla. — Nach Forbes in der unteren Kreide (Lower Chalk) von England.

4. St. quinqueloba Goldf. sp. — Taf. 6. Fig. 7.

1826—1833. *Asterias quinqueloba* Goldf. Petr. Germ. I. p. 209. Taf. 63. fig. 5.
1849—1850. Desgl. Gein. Quad. Deutschl. p. 228 z. Th.

Einzelne der bei Strehlen vorkommenden Randplatten entsprechen ziemlich genau den Abbildungen von *Asterias quinqueloba* Goldfuss, von deren Oberfläche hervorgehoben wird, dass sie mit einer dünnen, siebartig durchlöcherten Schicht überzogen sei, welche sich nicht bis an den breiten, sehr fein punktirten Rand erstrecke. Aehnliche Formen befinden sich auch unter den von Forbes aus der oberen Kreide Englands beschriebenen Arten.

Vorkommen. Selten im Plänerkalke von Strehlen; vorherrschend in der oberen Kreide von Rügen, Möen und anderen senonen Ablagerungen, wie in dem oberen Quadermergel des Salzberges bei Quedlinburg.

3. Crinoidea. Haarsterne.

Pentacrinus Miller, 1821.

P. lanceolatus A. Röm. — Taf. 6. Fig. 1, 2.

Einige durch Herrn E. Fischer in dem Plänerkalke von Strehlen gefundene Säulenglieder weisen auf einen grösseren Pentacriniten hin, welcher mit *P. lanceolatus* A. Röm. des unteren Pläners nahe Verwandtschaft zeigt und wahrscheinlich nur ein grösseres Exemplar dieser Art ist. An der stumpfkantigen Säule wechseln grössere und kleinere Glieder mit einander ab (Fig. 1 a), welche an ihrem Umfange gewölbt sind.

Es haben die grösseren Glieder 8 mm. Durchmesser erreicht. An einigen Stellen derselben treten grosse rundlich-elliptische Gelenkflächen für Ranken hervor, welche viel Aehnlichkeit mit jenen des *Pentacrinus basaltiformis* besitzen. Auf den Gelenkflächen erscheinen die 5 Blätter etwas breiter als bei den kleineren Exemplaren des unteren Pläners und besitzen einige zahnartige Leisten mehr als diese.

Unter den von Dixon (a. a. O. Tab. 19 u. 20) aus der Kreide von England abgebildeten Säulengliedern finden wir keine, die unseren Exemplaren vollkommen entsprechen.

Antédon Sars. 1868.

So lange man in den Plänerablagerungen Deutschlands noch keinen Kelch dieser Art gefunden hatte, war man berechtigt, gewisse darin vorkommende Säulenglieder an *Apiocrinus* oder *Bourgueticrinus ellipticus* Mill. anzuschliessen, welche Art in der oberen Kreide und anderen senonen Ablagerungen ziemlich verbreitet ist. Auf letztere beziehen sich unter anderen folgende Beschreibungen und Abbildungen:

1822. *Apiocrinus ellipticus* Mantell, Geol. of Sussex, p. 182. Tab. 16. fig. 3, 12, aus der oberen Kreide von England.
1823—1832. *Encrinites* und *Apiocrinites ellipticus* Schlotheim, Merkw. Verstein. II. Taf. 25. fig. 1, von Aachen.
1826—1833. *Apiocrin. ellipt.* Goldfuss, Petr. Germ. 1. p. 186. Taf. 57. fig. 3, von Mastricht und Lemförde.
1840. *Eugeniacrinites Hagenowi* (Goldf.) v. Hagenow im n. Jahrb. 1840. p. 664. Taf. 9. fig. 18, von Rügen.
1841. *Apiocr. ell.* A. Römer, Verst. d. norddeutsch. Kreidef. S. 26, aus dem oberen Kreidemergel von Gehrden, Quedlinburg und Lemförde.
1850. Desgl. Dixon, Geol. a. Foss. of Sussex, p. 343. Tab. 20. fig. 11—38, aus der oberen Kreide von England.
1851—1852. *Bourgueticrinus ellipt.* Bronn, Leth. geogn. Bd. V. p. 174. Taf. 29. fig. 12, von den schon genannten Fundorten, sowie aus senonen Schichten Frankreichs, Dänemarks und Schwedens.
1865—1868. Desgl. Eichwald, Lethaea Rossica, II. p. 229. Pl. 16. fig. 6, aus der weissen Kreide von Ssimbirsk.

Bei allen von genannten Autoren abgebildeten vollständigeren Exemplaren dieser Art ist das obere Ende der Säule verdickt, wie es einem *Apiocrinus* überhaupt zukommt, und es wird der kleine niedrige Kelch, der aus 5 Basalplatten und 5 Radialplatten besteht, nach oben hin schmäler.

Entgegengesetzt verhält sich die mit *Apiocrinus* und *Bourgueticrinus* nahe verwandte lebende Gattung *Antédon* Sars, die man aus der trefflichen Abhandlung von M. Sars, *Mémoires pour servir à la connaissance des Crinoïdes vivants*, Christiania, 1868. 4°. p. 47. Pl. 5, 6, sehr genau hat kennen lernen. Bei *Antédon Sarsii* Düben u. Koren sp., der in der Nähe der Lofoten noch lebend aus dem Meere herausgefischt wurde, ist die Säule an ihrem oberen Ende nicht verdickt und es erweitert sich der Kelch von seiner Basis an bis an das obere Ende der ersten Radialplatte kegel- oder becherförmig, wie bei einer fossilen, aus Strehlen vorliegenden Art.

A. Fischeri Gein. — Taf. 6. Fig. 9—12.

1846 (?). *Bourgueticrinus ellipticus* Reuss, d. Verst. d. böhm. Kreidef. II. S. 59.
1849—1850. Desgl. Gein. Quad. Deutschl. S. 230 z. Th.

Das Fig. 9 abgebildete Exemplar dieser neuen fossilen Art ist durch Herrn Maler Ernst Fischer in dem Plänerkalke von Strehlen entdeckt und dem königl. mineralogischen Museum in Dresden überlassen worden.

Es besteht aus einer Säule von 10 cm. Länge, deren fast walzenförmige Glieder im Allgemeinen länger als breit sind und nach oben hin meist an Länge und Breite abnehmen. Sie erscheinen in ihrer Mitte oft etwas zusammengezogen (Fig. 10 a) und zeigen, wie *Bourgueticrinus ellipticus*, an ihren elliptischen Gelenkflächen die Eigenthümlichkeit, dass der grössere Durchmesser der einen Fläche eine fast senkrechte Stellung zu dem der anderen Fläche einnimmt (Fig. 10 a, b).

An dieser Säule hat eines der oberen Glieder eine auffallende Grösse und eiförmige Verdickung angenommen, da es zur Aufnahme einer Ranke bestimmt gewesen ist. An einem weit tiefer liegenden Säulengliede, von welchem gleichfalls eine Ranke (oder Hilfsarm) ausgeht, wenn dieses Stück nicht zufällig hierher geführt worden ist, fehlt eine derartige Verdickung. Von der Basis der Säule laufen mehrere ebenfalls gegliederte, wurzelartige Ranken aus, die zur Befestigung gedient haben mögen und ähnlich denen sind, welche Sars, a. a. O. Tab. 1. fig. 12 von dem *Rhizocrinus lofotensis* abgebildet hat.

Im Allgemeinen wird man die Säulenglieder des *Antédon Fischeri* von jenen des *Bourgueticrinus ellipticus* durch ihre grössere Länge und eine mehr walzenförmige Gestalt unterscheiden können, wenn auch zwischen beiden Verbindungsstufen vielfach vorkommen.

Ganz verschieden ist aber der Kelch des *Antédon Fischeri* von dem des *Bourgueticrinus ellipticus*, wiewohl das Zahlengesetz für die ihn bildenden Tafeln, so weit jetzt dieselben bekannt sind, dasselbe erscheint. Der Kelch ist an seiner Basis noch nicht 2 mm., am oberen Ende der ersten Radialplatte 3 mm. breit und erreicht bis dahin 2 mm. Höhe. Die an das oberste Säulenglied stossende Basis ist nach innen trichterförmig vertieft und besteht aus 5 deltoidischen Platten von gleicher Grösse, die den ersten geschlossenen Ring des Kelches bilden. Mit ihnen wechseln 5 grössere und etwas höhere Platten ab, die als Radialplatten den zweiten Ring des kleinen Kelches schliessen und an ihrem oberen Ende mit deutlichen Gelenkflächen für das zweite Glied der Kelchradien versehen sind. An diese haben sich wahrscheinlich, wie bei dem lebenden *Antédon Sarsi*, noch einige Radialplatten angeschlossen, auf welchen die Arme gesessen haben. Die Beschaffenheit der vorhandenen Gelenkfläche ist mit möglichster Treue dargestellt worden.

Vorkommen. Einzelne Säulenglieder kommen sowohl im unteren als auch im oberen Pläner des Elbthales vor, und es ist nicht unwahrscheinlich, dass die meisten der bisher aus den eigentlichen Plänerbildungen Böhmens und anderer Länder als *Apiocrinus* oder *Bourgueticrinus ellipticus* aufgeführten Säulenstücken vielmehr zu *Antédon Fischeri* gehören, während der wahre *B. ellipticus* bis jetzt auf senone Ablagerungen beschränkt zu sein scheint.

Das

ELBTHALGEBIRGE

in

SACHSEN

von

Dr. Hanns Bruno Geinitz,

Ritter des Königl. Sächs. Verdienstordens und des Kais. Brasilianischen Rosenordens, Director des Königl. Mineralogischen Museums, Prof. an der Königl. polytechnischen Schule in Dresden, Ehrenmitglied des Doctoren-Collegiums der K. K. Universität zu Wien, etc.

Zweiter Theil.

Zweite Lieferung.

Der mittlere und obere Quader.

II. Brachiopoden und Pelecypoden.

CASSEL.

Verlag von Theodor Fischer.

1873.

IV. Classe. Mollusca (Weichthiere).

I. Ordn. *Brachiopoda (Armfüsser).*

1. Fam. *Terebratulidae.* — I. S. 150.

Terebratula Llhwyd, 1696. — I. S. 150.

1. T. semiglobosa Sow. 1813. — II., Taf. 1—4.

1814. *Ter. subundata* u. *T. semiglobosa* Sowerby, Min. Conch. Pl. 15, fig. 7, 9.
1834. v. Buch, Terebrateln, p. 96.
1839. *Ter. semiglobosa* u. *T. carnea* Gein. Char. p. 16. XVIII. (excl. Zscheila).
1841. *Ter. semiglobosa* u. *T. carnea* A. Römer, Verst. d. nordd. Kreidegeb. p. 43, 44 z. Th.
1843. Desgl. Gein., Gaea v. Sachsen p. 129 (excl. Zscheila).
1846. *Ter. carnea* Gein. Grundriss p. 509 z. Th. Taf. 21, fig. 15.
1846. *Ter. carnea* u. *T. semiglobosa* Reuss, Verst. d. böhm. Kreidef. II. p. 50, 51, Taf. 26. fig. 5—11.
1847. *Ter. semiglobosa* d'Orbigny, Pal. fr. terr. crét. IV. p. 105, Pl. 514, fig. 1—4.
1849—1850. *Ter. carnea* Gein. Quad. Deutschl. p. 214 z. Th.
1850. *Ter. bulla* J. de C. Sowerby in Dixon, Geol. and. Foss. of Sussex, p. 346, Tab. 27, fig. 11.
1851—1852. *Ter. semiglobosa* Bronn, Leth. geogn. V. p. 226, Taf. 30, fig. 11.
1854. *Ter. semiglobosa* Davidson, a Monograph of the British Cretaceous Brachiopoda, P. II. p. 64, Pl. 8, fig. 6—18.
1857. *Ter. carnea* u. *T. carnea* v. Strombeck in Zeitschr. d. deutsch. geol. Ges. IX. p. 416, 417.
1868. *T. semiglobosa* Gümbel, Geogn. Beschr. d. Kön. Bayern. II. 1, p. 759.
1868. *Ter. subrotunda* U. Schloenbach in Sitzb. d. k. Ak. d. Wiss. LVII. Bd., p. 19, Taf. 1, fig. 6—12. — in Jahrb. d. k. k. geol. Reichsanst. XVIII. p. 151.
1869. *Ter. subrotunda* U. Schloenbach im n. Jahrb. p. 827.
1868—1870. *Ter. semiglobosa* Quenstedt, Brachiopoden, p. 378, Tab. 48, fig. 48—53.
1870. Desgl. F. Römer, Geologie v. Oberschlesien p. 313, Taf. 34, fig. 9.

In den neuesten Arbeiten über Brachiopoden von Davidson, Schloenbach, Quenstedt und A. ist die glatte Terebratel des Plänerkalkes oder oberen Pläners auf *Terebratula semiglobosa* Sow. zurückgeführt und von *Ter. carnea*, welche in senonen Ablagerungen vorwaltet, getrennt worden.

Die Schale der ersteren ist in der Regel länger als breit, von mehr dreiseitig-fünfseitigem bis siebenseitigem Umfange und beiderseits bauchig — gewölbt. Die grössere, etwas stärker gewölbte Klappe besitzt einen stark eingebogenen Schnabel, der in seiner Spitze eine kleine runde Oeffnung enthält und oft das Deltidium gänzlich verdeckt. Die daran grenzende Area wird von gerundeten Kanten begrenzt. Die Schale senkt sich an der Stirn mit einer breiten, in ihrer Mitte etwas erhobenen Bucht in die kleinere Schale hinab, so dass der Stirnrand wellenförmig oder fast M-förmig gebogen wird. Die Vertiefungen der einen Schale entsprechen wulstförmigen Erhebungen der anderen Schale, die jedoch nicht bis in die Mitte reichen.

Es kommen im Plänerkalke auch mehr gerundete Abänderungen vor, welche nur wenig länger als breit sind und bei denen der Stirnrand nur noch eine schwache wellenförmige Biegung zeigt. Diese vermitteln einen Uebergang zu *Ter. carnea*, womit diese Art von vielen Autoren vereinigt worden ist.

Im Allgemeinen aber ist *Ter. carnea* flacher gewölbt, besitzt einen einfachen, fast geradlinigen Stirnrand und ist auf der grösseren Schale in der Nähe des Wirbels ziemlich deutlich gekielt, auch wird ihre Area von schärferen Schlosskanten begrenzt.

Ter. subrotunda Sow. (Min. Conch. 1813, Pl. 15, fig. 1) ist von L. v. Buch, d'Orbigny und Quenstedt zu *Ter. carnea* Sow. gezogen worden, während Davidson (Brit. Cret. Foss. II. p. 68) die Frage noch offen lässt, ob sie zu dieser Art oder zu *Ter. semiglobosa* gehöre. Würde sie aber auch von der letzteren aufgenommen werden, wie Schloenbach meint, so liegt dann noch kein Grund vor, den eingebürgerten Namen für sie aufzugeben, da beide Namen von Sowerby gleichzeitig veröffentlicht worden sind, ausserdem aber Sowerby's Abbildungen der *Ter. semiglobosa* (M. C. Tab. 15, fig. 9) jedenfalls weit charakteristischer für die Art sind, als die von *Ter. subrotunda* Sow. (M. C. Tab. 15, fig. 1).

Vorkommen. *Ter. semiglobosa* ist eine der gewöhnlichsten Arten im Plänerkalke von Strehlen und Weinböhla in Sachsen, Oppeln in Oberschlesien, Hundorf in Böhmen, Quedlinburg, Goslar, Langelsheim und Vienenburg im Harze, im turonen Grünsande von Nolle bei Rothenfelde u. s. w. Schloenbach beobachtete ihr Vorkommen in Böhmen ausschliesslich in dieser Zone des *Spondylus spinosus* und *Scaphites Geinitzi*, Gümbel stellt sie in die oberturonen Schichten Bayern's. Dieselbe Art ist durch v. Hagenow, aus der unteren Kreide am Kalkofen auf Wollin als *Ter. Bolliana* v. Hag. beschrieben worden.

Davidson weist ihre Verbreitung in der unteren Kreide und der grauen Mergelkreide von Lewes, Charing, Gravesend, Tytherleigh, Chardstock etc. in England, sowie in der Gegend von Rouen u. a. O. Frankreichs nach.

Terebratulina d'Orbigny, 1847. — I. S. 155.

1. T. gracilis Schloth. sp. — II., Taf. 7. Fig. 18.

1813. *Terebratulites gracilis* Schlotheim in Leonhard's Taschenbuch f. d. ges. Mineralogie. VII. p. 113, Taf. 3, fig. 3.
1829. *Ter. rigida* Sowerby, Min. Conch. Tab. 536, fig. 3, 4.
1834. *Terebratula gracilis* v. Buch Terebrateln, p. 64, Tab. 2, fig. 35.
1839—1842. *Ter. gracilis* u. *Ter. ornata* Gein. Char. I. p. 16, II. p. 59, Taf. 16, fig. 13 (wahrscheinlich von Rügen).
1841. *Ter. ornata* und *Ter. gracilis* A. Römer, nordd. Kreidegeb. p. 40, Taf. 7, fig. 10.
1843. Desgl. Gein., Gaea v. Sachsen p. 129.
1846. Reuss, Verst. d. böhm. Kreidef. II. p. 49, Taf. 26, fig. 1; Taf. 42, fig. 24.
1847. d'Orbigny, Pal. franç. terr. crét. IV. p. 61, Pl. 503, fig. 1—6.
1849—1850. Gein. Quad. Deutschl. p. 210.
1852. Davidson, Brit. Cret. Brach. II. p. 38, Pl. 2, fig. 13—17.
1866. *T. rigida* u. *T. gracilis* Schloenbach, Krit. Stud. über Kreide-Brachiopoden (Palaeontographica, XIII.) p. 17—22, Taf. 10, fig. 10—20.
1868. *T. rigida* Gümbel, Geogn. Beschr. d. Kön. Bayern II. 1, p. 759.
1868. *T. rigida* Schloenb., nordd. Galeriten-Schichten (LVII. Bd. d. Sitzb. d. k. Ak. d. W.) p. 18, Taf. 1, fig. 1, 2.
1868. *T. rigida* Schloenb. im Jahrb. d. k. k. geol. R. A. XVIII. p. 149.
1869. *T. rigida* Schloenb. im u. Jahrb. p. 827.
1868—1871. Quenstedt. Petrefactenkunde Deutschlands, II. die Brachiopoden, p. 249, Taf. 44, fig. 34—40.
1870. F. Römer, Geologie von Ober-Schlesien, p. 314, Taf. 37, fig. 8, 9.

Ob man *T. rigida*, die in dem Plänerkalke vorherrschende Form, von *T. gracilis* der oberen Kreide in dem Sinne von U. Schloenbach abtrennen kann, ist auch für uns ein Gegenstand wiederholter Untersuchungen gewesen. Es wurde von ihm namentlich hervorgehoben, dass *T. gracilis* sich ausser der fast immer bedeutenderen Grösse (an Exemplaren von Rügen und und Möen bis 9 mm.) durch einen spitzeren Schnabel ohne Schnabelkanten und ohne falsche Area unterscheide und dass ihr der bei *T. rigida* stets vorhandene gerade Schlossrand der kleinen Klappe fehle. Sie sei mehr kreisrund, während *T. rigida* meist länger als breit ist, ihre kreisrunde kleinere Klappe, oder Rückenplatte, sei eben oder selbst etwas eingedrückt, während sie bei *T. rigida* oft flach gewölbt ist. In allen diesen Beziehungen finden sich Uebergänge von einer zu der anderen Abänderung, und zwar sowohl bei den Exemplaren des Plänerkalkes als jenen aus der oberen Kreide, aus welcher uns von Möen zahlreiche Exemplare vorliegen, welche das K. Mineralogische Museum dem verstorbenen Oberstlieutenant von Koppenfels verdankt.

Die stabförmigen Linien der Oberfläche, welche sich durch Einsetzung neuer Linien nach dem Rande hin stark vermehren, erscheinen entweder glatt oder mehr oder weniger deutlich granulirt.

Der Schlossapparat beider Schalen ist nach Exemplaren von Strehlen Taf. 7. Fig. 18. c. d. abgebildet worden.

Vorkommen. Wenn wir von dem Char. Taf. 16. Fig. 13. abgebildeten Exemplaren absehen wollen, da hier wahrscheinlich durch einen früheren Sammler eine Verwechselung des Fundortes (Tunnel von Oberau) vorgekommen ist, so gehört *T. gracilis* ganz vorzugsweise den turonen und senonen Ablagerungen an.

Sie beginnt in den obersten Schichten des mittleren Pläners, z. B. bei Räcknitz unfern Dresden, ist am gewöhnlichsten in dem oberen Pläner oder eigentlichen Plänerkalke, in den sogenannten Scaphiten-Schichten bei Strehlen und Weinböhla in Sachsen, Hundorf in Böhmen, in Bayern, Oppeln in Ober-Schlesien und Quedlinburg, bei Salzgitter, in dem sogenannten Galeriten-Pläner, in dem Grünsande von Rothenfelde, dem jüngeren Grünsande von Essen etc., welche gleichfalls turon sind. In Frankreich bezeichnet sie nach d'Orbigny die obere turone Etage; in England soll sie nach Davidson schon in dem Specton Clay von Yorkshire, und in dem oberen Grünsande von Warminster angetroffen worden sein, am häufigsten ist sie jedoch in der unteren und oberen Kreide von Kent und namentlich in der Kreide von Norwich. In der oberen Kreide von Rügen und Möen ist sie keine seltene Erscheinung und dürfte hier gerade ihre grösste Entwickelung erreicht haben.

2. T. striatula Mant. — I., p. 155. Taf. 36. Fig. 39—41; II., Taf. 7. Fig. 16. 17.

Gattung und Art unbestimmt. II., Taf. 8. Fig. 3—4.

Es sind von diesem merkwürdigen Brachiopoden bis jetzt nur Steinkerne der kleineren Schale gefunden worden, welche eine ähnliche Gestalt besitzen wie die von Magas Geinitzi Schloenb., womit sie U. Schloenbach zu vereinigen geneigt war, und mit *Megerleïa lima* Schl. oder *Kingena lima* Davidson. Sie ist rundlich-fünfseitig, meist nur wenig länger als breit, oberhalb ihrer Mitte am breitesten, an dem geradlinigen Stirnrande fast abgestutzt und ziemlich regelmässig gewölbt, am meisten längs ihrer Mitte. Von der Spitze des Wirbels zieht sich eine tiefe Furche bis in die Mitte, die einem Septum der Schale entspricht, neben welcher die Ansatzstellen für Muskeln bemerkbar werden. Der dem Wirbel entsprechende spitze Vorsprung des Steinkernes ist von 2 tiefen Einschnitten begleitet, die von den Schlosszähnen herrühren, und an deren äusseren Seite sich ein länglicher Wulst erhebt, welcher durch seine Querfaltung den Schlosszähnen einer Trigonia gleicht. An der Oberfläche einiger dieser Steinkerne bemerkt man mehr oder

weniger deutlich ausstrahlende Falten, die auf eine gerippte oder gefaltete Beschaffenheit der Schalenoberfläche hinweisen, die Oberfläche von anderen Exemplaren erscheint dagegen glatt.

Aus den vorliegenden Materialien ist eine weitere Bestimmung der Gattung und Art noch nicht
möglich. Die Versuche, durch Abdrücke mit Gutta-Percha das Innere der Schale selbst nachzubilden, die
ich auf Veranlassung Meisters Davidson nach freundlichst genommener Ansicht unserer Abbildungen aus-
geführt habe, sind an der lockeren Beschaffenheit des Gesteins vollkommen gescheitert.

Grösse der Steinkerne bis 17 mm.

Vorkommen. Mit *Inoceramus labiatus* zusammen in dem Mittelquader des Bielaer Grundes,
zwischen Königsbrunn und Hermsdorf, ferner im Cottaer oder Copitzer Grünsandsteine an der Ziegelei und
in dem Rittergutsgarten von Gross-Cotta und zwischen Neundorf und Kritzschwitz.

2. Fam. *Rhynchonellidae.*

Rhynchonella Fischer, 1809. — I. S. 163.

1. Rh. plicatilis Sow. — II., Taf. 7. Fig. 5—15.

1814. *Ter plicatilis* u. *Ter. octoplicata* Sowerby. Mineral Conchology, Tab. 118, fig. 1—5.

1835. *Ter. octoplicata* Brongniart et Cuvier, descr. géol. des env. de Paris, p. 627, Pl. I., fig. 8.

1839—1842. *Ter plicatilis, octoplicata, pisum* u. *Mantelliana* Gein. Char. I. p. 15, III. p. XVII. XVIII., Taf. 16, fig. 16—18. (Mit Ausschluss des Vorkommens im unteren Quader und unteren Pläner.)

1841. Desgl. A. Römer, nordd. Kreideg. p. 38. 39.

1845. Desgl. Gein. Gaea v. Sachsen p. 129 z. Th.

1846. *Ter. plicatilis* Gein. Grundr. p. 502 z. Th. Taf. 21, fig. 9.

1846. *Ter. plicatilis, octoplicata, pisum* u. *Mantelliana* Reuss, böhm. Kreidef. II. p. 47, 48, Taf. 25, fig. 10—22.

1847. *Ter Jugleri* Gein. in Sachse's allg. deutsch. naturh. Zeit. II. p. 161, Taf. 1, fig. 6—8.

1847. *Rhynchonella Cuvieri* u. *Rh. octoplicata* d'Orbigny, Pal. fr. IV. p. 39, 46, Pl. 497, fig. 12—16; Pl. 499, fig. 9—12.

1849—1850. *Ter. Jugleri* (excl. Pläuen), *T. octoplicata, T. pisum* z. Th., *T. Mantelliana* Gein. Quad. Deutsch. p. 208—210.

1851—1852. *Rh. plicatilis* Bronn. Leth. geogu. V. p. 214, 215, Taf. 30, fig. 9; *Ter. Martini* eb. p. 218 z. Th. Taf. 30, fig. 7.

1854. *Rh. plicatilis* u. *Rh. Cuvieri* Davidson, Brit. Cret. Brach. II. p. 75, 88, Pl. 10, fig. 1—17, 37—42, 50—54.

1863. *Rh. plicatilis* Knuth in Zeitschr. d. deutsch. geol. Ges. p. 732.

1863. *Rh. Cuvieri* u. *Rh. plicatilis* U. Schloenbach, über d. nordd. Galeriten-Schichten (Sitzb. d. k. Ak. d. Wiss. in Wien, Bd. LVII.) p. 33, 38, Taf. 3, fig. 3—4, 5—7.

1868. Desgl. U. Schloenbach im Jahrb. d. k. k. geol. Reichsanst. XVIII. p. 159.

1868. Desgl. Günbel, Geogn. Beschr. d. Kön. Bayern. II. 1, p. 759.

1869. Desgl. U. Schloenbach im u. Jahrb. p. 822.

1868—1870. *Ter. plicatilis, octoplicata, pisum* u. *Mantelliana* Quenstedt, Brachiopoden, p. 167—172, Taf. 41, fig. 55—77.

1870. *Rh. plicatilis* F. Römer, Geol. von Oberschlesien p. 313, Taf. 31, fig. 6, 7.

Die Schale der *Rhynchonella plicatilis* ist rundlich-fünfseitig, in der Jugend gewöhnlich ebenso breit
als lang, im Alter oft etwas breiter. Der Schlosskantenwinkel ist nahezu ein rechter, bald wenig spitzer,
bald stumpfer. Die Seitenkanten sind gerundet und verbinden sich in einem Bogen mit den Schlosskanten
und der Stirn.

Die grössere Klappe besitzt einen kleinen gebogenen Schnabel, dessen verhältnissmässig kleine runde
Oeffnung von den Platten des Deltidiums sehr deutlich begrenzt wird, neben welchem sich eine ziemlich
breite von einer Kante begrenzte Area ausbreitet (Taf. 7. Fig. 5 b, 6 b, 7, 9 a, 10 b). Die Oberfläche dieser
Schale ist bis zu ihrer Mitte mässig gewölbt und senkt sich dann unterhalb der letzteren mit einer breiten
und flachen Bucht schnell nach dem Stirnrande herab (Taf. 7. Fig. 5 a u. s. w.)

Die kleinere Klappe (oder Dorsalschale im neueren Sinne) ist stärker gewölbt, steigt in der Nähe des Wirbels schnell empor, erreicht ihre grösste Dicke etwas hinter der Mitte der Schalenlänge, von wo aus sie nach der Stirn hin wieder etwas abfällt (Taf. 7. Fig. 5 c, 6 c, 8 u. s. w.). Die grösste Breite der Schalen fällt in die Mitte der Länge.

Die Falten, welche ihre ganze Oberfläche bedecken, oder in der Nähe der Wirbel mehr oder weniger verwischt sind, liegen eng aneinander und sind meist einfach und flach gewölbt. Es kommt jedoch öfter vor, dass sich in der Nähe des Stirnrandes je 2 Falten der kleineren Klappe zu stärkeren Falten vereinigen, während dann auf der grösseren Klappe abwechselnd kürzere Falten, welche den Rand nicht erreichen, neben längeren und stärkeren zu liegen pflegen (Taf. 7. Fig. 7. 8). Solche Abänderungen sind von mir a. a. O. als *Ter. Jugleri* beschrieben worden. Ausser diesen lassen sich bei *Rh. plicatilis* folgende Varietäten unterscheiden: a. Die älteren und breitesten Exemplare, mit etwa 12 (10—15) Falten in dem Sinus: *T. plicatilis* Sow. — Taf. 7. Fig. 5.

b. Aeltere schmälere Individuen, mit ca. 8 (6—10) Falten im Sinus: *T. octoplicata* Sow. — Taf. 7. Fig. 7—9.

c. Jüngere Exemplare mit sparsameren und daher stärkeren Falten, von welchen oft nur 4 in dem Sinus liegen: *T. Mantelliana*[1]) vieler Autoren. — Taf. 7. Fig. 11.

d. Jüngere Exemplare mit zahlreichen Falten, von welchen oft nur 8 in dem Sinus liegen: *T. pisum*[2]) vieler Autoren, oder *Rh. Cuvieri* d'Orbigny, Davidson und U. Schloenbach. — Taf. 7. Fig. 12. 13.

Alle diese Abänderungen kommen im Plänerkalke zusammen vor und sind durch verschiedene Grössen und andere Uebergänge miteinander verbunden. Dagegen fehlt uns hier jede andere Jugendform, die man auf *Rh. plicatilis* zurückführen könnte.

Es wurden von den Synonymen *Rh. limbata* Schl. sp. und *subplicata* Mantell[3]) aus der senonen Kreide hier ausgeschlossen, nicht nur desshalb, weil ihre Falten auf dem grössten Theile der Schale verschwunden sind und ihre Schale allermeist breiter und weniger dick wird, oder weil ihre grösste Breite dem Stirnrande etwas näher zu rücken pflegt, sondern namentlich desshalb, weil ihre Jugendformen in der oberen Kreide von Rügen, Möen, Ciply und Maastricht fast genau schon den dreilappigen Typus der älteren Exemplare von Ciply etc. wahrnehmen lassen.

Vorkommen. In Sachsen begegnet man der *Rh. plicatilis* zuerst mit *Inoceramus labiatus* zusammen in dem Mittelquader des Bielaer Grundes zwischen Königsbrunn und der Schweizer Mühle, sie wird häufiger in dem Cottaer Grünsandsteine bei der Ziegelei von Gross-Cotta und im Gottleubethale in der Nähe des Kohlberges bei Pirna, sowie zwischen Neundorf und Kritzschwitz, wo ihre oft zusammengedrückten Exemplare zu wiederholten Verwechselungen mit *Rh. compressa* oder *gallina* und *Rh. alata* oder *bohemica* Veranlassung gegeben haben. Am gemeinsten ist sie in dem Plänerkalke von Strehlen und Weinböhla und in dem oberen Quadersandsteine der Säcbsischen Schweiz (Taf. 7. Fig. 14. 15), in dessen unteren Bänken besonders sie sich oft vorfindet. Dasselbe gilt für Vorkommen an dem hohen Schneeberge in Böhmen. Nach Gümbel in mittel- und ober-turonen Schichten Bayerns, nach Kunth in dem turonen Pläner von Niederschlesien. — Man begegnet ihr überall in dem eigentlichen Plänerkalke in Deutschland, bei Oppeln in

---

[1]) *Ter. Mantelliana* Sow. Min. Conch. Tab. 537, fig. 11—13, unterscheidet sich durch geringere Wölbung der Schale und durch schärfere, dachförmige Falten.

[2]) *Ter. pisum* Sow. Min. Conch. Tab. 536, fig. 10—12, hat Davidson auf *Rh. Martini* Mant. sp. zurückgeführt.

[3]) *Ter. subplicata* Mantell, Geol. of Sussex, 1822, p. 211, Pl. 26, fig. 5, 6, 11 = *Rhynchonella subplicata* d'Orbigny, Pal. fr. 1847, T. IV. p. 48. Pl. 499, fig. 13—17 (*R. Dutempleana*), = *Rh. limbata* Schl. sp., Davidson l. c. p. 79, Pl. 12, fig. 1—5.

Oberschlesien, bei Hundorf und Teplitz in Böhmen, Buchleitner bei Söldenau in Bayern, bei Quedlinburg, Langelsheim, Salzgitter, Hildesheim, Goslar und bei Bochum in Westphalen, ebenso in den gleichalterigen Grünsanden von Werl bei Dortmund, der mittleren Grünsandlage von Essen, im Grünsande von Nolle bei Rothenfelde etc. Sie findet sich in der unteren Kreide von Wollin, in der Kreide von Cambridge, Lewes, Brighton und Norwich in England, in Belgien und bei Meudon u. a. O. in Frankreich. *Rh. Cuvieri* kommt nach d'Orbigny mit *Inoceramus labiatus* zusammen bei Fécamp und Rouen, sowie in ober-turonen und senonen Ablagerungen Frankreichs vor.

3. Fam. *Craniadae.*

Crania Retzius, 1781. — I. S. 167.

C. barbata v. Hag. — II., Taf. 8. Fig. 1. 2.

1842. v. Hagenow in Leonhard und Bronn, n. Jahrb. p. 551, Taf. 9, fig. 2.

1866. *Crania Ignabergensis* Schloenbach, Krit. Stud. üb. d. Kreide-Brachiopoden (Palaeontographica, XIII.) p. 60 z. Th., Taf. 3, (40), fig. 23—25.

1870. Desgl. F. Römer, Geol. v. Oberschles. p. 314, Taf. 34, fig. 4, 5.

Der Umfang der Schale ist rundlich-vierseitig, beiderseits flach gewölbt, mit einem nahe dem Hinterrande liegenden Scheitel versehen und mit ausstrahlenden Linien bedeckt, die sich nach dem Rande hin durch Einsetzung neuer Linien vermehren.

Von *Crania Ignabergensis* Retz., die uns in zahlreichen Exemplaren von Oretorp in Schweden vorliegt, unterscheidet sie sich constant durch ihre weit zahlreicheren und gleichartigeren ausstrahlenden Linien, oder Leisten, was auch F. Römer für die von Oppeln in Schlesien beschriebene *Crania* hervorhebt. Bei *Crania Ignabergensis* werden diese Leisten zu wirklichen Rippen, welche entfernbar von einander liegen und bei Einsetzung von kürzeren Rippen nach dem Rande hin weit ungleicher erscheinen als bei *Cr. barbata.*

Die vorzüglichen Abbildungen für *Crania Ignabergensis* Retz. oder *Cr. striata* Defr. bei Goldfuss, 1840, Petr. Germ. II. p. 294, Taf. 162, fig. 10, Bronn, 1851—52, Leth. geogn. V. p. 236, Taf. 30, fig. 2, Davidson, 1852, a Monograph of British Cretaceous Brachiopoda, P. II. p. 11, Pl. 1. fig. 8—14, und d'Orbigny, 1847, Paléont. franç. terr. crét. T. IV. p. 141, Pl. 525, fig. 1—6, lassen diesen Charakter sehr deutlich hervortreten. Dagegen stimmen Gypsabgüsse der *Crania barbata* v. Hag., die wir Herrn v. Hagenow verdanken, so wie auch die im Jahrbuche von ihm gegebene Beschreibung und Abbildung möglichst genau mit den Exemplaren von Strehlen und aus der Kreide von Möen überein, an welche sich auch Schloenbach's Abbildungen der *Cr. Ignabergensis* von Schwichelt bei Peine (a. a. O. Taf. 3, (40), fig. 2, 3, und von Hundorf in Böhmen (fig. 25) eng anschliessen.

Ueber das Innere der Schalen finden wir bei Hagenow folgende Worte: »Im Innern zeigen beide Schalen der *Crania barbata* eine abweichende Bildung, indem die hinteren, ovalconvexen Narben der Unterschale sehr nahe am hinteren Rande, und die vorderen mit ihren Schnäbelchen nahe daran auf der Grenze des ersten und zweiten Drittels der Länge liegen und am unteren Rande in einen dreieckigen spitzen Kiel, einem herabhängenden Barte (einem sogenannten Wallensteiner) vergleichbar, auslaufen, der jedoch nur die Grenze des zweiten Drittels der Schalenlänge erreicht und mit der Kerbe der Oberschale correspondirt. Die Eindrücke der Scheibe sind an jeder Seite vierstrahlig.« Es stimmen diese Bemerkungen gut mit den Exemplaren von Möen, die wir Herrn Oberstlieutenant von Koppenfels verdanken, überein, wenn auch jener bartartige mittlere Kiel in seiner Länge, Breite und Höhe etwas variirt.

Von Strehlen liegen zwei Unterschalen, welche die äussere und innere Fläche zeigen, und ein geschlossenes Exemplar mit beiden Schalen vor. Ein wesentlicher Unterschied mit den Exemplaren von Rügen und Möen ist daran nicht zu erkennen. Sie sind so treu, als es ihr Zustand erlaubt, hier abgebildet worden.

Vorkommen. Im Plänerkalke von Strehlen in Sachsen, Oppeln in Schlesien (F. Römer), Hundorf Böhmen, wahrscheinlich in der Kreide mit *Belemnites quadratus* von Schwichelt bei Peine (U. Schloenbach) und in der oberen Kreide von Rügen und Möen.

2. Ordn. Pelecypoda (Beilfüsser). Conchiferen, Bivalven (Zweischalige Muscheln).

1. Fam. *Ostracidae.* — I. S. 174.

Ostrea Lam. Auster. — I. S. 174.

1. O. semiplana Sow. — II., Taf. 8. Fig. 8—11. 13.

1822. *Ostrea* — Mantell, Geol. of. Sussex p. 207, Pl. 25, fig. 4.
1825. *O. semiplana* Sowerby, Min. Conch. Pl. 489, fig. 1, 2.
1827. *O. flabelliformis* Nilsson, Petr. Succ. p. 31, Tab. 6, fig. 4.
1834. *O. flabelliformis, O. sulcata* u. *O. armata* Goldfuss, Petr. Germ. II, p. 12, 13, Taf. 76, fig. 1—3.
1837. *O. flabelliformis* Hisinger, Leth. Suec. p. 48, Taf. 14, fig. 1.
1839. Desgl. Gein. Char. I, p. 19.
1841. *O. flabelliformis, O. sulcata* u. *O. armata* A. Römer, nordd. Kreideg. p. 45, 46.
1843. *O. macroptera* u. *O. sulcata* Gein. Kieslingswalda, p. 17, Taf. 3, fig. 22—24.
1843. *O. semiplana* d'Orbigny, Pal. franç. terr. crét. III, p. 747, Pl. 488, fig. 4, 5.
1846. *O. sulcata* u. *O. flabelliformis* Reuss, böhm. Kreidef. II, p. 30, Taf. 28, fig. 2—4, 8, 16; Taf. 29, fig. 19, 20.
1849—1850. *O. semiplana* Gein. Quad. Deutschl. p. 198.
1850. Desgl. d'Orbigny, Prodr. de Pal. II, p. 256.
1863. *O. sulcata* Kunth in d. Zeitschr. d. deutsch. geol. Ges. p. 732.
1868. Desgl. Gümbel, Geogn. Beschr. d. Königreichs Bayern, II, 1, p. 758 und in Abh. d. k. bayer. Ak. II. Cl. X. Bd. 2, Abth. p. 60.

Die Schale ist rundlich oder oval-dreiseitig und mit sparsamen dicken, gerundeten wellenförmigen Falten bedeckt, welche schief nach dem Rande laufen. Beide Schalen sind ziemlich gleichartig und meist von einer weit dünneren Beschaffenheit, als bei *O. diluviana*, der sie zuweilen ähnlich werden.

Sie unterscheiden sich jedoch durch den Mangel einer Rückenbiegung und durch stumpfere Falten von ihr. Häufig ist die obere Schale mit einem meist glatten dicken Längswulste versehen (II. Taf. 8. Fig. 8. 10). Die dreieckige Bandgrube ist gerade gestreckt oder nur wenig schief, der Muskeleindruck liegt in der Mitte der vorderen Hälfte der Schale.

Vorkommen. Schon im unteren Quadersandsteine von Rippien und im unteren Pläner von Planen begegnet man Steinkernen, die sich an diese Art anschliessen mögen; mit Sicherheit ist sie jedoch in dem Plänerkalke von Strehlen und Weinböhla nachgewiesen, wo sie gegen 4 cm. Grösse erreicht. Auch kommt sie schon in dem turonen Grünsande von Gross-Cotta sowohl an der dortigen Ziegelei als in dem Garten des Rittergutes vor, wo sie Frau von Burchardi gesammelt hat.

Ebenso fand sie Reuss in dem Quader von Zloseyn, in dem Exogyrensandsteine von Malnitz und Drahomischel, im unteren Pläner von Bilin, im Plänerkalke von Hundorf und im oberen Plänermergel von Priesen in Böhmen; nach Kunth finden sich zahlreiche Exemplare in dem Pläner am Bober bei Löhn; Gümbel erkannte sie in den Kagerhöh-Schichten seines turonen Mittelpläner Bayerns; sie ist sehr häufig in den unteren senonen Mergeln am Salzberg bei Quedlinburg, an der Klus bei Halberstadt, bei Ilseburg,

Gehrden bei Hannover, Coesfeld, Dülmen und Osterfeld in Westphalen, in dem jüngeren Grünsande von Essen, kommt in dem Grünsande von Kieslingswalda im Glatzischen, in dem Kreidemergel von Nagorżany bei Lemberg, in der oberen Kreide von Rügen, Schonen, Norfolk in England und Epernay in Frankreich vor.

Ihre nächste Verwandte in Südindien dürfte *O. Arcotensis* Stoliczka (l. c. p. 471, Pl. 43, fig. 3—7) aus der Arrialoorgruppe sein.

2. O. frons Park. — II., Taf. 8. Fig. 12.

1799. *Gryphites* Fanjas, Hist. nat. de la montagne de St. Pierre de Maestricht, p. 151, Pl. 24, fig. 1, 2.
1811. *O. frons* vel *folium* Parkinson, Organic Remains III. p. 217, Pl. 15, fig. 4.
1822. *O. carinata* Sowerby, Min. Conch. Pl. 365 (seq. d'Orbigny).
1827. *O. diluviana* Nilsson, Petr. Suec., p. 32. Tab. 6, fig. 1, 2.
1834. *O. prionota* und *O. serrata* Goldfuss, Petr. Germ. II. p. 10, Taf. 74, fig. 8, 9.
1835. *O. serrata* und *O. carinata* Brongniart, Envir. de Paris, 3. éd., p. 625, Pl. k, fig. 10, 11.
1841. *O. serrata* A. Römer, nordd. Kreideg. p. 45.
1843. *O. Frons* d'Orbigny, Pal. fr. terr. crét. III. p. 733. Pl. 483.
1849—1850. Desgl. Gein. Quad. Deutschl. p. 196.
1850. Desgl. d'Orbigny, Prodr. de Pal. II. p. 255.
1868. *Ostrea Eggerti* Gümbel, geogn. Beschr. d. Königr. Bayern, II. 1, p. 768, fig. 8.
1871. *O. pectinata* Stoliczka, Cret. Fauna of South. India, Pelecypoda, p. 469, Pl. 48, fig. 1, 2.

Diese mit *O. carinata* nahe verwandte Form ist ähnlich gekrümmt, unterscheidet sich von ihr jedoch durch das Fehlen oder die nur sehr geringe Entwickelung einer flügelartigen Ausbreitung in der Nähe des Wirbels; ihre Schale ist ferner weniger comprimirt als bei jener, so dass der Rücken weniger scharf von den Seiten geschieden wird. Ihre Falten sind relativ stärker und daher in geringerer Anzahl vorhanden; sie entspringen in der Mitte des Rückens und laufen unter spitzwinkeliger Theilung oft in weiten Bogen nach dem Rande.

Vorkommen. Im sächsischen Elbthale begegnet man dieser Art zuweilen im Plänerkalke von Strehlen; aus dem senonen Mergel des Marterberges bei Passau beschrieb sie Gümbel als *O. Eggerti*.

O. Frons bezeichnet vorzugsweise die senonen Kreideschichten von England, Frankreich und Maestricht, sowie die bei Balsberg, Kjugestrand, Mörby und Carlshamn in Schonen. Es ist indess I. S. 177 bereits bemerkt worden, dass sich auch in cenomanen Grünsande von Essen Varietäten der *O. diluviana* vorfinden, die einen Uebergang zu *O. Frons* zu vermitteln scheinen.

3. O. Hippopodium Nilsson. — I., S. 177. Taf. 39. Fig. 12—27; Taf. 40. Fig. 1—3; II., Taf. 8. Fig. 5—7.

4. O. (Exogyra) lateralis Nilss. — I., S. 179. Taf. 41. Fig. 28—35; II., Taf. 8. Fig. 15—17.

5. O. (Exogyra) conica Sow. sp. — I., S. 183. Taf. 40. Fig. 8—13; II., Taf. 8. Fig. 14.

Anomia L. 1757.

A. subtruncata d'Orb. — II., Taf. 8. Fig. 22. 23.

1842. *A. truncata* Gein. Char. III. p. 87, Taf. 19, fig. 4, 5 (nicht Linné).
1846. Desgl. Reuss, böhm. Kreidef. II. p. 45 z. Th., Taf. 31, fig. 13.
1849—1850. Desgl. Gein. Quad. Deutschl. p. 206.
1850. *A. subtruncata* d'Orbigny, Prodr. de Pal. II. p. 171.
1869. *A. truncata* Gümbel, geogn. Beschr. d. Königr. Bayern, II. 1.

Die überaus dünnen Schalen sind fast kreisrund, flach oder gleichmässig flach gewölbt und an ihrem Schlossrande etwas abgestutzt. Der kleine, oft kaum erhobene Wirbel liegt in der Mitte des Schlossrandes und erreicht diesen kaum. Wohl erhaltene Schalen lassen keine Oeffnung an dieser Stelle wahrnehmen, und wo sich dieselbe einmal zeigt, scheint sie zufällig durch Ablösung der Schale entstanden zu sein.

Die ganze Oberfläche ist mit feinen concentrischen Linien bedeckt, die sich zu unregelmässigen wulstförmigen Anwachsringen gruppiren. An älteren Exemplaren nimmt man dazwischen auch feine ausstrahlende Linien wahr, welche in der Nähe des Wirbels und den jüngeren Exemplaren stets fehlen, wo sie vorhanden sind, sich aber auch auf den Steinkernen zeigen.

Vorkommen. Bis 3 cm. gross in dem Plänerkalke von Strehlen, von wo 6 wohlerhaltene Exemplare vorliegen; seltener in dem Mittelpläner von Priessnitz an der Elbe und in dem oberturonen Pläner von Krietzschwitz bei Pirna, sowie in Quader und Quadermergel bei Kreibitz in Böhmen.

Unter den von Reuss a. a. O. abgebildeten Exemplaren gehört wahrscheinlich nur Taf. 31, fig. 13 aus dem oberen Plänermergel von Luschitz zu dieser Art, während Taf. 31, fig. 14 eher mit *A. semiglobosa* Gein. (Quad. Deutsch. Taf. 11, fig. 6—9) zu vereinigen sein wird.

Fam. *Spondylidae.*

Spondylus Klein, 1753; L. 1757 (seq. Stoliczka). — I. S. 186.

1. Sp. spinosus Sow. sp. — II., Taf. 9. fig. 1—3.

1814. *Plagiostoma spinosum* Sowerby, Min. Conch. Pl. 78.
1820. *Pectinites aculeatus* Schlotheim, Petrefactenkunde, p. 228.
1822. *Plagiostoma spinosa* Mantell, Geol. of Sussex, p. 203, Tab. 26, fig. 11.
1835. Desgl. Brongniart, descr. des env. de Paris, 3. éd., p. 36, 151, Pl. L, fig. 2.
1834—1840. *Sp. spinosus* und *Sp. duplicatus* Goldfuss, Petr. Germ. II. p. 95, Taf. 105, fig. 5, 6.
1839—1842. Desgl. Gein. Char. p. 24, 25, XV.
1841. Desgl. A. Römer, nordd. Kreideg. p. 58.
1843. *Sp. spinosus* d'Orbigny, Pal. franç. terr. crét. III. p. 673, Pl. 461, fig. 1—4.
1846. Desgl. Gein. Grundr. p. 474.
1846. Desgl. Reuss, böhm. Kr. II. p. 36.
1849. Desgl. Gein. Quad. Deutschl. p. 196.
1850. Desgl. d'Orbigny, Prod. de Pal. II. p. 254.
1851—1852. Desgl. Bronn, Leth. geogn. V. p. 280, Taf. 32, fig. 6.
1868. Desgl. Gümbel in geogn. Beschr. d. Kön. Bayern II. 1, p. 758 und in Abh. d. kön. bayer. Ak. II. Cl. X. Bd. 2. Abth., p. 61.
1870. Desgl. F. Römer, Geol. v. Oberschles., p. 315, Taf. 34, fig. 11.

Schalen fast gleichklappig und stark gewölbt, oval bis kreisrund — oval, fast gleichseitig, mit vorstehenden Wirbeln — und auf ihrer Oberfläche mit ca. 30 gerundeten starken Längsrippen bedeckt, welche entweder einfach und gleichstark (*Sp. spinosus* Goldf.), oder theilweise gespalten sind (*Sp. duplicatus* Goldf.). Die Zwischenräume neben den Rippen sind tief und schmal.

An beiden Schalen sind stumpfwinkelige, glatte Ohren von den Seitenkanten der Schale deutlich geschieden. Auf vielen Rippen der Unterschale entspringen lange kräftige Stacheln, deren äussere Seite gewölbt ist, während ihre innere Seite rinnenartig vertieft ist, was der Entstehungweise solcher Stacheln aus den Anwachsblättern der Schale entspricht. Die obere Schale ist davon frei. Häufig 5—6 cm. gross.

Vorkommen. Es ist ein ausgezeichnetes Leitfossil für den eigentlichen oberen Pläncrkalk oder von Strombeck's Scaphiten-Schichten von Strehlen, Weinböhla und Kritzschwitz. Ebenso bezeichnend ist er für diese Schichten bei Oppeln in Oberschlesien, Teplitz, Hundorf, Mariaschein u. s. w. in Böhmen, Buchleitner bei Söldenau in Bayern, Quedlinburg, Halberstadt, Goslar, Langelsheim im Harz und in anderen Gegenden des nordwestlichen Deutschlands, sowie auch in dem zweiten turonen Grünsande von Neu-Cöln bei Essen.

Ausser Deutschland findet man ihn in der weissen Kreide von Kent und der Insel Wight sehr verbreitet, sowie nach d'Orbigny in der weissen Kreide von Mendon bei Paris, Sens (Yonne), Fécamp (Seine-Inf.), Malle bei Grasse (Var), Soulatge und Sougragne (Aude), und in einem Kieselkalke von St. Denis bei Mons.

Der früher mit *Sp. spinosus* verwechselte *Sp. armatus* Goldf., der in dem senonen Kreidemergel von Osterfeld bei Essen vorkommt, unterscheidet sich leicht durch eine geringere Anzahl (gegen 20) stärkerer und höherer Rippen, an welchen sich auf der Unterschale ähnliche Stacheln befinden, wie bei *Sp. spinosus*. Ausserdem sind die Rippen von beiden Schalen in der Nähe des Wirbels mit kleinen stacheligen Höckern besetzt, ferner bemerkt man an beiden Seiten seiner Rippen eine erhabene, oft spitzhöckerige Linie. A. Römer's Angabe l. c. p. 59, dass *Sp. armatus* aus dem Hilsconglomerate von Essen stamme, beruht auf einem Irrthum.

2. Sp. latus Sow. sp. — I., S. 187, Taf. 42, Fig. 4—6; II., Taf. 8. Fig. 18—21.

Plicatula Lam.

1. P. nodosa Duj. — II., Taf. 9. Fig. 5.

1837. Dujardin, Mém. Soc. Géol. de France t. 2, p. 228, Pl. 15, fig. 14 (seq. d'Orbigny).

1846. *P. pectinoides* Reuss, böhm. Kreidef. II. p. 37, Taf. 31, fig. 16, 17 (nicht Sowerby, Min. Conch. Pl. 409, fig. 1—4).

1850. *P. nodosa* d'Orbigny, Prodr. de Pal. II. p. 254.

Bei ovalem Umfange ist die Unterschale gewölbt und in der Nähe ihres Wirbels durch die Anheftestelle schief abgestutzt; die Oberschale ist mit Ausnahme ihres sich etwas emporrichtenden Wirbels flach. Ihre Oberfläche ist mit ausstrahlenden Rippen versehen, welche sich nach dem Rande hin unter unregelmässiger Spaltung vermehren. Sie erscheinen durch feine Anwachslinien zum Theil etwas knotig und werden von wenigen unregelmässigen Anwachsringen unterbrochen.

Pl. pectionides Sow. Pl. 409, fig. 4 (obere Figur) aus dem Gault unterscheidet sich durch ihre gekrümmte Form, *Pl. inflata* und *Pl. spinosa* Mantell aus turonen Schichten durch ihre bestachelten Rippen.

Unter den südindischen Arten tritt ihr *Pl. instabilis* Stoliczka nahe, welche der Arrialoor-Gruppe angehört.

Vorkommen. Selten im Plänerkalke von Strehlen, bis 6 mm. gross. Nach Reuss im Plänerkalke und im Pyropensande von Trziblitz und im Plänermergel von Weberschan; nach d'Orbigny in der Kreide von Tours.

2. Pl. granulata Gein. — II., Taf. 9. Fig. 4.

Die ganze Unterschale der nur 6 mm. grossen Muschel ist auf *Micraster cor testudinarium* aufgewachsen; die Oberschale ist schief-oval und an dem stumpfwinkeligen Schlossrande abgestutzt, über welchem der kleine Wirbel nur wenig vorragt. Sie ist grösstentheils gewölbt und dicht mit kleinen rundlichen Körnern besetzt, während sie an ihrem äusseren Rande etwas eingesenkt und strahlenförmig gerippt ist.

Vorkommen. Selten im Plänerkalke von Strehlen.

Fam. *Pectinidae.* — I. S. 190.

Pecten Klein, 1753. — I. S. 190.

1. P. Nilssoni Goldf. — II., Taf. 9. Fig. 15—18.

1827. *P. orbicularis* Nilsson, Petr. Succ., p. 23, Tab. 10, fig. 12.
1834. *P. Nilssoni* Goldfuss, Petr. Germ. II. p. 76, Taf. 99, fig. 8.
1837. Hisinger, Leth. Suec., p. 52, Tab. 17, fig. 5.
1839. Gein. Char. I. p. 23.
1841. *P. Nilssoni* und *P. spathulatus* A. Römer, nordd. Kreideg., p. 50. Taf. 8, fig. 5.
1842. *P. Nilssoni* und *P. spathulatus* von Hagenow in Leonh. n. Jahrb., p. 553 und 554.
1843. d'Orbigny, Pal. fr. terr. crét. III. p. 616, Pl. 439, fig. 12—14.
1846. Gein. Grundr., p. 468.
       Reuss, böhm. Kreidef. II. p. 26, Taf. 39, fig. 1—3.
1849. Gein. Quad. Deutschl., p. 178.
1850. d'Orbigny, Prod. de Pal. II, p. 251.
1866. *P. membranaceus* Zittel, die Bivalven der Gosaugebilde in den nordöstlichen Alpen (Denkschr. d. K. Ak. d.
       Wiss. in Wien), p. 107 (31) z. Th., Taf. 17, fig. 3.
1868. Gümbel, geogn. Beschr. d. Kön. Bayern, II. 1, p. 756.
1870. F. Römer, Geol. von Oberschlesien, p. 343.

Die Schale ist ebenso dünn, glatt, glänzend und selbst noch flacher gewölbt als bei *P. membranaceus* Nilss. (I. S. 191). Sie gleicht meist einem grossen Kreisabschnitte, über welchem sich die Seitenkanten sehr stumpfwinkelig vereinen, und nähert sich zuweilen selbst einem Halbkreise. Anderseits findet man sie auch weit länger gestreckt als gewöhnlich und solche Abänderungen sind *P. spathulatus* A. Röm. und Zittel's Abbildung von *P. membranaceus* (l. c. Taf. 17, fig. 3).

Die Ohren sind fast gleich gross, meist etwas stumpfwinkelig, an der unteren Schale oft an den Ecken gerundet und in die Höhe gezogen, so dass sie am Schlossrande einen stumpfen einspringenden Winkel bilden; die Einbuchtung an der Basis des vorderen Ohres dieser Schale ist meist gering. Der wesentliche Unterschied dieser Art von dem nahe verwandten *P. membranaceus* Nilss. liegt in dem sehr stumpfen Winkel, unter welchem die Seitenkanten an dem Wirbel zusammenstossen.

Vorkommen. In Sachsen treffen wir diese Art in dem Mittelpläner von Nieder-Wartha an der Elbe, am häufigsten im Pläuerkalke von Strehlen und Weinböhla, auch liegen Exemplare von ihr aus dem Plänermergel des Wesenitzgrundes bei Pirna vor. F. Römer citirt sie aus turonem Kreidemergel von der rothen Mühle bei Bladen in Oberschlesien, sie kommt auch im Kreidemergel von Nagorzany bei Lemberg vor, Reuss fand sie in dem oberen Plänermergel von Luschitz in Böhmen, Gümbel in den senonen Mergeln des Marterberges bei Passau, Zittel in den Gosaugebilden der nordöstlichen Alpen, sie ist häufig in der oberen Kreide von Rügen und Möen, bei Köpinge in Schonen, in der Tuffkreide von Maestricht und nach d'Orbigny in senonen Schichten Frankreichs, wie Birac (Dordogne) und Cambrai (Nord).

2. P. membranaceus Nilss. — I., S. 191.

3. P. laevis Nilss. — I., S. 192.

4. P. curvatus Gein. — I., S. 193. Taf. 43. Fig. 15; II., Taf. 10. Fig. 1.

5. P. pulchellus Nilss. — II., Taf. 10. Fig. 2—4.

1827. *P. pulchellus* und *P. lineatus* Nilsson, Petr. Suecana, p. 22, Tab. 9, fig. 12, 13.
1835. Goldfuss, Petr. Germ. II. p. 51. Taf. 91, fig. 9.
1837. Hisinger, Leth. succ., p. 51, Tab. 16. fig. 9.
1840. Gein. Quad. Deutschl., p. 184 z. Th.
1870. Schlüter in Leonh. Jahrb., p. 936.

Eine sehr kleine Art von fast kreisrundem Umriss. Die Unterschale ist schwach - bauchig gewölbt und besitzt einen stumpfwinkeligen Wirbel. Ihre Oberfläche ist mit 20—26 stumpfen Längsrippen bedeckt, die sich theilweis mehr oder minder deutlich spalten und durch schmälere Zwischenfurchen getrennt sind. Man erkennt auf ihnen sehr deutlich concentrische Anwachslinien, in der Nähe des Randes aber erhalten sie eine schiefe Längsstreifung (Fig. 2a). Das kleinere hintere Ohr ist stumpfwinkelig, das weit breitere vordere Ohr an seiner Basis ausgeschnitten. Auf beiden zeigen sich ausstrahlende Linien. Nach Schlüter ist *P. lineatus* Nilss. nur die obere oder linke Schale des *P. pulchellus*.

Vorkommen. Bis 1 cm. gross selten im Plänerkalke von Strehlen. Nach Goldfuss im Kreidemergel von Coesfeld in Westphalen, ferner in der oberen Kreide von Belgien (nach Dewalque), Rügen und in senonen Gebilden von Balsberg, Ignaberga, Kjugestrand, Mörby und Köpinge in Schonen.

6. P. cretosus Defrance, 1821. — II., Taf. 10. Fig. 5. 6.

1822. *P. nitida* Mantell, Geol. of Sussex, p. 202, Pl. 26, fig. 1, 4, 9.
1835. Brongniart, descr. géol. des env. de Paris, 3. éd., p. 86, Pl. K, fig. 7.
1841. *P. nitidus* A. Römer, Nordd. Kreideg., p. 52 z. Th.
1843. d'Orbigny, Pal. franç. terr. crét. III. p. 617, Pl. 440, fig. 1—7.
1845. *P. undulatus* d'Orbigny, Géol. de Russie d'Europe, p. 490, Pl. 43, fig. 8—10.
1846. *P. nitidus* Reuss, böhm. Kreidef, II p. 28.
1849. Gein. Quad. Deutschl., p. 182.
1850. *P. subinterstriatus* Sowerby in Dixon, Geol. a. Foss. of Sussex, p. 356, Pl. 28, fig. 19.
d'Orbigny, Prod. de Pal. II. p. 251.
1868. Gümbel, geogn. Beschr. d. Kön. Bayern, II. 1, p. 756.

Die ovale Schale, deren etwas wechselnde Breite von der Länge stets übertroffen wird, ist sehr niedergedrückt, besonders die untere oder rechte Klappe, welche fast flach ist. Die hinteren Ohren sind klein und stumpfwinkelig, das grössere vordere Ohr ist rechtwinkelig und an der unteren Schale ähnlich ausgebuchtet, wie bei *P. Rotomagensis*. Die Schalenoberfläche ist mit gedrängt liegenden ausstrahlenden Linien oder Streifen bedeckt, die sich durch Zwischenlagerung neuer nach dem äusseren Rande hin bedeutend vermehren und durch gedrängte Anwachslinien wellenförmig gekerbt erscheinen, auf den Ohren bemerkt man einige ausstrahlende Linien (Fig. 5 und 5a).

Auf der inneren Fläche der Schale (Fig. 6) oder auf Steinkernen zeigen sich nur da Eindrücke oder Abdrücke von abwechselnd stärkeren und schwächeren Linien, ähnlich wie an den entsprechenden Formen des *P. elongatus* im unteren Pläner. Dass die Rippen der einen Schale auch äusserlich durchaus glatt wären, wie Agassiz bei *P. nitidus* Sow. bemerkt, [1] kann ich für *P. cretosus*, den er damit vereinigt hat, nicht bestätigen, vielmehr weist *P. nitidus* Sow. (Min. Conch. Pl. 394, Fig. 1) durch ziemlich gleich starke, von einander entfernt liegende leistenförmige Rippen wesentlich von *P. cretosus* ab.

Von *P. serratus* Nilss. (Petr. Succ. Taf. 9, Fig. 9), womit man vielleicht auch *P. undulatus* Nilss. (Petr. Succ. Tab. 10, Fig. 10. — nicht Taf. 9, Fig. 10) vereinen kann, unterscheidet sich *P. cretosus* durch

---

[1] Agassiz in Gross-Britanniens Mineral-Conchologie. Neuchatel, 1837, p. 417.

eine meist breitere Schale, etwas kürzere Seitenkanten und die fast flache Beschaffenheit der Unterschale. Durch die grosse Anzahl ihrer Längsstreifen und wellenförmige Granulirung derselben stehen sich beide Arten übrigens sehr nahe, weit näher als *P. serratus* und *P. hispidus*.

Vorkommen. Nicht selten im Plänerkalke von Strehlen und Weinböhla in Sachsen, Hundorf in Böhmen, in der Kreide von Lewes und Brighton in England, in der senonen Kreide von Frankreich bei Chavot, Mancy, Sézanne, Reims, St. Gervais de Blois, Meudon, im Kreidemergel von Lemförde, Haldem in Westphalen, Ilseburg im Harz, Nagorzany bei Lemberg, in den ober-turonen Kagerhöhschichten Bayern's, in der Kreide von Möen und wahrscheinlich von Schonen, sowie von Simbirsk.

7. P. undulatus? Nilss., Goldf. — II., Taf. 10. Fig. 7.

1827. Nilsson, Petr. Suec., p. 21, Taf. 9, fig. 10 (nicht Taf. 10, fig. 10).
1834. Goldfuss, Petr. Germ. II, p. 50, Taf. 91, fig. 7.
1837. Hisinger, Leth. Suec., p. 51, Taf. 16, fig. 7.
1849. Gein. Quad. Deutschl., p. 182.

Unter *P. undulatus* hat Nilsson zwei verschiedene Arten vereinigt, von welchen Tab. 10, fig. 10 zu *P. cretosus* gehören mag, während Tab. 9, fig. 10 den Namen *P. undulatus* behalten kann. Letztere ist ziemlich kreisrund, fast eben so breit wie lang, und besitzt einen stumpfwinkeligen Wirbel. Ihre Ohren haben eine ähnliche Form wie die von *P. cretosus*, doch scheint ihre Structur davon abzuweichen, wie dies die Vergrösserung auf Taf. 10, fig. 7 a zeigt. Die Oberfläche der Schale ist mit ungleichen flachen Rippen oder Streifen bedeckt, die sehr nahe aneinander liegen und durch unregelmässige feine Anwachslinien etwas wellenförmig erscheinen, doch keineswegs so regelmässig granulirt, wie bei *P. cretosus*.

Beschreibung und Abbildung bei Goldfuss verbinden das von Nilsson beschriebene Exemplar mit dem hier von Strehlen abgebildeten, an dessen Seitenrande man noch zwischen einzelnen Längsrippen jene zarte, gedrängte diagonale Streifung wahrnimmt (Fig. 7 b), welche Goldfuss für *P. undulatus* ausdrücklich hervorhebt. Sowohl hierdurch, als durch ihre ganze Form, ist *P. undulatus* am nächsten mit *P. Rotomagensis* d'Orb. im unteren Pläner verwandt, unterscheidet sich aber von dem letzteren durch seine etwas breitere Schale und durch einen stumpfwinkeligen Wirbel.

Vorkommen. Selten im Plänerkalke von Strehlen, nach Goldfuss in dem glaukonitischen Kreidemergel von Haldem in Westphalen, nach Nilsson in den senonen Ablagerungen von Schonen.

8. P. decemcostatus Münster. — II., Taf. 10. Fig. 8. 9.

1834. Goldfuss, Petr. Germ. II. p. 53, Taf. 92, fig. 2.
1846. Reuss, böhm. Kreidef. II. p. 28, Taf. 39, fig. 14.
1849. Gein. Quad. Deutschl., p. 184.
1850. d'Orbigny, Prodr. de Pal. II. p. 169.
1868. Gümbel, geogn. Beschr. d. Kön. Bayern, II. 1, p. 723, 744, 757.

Schale sehr flach gewölbt und fast kreisförmig, mit einem mittelständigen Wirbel, der von den beiden ziemlich gleich langen Seitenkanten fast rechtwinkelig umschlossen wird. Das grosse hintere Ohr ist spitzwinkelig, das vordere, nur wenig breitere Ohr rechtwinkelig und bei der Unterschale an seiner Basis ausgebuchtet (Fig. 9). Sie erscheinen an unseren Steinkernen glatt. Die Oberfläche der Schale ist mit 10 gleich breiten, gewölbten, glatten Längsrippen besetzt, deren Rand scharf begrenzt wird und deren wenig breitere Zwischenräume flach sind. An jungen Exemplaren ist ein Paar Rippen weniger vorhanden. Wir hatten bisher gehofft, diese Art auf Steinkerne des *P. Dujardini* zurückführen zu können, doch hat sich diese Vermuthung noch nicht bestätigt.

Man kann auch *Pecten sp.* in Mantell, Geol. of Sussex, 1822, p. 203, Pl. 25, fig. 6 aus der oberen Kreide von Lewes damit vergleichen, wenn man an dieser Art auch 11 Rippen zählt. d'Orbigny hat es (Pal. fr. terr. crét. III, 619, Pl. 440, fig. 8—11) mit unter als *P. Mantellianus* aufgenommen.

Vorkommen. Vereinzelt im Mittelquader von Rottwernsdorf und Gross-Cotta, nach Goldfuss im Quader der Gegend von Schandau, nach Reuss im Exogyrensandsteine von Malnitz in Böhmen, nach Gümbel in den mittelturonen Winzerbergschichten und den senonen Marterbergschichten in Bayern.

9. P. Dujardini A. Röm. — II., Taf. 19. Fig. 10—13.

1834. *P. ternatus* Mün., Goldf. Petr. Germ. II. p. 52, Taf. 91, fig. 13.
1841. *P. Dujardini* und *P. ternatus* A. Römer, Nordd. Kreideg., p. 53.
1842. *P. ternatus* und *P. squamifer* Gein. Char. III. p. 83, Taf. 21, fig. 5.
1843. d'Orbigny, Pal. franç. terr. crét. III. p. 615, Pl. 439, fig. 5—11.
1846. *P. Dujardini* und *P. rarispinus* Reuss, böhm. Kreidef. II. p. 30, 31, Taf. 39, fig. 15, 17.
1849. *P. Dujardini, P. rarispinus* und *P. squamifer* Gein. Quad. Deutschl., p. 184 (excl. *P. decemcostatus*).
1850. *P. Dujardini* und *P. rarispinus* d'Orbigny, Prodr. de Pal. II. p. 251, 252.
1868. *P. Dujardini* und *P. squamifer* Gümbel, geogn. Beschr. d. Kön. Bayern, II. 1, p. 757.
1870. F. Römer, Geol. v. Oberschl., p. 340, Taf. 29, fig. 2; Taf. 37, fig. 5.

Schalen fast kreisrund und sehr flach gewölbt, mit einem wenig vor der Mitte liegenden Wirbel, dessen Seitenkanten fast rechtwinkelig zusammenstossen. Das hintere Ohr ist rechtwinkelig, das vordere, kaum breitere ist an der Unterschale an seiner Basis ausgeschnitten, beide Ohren sind strahlig liniirt. Auf der Oberfläche der Schalen finden sich 9—11 starke ausstrahlende Rippen, deren jede regelmässig dreispaltig ist, wobei die mittlere Falte einen Kiel bildet.

In den gleichbreiten flachen Zwischenräumen pflegen sich 3 ähnliche Falten, wie auf den Rippen, einzulagern. An Steinkernen des Quadersandsteines sind dieselben meist verschwunden (*P. ternatus* Mün.). Auf die Anwesenheit von 3 Falten, statt 1—2, in den Zwischenräumen, war *P. squamifer* Gein. unterschieden worden, den man nach späteren Beobachtungen von Reuss und d'Orbigny wieder einziehen muss, da die Zahl 3 die normale, eine geringe Zahl nur zufällig ist. Ueber sämmtliche Falten und Zwischenräume laufen gedrängte wellenförmige Anwachslinien hinweg. Zuweilen ist der mittlere Kiel der Rippen durch einzelne Anwachsringe ziegelschuppig erhoben, welchen Zustand Reuss als *P. rarispinus* unterschieden hat (Taf. 10, Fig. 13). Gewöhnliche Grösse 2—3 cm.

Vorkommen. Das Auftreten dieser Art beginnt in Sachsen mit dem Mittelquader von Rottwernsdorf und Gross-Cotta und dem gleichalterigen Sandsteine von Oberkirchleithen bei Königstein, wo sie in den unteren Bänken mehrfach getroffen wird. Sie ist nicht selten im Plänerkalke von Strehlen und Weinböhla und fehlt nicht in den ihm entsprechenden Schichten des oberen Pläners bei Kritzschwitz unweit Pirna. Reuss beschrieb sie aus dem mittleren Pläner von Trziblitz, Hradek, Schelkowitz, Laun und dem oberen Plänermergel von Priesen in Böhmen, F. Römer aus Plänersandstein von Cudowa in der Grafschaft Glatz und dem Pläner von Oppeln in Oberschlesien. Gümbel traf sie in den oberturonen Kagerhöhschichten und senonen Marterbergschichten Bayerns, man kennt sie aus dem senonen Quadermergel von Quedlinburg und Ilseburg, sowie aus der senonen Kreide von Tours (Indre-et-Loire), Royan, Saintes (Charente-Inf.), Montignac, Colombier (Dordogne), Cognac (Charente) und Cambrai (Nord) in Frankreich.

Vola Klein, 1753. (*Janira* Schumacher, 1817, *Neithea* Drouet, 1824). — I. S. 199.

1. V. quinquecostata Sow. sp. — I., S. 201. Taf. 45. Fig. 8. 9; II., Taf. 10. Fig. 17. 18.

2. **V. quadricostata** Sow. sp. — II., Taf. 10. Fig. 14—16.

1814. *Pecten quadricostatus* Sowerby, Min. Conch. Pl. 56, fig. 1, 2.
1834. Desgl. Goldfuss, Petr. Germ. II., p. 54, Taf. 92, fig. 7.
1839. Desgl. Gein. Char. I., p. 22.
1841. Desgl. A. Römer, Nordd. Kreideg., p. 54.
1843. Desgl. Gein. Kieslingsw., p. 16, Taf. 3, fig. 14, 15.
       Janira quadricostata d'Orbigny, Pal. fr. terr. crét. III., p. 644, Pl. 447.
1846. *P. quadricostatus* Gein. Grundr., p. 469.
       P. versicostatus Reuss, böhm. Kreidef. II., p. 31 z. Th.
1850. *Janira Geinitzii* und *J. quadricostata* d'Orbigny, Prod. de Pal. II., p. 197, 253.
1851—1852. *Neithea quadricostata* Bronn, Leth. geogn. V., p. 277, Taf. 30, fig. 16.
1863. *Pecten quadricostatus* Kunth in Zeitschr. d. deutsch. geol. Ges., p. 725.
1865. *Janira quadricostata* Briart & Cornet, descr. min., géol. et pal. de la Meule de Bracquegnies (Mém. de
       l'Ac. belg. T. 34), p. 48, Pl. 4, fig. 21, 22.
1866. Desgl. Zittel, die Bivalven der Gosaugebilde in den nordöstl. Alpen (Denkschr. d. k. k. Ak. in Wien, Bd. XXV)
       p. 115 (39), Taf. 18, fig. 4.
1868. *P. quadricostatus* Gümbel, geogn. Beschr. d. Kön. Bayern II. 1, p. 757.
1871. *Vola quinquecostata* Stoliczka, Pal. Ind., Cret. Fauna, III., Pelecypoda, p. 487 z. Th.

Von der allgemeinen Form der *Vola aequicostata* und *V. quinquecostata*, also von ovaldreiseitigem Umriss und fast gleichseitig, mit hochgewölbter Unterschale und flacher, oder etwas concaver Oberschale, mit mehr oder minder grossen, meist spitzwinkeligen Ohren, welche mit ausstrahlenden Linien bedeckt sind, unterscheidet sich diese Art durch 3 kleinere Rippen zwischen je einem Paare der unter den Längsrippen hervortretenden 6 grösseren. Die mittlere dieser 3 Rippen ist in der Regel etwas stärker als die 2 seitlichen. An einigen der 6 grösseren Rippen tritt zuweilen eine Längsspaltung ein, in welchem Falle man, besonders an Steinkernen des oberen Quadersandsteines, einen Uebergang nach *V. quinquecostata* annehmen möchte, anderseits wird an schmäleren Exemplaren eine der 3 Zwischenrippen undeutlich oder verschwindet auch ganz (zuweilen im Grünsandsteine von Kieslingswalda und in den Gosaugebilden der nordöstlichen Alpen), was zu Verwechselungen mit *V. alpina* d'Orb. sp. [1]) Veranlassung geben kann.

Ueber sämmtliche, auf ihrem Rücken flach-gerundete Rippen und schwach concave Zwischenfurchen die auf der Unterschale etwas schmäler, auf der Oberschale stets breiter als die Rippen sind, laufen gedrängte, wellenförmige Anwachslinien hinweg. Briart und Cornet vermuthen, dass unter *V. quadricostata* 2 Arten zu unterscheiden seien, deren eine sich durch weit grössere Ohren von der anderen unterscheiden soll. Wir können dieser Ansicht nicht beitreten, sondern finden, dass meist an jüngeren Exemplaren, wie jenen aus der Meule von Bracquegnies, die Ohren relativ grösser sind als bei älteren, so dass dieser Unterschied nur auf Alterszuständen u. dgl. zu beruhen scheint.

Vorkommen. Es liegen uns viele grosse und typische Exemplare dieser Art bis 8 cm. Länge und etwas geringerer Breite aus dem Grünsandsteine des unteren Quaders von Kelheim, aus dem Upper Greensand der Insel Wight und einer anderen Localität Englands vor, wodurch neben dem Vorkommen in der Meule von Bracquegnies in Belgien ihr Erscheinen in cenomanen Schichten überhaupt erwiesen ist. Hiermit stimmen auch die Erfahrungen von Kunth in Schlesien überein, wo diese Art aus cenomanen Schichten bis in die Schichten von Neu-Warthau (Salzbergmergel) hinaufreicht. Exemplare von vollkommen gleicher Beschaffenheit zeigen sich aber besonders häufig in dem oberen Quadermergel an der unteren

---

[1]) d'Orbigny, Pal. franç. terr. crét. III., Pl. 446, fig. 4—8.

— 38 —

Grenze des oberen Quaders, so in den Schichten von Kieslingswalda im Glatzischen, bei Kreibitz in Böhmen, bei Lückendorf in der Oberlausitz, am Salzberge bei Quedlinburg und am Luisberge bei Aachen, welche Localitäten überhaupt, nebst Gümbel's Kagerhöh-Schichten in Bayern, durch ihre ganze Fauna sehr genau mit einander übereinstimmen. Aus dem Kieselsandsteine des oberen Quaders von Haltern in Westphalen liegen ebenso prächtige Exemplare vor. Ihre grosse Verbreitung in den Gosaugebilden der nordöstlichen Alpen hat Zittel verbürgt, kleine Exemplare von ihr zeigen sich in dem oberen Quadermergel des Marterberges bei Passau. Nach Gümbel in obertnronen und senonen Schichten Bayerns. Dass aber *V. quadricostata* bis in die obersenonen Schichten emporsteigt und in den elegantesten Formen noch in der oberen Kreide von Falkenberg (Fauquemont) und in der Tuffkreide von Maestricht gewöhnlich ist, beweisen neben den schönen Abbildungen bei Goldfuss auch die Exemplare in dem Dresdener Museum. Hierdurch erledigt sich eine von Dr. Cl. Schlüter, im Jahrb. f. Min. 1870, p. 937, gegebene Bemerkung gegen das von diesem Forscher angezweifelte Vorkommen von *Pect. quadricostatus* in der Mucronatenkreide, zu welcher bekanntlich die Kreide von Maestricht gehört.

V. quadricostata ist eine der Arten, welchen man neben *Lima canalifera* etc. in dem an Versteinerungen armen oberen Quadersandsteine des Elbthales zwischen Pirna und Schandau, z. B. im neuen Michelschen Brunnen der Festung Königstein [1]) oder auf dem hohen Schneeberge bei Tetschen begegnet. Kann man hier mitunter auch schwanken, ob man die Steinkerne von *V. quadricostata* oder *V. quinquecostata* vor sich hat, welche beide schon Goldfuss aus der Gegend von Schandau citirt, so stimmt doch ein grosser Theil derselben mehr mit der ersteren als mit der letzteren überein, während es uns bis jetzt noch nicht gelungen ist, eine *Vola quadricostata* im unteren Quader und unteren Pläner von Sachsen nachzuweisen und sie selbst noch in dem Plänerkalke von Strehlen durch *V. quinquecostata* vertreten wird.

Lima Deshayes. — I., S. 203.

1. L. canalifera Goldf. — II., Taf. 9. Fig. 6—8.

1834. Goldfuss, Petr. Germ. II , p. 89, Taf. 104, fig. 1.
1839. *Lima multicostata* Gein. Char. I., p. 24, Taf. 8, fig. 3, p. XIV. (excl. Naundorf und Tunnel).
1841. *L. canalifera* und *L. laticosta* A. Römer, nordd. Kreideg., p. 56, 57, Taf. 8, fig. 9.
1843. *L. multicostata* Gein. Kieslingswalda, Taf. 6, fig. 10.
1846. Desgl. Gein. Grundr., p. 472 (excl. untere Quader).
1846. Desgl. Reuss, böhm. Kreidef. II., p. 34, Taf. 39, fig. 7, 8, 18.
1849—1850. *L. laticosta, A. canalifera* und *L. multicostata* Gein. Quad. Deutschl., p. 190, 191.
1850. Desgl. d'Orbigny, Prodr. de Pal. II., p. 167, 248, 249.
1863. *L. canalifera* Kunth in Zeitschr. d. deutsch. geol. Ges., p. 726.
1869. *L. canalifera* und *L. multicostata* Gümbel, geogn. Beschr. d. Königr. Bayern. II. 1, p. 757 und in Abb. d. kön. bayer. Ak. 2. Cl. X. Bd. 2. Abth., p. 62.

Wir haben die von Kunth mit Bestimmtheit ausgesprochene Ansicht, dass *L. multicostata* sich von *L. canalifera* nicht trennen lasse, schon längst getheilt und sehen uns selbst genöthigt, auch *L. laticosta* Röm. darin aufgehen zu lassen. Die schief-eiförmige Schale gleicht einem grösseren oder kleineren Kreisabschnitte und ist bald breiter, bald schmäler, an ihrer langen Seite gerade abgeschnitten und mit einem scharfen Winkel ein vertieftes lanzettförmiges Feld begrenzend, an ihrer kurzen Seite mit einem stumpf-

---

[1]) Aus diesem durch Herrn Michel auf dem Königstein gegenwärtig geteuften neuen Brunnen erhielt ich durch Güte des Herrn Stabsarztes Dr. Leo d. Z. auf Königstein, am 6. Juli 1872: *Vola quadricostata, Lima canalifera, Pinna sp.* und *Hemiaster sublacunosus*, die ich den Sammlungen des K. Mineralogischen Museums in Dresden einverleibt habe.   G.

winkeligen Ohr versehen. Sie ist gleichmässig gewölbt und fällt sehr regelmässig nach dem Rande hin ab, wird von regelmässigen, leistenartig erhabenen Längsrippen bedeckt, die einen flachen, theilweise eingedrückten Rücken besitzen und durch meist breitere flach-gerundete Zwischenräume von einander getrennt sind. Ueber beide laufen gedrängt-liegende Anwachslinien hinweg. Bei Steinkernen nimmt man nicht selten an dem stärkeren Theile der Rippen in der Nähe des Randes undeutliche Längsfurchen wahr.

Die Anzahl der Rippen, und mit ihr die Breite derselben, ist sehr veränderlich. Bei *L. laticosta* aus dem Plänerkalke zählt man 14—18 breite Rippen, bei *L. canalifera* nimmt Goldfuss 20 schmale Rippen als Regel an, *L. multicostata* erschien mit 25—30 Rippen und manche Abänderungen besitzen deren noch mehr, wie schon Reuss anführt. Alle diese Abänderungen sind durch Uebergänge verbunden.

Vorkommen. Goldfuss beschrieb diese Art zuerst aus dem oberen senonen Quadermergel des Salzberges bei Quedlinburg und dem oberen Quadersandsteine von Haltern in Westphalen, wo sie von Dr. Sack sowohl auf der Haard als am Annaberge gesammelt worden ist. Diese Exemplare entsprechen genau denen im oberen Quader des Sächsischen Elbthales. Wir besitzen sie aus dem oberen Quadersandsteine des hohen Schneeberges bei Tetschen, auf dessen Plateau man ihnen häufig begegnet, aus dem Hänel'schen Steinbruche unterhalb Krippen, aus dem Förster'schen Steinbruche der Königsteiner Communbrüche, aus dem neuen Michel'schen Brunnen der Festung Königstein, von Nieder-Kirchleithen unterhalb Königstein, in der Nähe der Königsnase bei Ober-Vogelsgesang und aus den Sandsteinfelsen von Neu-Struppen an dem Wege nach Kritzschwitz, sämmtlich an dem linken Elbufer gelegen, sowie aus dem Plänerkalke von Strehlen, wo sie ziemlich selten ist. Auf dem rechten Elbufer zeigt sie sich in ihrer grössten Entwickelung in den Postelwitzer Steinbrüchen unterhalb Schmilka, in dem Winkler'schen Steinbruche in der Nähe des Lachsfanges bei Schandau, in den Ober-Kirchleithner Brüchen am Fusse des Lilienstetines, in den Schulhainbrüchen oberhalb Rathen und an dem Eingange des Liebethaler Grundes an dem linken Ufer der Wesenitz, fast überall in Begleitung von *Inoceramus Brongniarti*, *Pecten quadricostatus*, *Exogyra Columba*, *Hemiaster sublacunosus* Gein., *Spongia saxonica*, *Rhynchonella plicatilis* etc. Sie ist eine der wenigen Muscheln in dem Mühlsteinquader von Johnsdorf bei Zittau, wo man sie mit *Exogyra Columba* zusammentrifft, und zeigt sich in dem den oberen Quader unterteufenden glauconitischen Quadermergel von Lückendorf in der Oberlausitz.

Dem unteren cenomanen Quader oder Pläner Sachsens scheint sie zu fehlen, wiewohl Kuuth sie in gleichaltigeren Schichten bei Lähn beobachtet zu haben scheint. Unsere früheren Angaben des Vorkommens der *L. multicostata* bei Rippchen (Char. p. 24, 28, Taf. 8, fig. 3), oder bei Kl. Naundorf und Naundorf bei Freiberg (Quad. Deutschl., p. 193) beruhen auf Verwechselungen der Fundorte durch ältere Sammler. Dagegen scheint sie nach aufgefundenen Bruchstücken dem Mittelquader des Bielaer Grundes zwischen dem Königsbrunn und der Schweizermühle nicht ganz zu fehlen, während sie in dem Bildhauersandsteine von Cotta noch nicht beobachtet wurde.

Seit Scheidung eines Mittelquaders von dem unteren Quader würden die Fundorte Postelberg (Quad. Deutschl., p. 193) und Exogyrensandstein von Malnitz in Böhmen, wo sie nach Reuss u. A. sehr häufig ist, zu dem Mittelquader gehören. Wir besitzen sie aus dem oberen Quadermergel von Kreibitz in Böhmen, aus dem Grünsande von Kieslingswalda im Glatzischen, aus Plänersandstein von Regensburg und Grünsand des Galgenberges bei Regensburg und Gümbel citirt sowohl *L. canalifera* als *L. multicostata* mehrfach aus den dortigen turonen Ablagerungen seines Mittelpläners. Die gesammten uns bekannten Vorkommnisse dieser Art in dem Harze, wie bei Quedlinburg, im oberen Quadersandsteine von Blankenburg und oberen Kreidemergel bei Ilseburg, von wo eine vielrippige Abänderung vorliegt, ihr Vorkommen in dem oberen

Kreidemergel von Gehrden bei Hannover (nach A. Römer) und in Westphalen, an genannten Fundorten und in dem Kreidemergel bei Lemförde, hier als vielrippige Abänderung, beweisen ihre grosse Verbreitung in senonen Ablagerungen, wozu auch die meisten Fundorte in dem Quadersandstein des Elbthales gehören dürften. d'Orbigny erkannte *L. caudifera* in der senonen Kreide von Cognac in Frankreich.

2. **L. elongata** Sow. sp. — II., Taf. 9. Fig. 9—10.

1822. *Plagiostoma* Mantell, Geol. of Suss., p. 129, Pl. 19, fig. 1.

1827. *Plagiostoma elongatum* Sowerby, Min. Conch. Pl. 559, fig. 2, 3.

1841. A. Römer, nordd. Kreideg., p. 56.

1842. Gein. Char. III., p. 82 z. Th.

1843. *L. Astieriana* d'Orbigny, Pal. franç. terr. crét. III., p. 549, Pl. 420, fig. 4—7.

1846. Reuss, böhm. Kreidef. II., p. 83, Taf. 38, fig. 6, 9.

1849. Gein. Quad. Deutsch., p. 190.

1850. *L. Reussii* d'Orbigny, Prodr. de Pal. II., p. 249.

1868. Gümbel, geogn. Beschr. d. Kön.Bayern, II. 1, p. 757 u. in Abh. d. k. bayer. Ak. II. Cl. X. Bd. 2. Abth., p. 62.

1870. F. Römer, Geol. v. Oberschles., p. 343, Tab. 29, fig. 1.

Die Schale ist nahezu schief-halbkreisförmig, mit einer langen, schief-abgeschnittenen vorderen Seite und einer kurzen hinteren Seite versehen, die unter einem Winkel von etwa 85° an dem niedrigen Wirbel zusammenstossen. Neben dem letzteren findet sich jederseits ein deutlich hervortretendes stumpfwinkeliges Ohr. Sie ist flach-gewölbt und mit 15—16 hohen Längsrippen besetzt, welche stumpf-dachförmig sind und durch theilweise breitere Zwischenräume geschieden werden. Ueber beide laufen feine, gedrängt-liegende Anwachslinien hinweg.

Sie wird oft 28 und 34 mm. lang und 19 und 23 mm. breit, mitunter auch im Verhältnisse etwas breiter.

Vorkommen. Man begegnet dieser Art hier und da in dem Mittelpläner von Priessnitz und Niederwartha an der Elbe, häufiger ist sie im Plänerkalke von Strehlen und Weinböhla, auch zeigt sie sich im Plänermergel des Wesenitzgrundes bei Pirna. Etwas zweifelhaft ist ein uns vorliegendes Exemplar aus dem unteren Quader von Tyssa in Böhmen, wogegen sie Reuss aus dem Pläner von Laun, Trziblitz u. a. O. Böhmens, F. Römer aus cenomanem Kalkmergel von Bladen in Oberschlesien, A. Römer aus dem Pläner-kalke von Rethen, d'Orbigny aus cenomanen Schichten Frankreichs von La Malle (Var), Lammay (Sarthe), St. Sauveur (Yonne) und Auxon (Aube), Mantell und Sowerby aber aus dem oberen Grünsande von Folkstone beschrieben.

3. **L. pseudocardium** Reuss. — I., S. 204.

4. **L. Hoperi** Mant. — II., Taf. 9. Fig. 11. 12.

1822. *Plagiostoma Hoperi* Mantell, Geol. of Sussex, p. 204, Pl. 26, fig. 2, 3, 15, (nicht Sowerby).

1827. *Plagiostoma punctatum* Nilsson, Petr. Suec., p. 24, Tab. 9, fig. 1.

1834. *L. Hoperi* und *L. Mantellii* Goldfuss, Petr. Germ. II., p. 91, 92, Taf. 104, fig. 8, 9.

1835. *Plagiostoma Mantellii* Al. Brongniart, descr. des env. de Paris, 3. éd., p. 151, Pl. L, fig. 3.

1839. Desgl. Gein. Char. I., p. 21.

1841. *L. Nilssoni* und *L. Mantellii* A. Römer, Nordd. Kreideg., p. 57, 58.

1842. *L. Goldfussii* v. Hagenow in Leonh. Jahrb., 555.

1843. *L. Hoperi* und *L. Mantellii* d'Orbigny, Pal. franç. terr. crét. III., p. 564, 568, Pl. 424, fig. 10—13; Pl. 426, fig. 3—5.

1846. *L. Mantellii* Gein. Grundr., p. 472, Taf. 20, fig. 13.

    L. Hoperi Reuss, böhm. Kreidef. II., p. 34, Taf. 38, fig. 11, 12 (excl. Sowerby und Bronn).

1870. *L. Hoperi* F. Römer, Geol. v. Oberschl., p. 315, Taf. 34, fig. 10.

Die fast glatte und glänzende Schale ist im Allgemeinen schief-eirund, mit einer langen schief-abgeschnittenen Vorderseite und einer kurzen Hinterseite versehen, welche fast rechtwinkelig an einander stossen. Die erstere begrenzt einen längeren, lanzettförmigen, vertieften Hof, die letztere ein kurzes eingedrücktes Feld, aus welchem ein stumpfwinkeliges Ohr deutlich hervortritt. Ihre Oberfläche ist sehr gleichmässig gewölbt und die Wirbel beider Schalen sind einander genähert. Nahe dem Schalenrande bemerkt man flache, ausstrahlende Streifen, welche durch punktirte vertiefte Linien von einander geschieden und nach der Mitte der Schale zu entweder gänzlich verwischt sind, mitunter aber auch hier noch ganz deutlich werden. Ausser seinen concentrischen Linien, welche jene Punktirung der ausstrahlenden Linien bewirken, finden sich oft noch einzelne stärkere Anwachsringe vor.

Vorkommen. Bis 6 cm. gross häufig im Plänerkalke von Strehlen und Weinböhla, während ihr Vorkommen in dem unteren Pläner Sachsens nicht sicher verbürgt werden kann. Sie zeigt sich im Plänerkalke von Oppeln in Oberschlesien, Hundorf u. a. O. Böhmens, bei Quedlinburg, Ahlten in Hannover, ferner in dem senonen Kreidemergel von Coesfeld in Westphalen, der weissen Kreide von Aachen und Rügen, in einem grauen Mergelkalke von Arnager auf Bornholm, in der oberen Kreide von Balsberg in Schonen, Lewes in England, sowie von Cambrai (Nord) und Rouen (Seine-Inf.) in Frankreich.

5. L. Sowerbyi Gein. — II., Taf. 9. Fig. 13, 14.

1822. *Plagiostoma Hoperi* Sowerby, Min. Conch. Pl. 380, fig. 1, 3 (n i c h t Mantell).
1839. *L. Hoperi* Gein. Char. I., p. 24 z. Th.
1841. Desgl. A. Römer, Nordd. Kreideg., p. 58.
1846. Desgl. Gein. Grundr., p. 473, Taf. 24, fig. 14.
1849. *L. Sowerbyi* Gein. Quad. Deutschl., p. 192.
1851—1852. Desgl. Bronn, Leth. geogn. V., p. 278, Taf. 32, fig. 8.

Die glatte, oft glänzende Schale ist quer-eirund und wenig schief, bis an die unter einem stumpfen Winkel zusammenstossenden Seitenkanten fast halbkreisförmig, gleichmässig und meist nur schwach gewölbt und mit kleinen stumpfwinkeligen Ohren versehen. Eine radiale Streifung tritt seltener und weit undeutlicher als bei *L. Hoperi* hervor.

Vorkommen. In dem Plänerkalke von Strehlen und Weinböhla erreichen die grösseren Exemplare 38 mm. Länge und 43 mm. Breite, wie die Abbildungen von Sowerby, nach Exemplaren von Lewes, meist trifft man sie aber weit kleiner an.

Ein zweifelhaftes Exemplar liegt aus dem unteren Quader von Welschhufa vor, sicher kennt man diese Art in den oberturonen Plänerschichten von Kritschwitz bei Pirna. Andere Fundorte sollen vorläufig unberücksichtigt bleiben, doch scheint diese Art auch anderwärts die *L. Hoperi* zu begleiten.

Inoceramus Sowerby, 1819.

1. I. striatus Maut. — I., Taf. 46. Fig. 9—13; II., Taf. 13. Fig. 1. 2. 10.

1822. *I. Websteri* und *I. striatus* Mantell, Geol. of Sussex, p. 216, 217, Tab. 27, fig. 2, 5.
1828. Sowerby, Min. Conch. Tab. 582, fig. 3, 4.
1834—1840. Goldfuss, Petr. Germ. II., p. 115, Taf. 112, fig. 2.
    I. concentricus Goldfuss ib., p. 111 z. Th. Taf 109, fig. 8, d. e.
    I. cordiformis Goldfuss ib., p. 113 z. Th. Taf. 110, fig. 6 a.
1841. *I. concentricus* z. Th. und *I. striatus* A. Römer, nordd. Kreideg., p. 61, 62 —? *I. Decheni* Röm. ib., p. 60, Taf. 8, fig. 10.
1843. d'Orbigny, Pal. franç. terr. crét. III., p. 508 z. Th. Pl. 405.
1844. *I. concentricus* Gein. im Jahrb. f. Min., p. 149 z. Th.

1846. Desgl. Gein. Grundr., p. 462, Taf. 20, fig. 9.
1846. *I. concentricus* und *I. striatus* Reuss, böhm. Kreidef. II., p. 24, 25.
1849. *I. striatus* Gein. Quad. Deutschl., p. 174 (excl. *I. pictus* Sow.).
1850. d'Orbigny, Prodr. de Pal. II., p. 168.
1863. Kunth, in Zeitschr. d. deutsch. geol. Ges., p. 727 (excl. *I. propinquus*).
1865—1868. ? *I. propinquus* v. Eichwald, Leth. Ross. II., p. 487, Pl. 21, fig. 5.
1868. Gümbel, geogn. Beschr. d. Königr. Bayern, II., p. 700 und 756.
1871. Geinitz in Sitz. d. Isis in Dresden, p. 195.

Die Schale ist oval-dreiseitig, hoch gewölbt und mit einem mässig grossen, gegen die Axe fast rechtwinkeligen hinteren Flügel versehen. Die linke Schale ragt mit ihrem spitzen, niedergebogenem Wirbel über den kleineren der rechten Schale merklich hervor. Die vordere Seite der Schalen ist unter dem Wirbel stark eingedrückt, nach unten hin aber gerundet und durch ihre Rundung mit dem Unterrande verbunden, wodurch sich diese Art im Allgemeinen von *I. Brongniarti* unterscheidet.

Ihre Oberfläche ist mit ringförmigen Anwachsstreifen dicht bedeckt, welche entweder ziemlich gleichartig oder auch zu unregelmassigen Wülsten vereinigt sind. Eine von dem Wirbel nach der Mitte des Unterrandes gezogene Linie oder Axe steht ziemlich senkrecht gegen sämmtliche Anwachsstreifen. Nicht selten machen sich auf der Oberfläche noch einzelne ausstrahlende Linien bemerkbar, was auch bei einigen anderen Arten, wie namentlich *I. latus*, der Fall ist.

Es kommen, wie bei allen Arten der Gattung, schmälere und breitere Abänderungen vor; die ersteren sind meist stärker gewölbt als die letzteren. Als eine der schmalsten Abänderungen dürfte *I. Decheni* A. Röm. aus dem cenomanen Grünsande von Essen a. d. Ruhr zu betrachten sein.

Vorkommen. In ihren typischen Formen, Taf. 46, oft von 6 bis 12 cm. Grösse, überall in dem unteren Quadersandsteine und zum Theil auch im unteren Pläner des sächsischen Elbthales, was ihrem Vorkommen in cenomanen Schichten Frankreichs, wie bei Orange (Vaucluse), le Mans (Sarthe), la Malle (Var), Villers (Calvados) nach d'Orbigny sehr wohl entspricht.

Für Sachsen sind Hauptfundorte für diese Art die Sandsteinbrüche an der Prinzenhöhe und goldenen Höhe, die zu den Dörfern Klein-Naundorf, Bannewitz und Welschhufa gehören, ferner bei Gorknitz, Ober-Hässlich und Malter bei Dippoldiswalda, Lang-Hennersdorf im Gottleubethale, Weissig bei Pillnitz; Grünsand und unterer Pläner im Tunnel von Oberau, die Plänerbrüche von Okerwitz im Zschoner Grunde, Leutewitz bei Dresden, Plauen, Koschütz, Gittersee, Nöthnitz, Goppeln und Rippien, an der Brandmühle bei Dohna u. s. w.

Vereinzelt begegnet man ihnen noch im Mittelquader des Elbthales in den Brüchen von Ober-Kirchleithen und in den Strandbrüchen bei Königstein, in dem Grünsandstein an der Ziegelei von Gross-Cotta und selbst noch in dem Plänerkalke von Strehlen und Weinböhla. Hier sind es indess meist nur kleine spärliche Exemplare, oft Sowerby's Abbildung gleichend, wovon einige der besterhaltenen II., Taf. 13, fig. 1, 2, 9, 10 abgebildet worden sind.

Ebenso citirt Reuss diese Art aus den verschiedenen Etagen der böhmischen Kreideformation von dem unteren Quader von Tyssa und Pankratz an, durch den Exogyrensandstein von Malnitz hindurch bis in den Plänerkalk von Hundorf und selbst noch in den oberen Plänermergel von Priesen und Luschitz oder in den oberen Quadermergel von Kreibitz in Böhmen hinauf. Gümbel führt sie als leitend für den Regensburger Grünsand an, welcher zum unteren, cenomanen Quader gehört; F. Römer fand sie in Schichten von gleichem Alter in Oberschlesien, Kunth bei Schmottseifen in Schlesien, A. Römer citirt sie aus dem

Pläner von Sarstedt, Liebenburg und Halberstadt, Goldfuss beschrieb sie aus dem unteren Quader von Koschütz (als *I. concentricus* bezeichnet) und aus dem Pläner von Hildesheim und Quedlinburg, die Exemplare von Mantell und Sowerby stammen aus der unteren Kreide von South-street and Heytesbury in Wiltshire. Kleine Exemplare, wie die von Strehlen, finden sich in deutlichem Plänerkalke bei Colorado City in New-Mexico mit *I. Brongniarti* und *Ammonites peramplus* zusammen.

Ob *I. propinquus* Eichwald von Khoroschówo, wie man nach der Abbildung vermuthen kann, zu *I. striatus* gehört, kann nicht sicher entschieden werden.

2.   I. striato-costatus Gümbel.

1868.   Gümbel, geogn. Beschr. d. Königr. Bayern, II., p. 766.

Nach Gümbel schliesst sich diese Art an *I. concentricus* und *I. striatus* am nächsten an, ist jedoch schmäler, dabei viel höher, d. h. aufgeblasener, mit spitzerem, stärker übergebogenem Wirbel versehen, als letztere, von schmalen, regelmässig eng gestellten, spitz zulaufenden concentrischen, wulstigen Erhöhungen und feinen Streifen bedeckt und nur mit sehr schmalem Flügel seitlich verlängert. Von *I. concentricus* unterscheidet sich die Art durch weniger spitzen Wirbel, der nicht seitlich ausgebogen ist, durch grössere.Breite und regelmässigere concentrische Wülste.

Vorkommen. Nach Gümbel in Schichten bei Regensburg, welche dem Plänerkalke entsprechen, und in dem Baculitenmergel von Luschitz in Böhmen.

Obige Beschreibung entspricht Exemplaren aus den Gosauschichten am Glanecker Schlossberge in Oberbayern, die Dr. O. Schneider dort gesammelt hat, und aus dem oberen Quadersandstein des gläsernen Mönchs bei Halberstadt.

3.   I. Geinitzianus Stoliczka.

1843.   *I. concentricus* Gein. Kieslingswalda, p. 15, Taf. 3, fig. 12.
1871.   Stoliczka, Pal. Ind.-Cret. Fauna III., Pelecypoda, p. 407, Pl. 27, fig. 4, 5.

Die Exemplare aus dem Grünsandsteine von Kieslingswalda im Glatzischen, deren Uebereinstimmung mit I. *Geinitzianus* aus der südindischen Kreideformation Stoliczka erwiesen hat, bilden eine förmliche Mittelstufe zwischen *I. striatus* und *I. latus*. Sie unterscheiden sich von dem ersteren durch ihre geringere Wölbung und durch die fast gleiche Grösse ihrer beiden Wirbel, von dem letzteren aber dadurch, dass ihre vordere Seite in der Nähe des Wirbels mehr eingedrückt und eine grössere Strecke weit abgestutzt ist. Aehnliche Formen kommen auch in den Gosauschichten am Schlossberge von Glaneck in Oberbayern vor.

4.   I. Brongniarti Sow. — II., Taf. 11. Fig. 3—10; Taf. 13. Fig. 3.

1769.   Austern-Art, Walch, die Naturgeschichte der Versteinerungen, II. 1, p. 142, Tab. D. 1.
1822.   *I. Lamarcki* Mantell, Geol. of Sussex, p. 214, Tab. 27, fig. 1.
        I. Cuvieri Mant. ib. p. 213, Tab. 28, fig. 1, 4.
        I. Brongniarti Mant. ib. p. 214, Tab. 28, fig. 3.
        I. undulatus Mant. ib. p. 217, Tab. 27, fig. 6.
1825.   *I. cordiformis* u. *I. Brongniarti* Sowerby, Min. Conch., Pl. 440, 441, fig. 2—4.
1835.   *Catillus Cuvieri* Al. Brongniart, descr. géol. des env. de Paris, 3. éd., p. 628, Pl. L, fig. A. E. F. G. H. I.
1834—1840.   Goldfuss, Petr. Germ. II, p. 115, Taf. 111, fig. 3 a—d.
        I. alatus Goldf. p. 116, Taf. 112, fig. 3.
        I. cordiformis Goldf. p. 113, Taf. 110, fig. 6 b.
        I. annulatus Goldf. p. 114, Taf. 110, fig. 7.
        I. undulatus Goldf. p. 115, Taf. 212, fig. 1.

1637. Hisinger, Leth. Succ. p. 56, Tab. 17, fig. 11.
1841. A. Römer, nordd. Kreideg. p. 61.
   I. undulatus A. Röm. eb. p. 63, Taf. 8, fig. 12.
1843. I. Lamarcki d'Orb. Pal. franç. terr. crét. III. p. 518 z. Th.
1844. Geinitz in Leonh. u. Bronn Jahrb. p. 149.
1846. Gein. Grundr. p. 464.
   Reuss, böhm. Kreidef. II. p. 24.
1849. I. Brongniarti und J. annulatus Gein. Quad. Deutschl. p. 172, 174.
1850. I. alatus d'Orbigny. Prodr. de Pal. II. p. 251.
1863. I. Brongniarti v. Strombeck in Zeitschr. d. deutsch. geol. Ges. XV. p. 121.
1865—1868. I. Humboldti v. Eichwald, Leth. Rossica, II. p. 495, Pl. 21, fig. 9.
1868. Gümbel, Geogn. Beschr. d. Königr. Bayern, II. p. 700, 756.
1870. F. Römer, Geol. von Oberschles. p. 316, Taf. 34, fig. 13.
1871. Geinitz in Sitz. Ber. d. Isis in Dresden, p. 195.
1866. Schlüter in Zeitschr. d. deutsch. geol. Ges. p. 65, 71.

Die Schale ist verlängert-dreiseitig oder oval-dreiseitig, je nachdem ihr Vorderrand mehr oder minder weit abgestutzt ist. In der Regel erscheint sie längs ihrer ganzen vorderen Seite steil abschüssig, oder senkrecht abgeschnitten, zuweilen sogar eingebogen (Taf. 11. Fig. 3. 4), nicht selten verbindet sich aber der Vorderrand durch eine Rundung mit dem Unterrande (Taf. 11. Fig. 10), was den Varietäten I. annulatus und I. undulatus Goldf. entspricht und die Verwandschaft mit I. striatus Mant. beurkundet. Der oft sehr grosse Flügel ist in der Regel rechtwinkelig und wird durch eine meist schnell abfallende Bucht von der Rückenkante der Schale geschieden; namentlich tritt dies sehr an den Steinkernen hervor, weniger bei jungen Exemplaren des Plänerkalkes Taf. 13, Fig. 9. Auf die relative Grösse des Flügels ist jedoch kein zu grosses Gewicht zu legen. In der Wölbung der Schale zeigt sich eine grosse Veränderlichkeit, was auch hier zu breiteren und schmäleren Formen Veranlassung gibt. Schmale und hochgewölbte Formen kommen neben breiten und flachgewölbten vor. Sie wird von dicken wulstförmigen Anwachsringen bedeckt, auf welchen fast blätterige Anwachsschichten regelmässig entfernte Linien hinterlassen. Die faserige Schale wird bei dieser grossen Art oft mehrere Centimeter dick, besonders in der Nähe des Schlossrandes, Taf. 11, Fig. 7, so dass man oft Bruchstücken vor ihr in Mineralien-Sammlungen als Faserkalk begegnet.

Al. Brongniart's Abbildungen des Catillus Cuvieri können sich füglich nur auf I. Brongniarti beziehen. d'Orbigny gibt hierüber keinen Aufschluss, indem er Pal. franç. terr. crét. III. p. 520 ausspricht, dass er von jener Art nur Bruchstücke kenne und sie daher nicht bildlich darstellen könne. v. Strombeck hat sie mit zu I. Cuvieri gestellt.

An I. cordiformis Sow. und Goldf. nimmt man auch ausstrahlende Linien wahr. Die Abbildung Taf. 110, Fig. 6a bei Goldfuss weist mehr auf I. striatus hin, womit d'Orbigny den I. cordiformis vereinigt hat.

I. Humboldti v. Eichwald ist ein ganz typisches Exemplar für I. Brongniarti.

Junge Exemplare mit dicken Anwachsringen entsprechen dem I. undulatus, andere sind oft mit weit schwächeren Streifen bedeckt.

Vorkommen. Inoceramus Brongniarti ist in dem oberen Pläner oder Plänerkalke und dem oberen Quadersandsteine des Sächsischen Elbthales ungemein verbreitet und erreicht hier zuweilen fast 0,5 m. Grösse. Wir kennen diese Art nicht aus älteren Schichten, vielmehr wird sie im unteren Quader durch I. striatus und im Mittel-Quader durch I. labiatus ersetzt.

Plänerkalk von Weinböhla, Strehlen und oberhalb Räcknitz, Plänermergel an der Walkmühle bei Pirna und in dem Wesenitzgrunde bei Zatzschke, sowie in dem oberturonen Pläner bei Kritzschwitz; Plänerkalk von Mariaschein, Teplitz, Hundorf u. s. w. in Böhmen, nach Gümbel in den turonen Winzerberg- und Pulverthurm-Schichten Bayerns, im oberen Pläner von Oppeln in Ober-Schlesien, Quedlinburg, Halberstadt, Langelsheim, Vienenburg, Goslar, Wolfenbüttel und Salzgitter; Ober Quadersandstein von Postelwitz bei Schandau, z. B. in Richter's Steinbruch, in den Schulhainbrüchen bei Königstein, auf der Festung Königstein selbst, bei Waltersdorf in der Ober-Lausitz, bei Kreibitz, Tanneberg und westlich von der Lausche an der Strasse von Ober-Lichtewalde nach Neuhütte in Böhmen, auf der Hochalpe Hoher Messner in Appenzell, in dem Kreidemergel von Osterfeld bei Essen und in dem Grünsandsteine von Kieslingswalda in Glatzischen, in der weissen Kreide von Lüneburg, Lebbin auf Wollin, von Gravesend, Lewes und Brighton in England, angeblich in dem sandigen Kalke von Köpinge und Käseberga, in der senonen Kreide von Schweden, von Mendon; endlich im Plänerkalke von Colorado City in Neu-Mexiko mit *Ammonites peramplus* zusammen.

5. I. latus Mant. — II. Taf. 13, Fig. 4, 5 (schmale Form).

a. Breite Form.

1822. Mantell, Geol. of Sussex, p. 216, Tab. 27, fig. 10.
1828. Sowerby, Min. Conch. Tab. 582, fig. 1, 2.
1834—1840. Goldfuss, Petr. Germ. II. p. 117, Taf. 112, fig. 15.
? *I. planus* Goldf. Taf. 113, fig. 1a.
1841. *I. latus* u. *I. tenuis* A. Römer, norddeutsch. Kreideg. p. 61, 62, Taf. 8, fig. 11.
1843. d'Orbigny, Pal. franç. terr. crét. III. p. 513, Pl. 408, fig. 1, 2.
1844. Geinitz im n. Jahrb. f. Min. p. 150 (fälschlich *alatus* gedruckt).
1846—1849. Gein. Grundr. p. 463; Quad. Dentschl. p. 176.
1850. d'Orbigny, Prodr. de Pal. II. p. 197.
1866. Zittel, die Bivalven der Gosaugebilde in d. nordöstl. Alpen, p. 24 (100), Taf. 13, fig. 7.
1868. Gümbel, Geogn. Beschr. d. Königr. Bayern, II. p. 700, 756.

b. Schmale Form.

1829. *I. pictus* Sow. Min. Conch. Tab. 604.
1843. *I. tegulatus* Gein. Nachtr. z. Char. p. 16, Taf. 6, fig. 11.
I. striatus d'Orbigny, Pal. fr. t. cr. III. p. 509 z. Th.
1846. *I. pictus* Gein. Grundr. p. 463.
1849. *I. striatus* Gein. Quad. Deutschl. p. 174 z. Th.
1870. *I. latus* F. Römer, Geol. in Oberschlesien, p. 316, Taf. 34, fig. 12.

Das Auszeichnende liegt in der gleichen Grösse beider Schalen, ihren niedrigen, bei der breiten Abänderung kaum vorstehenden Wirbeln, unter welchen die Schale an ihrem Vorderrande nur wenig eingezogen ist, wodurch sich diese Art von dem hier deutlich eingedrückten *I. striatus* unterscheidet. Mit diesem hat sie die Regelmässigkeit der Biegung ihrer concentrischen Anwachsstreifen gemein. Ihre ganze Oberfläche ist, wie dort, mit gleich- oder ungleichförmigen, schwächeren oder stärkeren Anwachsstreifen bedeckt, über welche nicht selten noch ausstrahlende Linien nach der Mitte des Unterrandes laufen (Zittel's Abbildung und II. Taf. 13, Fig. 5).

Wie eine jede Art der Gattung *Inoceramus* tritt auch diese in einer breiteren und schmäleren Form auf. Die erstere wird gewöhnlich für die Art typisch erachtet. Ihr Schalenumfang ist kreisrundrhomboidal, meist eben so breit als lang, ihre Oberfläche ist von der Mitte aus ziemlich gleichmässig schwach gewölbt und von dem grösseren oder kleineren stumpfwinkeligen Flügel nur durch eine sehr

7

flache Bucht geschieden. Exemplare mit einem sehr kleinen, wenn nicht verbrochenen Flügel erscheinen in der von Goldfuss als *I. planus* Mün. Taf. 113, Fig. 1a (nicht 1b) abgebildeten Form.

Als breiteste Abänderung schliesst sich vielleicht der II. Taf. 13, Fig. 11 abgebildete *Inoceramus* aus dem Mittelpläner von Priessnitz an, den wir jedoch wegen seines quer ovalen Umrisses vorläufig noch zu *I. Cripsi* gerechnet haben. Seine flache Wölbung und übrige Beschaffenheit nähern ihn sehr dem *I. latus*.

Die schmale Form des *I. latus*, deren richtige Stellung zuerst F. Roemer erkannt hat, besitzt einen mehr ovalen Umriss und ihre grösste Breite verhält sich zur Länge nahezu wie 2 zu 3. Ein mit der Längsaxe der Muschel spitzwinkeliger Schlossrand begrenzt einen schmalen hinteren Flügel. Sie ist stärker gewölbt als die breite Form und lässt zuweilen längs ihrer Mitte eine flach-wulstförmige, längsgestreifte Erhöhung wahrnehmen. Es schliessen sich an diese Varietät des *I. latus* der *I. pictus* Sow. und Gein., sowie *I. cuneiformis* d'Orb. eng an.

Vorkommen. Vereinzelt erscheint *I. latus* schon in den oberen Schichten des unteren Pläners bei Plauen und in dem Grünsande von Essen an der Ruhr; sowohl in seinen breiteren als schmäleren Abänderungen ist er nicht selten in dem Plänerkalke von Strehlen, wo er 6 Cm. und sogar 9 Cm. Länge erreicht. Sein Vorkommen ist in dem Plänerkalke von Goslar, Quedlinburg, Liebenburg, Sarstedt, Wrisberg-holzen, Alfeld, Werl u. s. m. durch A. Römer, von Hundorf und Kutschlin in Böhmen durch Reuss, von Oppeln in Ober-Schlesien durch F. Römer, in der Kreide und dem Grünsande von Büren in Westphalen nach Goldfuss, in turonen Schichten von Rouen, Sainte-Cérotte in Frankreich durch d'Orbigny, in der Kreide von Brighton, Lewes, Offham, Swaffham in Norfolk durch Mantell und Sowerby nachgewiesen; Zittel fand ihn in den Gosaugebilden der nordöstlichen Alpen. Wir besitzen ihn ausserdem aus dem oberen Quader und Quadermergel von Kreibitz in Böhmen, aus dem Baculitenmergel von Luschitz und dem senonen blaugrauen Mergel des Marterberges bei Passau.

Soweit sich nach Beschreibungen und Abbildungen urtheilen lässt, würden sich auch die von W. A. Ooster in Protozoe helvetica, I. 1869, p. 2, 36—39 als jurassische Inoceramen der Schweizer Alpen beschriebenen und Taf. 1, 2, 12 und 13 als *I. Brunneri*, *I. Falgeri*, *I. undulatus* und *I. fuscus* unterschiedenen Arten auf die breiten und schmalen Abänderungen des *I. latus* wohl zurückführen lassen, ohne durch diesen Ausspruch ihre Identität weiter befürworten zu wollen.

6. I. labiatus Schloth. sp. — II. Taf. 12.

1768. *Ostracit*, Walch, d. Naturgeschichte der Versteinerungen, II. 1, p. 84, Tab. B. II. b**, fig. 2, p. 152, Tab. D. X. fig. 1, 2.

1813. *Ostracites labiatus* und *Pinnites dilurianus* Schlotheim in Leonhard's min. Taschenb. VII. p. 93.

1820. *Mytulites problematicus* Schlotheim, die Petrefactenkunde, p. 302.
Pinnites dilurianus Schloth. eb. p. 303.

1822. *In. mytiloides* Mantell, Geol. of Sussex, p. 215. Tab. 27, fig. 3; Tab. 28, fig. 2.

1827. *Catillus Schlotheimi* Nilsson, Petr. Suec. p. 19.

1829. *In. mytiloides* Sowerby, Min. Conch., Tab. 442.

1834—1840. *In. mytiloides* Goldfuss, Petr. Germ. II. p. 118, Taf. 113, fig. 4.
I. propinquus Mün., Goldf. eb. p. 112, Taf. 109, fig. 9.

1835. *Mytiloides labiatus* Ad. Brongniart, descr. géol. des env. de Paris, 3. éd. p. 151, 622, Pl. K. fig. 4.

1841. *In. mytiloides* A. Römer, nordd. Kreideg. p. 63.

1843. *I. problematicus* d'Orbigny, Pal. franç. terr. crét. III. p. 510, Pl. 406.
I. angulosus d'Orb. ib. p. 515, Pl. 408, fig. 3, 4. (*I. angulatus*.)

1844. *In. mytiloides* Gein. im n. Jahrb. f. Min. p. 151.

1846. Desgl. Gein. Grundr. d. Verst. p. 463.
Desgl. Reuss, böhm. Kreidef. II. p. 26, Taf. 37, fig. 16.

1849. Desgl. Gein. Quad. Deutschl. p. 176.
1850. *In. problematicus* d'Orbigny, Prodr. de Pal. II. p. 197.
    I. angulatus d'Orb. ib. II. p. 168.
1863. Hébert, in Bull. de la Soc. géol. de France, 2. sér. t. xx. p. 620.
    v. Strombeck, in Zeitschr. d. deutschen geol. Ges. XV. p. 119.
    I. problematicus Dana, Manual of Geology, p. 475, 487.
1865—1868. ? *I. ambiguus* Eichwald, Leth. Ross. II. p. 493, Pl. 21, fig. 8.
1866. *I. mytiloides* Schlüter in Zeitschr. d. deutsch. geol. Ges. p. 61.
    Desgl. Gümbel in Sitzber. d. k. Ak. d. Wiss. in München. II. p. 169.
    I. labiatus Schloenbach im n. Jahrb. f. Min. p. 311.
1868. Gümbel, Geogn. Beschr. d. Königr. Bayern, II. p. 700, 756.
    Geinitz in n. Jahrb. f. Min. p. 764.
1871. Stoliczka, Pal. Ind., Cret. Fauna, III. Pelecipoda, p. 408, Pl. 29, fig. 1.
  ?   *In. eximius* v. Eichwald, geogn. paläont. Bemerk. über die Halbinsel Mangischlak, p. 192, Taf. 18, fig. 1—4; Taf. 19, pg. 3, 4.
  ?   *In. porrectus* v. Eichw. eb. p. 191, Taf. 19, fig. 2.
  ?   *I. ambiguus* v. Eichw. eb. p. 189, Taf. 20. fig. 1—5.
1871. Geinitz in Sitzb. d. Isis in Dresden, p. 195.

Oval bis zungenförmig mit gleichgrossen Wirbeln, die über den kurzen und schiefen Schlossrand weit vorragen, unterscheidet sich diese Art im Allgemeinen leicht durch die fast spirale Drehung des Wirbels und die sich d e u t l i c h aussprechende Biegung der ganzen Schale nach hinten. Ihre ganze vordere Seite ist gerundet und stark gewölbt, nach hinten dacht sich die Schale allmählich ab, bis sie in den kleinen stumpfwinkeligen Flügel verläuft.

Ihre Oberfläche ist mit zahlreichen Anwachsringen und Streifen bedeckt, gegen welche die Axe der Schale deutlich gekrümmt ist.

Die Form dieser Art unterliegt übrigens vielen Schwankungen, da sowohl breitere als schmälere Abänderungen gewöhnlich sind, der Wirbel bald spitzer, bald abgestutzt erscheint, und bald mehr nach vorn, bald mehr zurücktritt. Dies gilt besonders für junge Exemplare, die in der Regel eine grössere Breite als die älteren besitzen und zuweilen in der als *I. angulosus* (*I. angulatus*) d'Orb. beschriebenen Form auftreten.

I. propinquus Mün. bei G o l d f u s s, Taf. 109. Fig. 9 kann gegenüber der Ansicht von K u n t h [1]) doch nur mit *I. labiatus* vereiniget werden und scheint aus dem Mittelquader von Schöna zu stammen, nicht von Schandau selbst. Es kommt nicht selten vor, dass durch Verschiebung der Schalen der eine Wirbel über den anderen etwas hervorragt. Am nächsten verwandt mit *I. labiatus* ist die schmale Varietät des *I. latus*, von der er sich durch stärkere Entwickelung des Wirbels und die deutliche Biegung der Schale nach hinten unterscheidet, und *I. Cuvieri*, von welchem *I. labiatus* durch geringere Breite, stärkere Wölbung und seine weit mehr hervortretenden, oft buckelartigen Wirbel unterscheidet.

V o r k o m m e n. *I. labiatus* ist das gemeinste Fossil in dem Mittelquader und Mittelpläner oder unterturonen Ablagerungen und gehört zu den auf unserer Erdoberfläche am weitesten verbreiteten Leitmuscheln. Man begegnet ihm überall in den Saudsteinen bei Rottwernsdorf und Gross-Cotta, am Ladenberge bei Berggieshübel, in dem Hüttengrunde bei Königstein und dem Bielaergrunde bis in die Umgebung des hohen Schneeberges; in prachtvollen Exemplaren bis zu 20 cm. Länge zeigt er sich in den oberen Sand-

---

[1]) Ueber die Kreidemulde bei Lähn, in Zeitschr. d. deutsch. geol. Ges. 1863, p. 727.

steinpartien der Tyssaer Wände und ihrer Umgebungen, auf der linken Elbseite in der Nähe von Schöna, in den sogenannten Teichsteinbrüchen, auf der rechten Elbseite in den Ober-Kirchleithener Brüchen bei Königstein und bis in die Nähe von Kreibitz in Böhmen (Vgl. II. S. III u. f.)

Im Gebiete des Mittelpläners wird man ihn an dem linken Gehänge der Elbe zwischen Dresden Priessnitz, Niederwartha und Gauernitz niemals vergeblich suchen, besonders häufig ist er an der Plänerwand bei Priessnitz. Man hat ihn in dem Mittelpläner zwischen Plauen, Räcknitz und Kaitz bei Grundgrabung mehrfach gefunden, in jüngeren verkümmerten Exemplaren zeigt er sich selbst noch vereinzelt in dem oberturonen Plänerkalke von Strehlen, wo er jedoch mehr durch den *I. Cuvieri* vertreten wird. In Böhmen gehört er gleichfalls vorzugsweise dem Mittelpläner an, wie bei Landskron, während er nach Reuss in dem Plänerkalke von Hundorf ziemlich selten ist. Wir besitzen ihn ferner aus dem Mittelpläner von Blosdorf, eine Meile von Mährisch-Trübau. Gümbel wies seine Verbreitung in den unterturonen Reinhausener- und Winzerberg-Schichten in Bayern nach; F. Römer, v. Strombeck und Schlüter fanden ein weites Verbreitungsgebiet in dem Mittelpläner Westphalens; besonders häufig kam er in dem Plänermergel an der Grube Sälzer und Neuack bei Essen vor; seinen unterturonen Horizont, im Liegenden der Schichten mit *Micraster cor testudinarium* haben d'Orbigny und Hébert für Frankreich festgestellt, wo er bei Tourtenay, Chinon, Rouen, Fécamb, Cambray, Donchy etc. beobachtet wurde; von England wurde diese Art durch Mantell und Sowerby aus der Kreide von Wiltshire und Sussex bekannt. Sehr deutliche Exemplare aus dem Grünsandstein von Kieslingswalda im Glatzischen besitzt das Museum in Dresden, wo auch eine Reihe von Exemplaren aus Neu-Mexico aufbewahrt wird, welche Herr Dittmarsch-Flocon bei Colorado City in einem Plänermergel im Liegenden der kalkigeren Schichten mit *I. Brongniarti* gesammelt hat (Vgl. I. p. 149). Das Vorkommen des *I. labiatus* W. von Missouri ist von Dana bemerkt.

Die von Eichwald als *I. ambiguus*, *I. eximius* und *I. porrectus* beschriebenen Formen kommen in einem grauen oder schwarzen, von ihm zum Neokom gestellten Kalksteine von Aläska und in dem Sandsteine von Wytkrino bei Moskau etc. vor. Stoliczka unterschied ihn in der Ootatoorgruppe der südindischen Kreideformation NO. von Kauray, Odium, Puravoy, Moraviatoor, Ootatoor etc.

7. I. Cuvieri Sowerby. — II. Taf. 13. Fig. 6—8.

1828. Sowerby, Min. Conch. Tab. 441, fig. 1.
1834—1840. Goldfuss, Petr. Germ. II. p. 114. Taf. 111, fig. 1.
1837. Ilisinger, Leth. Suec. p. 56, Taf. 17, fig. 10.
1841. Geinitz, im Jahrb. f. Min. p. 150 (excl. *I. planus*).
1846. Gein. Grundr. d. Verst. p. 463, Taf. 20, fig. 8, desgl.
1849. Gein. Quad. Deutschl. p. 176, desgl.
1863. v. Strombeck, in Zeitschr. d. Deutsch. geol. Ges. XV. p. 124 z. Th.
Nicht: *Catillus Cuvieri* Al. Brongniart, descr. géol. des env. de Paris, 3. éd. 1835, p. 628, Pl. L, fig. A, E, F, G, H, J.

Die Schale ist schief-eiförmig-rhomboidal und, wie bei *I. labiatus*, deutlich nach hinten gekrümmt, jedoch ist sie weit flacher gewölbt und besitzt einen kleinen niedergedrückten Wirbel. Ihre vordere Seite ist gerundet, die hintere mit einem schmalen stumpfwinkeligen Flügel versehen, welcher mit der gebogenen Längsaxe einen spitzen Winkel bildet. Ihre ganze Oberfläche ist concentrisch gestreift und gefaltet.

I. Cuvieri bei Brongniart ist auf *I. Brongniarti* Sow. zurückzuführen, während d'Orbigny weder von *I. Cuvieri* noch von *I. Brongniarti* eine Abbildung giebt. Der Auffassung von Strombeck's bezüglich des *I. Cuvieri* lässt sich in ihrer ganzen Ausdehnung nicht beistimmen, da von diesem Autor gleichfalls Exemplare des *I. Brongniarti*, sowie auch des *I. Lamarcki* dazugezogen worden sind.

Eine schmälere Abänderung des *I. Cuvieri* stellt unsere Taf. 13. Fig. 8 dar.

Vorkommen. Die Exemplare aus dem Pläuerkalke von Strehlen, Taf. 13. Fig. 6--8 zeigen deutlich den Typus der von Sowerby und Goldfuss beschriebenen Art. Aehnliche kommen schon in dem Pläner des Kahnsteines und Steinkuhlenbergs bei Langelsheim im Harze vor. Nach Goldfuss ist diese Art häufig in der weissen und grauen Kreide in Westphalen und bei Quedlinburg, nach Sowerby ist sie gemein in der Kreide von England.

8. I. planus Münster.

1834—1840. Goldfuss, Petr. Germ. II. p. 117, Taf. 113, fig. 1b (nicht 1a, der zu *I. latus* zu gehören scheint).

Der *I. planus* aus dem senonen Kreidemergel von Haldem und Lemförde in Westphalen bildet einen förmlichen Uebergang von *I. Cuvieri* zu *I. Cripsi*, schliesst sich jedoch durch seine regelmässigere und stärkere Wölbung noch mehr an den letzteren an, wie auch schon A. Römer geltend macht, dass *I. latus* als eine sehr flache und weniger breite Form des *I. Cripsi* aufgefasst werden könne.

9. I. Cripsi Mant. — II. Taf. 13. Fig. 11—15.

1822. Mantell, Geol. of Sussex, p. 133, Tab. 27, fig. 11.
1834—1840. Goldfuss, Petr. Germ. II. p. 116, Taf. 112, fig. 4.
1839. Gein. Char. I. p. 27.
1841. A. Römer, norddeutsche Kreideg. p. 63.
1843. *I. impressus* d'Orbigny, Pal. franç. terr. crét. III. p. 515, Pl. 409.
 I. regularis d'Orb. ib. p. 516, Pl. 410.
 I. Goldfussianus d'Orb. ib. p. 517, Pl. 411.
1844. Geinitz, u. Jahrb. f. Min. p. 151.
1846. Gein. Grundr. d. Versteiu. p. 464 z. Th.
 Reuss, böhm. Kreidef. II. p. 25, Taf. 37, fig. 10, 12.
1848—1850. *I. Goldfussianus, I. impressus* und ? *I. Cuvieri* Kner in Haidinger's naturw. Abh. III. p. 28, Taf. 5, fig. 2.
1849. *I. Cripsi* u. *I. impressus* Gein. Quad. Deutschl. p. 178.
1854. F. Römer, in Verh. d. naturh. Ver. f. Rheinl. u. Westph. XI. p. 146.
1856. *I. sublaevis, I. convexus, I. tenuilineatus* und *I. fragilis* Hall u. Meek, Descr. of New Spec. of Foss. from the Cret. Form. of Nebraska, p. 386—388, Pl. 2, fig. 1, 2, 3, 6.
1863. v. Strombeck, Zeitschr. d. deutsch. geol. Ges. XV, p. 152.
1865—1868. v. Eichwald, Leth. Ross. p. 496.
1866. d. Bivalven der Gosaugebilde in d. nordöstl. Alpen, p. 19 (95), Tab. 14, fig 1—5; Taf. 15, fig. 1—5.
 Gümbel, Sitzb. d. k. Ak. d. Wiss. in München, II. p. 169.
1870. F. Römer, Geol. v. Oberschles. p. 356, Taf. 39, fig. 9.
1871. *I. Cripsianus* Stoliczka, Pal. Ind., Cret. Fauna. III. Pelecypoda p. 405, Pl. 27, fig. 1—3.
 I. Goldfussianus Geinitz in Sitzb. d. Isis in Dresden, 1871, p. 195.

Mit Goldfuss, F. Römer, v. Strombeck und Zittel fassen wir unter dieser Art Formen zusammen, die sich durch ihre grössere Breite oder ihre quer-ovale Form, die vordere Rundung ihrer Schale, einen mässig langen Schlossrand, der an den ebenfalls gerundeten Hinterrand stumpfwinkelig anschliesst, auszeichnet und die mit ziemlich regelmässigen dicken Anwachsringen bedeckt sind. Die fast gleichgrossen niedrigen Wirbel pflegen mehr oder weniger von dem vorderen Ende der Schale zurückzutreten, liegen aber zuweilen auch ganz vorn, ähnlich wie bei *I. angulosus* d'Orb. Die Schale ist in ihrer Mitte nach vorn hin stark und ziemlich regelmässig gewölbt und verflacht sich allmählich über eine sehr flache Bucht, oder eine von der hinteren Seite des Wirbels nach dem Unterrand laufende Furche hinweg (Var. *impressus* d'Orb.) nach hinten.

Durch ihren Umriss tritt diese Art zunächst in Verbindung mit *I. Cuvieri* Sow. und *I. planus* Mün., woraus sie sich vielleicht entwickelt hat, im Allgemeinen sind die Formen des *I. Cripsi* breiter und stärker gewölbt als jene.

Eine gleich nahe Verwandtschaft mit *I. Cripsi* zeigt aber auch *I. Lamarcki* in seiner breiteren Abänderung bei d'Orbigny, Pl. 412, die sich von *I. Cripsi* fast nur noch durch stärkere Wölbung und durch eine deutliche Eindrückung unter dem Wirbel an der vorderen Seite der Schale unterscheidet, worauf eine Verwandtschaft des *I. Lamarcki* und *I. striatus* beruht.

Unter den von Hall und Meek aus Nebraska beschriebenen Formen ist *I. convexus* dem normalen *I. Cripsi* am ähnlichsten, während *I. tenuilineatus* einem dünnschaligen Exemplar der Muschel mit weiter vorn liegendem Wirbel entspricht, so dass er wiederum dem *I. angulosus* d'Orb. ähnlich wird. Sowohl junge Exemplare des *I. labiatus* als auch des *I. Cripsi* können nach den uns vorliegenden Belegstücken in der Form des *I. angulosus* erscheinen und müssen auf die damit zusammen vorgekommenen ausgewachsenen Exemplare zurückgeführt werden.

Vorkommen. Seinen Ausgangspunkt nimmt *I. Cripsi* in dem Mittelquader oder Bildhauersandstein von Gross-Cotta, aus welchem das Taf. 13. Fig. 12 abgebildete Exemplar stammt. Mantell beschrieb ihn aus dem *grey Chalk marl* von Ringmer, Hamsey und Offham in England, nicht aus dem Gault, wie von einigen Autoren angenommen wird.

Mit Ausnahme jenes II., Taf. 13. Fig. 11 mit *I. latus* verwandten Exemplares aus dem Mittelpläner von Priessnitz sind ähnliche breite Formen in Sachsen neuerdings nicht beobachtet worden; wohl aber kommen sie häufiger in dem oberen Quadermergel des benachbarten Kreibitz in Böhmen vor (II. Taf. 13. Fig. 13—15), womit die senone Etage beginnt. In Ablagerungen von senonem Alter ist überhaupt das Hauptniveau für diese Art zu suchen und sie wird hier von den oft blasenförmig aufgetriebenen Abänderungen des *I. Lamarcki* begleitet, so bei Nagorzany unweit Lemberg, nach F. Römer mit *Belemnitella mucronata* zusammen bei Zarnowice, Karniowice bei Krakau, Wlodislaw zwischen Pinczkow und Miechow, nach v. Eichwald in der Krim, bei Simbirsk, nach v. Hagenow in der Kreide von Rügen, ferner in dem Kreidemergel von Ilseburg, Blankenburg und Vienenburg im Harz und in dem oberen Quadersandsteine des gläsernen Mönchs bei Halberstadt, in den westphälischen Kreidemergeln von Dülmen, Haldem und Osterfeld bei Essen und nach d'Orbigny in den senonen Gebilden Frankreichs.

Nach Zittel ist es eine der verbreitetsten Arten in den Gosaugebilden der nordöstlichen Alpen, Stoliczka erkannte sie in der Arrialoorgruppe der südindischen Kreideformation, Beyrich in Schichten aus Afrika, F. Römer in Texas. Wie ihr Vorkommen in Nebraska uns den Abbildungen von Hall und Meek erhellt, so lässt sich dasselbe nach zahlreichen uns vorliegenden Exemplaren auch für die Umgegend von Colorado City in Neu-Mexiko verbürgen, wo *I. Cripsi* mit *Baculites grandis* Hall und Meek und anderen Baculiten zusammen durch Herrn A. Dittmarsch-Flocon im Hangenden der turonen Pläner entdeckt worden ist.

10. **I. Lamarcki** Parkinson. — II. Taf. 14. Fig. 1.

1822. *I. Brongniarti* Mantell, Geol. of Sussex p. 214, Tab. 27, fig. 8.

1835. *Catillus Lamarcki* Al. Brongniart, descr. géol. des env. de Paris, 3. éd. p. 630, Pl. L. fig. 10 B.

1834—1840. ? Goldfuss, Petr. Germ. II. p. 114, Taf. 111, fig. 2.

1841. A. Römer, norddt. Kreideg. p. 62.

1843. d'Orbigny, Pal. franç. terr. crét. III. p. 518, Pl. 412.

1844. Geinitz im Jahrb. f. Min. p. 150.

1846. Gein. Grundr. d. Verst. p. 465.
1849. Gein. Quad. Deutschl. p. 174 (excl. *I. Decheni*).
1850. Dixon, Geol. and Foss. of Sussex, p. 355, Tab. 28, fig. 29.
1866. Zittel, die Bivalven der Gosaugebilde in den nordöstlichen Alpen, p. 23 (99), Taf. 15, fig. 6.

Die etwas schief-ovale Schale, welche theils länger als breit, theils aber auch breiter als lang, und mehr oder minder schief ist, zeichnet sich namentlich durch ihre bauchige Wölbung aus, wodurch sie oft blasenförmig aufgetrieben erscheint. Sie verläuft in einen mehr oder weniger vorragenden und niedergebogenen Wirbel, an dessen beiden Seiten sie steil abfällt und etwas eingedrückt ist. Ihr oft unverhältnissmässig kleiner Schlossrand begrenzt einen kleinen stumpfwinkeligen hinteren Flügel, welcher oft gänzlich zurücktritt. Die Oberfläche ist mit dicken wulstförmigen Anwachsringen und concentrischen Streifen bedeckt, wie bei *I. Brongniarti*, womit sie häufig verwechselt worden ist, zumal dessen als *I. annulatus* Goldf. beschriebene Varietät ihrer Form sich nähert.

Von diesen unterscheidet sich *I. Lamarcki* durch die mehr ausgesprochene Rundung seiner Schale, welche nur in der Nähe des Wirbels gestört oder aufgehoben wird, und durch seine weit stärkere Wölbung.

Ebenso verwandt ist *I. Lamarcki* mit *I. Cripsi*, der oft einen gleichen Umriss zeigt und in stark gewölbten Abänderungen angetroffen wird. In beiden Arten spricht sich aber sehr deutlich eine entgegengesetzte Richtung des Wirbels und der Anwachsringe aus, welche bei dem ersteren deutlich nach vorn, bei dem letzteren deutlich nach hinten gewendet sind. Die Eindrückung der vorderen Seite unter dem Wirbel des *I. Lamarcki* und die verhältnissmässig stärkere Wölbung längs der hinteren Fläche dieser Art, weichen wesentlich ab von der stärkeren Wölbung der vorderen und weit schwächeren der hinteren Fläche bei *I. Cripsi*.

Vorkommen. Diese für obere oder senone Ablagerungen der Kreideformation bezeichnende Art liegt uns in charakteristischen Exemplaren aus dem Kreidemergel von Nagorzany bei Lemberg, Osterfeld bei Essen an der Ruhr, als Feuersteingeschiebe von St. Acheul bei Amiens, aus dem Grünsandsteine von Kieslingswalda im Glatzischen, aus dem oberen Quadersandsteine von Waldau bei Görlitz, Tanneberg in Böhmen (durch Herrn Apotheker B. Kinne in Herrnhut gefunden) und einigen Brittchen des Elbthales vor, wie von Postelwitz und aus den Schlemmschuhbrüchen gegenüber Schandau. Zu ihr mögen auch Exemplare aus dem senonen Mergel des Marterberges bei Passau gehören, welche das K. mineralogische Museum Herrn Baron v. Stockheim schon seit dem Jahre 1851 verdankt. — Früher von uns zu *I. Lamarcki* gestellte Exemplare von Strehlen, wie II., Taf. 13. Fig. 9, sind auf andere Arten zurückgeführt worden.

Die aus England beschriebenen Exemplare, von welchen Dixon die beste Abbildung giebt, wurden in der Kreide von Norfolk und Sussex gefunden, *J. Lamarcki* bei d'Orbigny gehört ebenfalls senonen Schichten in Frankreich an. Das von den Abbildungen bei d'Orbigny und Dixon ziemlich abweichende Exemplar bei Goldfuss fand sich in der grauen Kreide zu Sindinkhausen in Westphalen. Dasselbe erinnert einigermassen an *I. striatus*.

Ebenso bildet *I. Lamarcki* aus dem Hofergraben im Gosauthale, eine eigenthümliche Varietät dieser vielgestaltigen Art, die nach allen Modificationen sich endlich noch in den *I. involutus* Sow. umgestaltet zu haben scheint, in welchem letzteren sich gleichzeitig noch Hauptcharaktere des *I. concentricus* deutlich erhalten haben.

Rückblick auf die hier beschriebenen Inoceramen.

Betrachtet man die Inoceramen der Kreideformation im Geiste der Theorie von der Veränderlichkeit der Arten, so reicht ihr Stammbaum bis in den Lias zurück. Ohne auf diese älteren Formen hier eingehen zu wollen, finden wir den nächsten Anknüpfungspunkt für unsere Inoceramen in dem *I. concentricus* Sow. des Gault. Er ist offenbar ein naher Verwandter des *I. striatus*, jener in cenomanen Schichten, oder dem unteren Quader, vorherrschenden Art. Hier bedurfte es nur einer Verkürzung des Wirbels und einer grösseren Ausdehnung des Schlossrandes, um jene in diese Art umzuwandeln. Beides scheint in der That hier nach jüngeren Schichten hin stattgefunden zu haben, denn der *I. striatus* des Plänerkalkes hat in der Regel die kürzesten Wirbel und den breitesten Flügel (Taf. 13. Fig. 9); dagegen haben sich in dem *I. striato-concentricus* Gümbel jene ursprünglichen Charaktere der Stammart weit besser erhalten, ja wie es scheint, noch extremer entwickelt. Von *I. striatus* aus entwickeln sich 2 verschiedene, damit noch sehr nahe verwandte Reihen in den Formen des *I. Brongniarti* und des *I. latus*.

Der erstere stellt die vollkommenste Entwickelung der Gattung in oberturonen Ablagerungen dar, welche noch weit in die senonen Bildungen hineinragt. *Inoceramus latus* aber, der durch *I. Geinitzianus* Stoliczka mit *I. striatus* sehr eng verbunden ist, bildet die Basis für 2 neue Entwicklungsreihen, deren eine durch b r e i t e Form, die andere durch s c h m a l e Form ausgezeichnet ist. An die breite Varietät des *I. latus* schliesst sich *I. Cuvieri*, an die schmale Form *I. labiatus* unmittelbar an. Der letztere bildet wieder in seinen breiteren Abänderungen einen förmlichen Uebergang nach dem ersteren hin. Immerhin bleibt aber *I. labiatus* in seiner typischen Form das Hauptfossil für unterturone Schichten oder den Mittelquader und Mittelpläner des Elbthales: im oberturonen Plänerkalke von Strehlen finden sich von ihm nur noch spärliche Exemplare; dagegen hat er sich noch einige Geltung in den Kieslingswalder Schichten verschafft, während er in diesen analogen Schichten von Kreibitz und Marterberg bei Passau nur durch die schmale Abänderung des *I. latus* vertreten wird.

Es ist vorher gezeigt worden, wie sich *I. Cuvieri* Sow. zu *I. planus* Mün. und *I. Cripsi* Mant. verhält, woraus jedenfalls erhellt, dass sich der erstere in den letzteren umwandeln konnte. *I. Cripsi* bezeichnet aber mit seinen Varietäten, wie *I. Goldfussianus* d'Orb. und *I. impressus* d'Orb., ganz vorzugsweise senone Kreidebildungen. Der ihn hier begleitende *I. Lamarcki* und die letzten Nachkömmlinge des *I. Brongniarti* bilden mit *I. involutus* Sow. (Min. Conch. Pl. 583) eine Reihe von Arten, welche auf mannichfache Weise eng mit einander verknüpft sind und mit Entschiedenheit wieder auf *I. concentricus* zurückweisen.

Ihre Beziehungen zu einander lassen sich annähernd in dem folgenden Schema veranschaulichen.

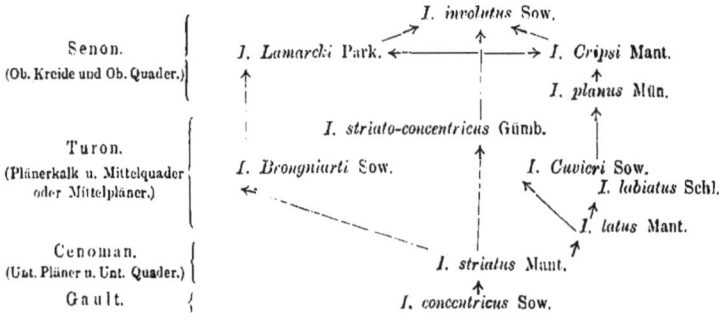

Das

ELBTHALGEBIRGE

in

SACHSEN

von

Dr. Hanns Bruno Geinitz,

Ritter des Königl. Sächs. Verdienstordens und des Kais. Brasilianischen Rosenordens, Director des Königl. Mineralogischen Museums, Prof.
an der Königl. polytechnischen Schule in Dresden, Ehrenmitglied des Doctoren-Collegiums der K. K. Universität zu Wien, etc.

Zweiter Theil.

Dritte Lieferung.

Der mittlere und obere Quader.

III. Pelecypoden (Schluss).

CASSEL.

Verlag von Theodor Fischer.

1873.

Nachtrag zu *Lima* Deshayes. II. S. 38.

6. **L. semisulcata** Nilsson. — II. Taf. 16. Fig. 14.

1799. *Lima* sp. Faujas-Saint-Foud, hist. nat. de la Montagne de St. Pierre. Pl. 27, fig. 2.
1827. *Plagiostoma semisulcatum* Nilsson, Petr. Suec. pag. 25. Tab. 9. fig. 3.
1834—40. *Lima sem.* Goldfuss, Petr. Germ. II. pag. 90. Taf. 104. fig. 3.
1837. Hisinger, Leth. Suec. pag. 54. Taf. 15. fig. 6.
1841. A. Römer, nordd. Kreideg. pag. 55.
1843. D'Orbigny, Pal. franç. terr. crét. III. pag. 562. Pl. 424. fig. 5—9.
1846. Reuss, Böhm. Kreidef. II. pag. 32.
1849. Gein. Quad. Deutschl. pag. 188.
1850. D'Orbigny, Prodr. de Pal. II. pag. 248.
1858. Gümbel, Geogn. Beschr. d. Kön. Bayern, II. 1. pag. 757.

Die längliche, fast gleichseitige Schale ist hochgewölbt, mit deutlichen Ohren versehen, und fällt nach den glatten Seiten hin schnell ab. Der mittlere Theil der Schale, oder Rücken, ist mit 15—20 schmalen Längsrippen bedeckt, welche eng beisammen liegen und durch wellenförmige Anwachslinien zum Theil granulirt erscheinen.

Vorkommen: Aus Sachsen ist nur das kleine hier abgebildete Exemplar von 8 mm. Länge bekannt, welches dem Plänerkalke von Strehlen entnommen ist. Dasselbe ist durch Seitendruck in der Nähe des Wirbels etwas verändert, so dass es der *Lima Archiaciana* Briart & Cornet aus der Meule von Bracquegnies (l. c. pag. 51. Pl. 14. fig. 16. 17) mehr ähnlich wird.

Normale Exemplare finden sich in dem oberen Quadersandsteine zwischen Hayda und Röhrsdorf und bei Kreibitz, sowie im Quadermergel von Lindenau bei Böhmisch Zwickau, in dem Grünsande von Kieslingswalda im Glatzischen, in dem schonen Kreidemergel bei Quedlinburg, Gehrden bei Hannover, Lemförde und Haldem in Westphalen, Nagorzany bei Lemberg, in der Kreide von Kunraad in Limburg, am Petersberge bei Maestricht, von Tours in Frankreich, von Rügen, bei Balsberg, Köpinge, Ignaberga und Kjuge in Schonen etc. Ihre nächste Verwandte in Südindien ist *Radula (Limatula) persimilis* Stol. (Cret. Pelec. pag. 420. Pl. 29. fig. 4. 5) in der Ootatoor-Gruppe von Kullay.

Fam. *Aviculidae.*

Avicula Klein, 1753. — I. S. 207.
1. A. glabra Reuss. — I. pag. 208. Taf. 46. Fig. 7; II. Taf. 11. Fig. 2.

Gervillea Defrance, 1820. — l. S. 209.
1. G. solenoides Defr. I. pag. 209. Taf. 48. Fig. 19; II. Taf. 11. Fig. 1.

Inoceramus Sowerby, 1819. — l. S. 210; II. S. 41.

Fam. *Mytilidae.*

Pinna L. 1758. — l. S. 211.
1. P. Cottai Gein. l. pag. 211; II. Taf. 15. Fig. 1.
2. P. decussata Goldf. — I. pag. 211. Taf. 47. Fig. 4. 5; II. Taf. 15. Fig. 2. 3.

Vorkommen: Auch in dem sandigen Quadermergel von Lückendorf, Oberlausitz.

3. P. cretacea Schloth. — II. Taf. 14. Fig. 2. 3.

1799. *Pinna* Faujas-Saint-Fond, Histoire nat. de la montagne de St. Pierre de Maestricht, pag. 144. Pl. 22. fig. 1. 3.
1813. *Pinnites cretaceus* Schlotheim in Leonhard's Taschenb. f. d. ges. Mineralogie, VII. pag. 113.
1820. P. restitutus an P. cretaceus Schlotheim, die Petrefactenkunde, pag. 304.
1834—40. P. quadrangularis Goldfuss, Petr. Germ. II. pag. 166. Taf. 127. fig. 8.
P. restituta Höninghaus, Goldf. eb. pag. 166, Taf. 188. fig. 3.
P. depressa Mün. Goldf. eb. pag. 167. Taf. 128. fig. 3 a.
1840. P. quadrangularis u. P. depressa Gein. Char. II. pag. 55.
1841. Desgl. A. Römer, nordd. Kreideg. pag. 65.
1843. P. quadrangularis d'Orbigny, Pal. franç., terr. crét. III. pag. 256. Pl. 333. fig. 4. 6.
1846—49. Desgl. Gein. Grundr. pag. 451; Quad. Deutschl. pag. 166.
1850. P. quadrangularis u. P. restituta d'Orbigny, Prodr. de Pal. II. pag. 196. 246.
1866. P. cretacea Zittel, die Bivalven der Gosaugeb. in d. nordöstl. Alpen, pag. 11. (87), Taf. 13. fig. 1.
1868. P. quadrangularis Gümbel, Geogn. Beschr. d. Kön. Bayern, II. 1. 756.
1871? P. arata Stoliczka, Pal. Ind., Cret. Fauna III, Pelecypoda pag. 384. Pl. 24. fig. 5; Pl. 25. fig. 1.
? P. laticostata Stol. eb. pag. 385. Pl. 25. fig. 2. 3; Pl. 26. fig. 4.

Die Schale bildet eine gerade, sehr lang gestreckte Pyramide mit rhombischem Querschnitte, der sich in den schmälsten Abänderungen einem Quadrate nähert, in den breiteren mehr linsenartig erscheint. Unser normalster Steinkern, II. Taf. 14. Fig. 2, von welchem das hintere klaffende Ende wegen Mangels an Raum nicht mitgezeichnet ist, erreicht bei nahe 25 cm. Länge dort fast 7 cm. Breite und 4,5 cm. Dicke, so dass sich die grösste Breite zur Länge verhält nahezu wie 1 : 4, was mit den Dimensionen in d'Orbigny's Abbildung übereinstimmt. Bei flacher entwickelten oder etwas gedrückten Abänderungen nähert sich dieses Verhältniss den Zahlen 1 : 3, was den Abbildungen von Zittel entspricht. Zittel's Beschreibung passt übrigens sehr genau auf jenes weit grössere Exemplar: «Der gekielte, durch eine Längsspalte getheilte Rücken liegt fast genau in der Mitte der Schale; vor ihm auf der oberen Seite befinden sich 6—8 erhabene, glatte, gerade Rippen, welche durch doppelt so breite, flach vertiefte Zwischenräume getrennt sind. Auf der unteren Hälfte befinden sich etwa 4—5 solcher Rippen, von welchen jedoch einige oft nur noch schwach hervortreten. Die äusserste derselben wird durch eine Anzahl breiter, runzliger Falten berührt, welche am unteren Rande entspringen, schräg über die Schale setzen und einen spitzen Winkel mit dem Rücken bilden. Die Schale selbst ist glatt.»

Die Anzahl der Rippen auf der unteren Hälfte sinkt zuweilen auf nur 2 herab, wie schon Goldfuss für P. quadrangularis geltend macht; mitunter kommt es auch vor, dass sich zwischen einigen der stärkeren Rippen kürzere und schwächere einlegen, so an P. arata Stoliczka a. a. O. Pl. 25 fig. 1., während P. arata Stol. eb. Pl. 26. fig. 5 von der gewöhnlichsten Beschaffenheit der P. cretacea nicht abweicht.

Vorkommen: Aus dem unteren Quader Sachsens ist diese langgestreckte Pinna noch nicht bekannt, sie erscheint vielmehr zuerst in dem Mittelquader von Gross-Cotta (II. Taf. 14. Fig. 3) neben der breiteren P. decussata, ist aber die vorherrschende Form in dem oberen Quader des Elbthales, wie in den Bornbrüchen gegenüber Schandau und in den Brüchen von Postelwitz auf der rechten Elbseite. Das Dresdener Museum besitzt diese Art aus dem oberen Quader von Haldem in Westphalen und von Waldau bei Görlitz; sie wurde vom Verfasser früher in dem oberen Quadersandsteine des Aachener Waldes aufgefunden. Zu ihr gehören Exemplare aus dem Grünsandsteine von Kieslingswalda im Glatzischen und aus dem oberen Quadermergel von Kreibitz, sowie aus dem Quader am südlichen Abhange des Hochwaldes in Böhmen; Gümbel fand sie in oberturonen und untersenonen Schichten von Bayern; v. Hagenow citirt sie aus der Kreide von Rügen; aus der Tuffkreide von Maestricht stammen die zuerst abgebildeten Exemplare. Nach Zittel ist sie häufig in den Gosaugebilden der nordöstlichen Alpen, sowie in dem oberen Kreidemergel von Dülmen und Haldem in Westphalen. D'Orbigny führt sie aus turonen Schichten von Uchaux (Vaucluse), Montrichard (Loir-et-Cher) in Frankreich und aus senonen Ablagerungen von Pondichery in Ostindien an, während Stoliczka die *P. arata* in die Trichonopoly-Gruppe und *P. laticostata* in die Arrialoor- und Ootatoor-Gruppe verweist.

Mytilus L. 1758. (*Modiola* Lam. 1799.) — I. S. 213.

1. M. (Modiola) Cottae A. Röm. — I. pag. 214. Taf. 48. Fig. 4—8.

Vorkommen: Auch im oberen Quader von Lückendorf, Oberlausitz.

2. M. (Modiola) siliqua Mathéron. — I. pag. 215. Taf. 47. Fig. 3; II. Taf. 15. Fig. 4.

3. M. (Modiola) reversa Sow. — I. pag. 216. Taf. 48. Fig. 9. Var.

4. M. (Modiola) capitata Zitt. — I pag. 217. Taf. 48. Fig. 10; II. Taf. 16. Fig. 9. 10. Taf. 19. Fig. 10.

5. M. (Modiola) flagellifera Forbes sp. — II. Taf. 15. Fig. 5.

1846. *Mytilus (Modiolus) flagelliferus* Forbes.
1850. *Myt. fl.* d'Orbigny, Prodr. de Pal. II. pag. 247.
1866. *Mod. fl.* Zittel, d. Bivalven d. Gosauformation, pag. 82 (6), Taf. 12. fig. 2.
1871. Desgl. Stoliczka, Pal. Ind. Cret. Fauna, Pelecypoda, pag. 379. Pl. 24. fig. 1. 2

Die schmale, Solen-artige Schale ist sehr verlängert und fast cylindrisch gewölbt, an ihrem vorderen schmäleren Ende, wo sich der kleine Wirbel befindet, stumpf-gerundet, hinten mehr ausgebreitet und schief abgerundet. Von dem Wirbel aus läuft nach hinten ein mehr oder weniger deutlicher Kiel, unterhalb dessen die Schale nach der Mitte ihres Unterrandes hin etwas eingebogen ist. Scharf hervortretende runzelige Falten, die an dem geradlinigen Oberrande entspringen, spalten sich in der Nähe des Kieles in feineren Streifen, welche weit undeutlicher und in der Richtung des Unterrandes nach dem vorderen Ende laufen.

Vorkommen: Diese ausgezeichnete und seltene Muschel liegt in mehreren deutlichen Exemplaren aus dem oberen Quader von Tanneberg bei Schönlinda in Böhmen und dem oberen Quader von Waldau bei Görlitz vor. Sie zeigt sich nach Zittel vereinzelt in den Gosaugebilden der nordöstlichen Alpen und wurde von Stoliczka in der Arrialoorgruppe Südindiens bei Pondicherry entdeckt. Nach d'Orbigny in turonen Schichten von Plan d'Aups (Bouches-du-Rhône) in Frankreich.

Fam. *Arcacidae.*

Arca L. 1799. (*Cucullaea* Lam. 1801.) — I. S. 220.

1. A. Geinitzi Reuss. — II. Taf. 16. Fig. 7. 8.

1842. *A. radiata* Gein. Char. III. pag. 78. Taf. 20. fig. 13. 14.
1844. Reuss, geogn. Skizzen II. pag. 192.
1846. Reuss, Böhm. Kreidef. II. pag. 11. Taf. 34. fig. 31.
1849. Gein. Quad. Deutschl. pag. 164.
1858. Gümbel, Geogn. Beschr. d. Kön. Bayern, II. 1. pag. 756.

Die längliche Schale, deren niedriger Wirbel in ein Drittheil der Länge fällt, ist doppelt so lang als hoch, flach-gewölbt, vorn und hinten schwach abgerundet und stumpfwinkelig an den Schlossrand anstossend. Sie fällt nach dem letzteren, sowie nach dem Hinterrande sanft geneigt ab und bildet in ihrer Mitte eine nach unten ziehende sanfte Einbuchtung. Ihre ganze Oberfläche ist dicht mit feinen ausstrahlenden Linien besetzt, die sich durch Einsetzung neuer Linien vermehren und durch sie durchkreuzende feine concentrische Linien granulirt erscheinen.

Von *A. radiata* Mün. unterscheidet sich *A. Geinitzi*, wie schon von Reuss hervorgehoben wurde, durch das weniger gerundete vordere Ende, den Mangel einer deutlichen Rückenkante und ihre netzförmige Zeichnung.

Vorkommen: Vereinzelt im Plänerkalke von Strehlen, im oberen Plänermergel von Luschitz in Böhmen, bei Roding und am Marterberge in Bayern.

2. **A. strehlensis** Gein. — II. Taf. 16. Fig. 5.

Sie hat einen länglich-rhomboidalen Umfang, indem Ober- und Unterrand fast parallel laufen, die kurze vordere Seite nur schwach gerundet, und der Hinterrand schief abgeschnitten ist. Der kleine Wirbel liegt nahe dem vorderen, oben etwas vorspringenden Ende. Hinter ihm bildet sich eine breite flache Abdachung aus, die sich vom Schlossrande bis an die untere Ecke des Hinterrandes zieht. Im Allgemeinen ist die Oberfläche der Schale glatt, doch zeigen sich an ihrer vorderen Seite einige feine ausstrahlende Linien.

Vorkommen: Selten im Plänerkalke von Strehlen.

3. **A. subglabra** d'Orb. — II. Taf. 16. Fig. 1—4.

1834—40. *Arca glabra* Goldfuss, Petr. Germ. II. pag. 149. Taf. 124. fig. 1. (Nicht *Cucullaea glabra* Sow.)
1843. *Cucullaea glabra* Gein. Kiesl. pag. 14. Taf. 3. fig. 4. 5. 7.
1844. *A. Matheroniana* d'Orbigny Pal. franç. terr. crét. III. pag. 238. Pl. 325.
1850. *A. Matheroniana* u. *A. subglabra* d'Orbigny, Prodr. de Pal. II. pag. 196. 244.

Meist von quer-oval-rhomboidischem Umriss unterscheidet sich *A. subglabra* von *A. glabra* Park. sp. durch eine mehr gerundete Kante an der hinteren Grenze des Rückens, welcher letztere keine Einsenkung von dieser Kante zeigt, sondern gleichmässig gewölbt ist, bis er nach dem gerundeten Vorderrande hin allmählich abfällt. Dies entspricht zugleich einer etwas deutlicheren Rundung des Unterrandes und einer stärkeren Abrundung der hinteren Ecke, als dies bei *A. glabra* der Fall ist. Dagegen fehlt eine ähnliche Längsfurche auf der hinteren, steil abschüssigen Fläche der Schale auch ihr nicht.

Der fast mittelständige Wirbel ist stark niedergebogen, so dass die grösste Dicke der bauchigen Schale in deren Mitte fällt, während sie bei *A. glabra* meist etwas höher hinaufgerückt ist. Ueber die ganze Oberfläche laufen concentrische Anwachsstreifen hinweg, die gedrängt an einander liegen.

Als Typus für *A. subglabra* gelten die von Goldfuss abgebildeten Exemplare, welche am Luisberge bei Aachen sehr häufig vorkommen. Dieselben zeigen in ihrem Umrisse allerdings eine unverkennbare Aehnlichkeit mit *Cucullaea fibrosa* Sow., womit sie d'Orbigny nach Pal. fr. III. pag. 212 vereinigt hatte, indess ist *A. fibrosa* an ihrem Unterrande noch stärker gerundet, ihre Schale weniger bauchig-gewölbt und fällt nach dem Hinterrande nicht so steil ab, wie bei *A. subglabra*, wie auch Exemplare der *A. fibrosa* von der Insel Wight belehren.

Dass *A. Matheroniana* d'Orb. aus turonen Schichten von Uchaux von *A. subglabra* nicht verschieden ist, geht aus den Abbildungen d'Orbigny's und den Exemplaren von Kieslingswalda hervor, welche d'Orbigny zu *A. Matheroniana* gezogen hat. Ob der an den Schlossrand stossende Winkel am Vorderrande stumpfwinkelig ist, wie in d'Orbigny's Abbildung, oder etwas spitzer, wie nach Goldfuss, ist unwesentlich. Diesem

Namen gebührt als dem einige Jahre früher aufgestellten die Priorität, und wenn trotzdem der passendere Name «subglabra» hier an die Spitze gestellt worden ist, so lässt sich dies vielleicht dadurch rechtfertigen, dass dieser Name zuerst auf die typischen Exemplare dieser Art übertragen worden ist, während auch Mathéron die seinen Namen führenden Typen gleichfalls als *Arca glabra* bezeichnet hatte.

Es ist die Schale der *A. subglabra* sehr veränderlich, im Allgemeinen aber hat sie mehr Neigung zu einer Ausdehnung nach vorn hin, während *A. glabra* meist die entgegengesetzte Richtung vorzieht. Es kommen bei Kieslingswalda, sowie am Marterberge bei Passau Exemplare der *A. subglabra* vor, welche durch ihre starke Ausdehnung nach dem vorderen Ende der Schale hin eine Gestalt angenommen haben, die mehr an eine *Panopaea* oder einen *Myacites* des Muschelkalkes erinnert, als an eine *Arca*, anderseits schliessen sich sehr verkürzte Exemplare aus dem untersenonen Kreidemergel von Osterfeld in Westphalen an *A. subglabra* an, welche mehr das Ansehen eines *Cardium* gewinnen, da ihre Breite von ihrer Höhe weit übertroffen wird.

Vorkommen: *A. subglabra* ist in oberturonen und untersenonen Ablagerungen gemein. Aus dem Elbthale liegen mehrere Exemplare aus dem oberen Pläner von Strehlen, sowie zwischen Neundorf und Kritzschwitz bei Pirna, aus dem oberen Quadersandstein des hohen Schneeberges, sowie dem oberen Quadermergel von Lückendorf, in der Oberlausitz und bei Kreibitz in Böhmen vor. Sie kommt sehr häufig in dem Grünsande von Kieslingswalda im Glatzischen, nach Goldfuss bei Quedlinburg Coesfeld und Aachen vor, in dem oberen Kreidemergel des Marterberges bei Passau, und nach d'Orbigny in turonen Schichten von Uchaux und Saint-Christophe (Indre-et-Loir) in Frankreich.

Pectunculus Lamarck. — I. S. 223.

1. P. Lens Nilss. I. pag. 224. Taf. 49. Fig. 12; II. Taf. 16. Fig. 6.

Fam. *Nuculidae.*

Nucula Lam. 1799.

N. pectinata Sow. — Taf. 17. Fig. 3—5.

1818. Sowerby, Min. Conch. Pl. 192. fig. 7—10.
1822. Mantell, Geol. of Sussex pag. 94. Pl. 19. fig. 5. 6. 9.
1827? *N. truncata* Nilsson, Petr. Suec. pag. 16. Tab. 5. fig. 6.
1837? Desgl. Hisinger, Leth. Suec. pag. 59. Tab. 18. fig. 8.
1840. *N. Blochmanni* Gein. Char. II. pag. 50. Taf. 10. Fig. 8.
1841. *N. striatula* A. Römer, norddt. Kreideg. pag. 68. Taf. 8. fig. 26.
1842. *N. truncata* Gein. Char. III. pag. 77. Taf. 20. fig. 25.
1843. *N. pectinata* d'Orbigny, Pal. fr. terr. crét. III. pag. 177. Pl. 303. fig. 8—14.
1846. Desgl. Gein. Grundr. d. Verst. pag. 445.
        Desgl. Reuss, Böhm. Kreidef. II. pag. 5. Taf. 34. fig. 1—5.
1849. Desgl. Gein. Quad. Deutschl. pag. 160.
1850. Desgl. d'Orbigny, Prodr. de Pal. II. 198; *N. striatula* eb. pag. 243.
1858. Gümbel, Geogn. Beschr. des Kön. Bayern, II. 1. pag. 755.
1865. v. Eichwald, Lethaea Rossica, II. pag. 586. Tab. 22. fig. 17.

Schale quer-oval-dreiseitig, vorn schief abgeschnitten und unten stumpfeckig, hinten verlängert, verschmälert und gerundet. Vor den Wirbeln liegt ein vertieftes herzförmiges Feld. Der Unterrand ist gerundet. Dicht stehende radiale Streifen an der Oberfläche werden von schmäleren Zwischenfurchen getrennt.

Es kommen in dem Plänerkalke von Strehlen und in Böhmen schmälere Varietäten neben den breiteren Schalen vor, doch lassen sich diese von einander eben so wenig trennen, als *Nucula pectinata* Sow. und d'Orb. aus dem Gault von *N. striatula* Röm. u. A. aus dem Plänerkalke.

Vorkommen: Nicht selten im Plänerkalke von Strehlen und Weinböhla, wahrscheinlich auch in dem obertironen Plänermergel an der Walkmühle bei Pirna. Noch Reuss vorherrschend in dem Plänerkalke von Hundorf und oberen Plänermergel von Luschitz, Priesen etc. in Böhmen, selten im unteren Pläner von Kosstitz etc., nach Gümbel in obertironen und untersenonen Schichten in Bayern bei Roding und Passau, sowie nach v. Eichwald in dem Kreidemergel von Ssimbirsk etc. Sowerby führt als Fundorte für *N. pectinata* den Kreidemergel von Sussex, Folkstone und Dover an, Mantell verweist sie in den Gault, ebenso d'Orbigny, der sie aus dem Terrain albien des Pariser und mittelländischen Bassins citirt. *N. truncata* Nilss. stammt aus der oberen Kreideformation von Käseberga in Schonen.

2. N. sublineata Gein. — II. Taf. 17. Fig. 6—8.

Eine kleine quer-elliptische Art mit fast mittelständigem Wirbel, einer geraden vorderen und einer schwach eingebogenen hinteren Schlosskante. Der Vorderrand ist gerundet, der Hinterrand bildet mit dem Schlossrande eine fast rechtwinkelige Ecke. Der gebogene Unterrand verläuft allmählich in Vorder- und Hinterrand. Die Oberfläche ist mit zarten ausstrahlenden Linien bedeckt, wodurch sich diese Art von der ihr übrigens sehr ähnlichen *N. lineata* Sowerby bei Fitton (Obs. on some of the strata between the Chalk, Pl. 17. Fig 9) aus dem Grünsande von Blackdown unterscheidet.

Die ihr gleichfalls nahe verwandte *N. producta* Nilss. (Petr. Succ. p. 16. Tab. 10 Fig. 5) aus der oberen Kreide von Schonen und dem oberen Plänermergel Böhmens ist mit regelmässigen concentrischen Streifen verziert und entbehrt alle ausstrahlenden Linien.

Steinkerne unserer *Nucula* (II. Taf. 17. Fig. 8) lassen einen einfachen Manteleindruck erkennen, welcher nur dicht an dem hinteren Muskeleindrucke einen kurzen einspringenden Winkel bildet. Dies kann wohl kaum berechtigen, diese Art von *Nucula* zu trennen und zu *Leda* Schumacher oder *Yoldia* Müller zu stellen, welchen Gattungen ihre äussere Form entspricht.

Vorkommen: Im Plänerkalke von Strehlen und Weinböhla. — Eine in den oberen Schichten des unteren Pläners, vielleicht schon im mittleren Pläner des Tunnels von Oberau aufgefundene *Nucula* ist Taf. 50. Fig. 13. abgebildet. Sie unterscheidet sich von *N. sublineata*, ausser ihrer bedeutenderen Grösse durch stärkere Ausbreitung nach dem hinteren Ende, das zugleich etwas höher wird. Ausstrahlende Linien sind auf ihr nicht zu bemerken.

Fam. *Trigoniidae*.

Trigonia Bruguière, 1789. — 1. pag. 224.

Tr. aliformis Park., Trigonia limbata d'Orb. und Trigonia scabra Lam.

a. Trigonia aliformis Park.

1811. Parkinson, Organic Remains, III. pag. 175. Pl. 12. fig. 7.
1818. Sowerby, Mineral Conchology, Pl. 215.
1840. Agassiz, Études critiques sur les Mollusques fossiles, I. pag. 31. Tab. 7. fig. 14—16; Tab. 8. fig. 12.
1843. Geinitz, Kieslingswalda, pag. 14. Taf. 2. fig. 15. 16.
D'Orbigny, Pal. franç. terr. crét. III. pag. 143. Pl. 291. fig. 1—3.
1850. Deshayes, Traité él. de Conchyliologie, Pl. 33. fig. 3.

b. **Trigonia limbata** d'Orb.

1843. D'Orbigny, Pal. franç. terr. crét. III. pag. 156. Pl. 298.
1850. D'Orbigny, Prodrome de Paléont. II.. pag. 240.
1864. Zittel, die Bivalven der Gosaugebilde in den nordöstlichen Alpen, pag. 56 (160.) Taf. 9. fig. 1.

c. **Trigonia scabra** Lam. 1819.

1834—40. *Lyriodon aliforme* Goldf. Petr. Germ. II. pag. 203. Taf. 137 fig. 6.
1835. Brongniart, descr. géol. des env. de Paris 3. éd. pag. 173. Pl. Q. fig. 5.
1840. Agassiz, Études critiques sur les Mollusques fossiles, I. pag. 28. Tab. 10. fig. 1—5.
1843. D'Orbigny, Pal. franç. terr. crét. III. pag. 153. Pl. 296.
1850. Deshayes, Traité él. de Conch. Pl. 33. fig. 6.
1864. Zittel, die Bivalven der Gosaugebilde in d. nordöstl. Alpen, pag. 57. Taf. 9. fig. 2.
1871. Stoliczka, Cret. Fauna of South. India, III. Pelecypoda pag. 314. Pl. 15. fig. 24—26; Pl. 16. fig. 35—40.

Diese drei durch Uebergänge eng mit einander verbundenen und leicht zu verwechselnden Arten haben zunächst eine nierenförmig-dreiseite Form gemein, indem sich Vorder- und Unterrand zu einem sprenkelartigen Bogen verbinden, und das lange hintere, mit einer Längsfurche eingefasste Feld mehr oder minder concav eingebogen ist. Sie sind ferner mit zahlreichen hohen Längsrippen versehen, die an dem Rande des hinteren Schildes oder an jener Längsfurche entspringen und bogenförmig nach dem Vorderrande und Unterrande hin laufen, wo sie mit jenen der anderen Schale alterniren. Der obere oder innere Theil des hinteren Schildes ist schwächer gerippt und diese Rippen stossen mit jenen nach unten laufenden Rippen unter spitzem Winkel zusammen, wenn letztere hier nicht undeutlich sind.

Bei *T. aliformis* ist das hintere Ende der Schale am stärksten, fast schnabelartig verlängert und es tritt an dem Unterrande dort eine deutliche Einbiegung hervor; *T. scabra* von Uchaux u. a. O. Frankreichs ist unter den genannten Arten die kürzeste Form, bei welcher man eine derartige Einbiegung des Unterrandes vermisst; *T. limbata* bildet in diesen Beziehungen eine Mittelstufe zwischen beiden.

Rippen und die sie trennenden breiten Zwischenräume werden von gedrängt liegenden concentrischen Anwachsstreifen überschritten, wodurch erstere oft knotig und bei *T. scabra* selbst spitz-höckerig erscheinen. Die Rippen dieser Art sind nach Exemplaren von Uchaux am schmälsten, und diesen nähern sich die Abbildungen von Brongniart und von Goldfuss (*Lyriodon aliforme*) am meisten, während sie nach den Abbildungen von Deshayes und Zittel etwas dicker und oft nur mit rundlichen Knoten besetzt erscheinen, wie auch an einem Exemplare in dem Dresdener Museum, das wahrscheinlich aus der Gegend von Aachen stammt.

Bei *Trigonia aliformis* sind nach den citirten Abbildungen die Rippen der Schale am dicksten, weniger zahlreich und nur mit undeutlicheren, stumpfen Knoten besetzt.

Bei *Trigonia limbata*, auch hierin eine wahre Mittelstufe, gestalten sich die Rippen mehr dachförmig und grösstentheils glatt, wiewohl sich hier und da, auch nach Zittel's Abbildungen, ganz ähnliche rundliche Höcker darauf erheben, wie bei *Tr. scabra* und *Tr. aliformis*.

Vorkommen: Aus dem Elbthale Sachsens selbst ist dem Verfasser nur ein Abdruck bekannt geworden, der in einer Sandsteinplatte bei Ober-Vogelgesang bei Pirna zu beobachten war und auf *Tr. aliformis* oder *Tr. limbata* schliessen liess.

Die in dem oberen Quader und Quadermergel bei Kreibitz vorkommende *Trigonia* ist eine normale *T. limbata*, während einige bei Tanneberg an der böhmischen Nordbahn durch Hrn. Apotheker Kinne gefundenen Exemplare entweder zu *Tr. aliformis* oder *Tr. limbata* gehören.

Tr. aliformis Park. geht von dem Gault des Pariser Beckens durch den cenomanen Grünsand von Blackdown bis in den obertnronen oder untersenonen Grünsand von Kieslingswalda hinauf, welchem der obere Quadermergel am Salzberge bei Quedlinburg mit seinen Steinkernen von *Trigonia aliformis* oder *Tr. limbata*, und der Eisensandstein vom Luisberg bei Aachen mit *Tr. scabra* durch eine sehr grosse Anzahl gleicher Fossilien entsprechen. In den Gosaugebilden der nordöstlichen Alpen kommen *Tr. limbata* und *Tr. scabra* gleichzeitig vor. *Tr. scabra* findet sich nach Stoliczka in der Trichonopoly- und Arrialoor-Gruppe Süd-Indiens.

Fam. *Crassatellidae.*

Crassatella Lam. 1799. — S. I. pag. 225.

1. Cr. regularis d'Orb. — I. pag. 225. Taf. 50. Fig. 4. II. Taf. 17. Fig. 9.

2. Cr.? sp. — Taf. 17. Fig. 10.

Die ungleichseitig-dreiseitige Schale ist vorn sehr verkürzt und gerundet, nach hinten verlängert und in eine gerundete Ecke verlaufend. Ihre weit vortretenden Wirbel nähern sich dem vorderen Ende. Sie ist mässig gewölbt und fällt nach dem langen schief abgeschnittenen, nur unten gerundeten Hinterrande sanftgewölbt ab. In der Mitte dieser abschüssigen Fläche zieht sich eine schwache Längsfurche herab. Hinter den Wirbeln liegt ein kurzes lanzettförmiges Bandfeld, vor ihnen eine ähnliche schmale Vertiefung. Die Oberfläche ist unregelmässig gestreift. Diese Art nähert sich einigermaassen der *Cr. Austriaca* Zittel (die Bivalven der Gosaugebilde, pag. 47 (151), Taf. 8. Fig. 1.)

Vorkommen: Selten im Plänerkalke von Strehlen.

Fam. *Carditidae (Cyprinidae)* d'Orb.

Cardita Bruguière, 1789. (*Venericardia* Lam. 1801.)

C. tenuicosta Sow. sp. — II. Taf. 17. Fig. 11—13.

1837. *Venericardia tenuicosta* Sowerby bei Fitton, on some of the strata below the Chalk, pag. 335. Pl. 11. fig. 7*.
1840—42. *Cardita parvula* u. *Venericardia tenuicosta* Gein. Char. II. pag. 51. 76. Taf. 11. fig. 5.
1843. D'Orbigny, Pal. franç. terr. cr. III. pag. 87. Pl. 268. fig. 1—5.
1844. *Cardita corrugata* Reuss, Geogn. Skizzen aus Böhmen II. pag. 190.
1846. Gein. Grundr. d. Verst. pag. 435.
          Reuss, Böhm. Kreidef. II. pag 4. Taf. 23. fig. 16.
1849. Gein. Quad. Deutschl. pag. 156.
1850. D'Orbigny, Prodr. de Pal. II. pag. 137; *C. Cottaldina* d'Orb. ib. pag. 161 z. Th.; *C. Geinitzii* d'Orb. ib. pag. 239.
1862. *Cardita tenuicostata* Gümbel, Geogn. Beschr. d. Kön. Bayern, II. 1. pag. 755.

Die mehr oder minder stark gewölbte Schale ist quer-oval, undeutlich vierseitig, und besitzt einen vorstehenden, vor der Mitte liegenden Wirbel, unter welchem sie tief eingedrückt ist. Ihre Vorderseite ist gerundet und nach unten verkürzt, der schwächer gebogene Hinterrand grenzt mit einer gerundeten Ecke an den Schlossrand an und verläuft mit einer schnellen Abrundung in den Unterrand. Ihre ganze Oberfläche ist mit feinen ausstrahlenden Rippen bedeckt, welche von ziemlich regelmässigen concentrischen Streifen und stärkeren Anwachsringen durchkreuzt werden, wodurch sie zum Theil wellenförmig erscheinen.

Ein durchgreifender Unterschied zwischen den Exemplaren von Strehlen und jenen aus England, Frankreich und Böhmen liess sich nicht ermitteln, wenn auch hier und da bei den ersteren der Wirbel etwas schlanker hervortritt.

Vorkommen: Sowerby's Abbildung eines Exemplares aus dem Gault Englands entspricht sehr genau jenen von d'Orbigny aus dem Albien Frankreichs und von Reuss aus verschiedenen jüngeren Ablagerungen in Böhmen, und an diese schliessen sich unsere Exemplare unmittelbar an. Ihr Vorkommen reicht demnach von dem Gault (*C. tenuicosta* d'Orb.), durch cenomane und turone Schichten Böhmens, vom unteren Pläner bei Kosstitz an bis in den oberen Plänermergel von Priesen und Luschitz hinauf (*C. Cottaldina* d'Orb. z. Th., jedoch verschieden von d'Orbigny's Abbildungen dieser Art). In dem Plänerkalke von Strehlen und Wein-böhla in Sachsen (*C. Geinitzii* d'Orb.) ist sie nicht selten und erreicht oft 2 cm. Grösse. Vereinzelte Exemplare von ihr wurden auch in dem senonen Plänermergel des Wesnitzgrundes bei Pirna und bei Böhmisch-Kamnitz gefunden. Gümbel nennt sie aus untersenonen Schichten des Marterberges bei Passau.

Fam. *Lucinidae*.

Mutiella Stoliczka, 1870.

Als Typus für diese mit *Corbis* Cuv. nahe verwandte Gattung wird *Corbis rotundata* d'Orb. hin-gestellt, welche auf *Venus Ringmerensis* Mant. zurückzuführen ist. Stoliczka hat sich zugleich (Cret. Fauna of South. India III. pag. 248) gegen die Verwendung des Namens *Fimbria* statt *Corbis* ausgesprochen.

1. M. Ringmerensis Mant. sp. — II. Taf. 16. Fig. 11—13.

1822. *Venus? Ringmerensis* Mantell, Geol. of Sussex, pag. 126. Tab. 25, fig. 5.
1840. *Cucullaea Roemeri* Gein. Char. II. pag. 50. Taf. 10. fig. 10. 11; Taf. 20. fig. 15.
1843. *Corbis rotundata* d'Orbigny, Pal. fr. terr. crét. III. pag. 113. Pl. 280.
1846. *Arca (Cuc.) Roemeri* Reuss, Böhm. Kreidef. II. pag. 13. Taf. 34. fig. 41. 42.
1849. *Arca Ringmerensis* Gein. Quad. Deutschl. pag. 162.
1850. *Corbis rotundata* u. *Arca Roemeri* d'Orbigny, Prodr. de Pal. pag. 162 u. 244.
1864. *Fimbria coarctata* Zittel, die Bivalven der Gosaugebilde, pag. 45 (149), Taf. 7. fig. 5.

Die bauchig gewölbte, rundliche Schale ist etwas breiter als hoch und besitzt einen stumpfen nieder-gebogenen, sich nach vorn richtenden Wirbel, welcher bald vor, bald hinter der Mitte der Schale liegt. Die Schale ist vor dem Wirbel eingedrückt. Vorder- und Hinterrand grenzen an den Schlossrand stumpf-winkelig oder mit einer gerundeten Ecke an und verbinden sich unter einer regelmässigen Rundung mit dem Unterrande. Die stärkste Wölbung der Schale fällt in die Mitte. Die verschiedene Lage des Wirbels und die grössere oder geringere Breite der Schalen sind hier meist die Folge eines zufälligen Druckes. Ebenso wenig Gewicht ist bei dieser Art auf eine deutlichere oder undeutlichere Längsstreifung zu legen, welche an Exemplaren von Plauen oft sehr deutlich ausgesprochen, an jenen von Strehlen zum Theil gänzlich ver-schwunden ist.

Ueber diese gedrängt liegenden ausstrahlenden Rippen oder Linien, welche die ganze Oberfläche bedecken, laufen concentrische Anwachsstreifen hinweg, welche an Steinkernen von Strehlen die ausstrahlenden Linien fast ganz zu verdrängen pflegen.

Von dem Schlossapparate, welcher in d'Orbigny's und Zittel's Abbildungen ersichtlich wird, sind an unseren Exemplaren nur Andeutungen der eigenthümlichen Nebenzähne bemerkbar, die auch die frühere Stellung dieser Art zu *Arca* oder *Cucullaea* veranlasst haben.

Vorkommen: Selten im unteren Pläner von Plauen und zwar mit deutlich gerippter Schale, ganz dem Vorkommen der *Corbis rotundata* d'Orb. in cenomanen Schichten Frankreichs, bei Le Mans, Rouen, Montignac, La Malle, Eoux entsprechend; häufiger im Plänerkalke von Strehlen, mit oder ohne Längsstreifung, bis 63 mm. lang und 56 mm. hoch, Weinböhla, Hundorf in Böhmen, Buchleitner bei Söldenau in Bayern; *Fimbria coarctata* Zittel häufig in den Gosaugebilden am Wolfgang-See, in der Gosau etc.

Eriphyla Gabb, 1864.

E. lenticularis Goldf. sp. — II. Taf. 17. Fig. 1. 2; Taf. 18. Fig. 1. 2.

1834—40. *Lucina lenticularis* Goldfuss. Petr. Germ. II. pag. 228. Taf. 146. fig. 16.
1840—42. *Lucina Reichii* u. *L. circularis* Gein. Char. II. pag. 49. Taf. 16. fig. 7; III. pag. 76. Taf. 20. fig. 4.
1841. *Lucina Reichii* u. *L. lens* A. Römer, nordd. Kr. pag. 73. Taf. 9. fig. 14. 15.
1843. *Lucina, lenticularis* Gein. Kiesl. pag. 13. Taf. 2. fig. 4—6.
1846. Desgl. Reuss, böhm. Kreidef. II. pag. 4. Taf. 33. fig. 20—24; Taf. 37. fig. 17; Taf. 41. fig. 10.
1849. Desgl. Gein. Quad. Deutschl. pag. 158.
1855. Desgl. Gümbel, Geogn. Beschr. des Königr. Bayern, II. 1. pag. 755.
1871. *Eriphyla lenticularis* Stoliczka, Cretac. Pelecypoda of South. India, pag. 181. Pl. 6. fig. 7—13.

Ihre sehr gleichmässig- und flach-gewölbte Schale ist fast kreisrund und besitzt einen kleinen, schwach vorwärts gebogenen Wirbel, welcher bald vor, bald hinter der Mitte liegt. Die Form dieser Art unterliegt überhaupt manchen Schwankungen, und man findet bald breitere, bald höhere Abänderungen, deren Umfang oft etwas fünfseitig ist, da namentlich Ober- und Hinterrand eine stumpfe Ecke zu bilden suchen. Normale Exemplare sind durch Goldfuss von Aachen, durch den Verfasser von Kieslingswalda abgebildet worden. Ihre ganze Oberfläche ist dicht mit concentrischen Streifen bedeckt, welche jedoch auf Exemplaren aus dem Plänerkalke meist verwischt sind, was überhaupt für die meisten dort gefundenen Muscheln gilt.

Ein Steinkern von Kieslingswalda auf Taf. II. Fig. 18. *a.* lässt die Bucht in dem Manteleindrucke deutlich erkennen, wonach diese Art von *Lucina* geschieden und zu *Eriphyla* gestellt worden ist, welche Gattung Stoliczka in die Familie *Veneridae* verweist.

Vorkommen: Nicht selten im Plänerkalke von Strehlen und Weinböhla, sehr vereinzelt in älteren Schichten Sachsens. In Bayern kommt sie nach Gümbel in unter- und oberturonen Ablagerungen vor, in Böhmen begegnet man ihr häufig in dem unteren Quadersandsteine von Tyssa, im Plänersandsteine und Plänerkalke bis hinauf in den oberen Quadermergel von Kreibitz und oberen Quader von Tanneberg an der Böhm. Nordbahn, Hermsdorf, N. W. von Gabel. Am häufigsten ist *E. lenticularis* in untersenonen Ablagerungen, wie in dem Grünsande von Kieslingswalda, am Salzberge bei Quedlinburg, am Luisberge bei Aachen. Nach Stoliczka in der Trichonopoly-Gruppe O. von Anapandy, N. von Serdamungalum und bei Olapaudy in Süd-Indien.

Fam. *Cyprinidae.*

Cyprina Lam. 1812.

1. C. quadrata d'Orb. — II. Taf. 17. Fig. 14—16.

1840. *Isocardia cretacea* Gein. Char. II. pag. 53. Taf. 11. fig. 6. 7.
1843. *C. quadrata* d'Orbigny, Pal. fr. t. cr. III. pag. 104. Pl. 276. — *C. Ligeriensis* d'Orb. ib. pag. 103 z. Th., Pl. 275. fig. 4. 5) nicht fig. 1. 2).
1849. *C. quadrata* Gein. Quad. Deutschl. pag. 156.
1850. Desgl. d'Orbigny, Prodr. de Pal. II. pag. 195; *C. Noueliana* d'Orb. ib. pag. 195.
1863. Gümbel, Geogn. Beschr. d. Kön. Bayern, II. 1. pag. 755.

Die hochanschwellende Schale ist vierseitig oder rhombisch, da der schwach-gebogene Hinterrand sowohl mit dem Oberrande als auch dem Unterrande eine Ecke bildet. Der auffallend grosse Wirbel drängt sich dem vorderen Ende zu, ragt selbst darüber hinaus und ist bis auf den Schlossrand herabgebogen. Von der Spitze des Wirbels zieht sich ein stumpfer Rücken nach der unteren Ecke des langen Hinterrandes. Der sehr verkürzte vordere Schalenrand ist gerundet. Ihre ganze Oberfläche ist mit flachen concentrischen Anwachslinien bedeckt.

C. quadrata unterscheidet sich von *C. Ligeriensis* d'Orb., Pl. 275. fig. 1. 2, welche im oberen Quadermergel von Kieslingswalda im Glatzischen und von Kreibitz in Böhmen vorkömmt, durch ihre mehr vierseitige Form, ihren sich weiter nach vorn hin drängenden Wirbel und eine deutlichere hintere Rückenkante; bei *C. rostrata* Sow. bei Fitton, l. c. pag. 341. Pl. 17. fig. 1, aus dem Grünsande von Blackdown ist der Umfang der Schale mehr dreiseitig, indem sich der Schlossrand nach hinten weit mehr verlängert und das hintere Schalenende daher schmäler wird.

Vorkommen: Selten im unteren Pläner von Plauen, vereinzelt im Plänerkalke von Strehlen und Weinböhla häufiger im oberen Quadersandsteine des Elbthales, wie bei Ober-Vogelgesang, Posta u. s. w.

Mit dem Vorkommen dieser Art bei Plauen stimmt das in dem unteren Quader von Kelheim (nach Gümbel), im Grünsande von Frohnhausen bei Essen an der Ruhr, sowie in cenomanen Schichten Frankreichs, bei Villers, Rouen, Saint-Calais, überein, während das der *C. Noueliana* d'Orb. in turonen Schichten Frankreichs unseren Funden im Plänerkalke entspricht.

2. C. Hübleri Gein. — II. Taf. 17. Fig. 17.

Die bauchig-gewölbte, quer-oblonge Schale besitzt einen niedergebogenen Wirbel in der Nähe des vorderen Endes und fällt von einer gebogenen und gerundeten Kante schnell nach oben und hinten ab. Vor den Wirbeln liegt ein deutlich begrenzter herzförmiger Hof, welcher den kurzen, gerundeten Vorderrand berührt, hinter den Wirbeln zieht sich, unter ähnlicher scharfer Begrenzung, das lange lanzettförmige Bandfeld bis an das Ende des Schlossrandes hin, welcher stumpfwinkelig an den Hinterrand angrenzt. Der letztere ist Anfangs nur schwach, zuletzt schnell nach dem Unterrande hin gebogen. Die ganze Oberfläche ist eng und ziemlich regelmässig concentrisch gestreift. Bei 35 mm. Breite, 23 mm. hoch und durch die Mitte beider Schalen hindurch 20 mm. dick.

Am nächsten verwandt mit ihr ist *C. procarna* Gümbel, 1868, Geogn. Beschr. d. Königreichs Bayern, pag. 765, fig. 5, deren Schale jedoch weit kürzer ist.

Vorkommen: Im Plänerkalke von Strehlen ist diese Art zuerst durch einen Veteranen der Palaeontologie in Sachsen, den längst verstorbenen eifrigen Sammler Hübler in Strehlen aufgefunden worden.

Fam. Cardiidae.

Isocardia Lam., 1799.

1. I. sublunulata d'Orb. — II. Taf. 17. Fig. 18. 19. 20.

1841. *J. lunulata* A. Römer, norddl Kreideg. pag. 70. Taf. 9. fig. 5. (nicht Nyst, 1835. seq. d'Orbigny.)
1849. Desgl. Gein. Quad. Deutschl. pag. 156.
1850. *J. sublunulata* d'Orbigny, Prodr. de Pal. II. pag. 242.

Die bauchig-gewölbte Schale ist im Jugendzustande oval und wird später schief-oval-vierseitig und nach vorn verlängert. Ihre weit zurückliegenden nach vorn eingerollten Wirbel berühren sich fast und umschliessen ein stark vertieftes herzförmiges Mondchen, neben welchem sich der vordere Schalentheil stark erweitert und zu einer flach abschüssigen ovalen Rundung ausbreitet, die an den langen nur schwach gebogenen Unterrand angrenzt. Der obere hinter dem Wirbel liegende Rand, welcher fast rechtwinkelig an den Unterrand anstösst, umschliesst ein schmales lanzettförmiges Feld für das Ligament. Die Schale zieht sich mit ihrer stärksten Wölbung aus der Wirbelgegend nach unten und vorn hin, indem sie nach dem hinteren Theile des Unterrandes weit steiler abfällt als nach vorn. Sie ist mit undeutlichen concentrischen Streifen bedeckt. Fig. 20 ist ein junges Exemplar dieser Art dargestellt.

Vorkommen: Gegen 4—5 cm. lang vereinzelt im Plänerkalke von Strehlen und Weinböhla.

Cardium L. 1758.

1. C. bipartitum d'Orb. — II. Taf. 17. Fig. 21; Taf. 18. Fig. 5.

1841. *Cardita semistriata* A. Römer, nordd. Kreideg. pag. 67. Taf. 8. fig. 21.
1849. Desgl. Gein. Quad. Deutschl. pag. 156.
1850 *Cardium bipartitum* d'Orbigny, Prodr. de Pal. II. pag. 242.

Die verlängerte Schale ist hochgewölbt und ihrer Länge nach gekielt; sie fällt nach beiden Seiten hin steil ab, fast senkrecht nach dem Hinterrande, stark gewölbt nach dem Vorderrande. Die mittelständigen Wirbel ragen mit zunehmendem Alter immer weiter hervor und rollen sich mit einer schwachen Biegung nach vorn förmlich ein, vor sich ein deutlich begrenztes herzförmiges Mondchen umschliessend. Die grösste Breite der Schale liegt über der Mitte ihrer Höhe in der Nähe des schnell sich abrundenden Oberrandes, während sich die Schale nach unten hin keilförmig verengt. Ausstrahlende Linien bedecken den Rückenkiel und einen Theil der angrenzenden Seitenflächen.

Bei 64 mm. Höhe beträgt die grösste Breite des Taf. 18 abgebildeten Exemplares 28 und die Dicke einer Schale 22 mm. Junge Exemplare, bei welchen der Wirbel noch schwach entwickelt ist (Taf. 17. Fig. 21), besitzen einige Aehnlichkeit mit *Cardita modiolus* Nilsson (Petr. Succ. pag. 17. Tab. 10. fig. 6), welche d'Orbigny zu *Isocardia* verweist.

Vorkommen: Selten im Plänerkalke von Strehlen und in dem Kreidemergel von Iburg im Harz.

2. C. deforme Gein. — II. Taf. 18. Fig. 8.

Bei länglich-ovalem Umriss ist die hochgewölbte Schale mit einem der Hinterseite genäherten Längskiele versehen, von dem sie nach hinten fast senkrecht, nach vorn mit starker Wölbung abfällt. Die Wirbel sind, wie bei der vorigen Art, stark niedergebogen und vor ihnen bildet der vordere Schalenrand eine flügelartig-vorspringende stumpfe Ecke, während der schief nach unten laufende Hinterrand nur wenig hervortritt.

Die ganze Oberfläche ist mit ungleichen ausstrahlenden Rippen bedeckt, die mit rundlichen Tuberkeln besetzt sind, wie bei *Cardium alutaceum* Goldf. Es wechseln aber, namentlich auf der ganzen Vorderseite, stärkere und schwächere Rippen mit einander ab, ähnlich wie bei *C. alternans* Reuss, während dieselben in dem mittleren Theile der Schale gleich stark sind. Die eigenthümliche Form der Schale, welche diese Art zwischen *C. semipartitum* und *C. alutaceum* stellt, unterscheidet sie ausserdem leicht von anderen Arten.

Vorkommen: Drei Exemplare mit Schale liegen aus dem Plänerkalke von Strehlen vor, zwei Steinkerne dieser Art aus dem senonen Kreidemergel von Osterfeld bei Essen in Westphalen.

3. C. alutaceum Goldf. – II. Taf. 18. Fig. 6. 7.

1834—40. Goldfuss, Petr. Germ. II. pag. 220. Taf. 144. fig. 5.
1841. A. Römer, norddl. Kreideg. pag. 71.
1842. Gein. Char. pag. X. z. Th.
1846. Gein. Grundr. d. Verst. pag. 423 z. Th.
Reuss, Böhm. Kreidef. II. pag. 1 z. Th.
1849. Gein. Quad. Deutschl. pag. 154 z. Th.
1850. D'Orbigny, Prodr. de Pal. II. pag. 241.
1868. Gümbel, Geogn. Beschr. d. Kön. Bayern, II. 1. pag. 751.

Eine eiförmige, bauchig-gewölbte Art mit dickem, vorragendem, mittelständigem Wirbel, von welchem zahllose, gleichförmige, gekörnte Linien ausstrahlen, welche ihre ganze Oberfläche dicht bedecken. In normalem Zustande ist sie fast gleichseitig, doch findet man sie häufig zerdrückt. Sie erreicht meist die mittlere Grösse des mit ihr nahe verwandten C. cenomanense.

Vorkommen: Nicht selten im Plänerkalke von Strehlen und Weinböhla in Sachsen, Hundorf in Böhmen u. s. w. Goldfuss beschrieb sie zuerst aus dem senonen Kreidemergel von Haldem in Westphalen, welchen die uns bekannten übrigen Fundorte, wie Osterfeld in Westphalen, Salzberg bei Quedlinburg, oberer Quadermergel von Kreibitz in Böhmen und der Marterberg bei Passau entsprechen.

4. C. tubuliferum Goldf.

1834—40. Goldfuss, Petr. Germ. II. pag. 221. Taf. 144. fig. 7.
1841. C. tuberculiferum A. Römer, norddl. Kreideg. pag. 71.
1849. Gein. Quad. Deutschl. pag. 154.
1850. C. tuberculiferum d'Orbigny, Prodr. de Pal. II. pag. 241.

Diese mit C. alutaceum u. a. nahe verwandte Art erreicht meist deren doppelte Grösse und unterscheidet sich bei einer mehr spitz-eiförmigen Gestalt namentlich durch die geringere Biegung des Wirbels, welcher deshalb weiter vorsteht, und durch ihre stärkeren Längsrippen, die mit hohlen Tuberkeln oder Stacheln gleichmässig besetzt sind.

Vorkommen: Den hier vorliegenden Exemplaren aus dem untersenonen Sandsteine vom Luisberge bei Aachen, dem Kreidemergel vom Salzberge bei Quedlinburg, dem oberen Quader von Tanneberg an der Böhmischen Nordbahn, sowie von Hermsdorf N. W. von Gabel, und dem Grünsande von Kieslingswalda im Glatzischen entspricht ein Steinkern aus dem oberen Quadersandsteine von Schönau im Elbthale, gegenüber Herniskretschen; doch scheint diese Art auch im unteren Quadersandsteine von Tyssa nicht zu fehlen.

Fam. *Veneridae (Cytheridae)*.

Venus L. 1758. (*Cytherea* Lam. 1805.)

1. V. faba Sow. — II. Taf. 18. Fig. 9. 10.

1827. Sowerby, Min. Conch. Pl. 5. 67. fig. 3.
1843. D'Orbigny, Pal. franç. terr. crét. III. pag. 444. Pl. 385. fig. 6—8.
1849. Venus ovalis Gein. Qua. Deutschl. pag. 152 z. Th.
1850. D'Orbigny, Prodr. de Pal. II. pag. 159.

Die quer-ovale, mässig gewölbte Schale, deren niedriger Wirbel vor der Mitte liegt, ist an ihrem Hinterrande rundlich abgestumpft, an ihrem etwas vorspringenden Vorderrande schief gerundet. Es entsprechen unsere Exemplare von Strehlen in ihrer Form sehr genau den Abbildungen von d'Orbigny. Ihre Oberfläche ist fein concentrisch gestreift. Die grösste Höhe der Schale am Wirbel verhält sich zur Breite wie 3 : 4, oder wie 21 : 27 mm., während die Dicke beider Schalen ca. 13 mm. beträgt.

Vorkommen: Im Plänerkalke von Strehlen. Nach d'Orbigny in cenomanen Schichten von Black-down in England und Rouen in Frankreich.

Bemerkungen: *Venus faba* bei Goldfuss (P. G. II. pag. 247. Taf. 151. Fig. 6), Geinitz (Kiesl. pag. 13. Taf. 2. Fig. 7—9. Quad. Deutschl. pag. 152), verlängert sich mehr nach hinten in einen schmäleren gerundeten Rand. Sie wurde von d'Orbigny als *V. subfaba* d'Orb. (Prodr. de Pal. II. pag. 237) unter-schieden und ihr gehören Exemplare aus dem oberen Quadermergel von Kieslingswalda im Glatzischen, Kreibitz in Böhmen, Salzberg bei Quedlinburg und Luisberg bei Aachen an.

Nahe verwandt mit *V. faba* Sow. ist ferner *V. fabacea* A. Römer (l. c. 1841, pag. 72. Taf. 9. Fig. 13), die sich jedoch durch eine regelmässiger gerundete Vorderseite und eine geringere Verlängerung nach hinten unterscheidet, so dass ihr Wirbel fast in der Mitte liegt. Uebrigens besitzt sie einen ähnlich stumpfen Hinterrand wie *V. faba* Sow., wodurch sie sich von *V. bavarica* Mün. (Goldfuss Petr. Germ. II. pag. 246. Taf. 151. Fig. 1) aus dem Grünsande von Regensburg unterscheidet, deren hinteres Ende sich ebenso ver-schmälert, wie bei *V. subfaba* d'Orb.

Man könnte *V. bavarica* daher als eine verkürzte Form der *V. subfaba* d'Orb. betrachten, während sich *V. fabacea* A. Röm. in ähnlicher Weise zu *V. faba* Sow. verhält.

2. V. Reussiana Gein. — Taf. 18. Fig. 14. 15. Eine zweite im Plänerkalke von Strehlen vor-kommende Art, die mit *V. faba* sehr nahe verwandt ist und als eine niedrige, breitere Abänderung derselben betrachtet werden könnte, hat eine quer-elliptische Form und unterscheidet sich durch ihre grössere Ver-längerung nach hinten. Ihr kleiner, nur wenig vorragender Wirbel liegt im vorderen Drittheile der Breite, welche sich zur Höhe am Wirbel verhält wie 1,₁ : 1. Hinter- und Vorderrand, welche ähnlich gestaltet sind, wie bei *V. faba*, entfernen sie von *V. subfaba*, die sich von ihr fast nur durch den schmäleren Hinterrand unterscheidet.

Vorkommen: Selten bei Strehlen.

3. V. subdecussata A. Röm. — II. Taf. 18. Fig. 11—13.

1841. A. Römer, Verst. d. nordd. Kreideg. pag. 72. Taf. 9. fig. 12.
1846. Reuss, Böhm. Kreidef. II. pag. 21. Taf. 41. fig. 13.
1849. Gein. Quad. Deutschl. pag. 152.

Sie ist verlängert quer-oval, etwas bauchig gewölbt, hat einen vorstehenden Wirbel in der Nähe des gerundeten Vorderrandes, verschmälert sich keilförmig nach hinten und fällt nach dem Schlossrande hin mit einer sehr schwach gewölbten Fläche ab. Der Hinterrand ist schief abgeschnitten. Die Oberfläche ist mit feinen Anwachsstreifen bedeckt. Sie wird etwa 24 mm. lang.

Vorkommen: Selten im Plänerkalke von Strehlen; nach Reuss in dem unteren Pläner von Laun und dem Plänersandstein von Trziblitz in Böhmen.

4. V. Goldfussi Gein. — II. Taf. 18. Fig. 16. 17.

1834—40. *Venus parva* Goldfuss, Petr. Germ. II. pag. 246. Taf. 151. fig. 4, (nicht Sowerby).
1849. *V. Goldfussi* Gein. Quad. Deutschl. pag. 154. Taf. 10. Fig. 7. 8.
1850. *V. subparva* d'Orbigny, Prodr. de Pal. II. pag. 237.
1858. Gümbel, Geogn. Beschr. d. Kön. Bayern, II. 1. pag. 754.

Es ist diese glatte Art wegen ihrer Kleinheit und rundlichen Form oft mit *V. parva* Sow. (Min. Conch. Tab. 518. Fig. 5—7), einer Art aus dem unteren Grünsande von England u. s. w., verwechselt worden. Sie unterscheidet sich jedoch von ihr durch ihre regelmässigere Rundung, welche fast kreisförmig ist, eine stärkere Wölbung, einen spitzeren, etwas vor der Mitte liegenden Wirbel, unter welchem ein kürzeres tieferes herzförmiges Mondchen liegt, und die Form des Mantelausschnittes, welcher Quad. Deutschl. Taf. 10. Fig. 7a. abgebildet worden ist.

Vorkommen: Man begegnet dieser Art nicht selten in dem unteren Quadersandsteine von Tyssa in Böhmen und in dem weit jüngeren Grünsande von Kieslingswalda im Glatzischen. Sie zeigt sich vereinzelt auch in dem Plänerkalke von Strehlen, von woher man die hier abgebildeten Exemplare gleichfalls als typisch betrachten darf. Aehnliche Steinkerne von grösserem Umfange und geringerer Wölbung, z. B. jene auf Taf. 18. Fig. 3. 4, welche in Strehlen ziemlich häufig sind, lassen sich besser auf *Eriphyla lenticularis* Goldf. und *E. striata* Sow. sp. zurückführen. Nach Gümbel auch in den untersenonen Schichten am Marterberge bei Passau.

Fam. *Tellinidae.*
Tellina L. 1758. *Arcopagia* Leach, 1827.

T. (Arcopagia) concentrica Reuss. — II. Taf. 18. Fig. 18.

1843—44. Reuss, Geogn. Skizzen II. pag. 200.
1846. Reuss, Böhm. Kreidef. II. pag. 18. Taf. 36. fig. 19. 20.
1849. Gein. Quad. Deutschl. pag. 150.
1850. *Arc. conc.* d'Orbigny, Prodr de Pal. II. pag. 235 (nicht d'Orb. Pal. franç. terr. crét. III. 14. 379. fig. 1—6).

Schale sehr comprimirt, quer-verlängert, mit einem niedrigen Wirbel in oder wenig vor der Mitte. Ober- und Unterrand fast parallel, Hinterrand rundlich abgestutzt, Vorderrand niedriger und gerundet. Sie ist hinten sehr stumpf und undeutlich gekantet, und ihre fast glatte Oberfläche ist mit feinen concentrischen Streifen bedeckt.

Vorkommen: Aus dem Plänerkalke von Strehlen liegt nur ein deutliches Exemplar vor. Reuss fand sie häufig in dem oberen Plänermergel von Luschitz und Postelberg, seltener bei Kystra, Luschitz und Johnsbach bei Kreibitz in Böhmen.

Fam. *Corbulidae.*
Corbula Bruguière, 1791.

C. caudata Nilss. — II. Taf. 18. Fig. 19.

1827. Nilsson, Petr. Suec. pag. 18. Tab. 3. fig. 18.
1834—40. Goldfuss, Petr. Germ. II. pag. 251. Taf. 151. fig. 17.
1837. Hisinger, Leth. Suec. pag. 66. Taf. 19. fig. 12.
1846. Reuss, Böhm. Kreidef. II. pag. 20. Taf. 36. fig. 23.
1847. Kner, Verst. d. Kreidem. v. Lemberg, in Haidinger's naturw. Abh. III. pag. 25. Taf. 5. fig. 3.
1849. Gein. Quad. Deutschl. pag. 150.
1858. Gümbel, Geogn Beschr. d. Kön. Bayern, II. 1. pag. 754.

Ihre quer-ovale Schale ist vorn gerundet, hat einen fast mittelständigen Wirbel und verengt sich nach hinten plötzlich in einen schmalen, mehr oder weniger langen Flügel. Die ganze Oberfläche ist regelmässig concentrisch gestreift.

Vorkommen: Sehr selten im Plänerkalke von Strehlen. Nach Reuss in dem Pläner von Lann, Plänermergel von Priesen etc. in Böhmen, nach Goldfuss im Kreidemergel von Coesfeld in Westphalen, nach Gümbel in den jungen Marterbergschichten Bayerns, im Kreidemergel von Nagorzany bei Lemberg und bei Köpinge in Schonen.

Nahe verwandt mit dieser Art ist *Neaera detecta* Stol. (Cret. Fauna of South. Ind. Pelecypoda, pag. 46. Pl. 3. fig. 7; Pl. 16. fig. 15), welche in der Ootatoor-Gruppe Südindiens vorkömmt.

Fam. *Anatinidae.*

Anatina Lam. 1809.

A. lanceolata Gein. — II. Taf. 19. Fig. 9.

1843. *Corbula lanceolata* Gein. Kiesl. pag. 12. Taf. 2. fig. 3.
1846. Gein. Grundr. pag. 410 z. Th.
1849. Gein. Quad. Deutschl. pag. 148.
1850. D'Orbigny, Prodr. de Pal. II. pag. 235.

Der Umfang der Schale ist quer-eilanzettförmig, nach vorn hin höher und oval gerundet, nach hinten sehr verschmälert und zuletzt abgestutzt. Der kleine rückwärts gekehrte Wirbel liegt in der Mitte der Schale. Unterrand geradlinig. Von dem Wirbel läuft eine Kante nach dem vorderen Theile des Unterrandes, hinter welcher sich auf dem Rücken der Schale eine flache Längsbucht einsenkt; eine andere Furche läuft dicht neben dem hinteren Schlossrande hin. Die Oberfläche ist mit unregelmässigen Anwachslinien bedeckt, welche hinten rechtwinkelig nach dem Schlossrande umbiegen.

Vorkommen: Ihr geologisches Niveau fällt mit dem von *Pholadomya nodulifera* Mün., *Ph. aequivalvis* Goldf. sp., *Ph. designata* Goldf. sp., *Trigonia limbata* d'Orb. etc. zusammen. Sie kommt in dem Grünsande von Kieslingswalda, im oberen Quadersandsteine am Hochwald bei Zittau, im Quadermergel bei Kreibitz in Böhmen und in dem glaukonitischen Mergel am Salzberge bei Quedlinburg vor, ist aber überall selten.

Fam. *Myacidae.*

Panopaea Ménard, 1807.

1. P. Gurgitis Brongn. — II. Taf. 19. Fig. 1. 2.

1822. *Lutraria Gurgitis* Brongniart, descr. geol. des env. de Paris, Pl. 9. fig. 15.
1827. Desgl. Nilsson, Petr. Suec. pag. 18. Tab. 5. fig. 9.
1835. Desgl. Brongniart, l. c. 3. éd. pag. 178. Pl. Q. fig. 15.
1837. Desgl. Hisinger, Leth. Suec. Tab. 20. fig. 1.
1834—40. *Panopaea Gurgitis* Goldfuss, Petr. Germ. II. pag. 274. Taf. 153. fig. 7; *Pan. plicata* Goldf. ib. pag. 274. Taf. 158. fig. 5.
1842—43. Gein. Char. III. pag. 75. Taf. 20. fig. 1; Kiesl. pag. 12. Taf. 2. fig. 2.
1843. D'Orbigny, Pal. franç. terr. crét. III. pag. 345. Pl. 361. fig. 1. 2.
1846. *P. plicata* Gein. Grundr. pag. 402. Taf. 17. fig. 7.
P. Gurgitis u. *P. plicata* Reuss, Böhm. Kreidef. pag. 17. Taf. 36. fig. 3.
1849. *P. plicata* Gein. Quad. Deutschl. pag. 146 z. Th.
1850. *P. Gurgitis* u. *P. Goldfussii* d'Orbigny, Prodr. de Pal. II. pag. 157 u. 233.

Die Schale der *Panopaea Gurgitis* ist manchen Formänderungen unterworfen, wie dies bei klaffenden Muscheln oft der Fall ist. Im Allgemeinen ist sie flachgewölbt, querverlängert, vorn etwas niedriger und gerundet, hinten stumpf abgestutzt, wobei der nur schwach gebogene Hinterrand mehr stumpfwinkelig an den fast geraden Unterrand angrenzt und sich nicht selten mehr über den Schlossrand emporzieht. Der hintere Schalenrand läuft mit dem Unterrande fast parallel, in den Abbildungen von Brongniart, Goldfuss (Taf. 153. fig. 7), Geinitz (Kiesl. Taf. 2. fig. 2), oder erweitert sich an seinem Ende nach oben hin, wie in den Abbildungen von Goldfuss (Taf. 158. fig. 5), d'Orbigny (Pl. 361. fig. 1). Der niedergebogene Wirbel fällt zwischen Mitte und dem vorderen Drittheile der Länge. Seine verschiedene Lage ist abhängig von der geringeren oder grösseren Ausdehnung der Schale nach hinten, was bei den Arten dieser Gattung an einem und demselben Fundorte sehr variirt. Von der hinteren Seite des Wirbels an zieht sich eine flache Furche nach der hinteren Ecke des Unterrandes, die jedoch zuweilen nur noch schwach angedeutet ist. So viel ich aus den Abbildungen der *Panopaea plicata* Sow. sp. (*Mya plicata* Sow. Min. Couch. Pl. 419. fig. 3) von Sandgate bei Margate; und bei d'Orbigny (Pal. franç. terr. crét. III. Tab. 357. fig. 4) aus dem Gault Frankreichs, urtheilen kann, fehlt dieser Art jene Furche gänzlich. Um überhaupt *P. Gurgitis* von *P. plicata* abzutrennen, würde man als ferneren Unterschied festhalten können, dass bei *P. plicata* der Hinterrand und die ihm entsprechende Streifung der Schale von einer gerundeten Rückenkante aus mehr spitzwinkelig umbiegen und so dem Schlossrande zulaufen, während diese Biegungen bei *P. Gurgitis* sich mehr einem stumpfen Winkel nähern. *P. plicata* A. Römer (nordd. Kreideg. pag. 75. Taf. 9 fig. 25) aus dem Hilsthon von Bredenbeck lässt sich von *P. plicata* Sow. nicht trennen.

Die Oberfläche beider Arten ist mit unregelmässigen Anwachsstreifen bedeckt.

Vorkommen: Vereinzelt im unteren Quadersandsteine von Tyssa und von da nach Reuss durch alle Etagen hindurchgehend bis in den Plänerkalk von Hundorf bei Bilin. Im Plänerkalke von Strehlen ist diese Art sehr selten. Man findet sie noch in dem oberen Quadermergel von Kreibitz im Gebiete der sächsisch-böhmischen Schweiz, bei Kieslingswalda im Glatzischen, in dem untersenonen Kreidemergel am Salzberge bei Quedlinburg, bei Osterfeld unweit Essen in Westphalen und in dem Eisensandsteine des Luisberges bei Aachen. D'Orbigny führt *P. Gurgitis* aus cenomanen Schichten von la Malle in Frankreich an und unterschied die schöne *P. Gurgitis* Goldf. von Aachen als *P. Goldfussii*. Das Vorkommen von *P. Gurgitis* in den jüngsten Kreidebildungen von Mörby und Köpinge in Schonen erhellt aus den Abbildungen von Nilsson und Hisinger, welche davon nicht getrennt werden können.

2. P. regularis d'Orb. — II. Taf. 19. Fig. 3. 4.

1843. D'Orbigny, Pal. franç. terr. crét. III. pag. 343. Tab. 360. fig. 1. 2.
1846. Reuss, Böhm. Kreidef. II. pag. 17. Taf. 36. fig. 2.
1850. D'Orbigny, Prodr. de Pal. II. pag. 194.

Eine weit grössere Art als die vorige, welche bei quer-rhomboidalem Umriss und mässiger Wölbung einen ziemlich mittelständigen Wirbel besitzt und hinten weit klafft. Sie unterscheidet sich namentlich dadurch, dass der vordere Schalentheil wesentlich höher ist als der hinter dem Wirbel liegende. Die grösste Wölbung der Schale fällt zwischen Wirbel und die hintere Ecke des Unterrandes. Von da aus fällt sie mit schwacher Wölbung nach vorn und oben hin ab, während die hintere Fläche der Schale sich zu einer breiten flach-concaven Fläche gestaltet, die sich in der Nähe des schief abgeschnittenen Hinterrandes wieder erhebt. Die Oberfläche der Steinkerne ist mit unregelmässigen concentrischen Streifen bedeckt.

Vorkommen: Vereinzelt im Liebethaler Grunde, rechte Seite (Bruch von Keil und Hache) im Mittelquader von Langhennersdorf und in dem Elbthale. Nach Reuss in dem Exogyrensandsteine von

Drahomischel in Böhmen, nach d'Orbiguy in turonen Schichten von Poncé (Sarthe) und Montrichard (Loir-et-Cher).

3. P. mandibula Sow. — II. Taf. 18. Fig. 20. 21.

1813. *Mya mandibula* Sowerby, Min. Conch. Pl. 43.
1834—40. *Pan. Beaumontii* Münster, Goldfuss, Petr. Germ. II. pag. 274. Taf. 158. fig. 4.
1841. *Pan. Jugleri* A. Römer, nordd. Kreideg. pag. 75. Taf. 10. fig. 4.
1843—44. D'Orbigny, Pal. franç. terr. crét. III. pag. 344. Pal. 360. fig. 3. 4.
1849. Gein. Quad. Deutschl. pag. 146.
1850. *Pan. mandibula* u. *Pan. Beaumontii* d'Orbigny, Prodr. de Pal. II. pag. 157 und 233.

Die rhomboidale, hinten weit klaffende Schale besitzt einen spitzen, dem Vorderrande genäherten Wirbel, von dem sich ein wulstförmiger Rücken nach dem hinteren Theile des Unterrandes zieht (Fig. 20. a). Hinter demselben ist die Schale eingebuchtet, von wo sie sich nach dem Hinterrande wieder emporzieht. Der oben vorspringende Vorderrand verläuft mit einer schiefen Rundung in den kurzen, nur schwach gebogenen Unterrand, welcher an seinem hinteren Ende schnell nach dem schief abgeschnittenen Hinterrand umbiegt. Die ganze Oberfläche ist mit unregelmässigen, zum Theil wulstförmigen Anwachsstreifen bedeckt, über welche meist undeutliche ausstrahlenden Linien hinweglaufen.

Vorkommen: Man findet diese Art selten im Plänerkalke von Strehlen. Sie wurde zuerst in dem Grünsande von Devizes in Wiltshire entdeckt, d'Orbiguy führt sie aus dem Cenoman von la Malle auf; A. Römer aus dem senonen Kreidemergel des Salzberges bei Quedlinburg und von Lemförde in Westphalen. Von Haldem in Westphalen liegt uns ein wohl ausgebildetes Exemplar vor.

Pholadomya Sow. 1823.

1. Ph. nodulifera Mün. — II. Taf. 19. Fig. 5.

1834—40. *Ph. nodulifera* Mün. — II. Taf. 19. Fig. 5.
1840. *Ph. Albina* Reich, in litt, — Gein. Char. II. pag. 49. Taf. 12. fig. 1.
1841. Desgleichen A. Römer, nordd. Kreideg. pag. 75. Taf. 10. fig. 7.
1846. Reuss, Böhm. Kreidef. II. pag. 18.
1849. Gein. Quad. Deutschl. pag. 148. z. Th.
1850. *Ph. Albina* u. *Ph. nodulifera* d'Orbigny, Prodr. de Pal. II. pag. 157.

Die quer-ovale, bauchig-gewölbte Schale hat ihren niedergebogenen Wirbel im vorderen Drittheile der Länge. Von diesem strahlen starke, entfernt liegende und mit runden Knoten besetzte Rippen nach unten; nur der obere Theil des vorderen und hinteren Randes ist davon befreit. Der Vorderrand verläuft mit einer stärkeren, der Hinterrand mit einer schwächeren Rundung sehr regelmässig in den gebogenen Unterrand. Der erstere ist ganz —, der Hinterrand fast ganz geschlossen. Die Länge oder Breite der Schale verhält sich zur grössten Höhe und zur Dicke beider Klappen wie 8 : 5 : 4.

Vorkommen: Exemplare mit Schale liegen hier nur aus dem Grünsande von Kieslingswalda im Glatzischen vor; Steinkerne finden sich als Seltenheit in dem oberen Quadermergel von Lückendorf in der Oberlausitz, in dem oberen Quadersandsteine der Sächsischen Schweiz, ferner im Quadersandsteine bei Tetschen, Kreibitz und Tauneberg in Böhmen, sowie bei Waldau bei Görlitz.

2. Ph. acquivalvis Goldf. sp. — II. Taf. 19. Fig. 6. 7.

1834—40. *Corbula aequivalvis* Goldfuss, Petr. Germ. II. pag. 250. Taf. 151. fig. 15.
1841. *Pholadomya caudata*, A. Römer, nordd. Kreideg. pag. 76. Taf. 10. fig. 8.
1843. Desgl. Gein. Kiesl. pag. 11. Taf. 1. fig. 28—30.
1846. Desgl. Gein. Grundr. pag. 405. Taf. 17. fig. 9.
Desgl. Reuss. böhm. Kreidef. II. pag. 18. Taf. 36. fig. 8.
1847. *Cardita Goldfussi* Müller, Monographie d. Petr. d. Aachener Kreideform. pag. 20.
1850. *Pholadomya aequivalvis* d'Orbigny, Prodr. de Pal. II. pag. 234.
1868. *Ph. caudata* Gümbel, Geogn. Beschr. d. Kön. Bayern. II. 1. pag. 754.
1871. Desgl. Stoliczka, Cret. Pelec. of Southern India. pag. 79. Pl. 2. fig. 10. 11; Pl. 16. fig. 19.

Die kaum klaffende Schale ist quer-ciförmig, bauchig gewölbt, verflacht und verschmälert sich aber fast flügelartig nach hinten. Von den weit vorragenden Wirbeln, die fast in der Mitte liegen, strahlen 25—30 schmale Rippen nach dem Unterrande, über welche gedrängt liegende feine Anwachslinien hinweglaufen. Nur der hintere Schalentheil ist von Rippen befreit. Von den Wirbeln senkt sich ein grosses ci-lanzettförmiges Mondchen ein, hinter denselben das schmale lanzettförmige Bandfeld, welches von Kanten begrenzt wird. Der regelmässig gerundete Unterrand schliesst sich an die Seitenränder in ähnlicher Weise, wie bei *Ph. nodulifera* an, nur bildet sich bei *Ph. acquivalvis* an dem hinteren Theile des Unterrandes oft eine schwache Einbuchtung. Länge, Höhe und Dicke beider Schalen verhalten sich nahezu wie 4 : 3 : 2.

Vorkommen: Bisher zwar noch nicht im Königreiche Sachsen selbst gefunden, doch dicht an dessen Grenze, wie in dem oberen Quadermergel von Kreibitz und bei Tanneberg an der Böhmischen Nordbahn. Das Vorkommen dieser Art in dem oberen Quader des Elbthales ist sehr wahrscheinlich. Sie ist sehr gemein in dem Grünsande von Kieslingswalda im Glatzischen, im oberen Quadersandsteine von Waldau bei Görlitz, und am Heidelberge bei Blankenburg im Harz, in dem untersenonen Quadermergel des Salzberges bei Quedlinburg, in dem Eisensande von Luisberg bei Aachen, nach Müller auch am dortigen Schindanger und im Aachener Walde, nach v. Hagenow im senonen Grünsande von Köpinge in Schonen, nach Stoliczka in einem lichtbraunen Sandsteine der Trichonopoly-Gruppe bei Perchary, Serdamunga etc. in Süd-Indien.

3. Ph. designata Goldf. sp. — II. Taf. 19. Fig. 8.

1834—40. *Lysianassa designata* Goldfuss, Petr. Germ. II. pag. 264. Taf. 154. fig. 13.
1841. *Goniomya consignata* A. Römer, norddeutsch. Kreideg. pag. 75. Taf. 10. fig. 3.
1843. *Goniomya designata* Gein. Kiesl. pag. 12. Taf. 2. fig. 1.
1846. *Pholadomya designata* Gein. Grundr. pag. 406. z. Th.
1949. Desgl. Gein. Quad. Deutschl. pag. 148 (excl. Fundort Hüls).
1850. *Ph. Geinitzii* u. *Ph. designata* d'Orbigny, Prodr. de Pal. II. pag. 191. 234.

Die stattliche Muschel ist quer verlängert und wird etwa doppelt so breit als hoch, ist stark gewölbt, vorn schief gerundet und an dem hinteren, klaffenden Ende schief abgestutzt und schwach gerundet. Der niedergebogene Wirbel fällt in ein Drittheil der Länge. An den Seiten desselben entspringt eine Anzahl Rippen, die auf dem Rücken der Schale fast rechtwinkelig convergiren, und es läuft auf Steinkernen jederseits des Wirbels eine tiefe Furche bis an die grossen runden Muskeleindrücke herab. Das vor den Wirbeln liegende lanzettförmige Mondchen ist lang gestreckt, weit länger aber das hinter demselben liegende Bandfeld, und beide sind durch scharfe Kanten begrenzt.

Vorkommen: Diese Art zeigt sich schon in dem unteren Quadersandsteine von Tyssa mit *Panopaea Gurgitis* und *Trigonia sulcataria* zusammen.

Ihr gewöhnlicher Horizont sind die über dem Plänerkalke von Strehlen liegenden Schichten, wie der Grünsand von Kieslingswalda im Glatzischen, der obere Quadermergel von Kreibitz und Tanneberg an der Böhmischen Nordbahn, der obere Quadersandstein von Waldau bei Görlitz, und der. senone Kreidemergel von Ilseburg im Harz, Dühnen, Coesfeld und Osterfeld in Westphalen, die Kreide von Kunraad bei Aachen etc.

Fam. *Pholadidae.*

Pholas L.

Ph. Sclerotites Gein. — I. S. 233.

Gastrochaena Spengler, 1780.

G. Amphisbaena Goldf. sp. — I. S. 235.

Das

ELBTHALGEBIRGE

in

SACHSEN

von

Dr. Hanns Bruno Geinitz,

Ritter des Königl. Sächs. Verdienstordens und des Kais. Brasilianischen Rosenordens, Director des Königl. Mineralogischen Museums, Prof.
an der Königl. polytechnischen Schule in Dresden, Ehrenmitglied des Doctoren-Collegiums der K. K. Universität zu Wien, etc.

Zweiter Theil.

Der mittlere und obere Quader.

IV. Die Foraminiferen, Bryozoen und Ostracoden des Pläners.

von

Dr. Aug. Em. Ritter von Reuss,

weiland Ritter des Ordens der eisernen Krone dritter Klasse, des Kais. Oesterr. Franz-Josephs-Ordens und des Königl.
Sächsischen Albrechts-Ordens, Professor an der Universität zu Wien etc.

CASSEL.
Verlag von Theodor Fischer.
1874.

†

Der Druck dieser Blätter hatte kaum begonnen, als Professor von Reuss inmitten einer neuen Arbeit über die Bryozoen des österreichisch-ungarischen Miocäns am 1. November 1873 so heftig erkrankte, dass er die Revision eines grossen Theiles des Textes und der Tafeln 24-28 nicht mehr selbst überwachen konnte. Wir verdanken jedoch der grossen Genauigkeit und Gewissenhaftigkeit, womit das ganze Manuscript von ihm vollendet und zum Drucke befördert, sowie die Entwürfe zu den Zeichnungen sämmtlicher, von Hrn. Rud. Schönn in Wien ausgeführten Tafeln, von meinem verewigten Freunde gegeben worden waren, dass der Beendigung des Druckes kein wesentliches Hinderniss mehr entgegentrat. Schon am 26. November 1873 wurde August Emil von Reuss durch den Tod von seinen schweren Leiden erlöst, ein verhängnissvoller Tag für unsere Wissenschaft, an welchem ihr zugleich auch Carl Friedrich Naumann in Dresden plötzlich entrissen wurde. Beide Männer gleich gross durch ihre unermüdliche Thätigkeit, ihre aufopfernde Hingebung für die Wissenschaft, durch Biederkeit, Treue und Anspruchlosigkeit ihres Charakters! Beide haben sich durch eine lange Kette der mühevollsten und gediegensten Arbeiten einen Kranz gewunden, der nie verwelken wird.

Mit den hier folgenden Blättern über die Foraminiferen, Bryozoen und Ostracoden des Sächsischen Pläners, welche die Fortsetzung bilden zu den schon im ersten Bande des Elbthalgebirges in Sachsen, Heft 4, veröffentlichten Untersuchungen von Reuss, hat sich der gediegene Forscher nicht nur den ganz besonderen Dank von Sachsen, sondern von allen Fachmännern überhaupt erworben, der innigste Dank aber gebührt der treuen Freundschaft seit einem Menschenalter, die ja die unmittelbare Veranlassung zu der Betheiligung dieses ausgezeichnetesten Fachmannes an unseren vaterländischen Arbeiten geworden ist.

Dresden, den 23. Dec. 1873.

H. B. Geinitz.

I. Die Foraminiferen des sächsischen Pläners.

Der grosse Reichthum der Kreidegebilde an fossilen Foraminiferen ist durch die bisherigen Untersuchungen schon genügend dargethan worden. Wir begegnen einer grossen Formenfülle derselben von dem Maastrichter Kreidetuff an durch das Senon, Turon bis in den Gault und das Neocomien hinab. Eine besonders grosse Anzahl von Gattungen und Arten haben der Maastrichter Tuff, die weisse Senonkreide, die Belemnitenmergel Galiziens, die Baculitenthone Böhmens, der norddeutsche Gault und Hils u. a. dargeboten. Wenn andere Schichten der Kreideformation bisher weniger günstige Resultate geliefert haben, so liegt der Grund einerseits in der noch nicht hinreichend umfassenden Untersuchung derselben in dieser Richtung, anderseits in der Beschaffenheit der betreffenden Gesteine, welche der Erhaltung und der zur genauen Untersuchung erforderlichen Isolirung so winziger und leicht zerstörbarer Schalen, wie es jene der Foraminiferen sind, wenig günstig ist.

Dieser Ausspruch gilt insbesondere auch von dem Pläner, der meistens festere Mergelkalke oder kalkige Mergel darstellt, in welchen die Foraminiferenreste entweder mit der umgebenden Masse verschmolzen und dadurch unkenntlich geworden sind, oder sich doch nicht oder nur unvollständig von derselben trennen lassen; — Umstände, welche der genaueren Bestimmung der Species und oft selbst der Gattung hindernd entgegentreten. Dadurch wird es erklärbar, dass der böhmische Baculitenthon schon eine so grosse Zahl trefflich erhaltener Foraminiferen geliefert hat, während der Pläner, mit welchem er eine sehr grosse Uebereinstimmung zeigt, darin weit zurückbleibt.

Wenn uns aus dem sächsischen Pläner bisher schon die grosse Zahl von 98 bestimmbaren Arten vorliegt, so verdanken wir dies nur dem ausgezeichneten Eifer des Herrn G. Kirsten in Dresden, der durch eine längere Reihe von Jahren die Foraminiferen der genannten Schichten zum Gegenstand seiner Forschungen und Sammlungen machte. Doch tritt auch hier der oben angeregte Uebelstand in nicht geringem Maasse hervor, indem ein grosser Theil der Foraminiferen des sächsischen Pläners in Beziehung auf den Erhaltungszustand Manches zu wünschen übrig lässt. Theils vermag man die Schalen von der umgebenden Gesteinsmasse nur unvollständig zu isoliren; theils haben sie durch spätere Erosion manche Veränderung und Verunstaltung erlitten. Es müsste deshalb eine nicht unbeträchtliche Zahl von Formen unbestimmt bei Seite gelegt werden, so dass man mit Sicherheit aussprechen kann, es sei der Reichthum des sächsischen Pläners noch viel grösser, als er sich aus den nachfolgenden Betrachtungen ergibt. Wir glaubten, diese Verhältnisse ausdrücklich hervorheben zu müssen, weil sich aus ihnen die Erklärung mancher auffallender quantitativer Resultate ergibt, welche die Vergleichung des Pläners mit andern Kreideschichten darbietet.

Die mir vorliegenden sächsischen Foraminiferen stammen von 6 Fundorten. Den bei weitem grössten Theil hat der Pläner von Strehlen und Weinböhla geliefert, welcher mit dem Scaphitenpläner von Hundorf und Teplitz in Böhmen vollkommen äquivalent ist. Von 98 Arten sind 77 (mithin 78,5 pCt.) bei Strehlen, 49 oder 50 pCt. bei Weinböhla gefunden worden. Von letzteren wurden 16 bei Strehlen noch nicht nachgewiesen. Die Mergel der Rathsweinberge bei Meissen haben nur 9 Arten dargeboten. Nach der gefälligen Mittheilung meines verehrten Freundes Prof. Geinitz liegt daselbst der cenomane Pläner unmittelbar auf Syenit. Die vorerwähnten Foraminiferen sind etwas höheren Schichten entnommen, welche daher entweder noch dem Cenoman oder dem tieferen Turon angehören dürften. Von den 9 Arten sind 8 auch aus dem Senon und fast alle aus dem Pläner bekannt; nur *Tritaxia tricarinata* würde für ein tieferes Niveau sprechen. Sechs derselben reichen aber auch bis zum Gault hinab, eine bis zum Cenoman. Sie können also über den Horizont dieser Schichten keinenfalls einen bestimmten Aufschluss geben.

Die Mergel von Zschertnitz bei Dresden führen *Inoceramus labiatus* und sind jedenfalls Turon. Nach Prof. Geinitz stehen sie ziemlich an der Grenze zwischen Ober- und Unterturon oder an der unteren Grenze des Strehlener Scaphitenpläners. Sie haben 15 Arten von Foraminiferen dargeboten, von welchen zwei bisher auf diese Localität beschränkt sind. Alle übrigen haben sie mit dem Pläner von Strehlen (3), Weinböhla (1) oder von beiden (9) gemeinschaftlich, — ein Beweis für den turonen Charakter der genannten Schichten.

Aus dem Mergel von Zeichen bei Wehlen sind nur 7 meist sehr schlecht erhaltene Species gesammelt worden. Er fällt in das Gebiet des obern Quaders, den er überlagert, und ist daher senon. Die Foraminiferen geben keinen Aufschluss, denn, abgesehen von einer nur auf diese Localität beschränkten Species (*Haplostiche clavulina*), sind alle übrigen sowohl im Turon, als auch im Senon zu Hause.

Endlich bei Pennrich am Wege nach Kesselsdorf sind obere Schichten des unteren oder untere Schichten des mittleren Pläners (mit *Inoceramus labiatus*) vorwaltend. Von dieser Oertlichkeit liegt nur eine Species (*Haplostiche constricta*) vor, welche früher schon im böhmischen Baculitenthon nachgewiesen worden war.

Zur Vergleichung der durch die Untersuchung der sächsischen Kreideforaminiferen gewonnenen Resultate drängen sich vor Allem die Schichten der böhmischen Kreideformation auf, welche mit der sächsischen nicht nur in unmittelbarem Zusammenhange steht, sondern auch in Betreff ihrer Gliederung und ihres paläontologischen Charakters die grösste Uebereinstimmung zeigt. Dieselbe findet eine neuerliche Bestätigung darin, dass, wenn man von der Gesammtzahl von 98 Foraminiferenarten 14, welche neu zu sein scheinen, abrechnet, von den übrigen 84 Species — mehr als 77 pCt. — auch in der böhmischen Kreide gefunden worden sind. Von denselben wurden 57 — 67 pCt. — bisher nur im Baculitenthon, 29 — 34,5 pCt. — im Pläner, 9 im Cenoman nachgewiesen. Von den 29 Arten des Pläners liegen 22 auch im Baculitenthon, und es ist sehr wahrscheinlich, dass bei noch genauerer Untersuchung des böhmischen Pläners die Zahl der dem Pläner Sachsens und Böhmens gemeinschaftlichen Arten sich noch beträchtlich erhöhen wird. Das auffallende Ueberwiegen von Arten des Baculitenthones hat aber in der oben hervorgehobenen Gesteinsbeschaffenheit seinen genügenden Grund.

Dehnt man nun die Vergleichung über die Kreideschichten anderer Länder aus, so gelangt man zu ähnlichen Ergebnissen. Von den vergleichbaren 84 Species der mittleren und oberen Kreide Sachsens sind 65 — 77 pCt. — aus dem Senon Norddeutschlands, Westphalens, Frankreichs, Englands u. s. w. bekannt, während der Pläner |besonders der erstgenannten zwei Länder nur 17 dieser Arten geliefert hat. Dieses Missverhältniss ist wieder aus den schon mehrfach erörterten Umständen leicht erklärbar. Einestheils sind die Senonschichten in Betreff der Foraminiferen überhaupt gründlich durchforscht, anderseits tritt die Beschaffenheit der Plänergesteine und die daraus hervorgehende mangelhaftere Erhaltung der Foraminiferenschalen der genauen Untersuchung und Bestimmung derselben hindernd entgegen. Mit den Gosaugebilden Oesterreichs und Baierns hat der sächsische Pläner 24 Arten gemeinschaftlich, von welchen 17 schon früher auch im Turon anderer Länder nachgewiesen worden sind. Vierzehn Arten des sächsischen Pläners sind auch schon im Cenoman angetroffen worden und die grosse Zahl von 29 Species reicht bis in den Gault hinab. Von diesen kommen aber 24 auch anderweitig in der mittleren und oberen Kreide vor; ja ein nicht unbeträchtlicher Theil derselben hat sein Hauptlager in den höheren Kreide-Etagen und zeichnet sich durch seine weite verticale Verbreitung aus. Ich will hier nur *Nodosaria legumen* Rss., *Frondicularia inversa* Rss., *Flabellina elliptica* Nilss. sp., *Cristellaria ovalis* Rss. und *Cr. rotulata* Lam. sp., *Textilaria conulus* Rss., *Globigerina cretacea* d'Orb. und *marginata* Rss. sp., *Planorbulina ammonoides* und *polyraphes* Rss., *Rotalia umbilicata* d'Orb., *Cornuspira cretacea* Rss., *Trilaxia tricarinata* Rss. und *Verneuilina Münsteri* Rss. hervorheben, die sich einer sehr weiten Verbreitung in horizontaler und verticaler Richtung erfreuen. Die meisten derselben sind jedoch im Gault nur spärlich vertreten und gehören vorzugsweise den höheren Kreide-Etagen an. Nur fünf Arten (*Nodosaria bactroides* Rss., *N. sororia* Rss., *N. deflexa* Rss., *Glandulina mutabilis* Rss. und *Cristellaria inaequalis* Rss.) sind bisher nur aus den tieferen Kreideschichten bekannt gewesen und zuerst in Sachsen im Pläner aufgefunden worden. Es sind dies durchgehends sehr indifferente Formen, die leicht übersehen werden konnten, und zwei derselben (*Nodosaria deflexa* und *Cristellaria inaequalis*) lassen in Beziehung auf die Sicherheit ihrer Bestimmung noch Manches zu wünschen übrig. Vier Arten der sächsischen Plänerformation begegnen wir selbst im norddeutschen Hils (*Nodosaria bactroides*, *Glandulina mutabilis*, *Cristellaria Schloenbachi* und *Haplophragmium aequale*). Die erstgenannten zwei kommen aber auch schon im Gault zum Vorschein. Auf *Cr. Schloenbachi* ist wegen der grossen Seltenheit der indifferenten Form nur wenig Gewicht zu legen und das *Haplophragmium* dürfte doch wohl nur als eine Form des *H. irregulare* zu betrachten sein, die freilich vorzugsweise den tieferen Kreideschichten anzugehören scheint, sich aber auch anderwärts finden dürfte. Wenigstens an annähernden Zwischenformen fehlt es nicht.

Endlich sind noch drei Species zu erwähnen, die bis in die Tertiärformation hinaufreichen, nämlich *Lagena globosa* Mont., welche sowohl aus dem Oligocän, als auch aus dem Neogen bekannt ist, ferner *Nodosaria communis* d'Orb. und *Polymorphina globosa* v. M. sp. *Lagena globosa* lebt selbst jetzt noch in den europäischen Meeren. Wenn man auch nicht der von anderer Seite vorgenommenen Identification zahlreicher fossiler Species der älteren Schichtgebilde mit tertiären und lebenden Formen unbedingt beipflichten kann, weil sie auf einer die paläontologische Gliederung der Fossilreste völlig illusorisch machenden Anschauungsweise beruht, so kann doch nicht in Abrede gestellt werden, dass manche Arten durch sehr lange geologische Zeiträume hindurch fortexistirt haben, ohne irgend eine Veränderung ihrer wesentlichen Charaktere erlitten zu haben. Ihre Zahl dürfte vielleicht, wie bei den Bryozoen, eine nicht unbedeutende sein; jedoch ist es ohne weitere sorgsame und umfassende Untersuchungen kaum rathsam, jetzt schon einen bestimmteren Ausspruch zu thun und zu täuschenden Parallelen zu verleiten. Dies ist z. B. unter den in unseren jetzigen Bereich gehörenden Arten der Fall mit *Cristellaria rotulata* und *Rotalia umbilicata*, mit welchen höchst ähnliche oder vielleicht selbst identische Formen noch die heutigen Meere bewohnen. Uebersichtlicher und detaillirter ergeben sich die eben geschilderten Verhältnisse aus der nachstehenden Tabelle.

	Kreideschichten Sachsens.						Kreideschichten Böhmens.			Kreideschichten anderer Länder.										
	Strehlen.	Weinböhla.	Meissen.	Zscherlnitz.	Zeichen.	Pennrich.	Baculitenthon.	Pläner.	Canonon.	Kreidetuff Maastricht.	Senon.	Pläner.	Grauschichten.	Canonon.	Gault.	Hils.	Oligocän.	Neogen.	Lebend.
Lagena globosa Montg.	†									†	†						†	†	†
Fissurina spinosissima n. sp.				†															
Nodosaria Zippei Rss.	†	†					†	†			†		†						
» *bactroides* Rss.	†														†	†			
» *inflata* Rss.	†	†						†			†								
» *obscura* Rss.	†							†			†		†						
» *paupercula* Rss.	†	†						†											
» *amphioxys* n. sp.	†																		
» *fusula* n. sp.	†																		
» *acicula* n. sp.	†	†																	
» *Naumanni* n. sp.	†	†																	
» *affinis* Rss.		†						†											
» *obsolescens* n. sp.	†																		
» *multilineata* n. sp.	†							†											
» *oligostegia* Rss.	†	†						†			†			†					
» *discrepans* Rss.	†										†								
» *cylindroides* Rss.	†								†		†			†					
» *distincta* Rss.	†										†			†					
» *strangulata* Rss.	†										†			†					
» *cognata* Rss.	†										†								
» *annulata* Rss.	†	†		†			†	†			†		†						
» *Lorneiana* d'Orb.		†					†				†								
» *peracuta* n. sp.		†																	
» *nodosa* d'Orb.	†	†					†				†			†					
» *gracilis* d'Orb.	†						†				†			†					
» *sororia* Rss.	†													†					
» *communis* d'Orb.	†						†	†			†		†		†			†	†
» *deflexa* Rss. aff.	†										†		†						
» *legumen* Rss.	†						†	†			†	†	†		†				
» *aculeata* d'Orb.	†						†				†	†	†		†				
Glandulina cylindracea Rss.	†						†				†			†					
» *mutabilis* Rss.	†														†	†			
Lingulina pygmaea n. sp.	†																		
Vaginulina costulata Röm.	†							†				†							
» *Geinitzi* n. sp.		†																	
» *sp.*	†																		
Frondicularia angusta Nilss.	†	†					†	†	†		†	†	†						
» *apiculata* Rss.	†	†					†	†			†	†							
» *canaliculata* Rss.		†		†			†	†											
» *marginata* Rss.		†					†	†			†								
» *angustissima* Rss.		†					†				†								
» *striatula* Rss.	†	†		†			†	†	†										
» *tenuis* Rss.	†							†											
» *microsphaera* n. sp.		†																	
» *inversa* Rss.	†	†		†			†	†	†		†		†	†					
» *Cordai* Rss.	†	†		†			†	†			†	†							
» *Decheni* Rss.	†	†					†	†											
» *d'Archiacina* d'Orb.		†					†	†			†	†							
» *angulosa* d'Orb.	†			†			†				†								

	Kreideschichten Sachsens.						Kreideschichten Böhmens.			Kreideschichten anderer Länder.									
	Strehlen.	Weinböhla.	Moissen.	Zschertnitz.	Zeichen.	Pennrich.	Baculitenthone.	Pläner.	Cenoman.	Kreidetuff Mastricht.	Senon.	Pläner.	Gosauschichten.	Cenoman.	Gault.	Hils.	Oligocän.	Neogen.	Lebend.
Frondicularia turgida Rss.	†						†				†								
Flabellina elliptica Nilss. sp.	†	†					†	†	†		†				†?				
» rugosa d'Orb.	†	†					†				†		†	†					
» Baudouiniana d'Orb.	†	†						†			†								
Cristellaria elongata d'Orb.		†					†				†								
» inaequalis Rss. ?		†														†			
» compressa d'Orb.	†	†					†		†		†								
» recta d'Orb.	†						†				†								
» angusta Rss.		†									†								
» Schloenbachi Rss.		†														†			
» Kirsteni n. sp.	†																		
» navicula d'Orb.	†						†	†		†	†								
» intermedia Rss.		†					†				†								
» oligostegia Rss.	†										†								
» ovalis Rss.	†	†	†	†			†	†		†	†			†	†				
» lobata Rss.	†		†	†			†				†								
» rotulata Lam. sp.	†	†	†	†			†	†		†	†		†	†	†				
» subulata Rss.	†			†				†					†		†				
» nuda Rss.	†										†								
» lepida Rss.		†					†				†		†						
Polymorphina globosa v. M. sp.	†						†			†	†						†	†	
» lacrima Rss.	†						†				†								
» horrida Rss.		†					†				†								
Bulimina intermedia Rss.	†	†		†	†		†		†		†								
Bolivina tegulata Rss.	†	†			†		†			†	†		†						
Textilaria conulus Rss.	†						†		†		†		†						
» turris d'Orb.	†	†					†		†		†	†	†						
» Baudouiniana d'Orb.	†						†				†								
» praelonga Rss.		†					†				†	†							
Globigerina cretacea d'Orb.	†			†			†	†			†	†	†						
» marginata Rss. sp.	†	†	†				†	†		†	†	†	†						
Planorbulina ammonoides Rss.	†						†		†		†	†	†	†					
» polyraphes Rss.	†						†				†	†		†	†				
» lenticula Rss.	†						†				†				†				
Rotalia umbilicata d'Orb.	†	†					†				†	†	†		†				
Cornuspira cretacea Rss.	†			†			†	†			†	†	†						
Haplophragmium irregulare Röm. sp.	†	†		†			†	†	†	†	†	†	†						
» aequale Röm.	†										†					†			
Haplostiche foedissima Rss.	†	†									†								
» dentalinoides n. sp.	†	†																	
» clavulina n. sp.					†														
» constricta Rss.						†	†												
Tritaxia tricarinata Rss.	†	†	†	†			†		†		†			†					
» pyramidata Rss.		†					†				†			†	†				
Verneuilina Bronni Rss.	†		†				†				†		†						
» Münsteri Rss.				†			†				†	†	†	†	†				
Ataxophragmium variabile d'Orb. sp.	†	†	†				†				†	†			†				
Plecanium concinnum Rss.	†	†							†		†	†	†	†	†				
» Partschi Rss.	†						†				†			†	†				
Gaudryina rugosa d'Orb.	†						†				†				†				

A. Kalkschalige Foraminiferen.

Die Schale rein kalkig, glänzend, von Porencanälen durchzogen oder dicht.

a. Poröse Foraminiferen.

Die Kalkschale ganz oder theilweise von Poren oder auch von Canälen durchzogen.

I. Rhabdoidea.

Das glasig glänzende Gehäuse ein- oder mehrkammerig, gerade oder wenig gebogen. Die Kammern stehen in einfacher oder nur wenig gebogener Reihe übereinander. Die einfache Mündung ist mit wenigen Ausnahmen endständig, rund oder spaltenförmig. Die Gruppen, in welche die Rhabdoideen der leichteren Uebersicht wegen gesondert werden können, sind nicht scharf begrenzt, sondern gehen durch mancherlei Mittelformen in einander über. Von denselben sind im sächsischen Pläner nur die Lagenideen, Nodosarideen, Vaginulinideen und Frondicularideen vertreten.

1. Lagenidea.

Gehäuse frei, einkammerig mit grösserer terminaler runder oder spaltenförmiger Mündung.

Lagena Walk.

Das Gehäuse mit runder centraler terminaler Mündung. Abnorm gebildete Exemplare sind an beiden Enden gemündet. (*L. distoma*).[1]

1. L. globosa Montg.

1851. Oolina simplex Reuss, Foraminif. d. Kreidemerg. v. Lemberg. pag. 22. Taf. 1. fig. 2.
1862. Reuss, die Foraminiferen-Familie d. Lagenideen in den Sitzungsber. d. k. Akad. d. Wissensch. Bd. 46. pag. 318. Taf. 1. fig. 1—3.
1865. Lagena sulcata Var. globosa Montagu, Parker and Jones, on some Foraminif. from the North-Atlantic and Arctic Oceans in Philos. Transact. 1865. pag. 348. Taf.13. fig. 37. a.b; Taf. 16. fig. 10. a.b.
1866. Reuss, Foraminif. d. deutschen Septarienthones. 1866. pag. 10.
1870. Karrer, Jahrb. d. k. k. geol. Reichs-Anst. Bd. 20. pag. 167.

Eiförmig bis kugelförmig, unten breit zugerundet, am oberen Ende sich zur kurzen stumpfen Spitze zusammenziehend. Die glasige Schale glatt, sehr fein porös. Wenn Parker und Jones unter den Charakteren der Species anführen, dass dieselbe eine nach innen verlängerte Mündungsröhre besitze, so gilt dies keineswegs von allen Individuen. Manche lassen keine Spur davon wahrnehmen.

Sehr selten bei Strehlen. Eine nicht näher bestimmbare Lagena, die wohl auch hierher gehören dürfte, fand sich als Steinkern im Kreidemergel von Zeichen bei Wehlen. Die Species ist übrigens im frischen Zustande bekannt aus dem Kreidetuff von Maastricht, dem Mukronatenmergel von Lemberg, der oberen Kreide von Leitzersdorf (N.-Oesterreich), dem Septarienthon von Pietzpuhl, dem Miocän und Pliocän, sowie lebend im arctischen und atlantischen Ocean u. s. w.

---

[1] Reuss, Sitzungsber. d. k. Akad. d. Wissensch. Bd. 62. 1870. Die Foraminif. d. Septarienthones v. Pietzpuhl, pag. 11.

Fissurina Rss.

1. F. spinosissima Rss. n. sp.

Sie vertritt in der Fissurinen-Gruppe die stacheligen Lagenen *L. apera, rudis, hystrix* Rss. Das stark zusammengedrückte, elliptische Gehäuse ist bis 2 mm. gross, mit winkeligen, aber wenig scharfen Seiten-rändern. Der kurze sehr comprimirte Schnabel trägt eine enge Mündungsspalte. Die Schalenoberfläche ist mit sehr gedrängten, ungleichen starken dornigen Spitzen bedeckt. Sehr selten im Plänermergel von Zschertnitz bei Dresden.

2. Nodosaridea.

Die Kammern des stark verlängerten schmalen Gehäuses stehen in gerader oder wenig gebogener Linie übereinander und sind niemals stärker zusammengedrückt. Die endständige Mündung rund.

Nodosaria Lam.

a) Nodosaria. Mit geradem Gehäuse. Jedoch ist dieser Charakter keineswegs constant, indem bei derselben Species die Schale bald gerade erscheint, bald sich etwas krümmt.

a) Längsgerippt oder gestreift.

1. N. Zippei Rss.

1839. *N. septemcostata* Geinitz, Charakt. d. Schicht. u. Petref. d. Sächs. Kreidegeb. pag. 69. Taf. 17. fig. 20.
1839. *N. undecimcostata* Geinitz, l. c. pag. 69. Taf. 17. fig. 19.
1845. Reuss, Kreideverstein. Böhm. I. pag. 25. Taf. 8. fig. 1—3.
1860. Reuss, Sitzungsber. d. k. Akad. d. Wissensch. Bd. 40. pag. 36.
1870. Gümbel, Sitzungsber. d. k. baier. Akad. d. Wissensch. pag. 282.
1870. Karrer, Jahrb. d. k. k. geolog. Reichs-Aust. Bd. 20. pag. 168.

Ziemlich häufige Bruchstücke bei Strehlen und Weinböhla. — Eine der grössten Species, indem manche Exemplare eine Länge von 1,5 Zoll erreichen. Jedoch gelingt es sehr selten, ein grösseres Exemplar vollständig aufzufinden, weil die einzelnen Kammern sich leicht von einander lösen.

Das gerade Gehäuse besteht aus 20—30 Kammern, deren obere kugelig und durch breite und tiefe Einschnürungen geschieden sind. Im älteren Theile der Schale werden diese allmählich weniger deutlich und die ersten Kammern sind kaum durch schwache Furchen gesondert. Die Embryonalkammer ist kugelig, ge-wöhnlich etwas grösser, als die nächstfolgenden und mit einer kurzen centralen Stachelspitze versehen. Auch die letzte Kammer endigt in einen kurzen Centralschnabel, der die kleine runde Mündung trägt. Ueber die Kammern verlaufen der Länge nach 7—14 hohe, aber dünne Rippen, deren Zahl auch an denselben Individuen oft wandelbar ist. Sie vermehrt sich oft durch Einsetzen neuer Rippen oder vermindert sich im Gegentheile, indem eine oder die andere Rippe plötzlich absetzt. Selten nur verschmelzen zwei Nachbarrippen miteinander; öfter bemerkt man dagegen zwischen zwei Längsrippen 1—2 Längslinien als Andeutungen accessorischer Rippen. Uebrigens setzen sich die Rippen bis auf den Centralschnabel der letzten Kammer fort, wenngleich in geringerer Anzahl.

Die ähnliche *N. polygona* Rss. aus der oberen Kreide von Mecklenburg [1]), welche ebenfalls eine be-trächtliche Grösse erlangt, unterscheidet sich durch die mehr cylindrische Gestalt des sich nach abwärts weniger verschmälernden Gehäuses, die weniger zahlreichen Längsrippen und die grössere Embryonalkammer.

---

[1]) Reuss in d. Zeitschr. d. deutsch. geolog. Gesellsch. 1855. pag. 265. Taf. 8. fig. 7, 8.

N. Zippei findet sich häufig im böhmischen Pläner; seltener, aber ebenfalls weit verbreitet in den Baculitenthonen dieses Landes; in den Gosaumergeln von Götzreuth in Bayern, in der oberen Kreide von Leitzersdorf (N.-Oesterreich), in der weissen Kreide Englands, selten in den oberen Senonmergeln und daraus im Diluvialsande Westphalens.

2. N. bactroides Rss.

1862. Reuss, Sitzungsber. d. k. Akad. d. Wissensch. Bd. 46. pag. 37. Taf. 2. fig. 5.

Sie wurde von mir zuerst im norddeutschen Hils und Gault aufgefunden und ist der *N. sceptrum* Rss.[1]) und *N. tubifera* Rss.[2]) nahe verwandt. Das gerade, in der unteren Kreide ziemlich grosse Gehäuse (bis 2.7 mm.) verdünnt sich nach unten nicht beträchtlich und endet stumpf. Die mit einer sehr kurzen Centralspitze versehene Primordialkammer ist wenig dicker als die 2—3 nächstfolgenden. Die jüngeren Kammern nehmen wieder allmählich und langsam an Dicke zu. Die meisten sind cylindrisch, breiter als hoch, ohne Nahtfurchen und zum Theile äusserlich nicht unterscheidbar. Nur die letzten drei Kammern sind etwas gewölbt, elliptich, höher als breit und durch seichte Nähte geschieden. Die letzte zieht sich zu einem röhrigen Centralschnabel zusammen. Im obersten Theile des Gehäuses unterscheidet man 8—9 schmale, durch breitere flache Zwischenrinnen gesonderte Längsrippen, welche nach unten an Zahl abnehmen und näher an einander rücken.

Die sehr seltenen Exemplare aus dem Pläner von Strehlen unterscheiden sich von den beschriebenen typischen Formen nur durch geringere Grösse, durch weniger zahlreiche (4—6) Kammern, durch die mit deutlichen, aber schwachen Natheinschnürungen versehenen ersten zwei Kammern und durch den längeren dünnen Centralschnabel der letzten Kammer, welcher jedoch bei den Exemplaren aus der unteren Kreide durch Abbrechen verkürzt sein kann.

3. N. inflata Rss.

1845. Reuss, Kreideversteiu. Böhm. I. pag. 25. Taf. 13. fig. 3, 4.
1855. Reuss, Zeitschr. d. deutsch. geolog. Gesellsch. pag. 269. Taf. 8. fig. 2—4.
1860. Reuss, Sitzungsber. d. k. Akad. d. Wissensch. Bd. 40. pag. 160.

Sie ist durch die überwiegende Grösse der Primordialkammer ausgezeichnet, welche besonders an den kürzeren Exemplaren — mit 2 bis 4 Kammern — stark hervortritt. Weniger auffallend ist sie an den längeren Individuen, bei welchen die Kammerzahl bis auf 6—7 steigt. Dadurch wird ihre Form sehr wandelbar. Immer aber verdickt sich das Gehäuse nach unten mehr weniger beträchtlich, so dass das untere Ende im Gegensatze zu den meisten anderen Nodosarien stets dicker ist, als das obere.

Die jüngste Kammer ist mehr weniger kugelig, endet in einen kurzen gefurchten Schnabel, der die Mündung trägt, und ist von der nächstfolgenden Kammer, welche oft etwas dünner ist, stets durch eine ziemlich tiefe Einschnürung gesondert. Die mittleren Kammern sind dagegen kaum gewölbt und von einander, sowie von der ersten Kammer äusserlich nur durch einfache Nahtlinien geschieden.

Die erste Kammer stellt eine Kugel dar, welche die nächstfolgenden an Grösse um das Doppelte bis Vierfache übertrifft und in einen kurzen Centralstachel ausläuft. Sehr selten setzt sie an längeren, im oberen Theile fast cylindrischen Schalen an der folgenden Kammer scharf ab.

---

[1]) Reuss, l. c. pag. 37. Taf. 2. fig. 3.
[2]) Reuss, l. c. pag. 37. Taf. 2. fig. 4.

Ueber das Gehäuse verlaufen 5—9 hohe und scharfe Längsrippen. Auf der Embryonalkammer schieben sich dazwischen vereinzelt oder abwechselnd kürzere ein.

Sehr verwandt ist die an den Küsten Cuba's lebende *N. Catesbyi* d'Orb. [1]), welche nur zwei tief eingeschnürte Kammern und 13 Längsrippen besitzt.

Am häufigsten in der oberen Kreide von Mecklenburg; selten im böhmischen Baculitenthon und in den oberen Senonmergeln Westphalens.

Die seltenen Exemplare aus dem Pläner von Strehlen und Weinböhla sind schlecht erhalten und weichen von den typischen durch kleinere Dimensionen und geringere Anschwellung der Embryonalkammer ab.

4. N. obscura Rss. — Taf. II. 20. Fig. 1—4.

1845. Reuss, Verstein. d. Böhm. Kreideform. I. pag. 26. Taf. 13. fig. 7—9.
1860. Reuss, Sitzungsber. d. k. Akad. d. Wissensch. Bd. 40. pag. 180.
1865. Reuss, Sitzungsber. d. k. Akad. d. Wissensch. Bd. 52. pag. 7.
1870. Gümbel, Sitzungsber. d. k. baier. Akad. d. Wissensch. pag. 283, 286.

Eine kleine und im Umriss ziemlich veränderliche Species, deren Gehäuse im grössten Theile seiner Länge beinahe cylindrisch ist und sich nach unten nur langsam verschmälert, um sich zuletzt meistens rasch zur kurzen Stachelspitze zusammenzuziehen, welche aber gewöhnlich abgebrochen ist. Nur selten ist dasselbe am oberen Ende beträchtlich dicker, als am unteren (l. l. fig. 9). 4—6 Kammern, von welchen die oberen sich zwischen den Längsrippen nur durch undeutliche Nahtlinien, selten durch seichte Einschnürungen abgrenzen. Die älteren lassen äusserlich gewöhnlich gar keine Trennung wahrnehmen. Die oben zugerundete letzte Kammer trägt auf einer sehr kurzen centralen Verlängerung die runde Mündung. Ueber alle Kammern verlaufen 7—10 gerade, sehr schmale, aber ziemlich hohe, oft ungleiche Längsrippchen. Bisweilen sind sie abwechselnd stärker und machen das Gehäuse etwas dreikantig. Auf der letzten Kammer schieben sich nicht selten noch 1—2 Längsstreifen zwischen je zwei Rippen ein. Manche Formen, die nur mit 5—6 Längsrippchen geziert und zugleich dicker und kürzer sind, vermag man von *N. paucicosta* Röm. [2]) kaum zu unterscheiden.

In den böhmischen Baculitenmergeln, in den Gosaumergeln von Götzreuth und in den Belemnitellenschichten von Pattenau in Bayern, in der weissen Kreide von Kent, sehr selten im oberen Senon von Hamm und im Gault von Rheine in Westphalen. — Sehr selten im Pläner von Strehlen.

5. N. paupercula Rss. — Taf. II. 20. Fig. 5—7.

1845. Reuss, Verstein. d. Böhm. Kreideform. I. pag. 26. Taf. 12. fig. 12.

Das sehr kleine Gehäuse nimmt nach abwärts nur wenig an Dicke ab und besteht aus höchstens 5—6 gewölbten Kammern, die, nur wenig höher als breit, durch mässig tiefe Einschnürungen von einander geschieden werden. Ueber ihre Oberfläche verlaufen 12—16 sehr feine erhabene Längslinien. Die Embryonalkammer endigt in eine kurze dünne Centralspitze, die letzte Kammer in einen etwas längeren Schnabel, welcher die Mündung trägt.

Sehr selten im Pläner von Kosstitz in Böhmen, ebenso selten in jenem von Weinböhla und Strehlen in Sachsen. An den sächsischen Exemplaren sind die Kammern gewöhnlich etwas weniger gewölbt.

---

[1]) d'Orbigny, Foraminif. de l'île de Cuba. pag. 16. Taf. 1. fig. 8—10.
[2]) Römer, Verstein. d. norddeutsch. Kreidegeb. pag. 95. Taf. 15. fig. 7.

6. N. amphioxys n. sp. — Taf. II. 20. Fig. 8.

Das kleine schlanke Gehäuse verschmälert sich unten sehr langsam zur Spitze, während die letzte schmal-ovale Kammer ebenfalls in eine scharfe Spitze ausläuft. Die wenig zahlreichen (5—6) Kammern werden äusserlich kaum durch äusserst seichte Einschnürungen geschieden. Sie sind beinahe cylindrisch, höher als breit, besonders die letzte, welche nur eine schwache Wölbung darbietet. Einzelne entfernte fadenartige Längsrippchen zieren den oberen Theil des Gehäuses.

Sehr selten im Pläner von Strehlen.

7. N. fusula n. sp. — Taf. II. 20. Fig. 9.

Sehr klein und dünn, an beiden Enden zugespitzt, etwas spindelförmig. Drei beinahe gar nicht gewölbte cylindrische Kammern, welche kaum eine Spur von Nahteinschnürungen darbieten. Einzelne entfernte sehr feine Längslinien laufen darüber.

Sehr selten im Pläner von Strehlen.

8. N. acicula n. sp. — Taf. II. 20. Fig. 10.

Eine sehr kleine, verhältnissmässig lange und dünne Species, beinahe cylindrisch, nach abwärts sich nur sehr langsam verschmälernd und in eine scharfe, gewöhnlich etwas excentrische Spitze auslaufend. Eine Trennung der Kammern ist äusserlich nicht wahrnehmbar; nur die letzte Kammer verräth sich gewöhnlich durch ihre äusserst schwache Anschwellung. An älteren Individuen findet man dagegen die letzten 3—4 Kammern durch seichte Nahteinschnürungen angedeutet. An jugendlichen Schalen verlaufen entfernte, sehr schwache Längslinien über die Schale, an älteren verwandeln sich dieselben in feine Längsrippchen, welche die Schale im Querschnitte etwas kantig machen. Die letzte Kammer zieht sich rasch zu einer sehr kurzen röhrigen Spitze zusammen, welche die Mündung trägt.

Sehr selten im Pläner von Strehlen und Weinböhla.

b) Schale glatt, ohne Längsstreifen.

9. N. Naumanni n. sp. — Taf. II. 20. Fig. 11.

Im Umrisse kommt die Species mit der *N. sceptrum* Rss. [1]) überein, die aber längsgerippt ist. Fünf bis sieben Kammern, welche nach oben an Grösse — mehr in der Höhe, als in der Dicke — regelmässig zunehmen, bilden das gerade, selten sehr wenig gebogene Gehäuse. Die erste Kammer ist klein und stumpf oder zeigt nur eine Spur von Centralspitze, die übrigen sind elliptisch, wenig gewölbt, durch seichte Einschnürungen geschieden. Die letzte, beinahe doppelt so hoch als breit, zieht sich am oberen Ende rasch zur stumpfen Spitze zusammen. Die Schalenoberfläche glatt, ungerippt.

Sehr selten im Pläner bei Strehlen. Etwas undeutliche Exemplare von Weinböhla dürften wohl auch hierher gehören.

b) *Dentalina* d'Orb. Mehr weniger gebogener und mit oft etwas excentrischer, gegen die Rückenseite gerückter Mündung. In letzterem Falle stellt sich, wenn das Gehäuse zusammengedrückt ist, ein Uebergang zu den Vaginulinideen heraus.

* Mit längsgestreifter oder gerippter Schale.

---

[1]) Reuss. Sitzungsber. d. k. Akad. d. Wissensch. Bd. 16. pag. 37. Taf. 2. fig. 8.

10. N. affinis Rss. [1] · Taf. II. 20. Fig. 12.

1845. Reuss, Verstein. d. Böhm. Kreideform. I. pag. 26. Taf. 13. fig. 16.

Das lange, sehr dünne Gehäuse, das nur in Bruchstücken vorliegt, verschmälert sich nach unten nur wenig. Acht bis neun schmale elliptische Kammern werden durch deutliche Einschnürungen gesondert und von 4—5 hohen flügelartigen Längsrippen bedeckt, welche die Nahtfurchen mehr weniger verdecken. Die untere Kammer läuft rasch in eine kurze haarförmige Spitze aus, während die oberste ziemlich lang zugespitzt ist.

Nicht selten im Pläner von Weinböhla. Im böhmischen Baculitenthon.

11. N. obsolescens n. sp. — Taf. II. 20. Fig. 14.

Sie ist der N. obscura Rss. sehr ähnlich, unterscheidet sich aber durch das schlankere, verhältnissmässig längere, unten weniger zugespitzte und sehr schwach gebogene oder doch schiefe Gehäuse. Nach abwärts verschmälert es sich nur langsam und wenig und endigt meistens stumpf. Die Grenzen der älteren cylindrischen Kammern sind äusserlich nicht wahrnehmbar; nur die letzte oder die letzten zwei werden durch seichte Einschnürungen angedeutet. Die letzte Kammer zieht sich rasch zur stumpfen Spitze zusammen. Ueber das ganze Gehäuse verlaufen 7—9 schmale gedrängte Längsrippen.

Sehr selten im Pläner von Strehlen.

** Mit glatter ungestreifter Schale.

12. N. multilineata n. sp. — Taf. II. 20. Fig. 13.

Auch von dieser Art liegen nur Fragmente vor, welche dem oberen Theile des Gehäuses angehören. Dasselbe muss lang und sehr schmal gewesen sein. Die Kammern sind fast cylindrisch, kaum gewölbt — besonders auf der Rückenseite — durch seichte Einschnürungen geschieden, viel höher als breit. Die letzte ist schief und lang eiförmig, fast dreimal so hoch als breit und verschmälert sich allmählich zur stumpfen excentrischen Spitze. Die Oberfläche ist mit gedrängten haarfeinen Längslinien bedeckt, gleichwie bei N. lineolata Rss. [2], welche aber gewölbte, durch mehr weniger tiefe Nahteinschnürungen gesonderte Kammern besitzt.

Sehr selten im Pläner von Strehlen, sowie im böhmischen Baculitenthon.

13. N. oligostegia Rss. — Taf. II. 20. Fig. 15—18.

1845. Reuss, Verstein. d. Böhm. Kreideform. I. pag. 27. Taf. 13. fig. 19, 20.
1851. Reuss, Foraminif. d. Kreidemerg v. Lemberg. pag. 25. Taf. 1. fig. 10.
1860. Reuss, Sitzungsber. d. k. Akad. d. Wissensch. Bd. 40. pag. 42.
1862. Reuss, Sitzungsber. d. k. Akad. d. Wissensch. Bd. 46. pag. 39.
1870. Karrer, Jahrb. d. k. k. geol. Reichs-Anst. Bd. 20. pag. 168.

Das kurze ziemlich dicke Gehäuse besteht aus 2—4 Kammern und ist bald gerade, bald sehr schwach gebogen. Die Kammern elliptisch, durch tiefe Nähte abgeschnürt. Die Embryonalkammer am kürzesten, mitunter fast kugelig, mit einem kurzen Centralstachel; die letzte lang-elliptisch, in einen ziemlich langen etwas excentrischen Schnabel ausgezogen, der die gestrahlte Mündung trägt. Die Schalenoberfläche glatt und glänzend.

---

[1] Hat die Priorität vor N. affinis d'Orb., Foraminif. du bass. tert. de Vienne 1845. pag. 30. Taf. 1. fig. 36—39), deren Name geändert werden muss.

[2] Reuss, Verstein. d. böhm. Kreideform. I. pag. 27. Taf. 8. fig. 8.

Nicht selten bei Strehlen, sehr selten bei Weinböhla. — Auch nicht selten in den Baculitenthonen Böhmens, sehr selten in den Mucronatenmergeln von Lemberg, in den oberen Senonmergeln und im Diluvialsande von Hamm in Westphalen, in der oberen Kreide von Leitzersdorf (N.-Oesterreich), im Kreidedetritus von Charing (England) und im norddeutschen Gault.

14. N. discrepans Rss.

1860. Reuss, Sitzungsber. d. k. Akad. d. Wissensch. Bd. 40. pag. 40. Taf. 3. fig. 7.

Sie unterscheidet sich von allen verwandten Arten durch die auffallende Ungleichheit der Kammern.

Das kurze ziemlich dicke und wenig gebogene Gehäuse besteht nur aus drei Kammern, deren erste unten in einen kurzen Centralstachel endigt. Uebrigens ist dieselbe gleich der zweiten, deren Breite ihrer Höhe gleichkommt, von cylindrischer Gestalt. Die letzte ist gewöhnlich länger, als die beiden übrigen zusammengenommen, lang-eiförmig und zieht sich zu einer dicken, etwas schief nach rückwärts gerichteten Spitze zusammen. Die Nähte sind tief, die Schalenoberfläche ist glatt, glasig glänzend.

Die sehr seltenen Individuen aus dem Pläner von Strehlen sind etwas kleiner, als jene aus dem Senon Westphalens.

15. N. cylindroides Rss.

1860. Reuss, Sitzungsber. d. k. Akad. d. Wissensch. Bd. 40. pag. 4. Taf. 1. fig. 8.
1862. Reuss, Sitzungsber. d. k. Akad. d. Wissensch. Bd. 46. pag. 41. Taf. 2. fig. 16.

Die seltenen Exemplare aus dem Pläner von Strehlen stehen an Grösse jenen von anderen Fundorten beträchtlich nach, während sie in anderen wesentlichen Merkmalen damit übereinstimmen.

Das kurze und verhältnissmässig dicke Gehäuse ist walzenförmig, wenig gebogen und an beiden Enden zugespitzt. Die wenig zahlreichen (4) Kammern sind cylindrisch, nur durch sehr seichte Einschnürungen gesondert. Die mittleren sind nur wenig höher als breit. Die letzte zieht sich zur kurzen excentrischen Spitze zusammen, welche die nackte Mündung trägt.

Die Species ist bekannt aus dem Senon, Gault und Diluvialsande Westphalens, aus dem Ananchytenmergel von Langelsheim und aus dem Pläner von Milleschau und vom Laurenzberge bei Prag in Böhmen.

16. N. distincta Rss.

1860. Reuss, Sitzungsber. d. k. Akad. d. Wissensch. Bd. 40. pag. 40. Taf. 2. fig. 5.
1862. Reuss, Sitzungsber. d. k. Akad. d. Wissensch. Bd. 46. pag. 41.

Erwachsene Exemplare bestehen aus vier sehr verschieden gestalteten, durch breite aber wenig tiefe Nähte geschiedenen Kammern, von denen die erste elliptisch, unten sehr schwach zugespitzt und grösser ist als die zwei nächstfolgenden. Diese sind wenig gewölbt, etwas höher als breit. Die letzte dagegen ist sehr gross, schief-elliptisch, besonders an der Bauchseite gewölbt, oben in eine schiefe excentrische Spitze auslaufend, welche die gestrahlte Mündung trägt. Die Schalenoberfläche glasig glänzend.

Selten im Pläner von Strehlen. Auch im unteren Senon und im Gault Westphalens. Die sächsischen Formen weichen von den typischen darin ab, dass die erste Kammer nicht grösser ist als die folgenden, gewöhnlich nur eben so gross.

17. N. strangulata Rss.

1860. Reuss, Sitzungsber. d. k. Akad. d. Wissensch. Bd. 40. pag. 41. Taf. 2. fig. 6.
1862. Reuss, Sitzungsber. d. k. Akad. d. Wissensch. Bd. 46. pag. 41.

Auch bei dieser Species besteht das schwach gebogene Gehäuse nur aus wenigen (4) elliptischen, mässig gewölbten Kammern, deren erste unten stumpf gerundet ist, die letzte sich in eine ziemlich lange, etwas excentrische Spitze verdünnt. Die Kammern sind grösser, länger und schlanker als bei der verwandten *N. catenula* Rss.[1]) Die Mündung wird von einem Strahlenkranze umgeben.

Wurde zuerst im Senon, Gault und Diluvialsande Westphalens, sowie im norddeutschen Gault auf-gefunden. Die sehr seltenen Exemplare aus dem Pläner von Strehlen übertreffen die westphälischen an Grösse.

18. N. cognata Rss.

1860. Reuss, Sitzungsber. d. k. Akad. d. Wissensch. Bd. 40. pag. 39. Taf. 1. fig. 9.

Die seltenen Exemplare von Strehlen, die ich hierher rechnen zu müssen glaube, weichen von jenen des oberen Senons von Hamm in Westphalen darin ab, dass sie kleiner und beinahe gerade sind, — Unter-schiede, welchen wohl keine wesentliche Bedeutung zugeschrieben werden kann.

Die Species ist der *N. oligostegia* verwandt, unterscheidet sich aber von derselben durch die grössere Zahl der Kammern und die beinahe kugelige Gestalt der ersten Kammer.

Bei den typischen Formen ist das Gehäuse schwach gebogen und verhältnissmässig ziemlich dick. Von den 4—6 mässig gewölbten und durch ziemlich tiefe Näthe gesonderten Kammern ist die Embryonal-kammer fast kugelig und am unteren Ende kurz zugespitzt. Die grösste Wölbung der übrigen Kammern, welche etwas höher als breit sind, fällt in ihre untere Hälfte; nach oben hin verschmälern sie sich etwas. Die letzte Kammer spitzt sich am oberen Ende schräg zu und läuft in eine kurze, dicke, etwas excentrische Spitze aus. Die glatte Schalenoberfläche ist glasig glänzend.

19. N. annulata Rss. — Taf. II. 20. Fig. 19. 20.

1845. Reuss, Verstein. d. Böhm. Kreideform. I. pag. 27. Taf. 8. fig. 4, 67. Taf. 13. fig. 21.
1851. Reuss, Foraminif. d. Kreidemerg. v. Lemberg. pag. 26. Taf. 1. fig. 13.
1860. Reuss, Sitzungsber. d. k. Akad. d. Wissensch. Bd. 40. pag. 38.
1870. *Dentalina annulata* Gümbel, Sitzungsber. d. k. baier. Akad. d. Wissensch. pag. 286.

Das verlängerte cylindrische Gehäuse ist schwach gebogen, verschmälert sich nach abwärts nur sehr langsam und endigt daselbst stumpf. Die zahlreichen (14—16) Kammern sind fast durchgehends nicht gewölbt. walzenförmig, breiter als hoch und äusserlich nur durch durchscheinende, lineare, nicht vertiefte Nähte ange-deutet. Nur die letzte Kammer ist convex, von den übrigen durch eine Einschnürung getrennt und in einen kurzen, dünnen, nicht völlig centralen Schnabel verlängert. An den ältesten Individuen sind die letzten 2—3 Kammern gewölbt und durch vertiefte Nähte geschieden, während die Scheidewände der übrigen Kammern als schwach erhabene Ringe hervorragen.

An den Böhmischen Exemplaren scheinen überhaupt die Kammern mit Ausnahme der ältesten etwas convexer vorzutreten, als an den sächsischen.

Bisweilen sind auch dichotome Missbildungen beobachtet worden.

Ziemlich häufig, aber nicht sehr gut erhalten im Pläner von Strehlen; sehr selten bei Weinböhla und bei Zschertnitz unweit Dresden. — Sehr verbreitet im Pläner und in den Baculitenthonen Böhmens; überdies in der Mucronatenkreide von Lemberg in Galizien, in den Gosaumergeln der Gosau und von Götzreuth in Baiern, im Pläner und im Senon Norddeutschlands, im Senon und im Diluvialsande West-phalens.

---

[1]) Reuss, Sitzungsber. d. k. Akad. d. Wissensch. Bd. 40. pag. 41. Taf. 3. fig. 6.

20. N. Lorneiana d'Orb.

1839. *Dentalina Lorneiana* d'Orbigny, Mém. de la soc. géol. de Fr. IV. 1. pag. 14. Taf. 1. fig. 8, 9.
1845. Reuss. Verstein. d. Böhm. Kreideform. I. pag. 27. Taf. 8. fig. 5.
1860. Reuss. Sitzungsber. d. k. Akad. d. Wissensch. Bd. 40. pag. 42.

Das sehr schlanke Gehäuse ist schwach gebogen, nach oben nur langsam an Dicke zunehmend. Die elliptischen Kammern zweimal so lang als breit, wenig convex, bis fast zur tiefen Naht gleich dick bleibend und dann sich rasch zusammenschnürend. Die letzte Kammer verlängert sich in eine kurze nicht ganz centrale Spitze mit kleiner runder Mündung.

Sehr selten bei Weinböhla. — Im Pläner von Kosstitz und in den Baculitenthonen Böhmens; im Senon Westphalens; in der weissen Kreide von Sens (Frankreich) und von England.

21. N. peracuta n. sp. — Taf. II. 20. Fig. 21.

Sie ist der *N. Lorneiana* d'Orb. und der *N. (Dentalina) acuticauda* Rss.[1] verwandt, aber von beiden verschieden; von der ersteren durch das lange sehr spitze untere Ende und durch die keine Nahtfurchen darbietenden ältesten Kammern; von der zweiten durch die viel beträchtlichere Höhe der Kammern.

Das Gehäuse ist stark verlängert, sehr dünn und schlank, gebogen, am unteren Ende scharf und lang zugespitzt. Etwa 9—10 Kammern, von welchen die ersten cylindrisch und äusserlich nicht geschieden sind. Nur die letzten drei sind, gleichwie bei *N. Lorneiana* elliptisch, höher als breit und durch deutliche quere Nahteinschnürungen gesondert. Die letzte Kammer verdünnt sich zu einer mässig langen, fast centralen Spitze. Die Schalenoberfläche glatt, glasig glänzend. Sehr selten im Pläner von Weinböhla.

22. N. nodosa d'Orb.

1839. *Dentalina nodosa* d'Orbigny, Mém. de la soc. géol. de Fr. IV. 1. pag. 14. Taf. 1. fig. 6, 7.
1845. Reuss. Verstein. d. Böhm. Kreideform. I. pag. 28. Taf. 13. fig. 22.

Das sehr schlanke, schwach gebogene, nach abwärts sich regelmässig verdünnende Gehäuse besteht aus 8—9 gewölbten, breit-eiförmigen Kammern, die durch schmale aber tiefe Nähte geschieden sind und deren Wölbung in ihrem unteren Theile stärker hervortritt. Ihre Höhe übertrifft die Breite nur wenig. Die letzte Kammer zieht sich rasch zur kurzen Spitze zusammen, welche die kleine runde Mündung trägt.

Sehr selten im Pläner von Strehlen und Weinböhla. — Selten in den böhmischen Baculitenmergeln; häufiger in der weissen Kreide Frankreichs.

23. N. gracilis d'Orb.

1839. *Dentalina gracilis* d'Orbigny l. c. IV. 1. pag. 14. Taf. 1. fig. 5.
1845. Reuss. Verstein. d. Böhm. Kreideform. I. pag. 27. Taf. 8. fig. 6.
1851. Reuss. Foraminif. d. Kreidemerg. v. Lemberg. pag. 27.
1860. Reuss. Sitzungsber. d. k. Akad. d. Wissensch. Bd. 40. pag. 43.
1865. Reuss. Sitzungsber. d. k. Akad. d. Wissensch. Bd. 52. pag. 7.

Der vorigen Species sehr verwandt, aber durch die sehr wenig gewölbten Kammern leicht zu unterscheiden.

Das Gehäuse ist sehr dünn und schlank, wenig gebogen; die sehr wenig convexen Kammern, die nach abwärts nur langsam an Grösse abnehmen, sind wenig höher als breit und werden durch sehr schwache quere Nahteinschnürungen gesondert. Die letzte Kammer schmal und schief eiförmig zugespitzt.

---

[1] Reuss. Zeitschr. d. deutsch. geol. Gesellsch. Bd. 51. pag. 62. Taf. 3. fig. 8. — Sitzungsber. d. k. Akad. d. Wissensch. Bd. 48. pag. 45. Taf. 3. fig. 26.

Selten im Pläner von Strehlen. — Im Baculitenthon Böhmens, in der weissen Kreide Frankreichs und Englands, im Senon Westphalens, in der Mucronatenkreide von Lemberg in Galizien, in der Kreide vom Kanara-See in der Dobrudscha. Morris führt die Species auch aus dem Gault von Folkstone an.

24. N. sororia Rss.

1860. *Dentalina intermedia* Reuss, Sitzungsber. d. k. Akad. d. Wissensch. Bd. 40. pag. 186. Taf. 2. fig. 8. (non Cornuel.[1])

Sie unterscheidet sich von der verwandten *N. communis* d'Orb. schon durch das nicht so schlanke Gehäuse und die weniger schiefen Kammern. Das gebogene Gehäuse verschmälert sich nach abwärts allmählich zur stumpfen Spitze. Die Kammern sind kaum gewölbt, fast walzenförmig, mässig schief, höher als breit. An den älteren vermag man ihre Grenzen äusserlich nicht zu unterscheiden. Die übrigen Nähte sind nur durch feine wenig schräge Linien angedeutet, nur die oberste ist schwach vertieft. Die letzte Kammer ist schief eiförmig, in eine ziemlich lange stark excentrische Spitze ausgezogen.

Nicht selten im Pläner von Strehlen. — Sehr selten im westphälischen Gault.

25. N. communis d'Orb.

1839. *Dentalina communis* d'Orbigny, l. c. pag. 13. Taf. 1. fig. 4.
1850. *Dentalina subcommunis* d'Orbigny, Prodr. de paléont. strat. II. pag. 280. Nr. 1354.
1851. Reuss, Foraminif. d. Kreidemerg. v. Lemberg. pag. 26.
1860. Reuss, Sitzungsber. d. k. Akad. d. Wissensch. Bd. 40. pag. 186.
1870. *Dentalina subcommunis* Karrer, Jahrbücher d. k. k. geolog. Reichs-Anst. Bd. 20. pag. 169.
1872. Geinitz, das Elbthalgebirge in Sachsen. I. 4. pag. 135.

Das schlanke gebogene Gehäuse verschmälert sich nach abwärts allmählich bis zur Embryonalkammer, welche etwas grösser ist als die nächstfolgenden und in einen kurzen feinen Stachel ausläuft. 6—9 niedrige sehr schräge Kammern mit kaum bemerkbaren Nähten. Nur die letzte, welche etwas stärker gewölbt ist und in einen kurzen excentrischen Schnabel ausläuft, bietet eine deutlichere Naht dar. Die Mündung ist von einem feinen Strahlenkranze umgeben.

Nicht selten im Pläner von Strehlen. — Ueberdies in der weissen Kreide Englands und Frankreichs, im westphälischen Senon, im norddeutschen Kreidemergel, im Mucronatenmergel von Lemberg in Galizien, im Pläner und Baculitenthon Böhmens, in der oberen Kreide von Leitzersdorf (N.-Oesterreich), im Cenoman Sachsens.

Die Species liegt aber auch in den neogenen Tertiärschichten und lebt jetzt noch in den meisten Meeren; Orbigny hat zwar diese Formen später von den Kreideformen, welche er mit dem Namen *D. subcommunis* belegt, gesondert; ich vermag jedoch keinen nur irgend wesentlichen Unterschied zwischen beiden zu finden.

26. N. aff. deflexa Rss.

Die typische *D. deflexa*[2] aus dem norddeutschen Gault besitzt ein sehr kleines schlankes, wenig gebogenes Gehäuse mit wenig zahlreichen (4) Kammern, welche sämmtlich viel höher als breit sind. Die Embryonalkammer ist schmal, oval, ohne Stachelspitze. Die folgenden Kammern nehmen rasch an Höhe, aber nur wenig an Dicke zu. Die letzte Kammer ist beinahe doppelt so hoch als breit, schief- und schmal-eiförmig mit nach rückwärts gewendeter stumpfer Spitze. Die Nähte haben einen schrägen Verlauf.

[1] Cornuel in Mém. de la soc. géol. de Fr. II, I. pag. 251. Taf. 4. fig. 20.
[2] Reuss. Sitzungsber. d. k. Akad. d. Wissensch. Bd. 46. pag. 43. Taf. 2. fig. 19.

Sehr ähnlich ist die lebende Form, welche Parker und Jones unter dem Collectivnamen: *D. communis* d'Orb. aus dem arctischen Ocean beschreiben und abbilden. [1])

Die sehr seltenen Exemplare aus dem Pläner von Strehlen sind den typischen Formen der Species sehr ähnlich, wenn nicht damit identisch. Sie besitzen ebenfalls vier Kammern mit etwas schrägen Kammern. Die erste ist oval, die folgenden fast cylindrisch, etwas höher als breit, durch sehr seichte Nähte geschieden; die letzte ist viel grösser, oval, mässig gewölbt, in eine kurze Spitze ausgezogen.

27. N. legumen Rss. — Taf. II. 20. Fig. 22.

1845. Reuss. Verstein. d. böhm. Kreideform. I. pag. 28. Taf. 13. fig. 23. 24.
1851. Reuss. Foraminif. d. Kreidemerg. v. Lemberg. pag. 26. Taf. 1. fig. 14.
1860. Reuss. Sitzungsber. d. k. Akad. d. Wissensch. Bd. 40. pag. 187.
1862. Reuss. Sitzungsber. d. k. Akad. d. Wissensch. Bd. 46. pag. 43.
1870. *Dentalina legumen* Gümbel, Sitzungsber. d. k. baier. Akad. d. Wissensch. pag. 283, 286.

Gehäuse schlank, wenig gebogen, nach abwärts sich allmählich verschmälernd, seitlich schwach zusammengedrückt. 6—9 Kammern, die nach oben hin langsam an Grösse zunehmen und etwas schief sind, so dass ihre Wölbung an der convexen Seite des Gehäuses stärker hervortritt als an der concaven. Die Embryoualkammer ist kurz und fein zugespitzt. Die schmalen aber ziemlich tiefen Nähte sind etwas schräge, aber weniger als bei *N. communis* d'Orb. und *N. badenensis* d'Orb. [2]) Die Schalenoberfläche ist meistens matt, ohne deutliche Rauhigkeiten zu zeigen.

Die Species wechselt im Grade der Schiefheit der Kammernähte beträchtlich und scheint wohl nur eine Form der vielgestaltigen *N. communis* d'Orb. zu sein, deren typische Formen sich durch schiefere Kammernähte und durch die etwas angeschwollene Embryonalkammer auszeichnen.

Nicht selten im Pläner von Strehlen. Selten im Pläner von Böhmen, Westphalen und Norddeutschland; sehr selten im Gault Westphalens und Englands. Vorzugsweise scheint sie jedoch dem Senon anzugehören. Sie findet sich im Baculitenthon Böhmens, im Mucronatenmergel von Lemberg in Galizien, in den Gosaumergeln von Götzreuth und in den Belemnitellenschichten von Pattenau in Baiern und sehr verbreitet im westphälischen Senon.

*** Mit rauher oder mehr weniger stacheliger Schale.

28. N. aculeata d'Orb.

1839. *Dentalina aculeata* d'Orbigny, Mém. de la soc. géol. de Fr. IV. I. pag. 13. Taf. 1. fig. 2, 3.
1845. Reuss. Verstein. d. böhm. Kreideform. I. pag. 28. Taf. 12. fig. 29.
1860. Reuss. Sitzungsber. d. k. Akad. d. Wissensch. Bd. 40. pag. 189.
1862. Reuss. Sitzungsber. d. k. Akad. d. Wissensch. Bd. 46. pag. 43.
1870. *Dentalina aculeata* Gümbel, Sitzungsber. d. k. baier. Akad. d. Wissensch. pag. 283.

Das schlanke gebogene Gehäuse nimmt nach abwärts nur langsam und wenig an Dicke ab und besteht aus 6—9 stark gewölbten oft beinahe kugeligen Kammern, welche durch breite und dünne oft röhrenförmige Einschnürungen, die bisweilen ebenso lang oder noch länger sind als die Kammern selbst, rosenkranzförmig mit einander verbunden werden. Deshalb findet man die Schalen fast immer in einzelne kleine Bruchstücke zerfallen. Die letzte Kammer läuft in eine kurze excentrische Spitze aus, welche die kleine nackte Mündung trägt. Die Oberfläche der Schale ist mit entfernt stehenden kurzen ungleichen stacheligen Spitzen besetzt.

---

[1]) On some Foraminif. from the North-Atlantic and Arctic Oceans (Philos. Transact. 1866.) pag. 342. Taf. 13. fig. 10.
[2]) d'Orbigny, Foraminif. foss. du bass. tert. de Vienne pag. 44. Taf. 1. fig. 49.

Sehr seltene Bruchstücke im Pläner von Strehlen. — Zuerst in der weissen Kreide Englands und Frankreichs nachgewiesen, wurde sie später gefunden im böhmischen Baculitenthon, im Senon und im Diluvialsande Westphalens, in den Gosaumergeln von Götzreuth in Baiern und selbst im norddeutschen Gault.

3. Glandulinidea.

Die Kammern in gerader oder schwach gekrümmter Linie über einander stehend oder nur die ältesten spiral eingerollt (Mischtypus: *Lingulinopsis* Rss.). Jede jüngere Kammer umfasst den oberen Theil der zunächst darunter liegenden. Die centrale terminale Mündung rund oder spaltenförmig. Durch allmählich sich einstellende Abschnürung der Kammern von einander findet ein Uebergang zu den Nodosarideen statt. Die Gruppe umfasst die Sippen: *Glandulina* d'Orb., *Psecadium* Rss., *Lingulina* d'Orb. und *Lingulinopsis* Rss., von welchen bisher nur die erstgenannte und *Lingulina* im sächsischen Pläner nachgewiesen wurden.

Glandulina d'Orb.

Die Kammern des im Querschnitte runden nicht zusammengedrückten Gehäuses in gerader Reihe stehend, mit linearen queren Nähten. Mündung rund. — Geht durch Zwischenformen in *Nodosaria* über.

1. Gl. cylindracea Rss.

1845. *Nodosaria cylindracea* Reuss, Verstein. d. böhm. Kreideform. pag. 25. Taf. 13. fig. 1, 2.
1851. Reuss, Foraminif. d. Kreidemerg. v. Lemberg. pag. 23. Taf. 1. fig. 5.
1860. Reuss, Sitzungsber. d. k. Akad. d. Wissensch. Bd. 40. pag. 190. Taf. 4. fig. 1.

Diese im Pläner von Strehlen nicht zu selten vorkommende Species ist in ihrem Umrisse sehr veränderlich und bildet einen unmittelbaren Uebergang zu *Nodosaria*. Das Gehäuse zeichnet sich durch seine verhältnissmässige Dünne aus und ist beinahe cylindrisch, in seiner ganzen Länge gleich dick, nur in der Mitte zuweilen etwas eingeschnürt, mitunter etwas schief oder gebogen. Beide Enden sind kurz zugespitzt; das obere Ende ist von der kleinen gestrahlten Mündung durchbohrt. Wenige (4—6) in der Höhe wandelbare Kammern, deren Scheidewände sich gewöhnlich nur bei durchfallendem Lichte verrathen. Nur manchmal sind die obersten Nähte etwas vertieft. Die Schalenoberfläche ist glatt und glänzend.

Auch im Baculitenthon Böhmens, im Mucronatenmergel von Lemberg und im westphälischen Senon.

2. Gl. mutabilis Rss.

1862. Reuss, Sitzungsber. d. k. Akad. d. Wissensch. Bd. 46. pag. 58. Taf. 5. fig. 7—11.

In ihrer Gestalt sehr veränderlich, bald kürzer, bald länger und dünner, bald verkehrt-conisch oder selbst verlängert-eiförmig, bald beinahe cylindrisch. Manche kurze dicke conische Formen stimmen vollkommen mit *Nodosaria humilis* Röm. [1]) überein.

Ausgebildete Exemplare (bis 0,7 mm. lang) bestehen aus 5—6 Kammern, von welchen die erste sehr stumpf abgerundet, selten etwas zugespitzt ist. Die folgenden sind bald höher, bald niedriger, doch stets breiter als hoch, und gewölbt, durch tiefe Nähte geschieden, daher ringförmig vorragend. Nur zwischen den ersten Kammern sind die Nähte bisweilen nur linear. Die letzte Kammer ist gewöhnlich etwas höher als breit, bauchig-eiförmig, oben sich zu einer kurzen dicken stumpfen Spitze mit gestrahlter Mündung verdünnend. Jüngere Individuen zeigen nur 3—4 Kammern.

---

[1]) Römer, Verstein. des norddeutschen Kreidegeb. pag. 95. Taf. 15. fig. 6.

Gl. manifesta Rss. [1]) aus dem Kreidemergel von Lemberg und dem oberen Senon von Hamm in Westphalen gehört wohl auch hierher. Selbst *Nodosaria Beyrichi* Neugeb. (= *N. incerta* Neugeb.) [2]) aus dem miocänen Tegel von Lapugy in Siebenbürgen ist sehr verwandt und dürfte nur eine weiter vorgeschrittene Uebergangsform zu *Nodosaria* darstellen.

Die seltenen Exemplare aus dem Pläner von Strehlen stimmen mit jenen aus dem norddeutschen Hils und Gault überein.

Lingulina d'Orb.

Schale gerade, fast immer von vorne nach hinten zusammengedrückt. Die Kammern stehen in gerader Reihe über einander, oft mit bogenförmigen Nähten. Die terminale centrale Mündung gewöhnlich quer spaltenförmig, selten unregelmässig gelappt.

Die im Querschnitte rundlichen Formen schliessen sich an *Nodosaria*, die zusammengedrückten an *Frondicularia* an.

L. pygmaea n. sp. — Taf. II. 20. Fig. 23.

Sehr klein und schon dadurch von der grossen *L. bohemica* Rss. [3]) verschieden. Das Gehäuse schmal oval. fast linear, mit wenig gebogenen winkeligen Seitenrändern und stumpfem unterem Ende. Sechs bis sieben schwach gebogene, niedrige Kammern mit sehr seichten und schmalen Nähten. Die letzte wenig höhere Kammer spitzt sich rasch und kurz zu und trägt die sehr kurze enge Spaltmündung.

Sehr selten im Pläner von Strehlen.

4. Vaginulinidea.

Gehäuse gerade oder schwach gebogen, seitlich zusammengedrückt, mit schrägen, sich einfach deckenden, nicht umfassenden Kammern. Nähte nicht eingeschnürt.

Vaginulina d'Orb. (char. emend. = Citharina d'Orb.)

Gehäuse schmal oder dreieckig, stark seitlich zusammengedrückt, gerade oder im untersten Theile schwach vorwärts gebogen, so dass der Rückenrand etwas convex wird. Die schrägen Kammern zahlreich, niedrig, die letzte schräg abgestutzt, ohne Schnabel. Die Nähte linear oder durch hervorragende Leistchen bezeichnet. Die kleine runde Mündung end- und rückenständig.

Die Gattung schliesst sich einerseits an die *Dentalinen* mit etwas zusammengedrückten Kammern, welche aber stets einen concaven Rückenrand besitzen, anderseits — mit ihren stark comprimirten Formen — an *Frondicularia* an.

1. V. costulata Röm. — Taf. II. 20. Fig. 24.

1842. Römer in Leonh. u. Bronn's Jahrb. pag. 273. Taf. 7. B. fig. 3 a, b, c.

1845. *Marginulina costulata* Reuss, Verstein. d. böhm. Kreideform. I. pag. 28. Taf. 13. fig. 25.

Durch das lange und sehr schmale Gehäuse ausgezeichnet. Dasselbe ist fast linear, 10—12mal so lang als breit, gerade oder nur sehr wenig gebogen, von den Seiten blattförmig zusammengedrückt. Es verschmälert sich von oben sehr allmählich bis zum stumpfen unteren Ende; das obere ist scharf zugespitzt.

---

[1]) Reuss, Foraminif. d. Kreidemerg. v. Lemberg. pag. 22. Taf. 1. fig. 4. — Sitzungsber. d. k. Akad. d. Wissensch. Bd. 40. pag. 190.

[2]) Neugeboren in der Denkschr. d. k. Akad. d. Wissensch. Bd. 12. pag. 72. Taf. 1. fig. 7—11.

[3]) Reuss, Verstein. d. Böhm. Kreideform. II. pag. 108. Taf. 43. fig. 10.

13— 15 sehr schräge und spitzwinkelige Kammern, deren Grenzen an der Oberfläche durch schmale Leisten angedeutet werden. Ein anderer schmaler erhabener Saum läuft längs des Rückenrandes herab. Die Embryonalkammer ist rundlich und etwas gewölbt. Die Mundfläche der letzten Kammer ist linear, schräge, ohne Wölbung und trägt an dem spitz aufragenden Rückenende die runde Mündung. Der Rücken ist gerade abgestutzt, eben; der Bauchrand durch die dort etwas vorragenden Kammern schwach gekerbt, übrigens eben so breit, als der Rückenrand.

Sehr selten im Pläner von Strehlen und Weinböhla. Im Pläner Böhmens und Norddeutschlands.

2. **V. Geinitzi** n. sp. — Taf. II. 21. Fig. 1.

Eine sehr kleine und dünne, schmal dreiseitige, in das Lanzettliche übergehende Form, deren gerade abgestutzter Rücken auf den Seitenflächen als ein zarter Saum hervorragt. Die erste sehr kleine Kammer stellt ein elliptisches Knöpfchen dar; die anderen (5) sind flach, sehr niedrig und gegen die Bauchseite sehr steil abschüssig. Ihre Grenzen werden äusserlich durch äusserst zarte Fäden bezeichnet. Ich fand bisher ein einziges Exemplar im Pläner von Weinböhla.

3. **V. spec.**

Aus dem Pläner von Strehlen liegt ein das untere Ende des Gehäuses darstellendes Bruchstück vor. Es deutet auf eine lange, schmale, ziemlich dicke Form mit sehr schrägen erhabenen Nahtstreifen, sowie mit gekantetem Rücken und Bauche hin.

5. *Frondicularidea.*

Gehäuse meistens gerade, seltener etwas gebogen oder mit dem unteren Theile spiral eingerollt, von vorn nach hinten blattförmig zusammengedrückt oder prismatisch gekantet. Die Kammern niedrig, reitend, sich mit 2—4 Armen in verschiedenem Grade umfassend. Die terminale Mündung rund oder länglich.

Es kommen Mischtypen vor zwischen den Frondicularideen und den Nodosarideen (*Amphimorphina* Neugeb. und *Dentalinopsis* Rss.), sowie zwischen den ersteren und den Cristellarideen (*Flabellina* d'Orb.)

Frondicularia Defr.

Gerade, stark, oft blattförmig, von vorn nach hinten zusammengedrückt. Kammern sämmtlich in gerader Linie über einander stehend, winkelig gebrochen oder bogenförmig, sich mit zwei in einer Ebene liegenden Armen mehr weniger umfassend, während auf der Vorder- und Hinterseite des Gehäuses sämmtliche Kammern sichtbar sind. Die terminale Mündung fast stets rund, auf einer centralen Spitze der letzten Kammer sitzend.

Die dickeren Formen von *Frondicularia* bilden Uebergänge zu *Lingulina* d'Orb.

1. **Fr. angusta** Nilss. sp.

1827. *Planularia angusta* Nilsson, Petref. Suec. form. cret. pag. 11. Taf. 9. fig. 22.
1839. Geinitz, Charakt. d. Schicht. u. Petref. d. sächs. Kreidegeb. pag. 70. Taf. 17. fig. 22.
1841. *Frondicularia angustata* Römer, Verstein. d. norddeutsch. Kreidegeb. pag. 96.
1845. Reuss, Verstein. d. Böhm. Kreideform. I. pag. 29. Taf. 8. fig. 13, 14.
1854. Reuss, Denkschr. d. k. Akad. d. Wissensch. Bd. 7. pag. 66. ?
1860. Reuss, Sitzungsber. d. k. Akad. d. Wissensch. Bd. 40. pag. 196. Taf. 4. fig. 5.
1865. Reuss, Sitzungsber. d. k. Akad. d. Wissensch. Bd. 52. pag. 8.
1870. Gümbel, Sitzungsber. d. k. baier. Akad. d. Wissensch. pag. 283.
1870. Karrer, Jahrb. d. k. k. geolog. Reichs-Anst. Bd. 20. pag. 169.

Die Species ist eine der am längsten bekannten und verbreitetsten Foraminiferen der Kreideformation. Das Gehäuse ist schmal lanzettförmig und stark verlängert. Mitunter erreicht es eine Länge von beinahe

6 mm. Die grösste Breite besitzt es weit über der Mitte, bisweilen noch im obersten Drittheil der Schalenlänge und verschmälert sich nach abwärts sehr allmählich. Am oberen Ende endigt es zugespitzt, ist in der Mittellinie am dicksten und schärft sich gegen die winkeligen Seitenränder hin zu.

Die zahlreichen Kammern (an grossen Exemplaren bis 30) sind sehr niedrig, spitzwinkelig und durch ziemlich tiefe Furchen geschieden, so dass sie in Gestalt von dachförmigen Leisten vorragen. In der Mittellinie werden sie von einer nach unten hin schmäler werdenden Längsfurche durchzogen, tragen aber jederseits noch eine wechselnde Zahl kurzer Furchen, die sich in die Grenzfurchen der Kammern nicht fortsetzen. Manchmal bedecken sie die gesammte Oberfläche der Kammern; gewöhnlich treten sie nur an einzelnen Stellen oder auch ganz vereinzelt auf. Die Embryonalkammer stellt eine sehr kleine Kugel dar, die am unteren Ende eine kurze Stachelspitze, auf der Vorder- und Hinterseite aber je drei sehr feine Längsrippchen trägt. Nicht selten im Pläner von Strehlen und Weinböhla. Von letzterem Fundorte liegt eine monströse dreiarmige Form vor, wie ich sie früher schon von *Fr. turgida* Rss.[1] und von *Fr. Cordai* Rss.[2], sowie als *Fr. amoena* Rss.[3] von Lemberg abgebildet habe. Auch d'Orbigny beschreibt eine analoge Form als *Fr. tricarinata*.[4]

Die Species findet sich weit verbreitet im Baculitenthon, Pläner und Cenoman Böhmens, in den Gosaumergeln der Gosau und von Götzreuth in Baiern, in der oberen Kreide von Leitzersdorf (N.-Oesterreich), im Senon und im Diluvialsande Westphalens, im norddeutschen Pläner, im Grünsande von Köpinge in Schweden, selten in der Kreide am Kanara-See in der Dobrudscha. Ihr Hauptlager ist der Pläner und der böhmische Baculitenthon; aus der weissen Kreide und aus den Mucronatenmergeln Galiziens ist sie mir bisher nicht bekannt geworden.

2. **Fr. apiculata** Rss.

1845. Reuss, Verstein. d. böhm. Kreideform. I. pag. 30. Taf. 8. Fig. 24 (icon mala).
1860. Reuss, Sitzungsber. d. k. Akad. d. Wissensch. Bd. 40. pag. 192. Taf. 5. Fig. 2.

Breit-lanzettförmig, unten stumpf, oben lang und scharf zugespitzt, im oberen Drittheil am breitesten, in der Mittellinie ziemlich dick, nach den Seiten hin sich allmählich verdünnend. Wenige (4—7) ziemlich hohe spitzwinkelige Kammern, in Gestalt dachförmig abschüssiger Leisten vorragend mit mehr als doppelt schmäleren Zwischenrinnen, in der Mittellinie von einer Längsfurche unterbrochen. Die Embryonalkammer gross, kugelig, mit centraler Stachelspitze, jederseits mit fünf Längsrippchen, von denen zwei längere mit drei kürzeren abwechseln. Die Seitenränder abgestutzt, mit einer Längsfurche, auch die Embryonalkammer umfassend. Die Oberfläche der Kammern zeigt Spuren feiner Längsstreifung.

Selten im Pläner von Strehlen und Weinböhla. — Früher schon, wenngleich sehr selten, gefunden im böhmischen Pläner und Baculitenthon und auf secundärer Lagerstätte im Diluvialsande von Hamm in Westphalen.

3. **Fr. canaliculata** Rss.

1845. Reuss, Verstein. d. Böhm. Kreideform. I. pag. 30. Taf. 8. fig. 20, 21. (icon insuff.)
1860. Reuss, Sitzungsber. d. k. Akad. d. Wissensch. Bd. 40. pag. 194. Taf. 6. fig. 1.

Bald schmäler, bald breiter lanzettförmig, die grösste Breite gewöhnlich weit über der Längenmitte erreichend. Nach unten verschmälert sich die Schale langsam zur stumpfen Spitze, viel rascher spitzt sie

---

[1] Reuss, Verstein. d. Böhm. Kreideform. Taf. 24. fig. 41.
[2] Reuss, Verstein. d. Böhm. Kreidegeb. Taf. 24. fig. 38.
[3] Reuss, Foraminif. d. Kreidemerg. v. Lemberg. pag. 29. Taf. 1. fig. 21.
[4] d'Orbigny. Mém. de la soc. géol. de Fr. IV. I. pag. 21. Taf. 2. fig. 1—3.

sich am oberen Ende zu. In der Mittellinie ist sie etwas dicker, als gegen die Ränder hin. Diese sind abgestutzt, durch eine tiefe Längsrinne ausgehöhlt und setzen auch über die Embryonalkammer fort, welche eine sehr kleine Kugel darstellt, mit kurzer Stachelspitze am unteren Ende und mit je zwei sehr kurzen und feinen Längsrippen auf jeder Seite. Die übrigen Kammern sind ziemlich hoch, nicht sehr spitzwinkelig und werden durch steil abschüssige dünne Leisten, die in der Mitte unterbrochen sind, begrenzt.

Sehr selten im Pläner von Weinböhla und im Mergel von Zschertnitz bei Dresden. — Ueberdies im böhmischen Pläner und Baculitenthon und secundär im Diluvialsand von Hamm in Westphalen.

4. Fr. marginata Rss.

1845. Reuss, Verstein. d. Böhm. Kreideform. I. pag. 30. Taf. 12. fig. 9. (icon mala); II. pag. 107. Taf. 21. fig. 39, 40.
1860. Reuss. Sitzungsber. d. k. Akad. d. Wissensch. Bd. 40. pag. 193. Taf. 5. fig. 3.

Verkehrt-lanzettförmig, aber in der Breite des Gehäuses sehr veränderlich. Die grösste Breite erreicht es nicht sehr weit vom oberen Ende, verschmälert sich nach abwärts sehr allmählich und ist in der Mittellinie etwas dicker, als an den Seitenrändern. Oft sind die Seitenränder im unteren Theile etwas eingebogen. 9—15 niedrige spitzwinkelige Kammern mit hohen, dachförmig abschüssigen Leisten, die in der Mitte durch eine Längsfurche unterbrochen sind und meistens nicht ganz bis an den Seitenrand des Gehäuses reichen. Dieser ist gerade abgestutzt, hohlkehlenartig vertieft, wird nach abwärts allmählich schmäler, setzt sich aber in ununterbrochenem Zusammenhange auch über die erste Kammer fort, über welche er in Gestalt eines schmalen Flügelsaumes vorragt. Die Embryonalkammer stellt eine kleine, schwach verlängerte Kugel dar mit kurzer Centralspitze und mit 1—3 feinen Längsrippchen auf jeder Seite. Das mittlere dieser Rippchen verlängert sich bis auf die höhere flache zweite Kammer. Auch bei dieser Species treten auf der Schalenoberfläche kurze unterbrochene Längsfurchen dar.

Selten im Pläner von Weinböhla. — Auch im Baculitenthone und im Pläner Böhmens, im Senon und im Diluvialsande Westphalens, überall selten.

5. Fr. angustissima Rss.

1860. Reuss, Sitzungsber. d. k. Akad. d. Wissensch. Bd. 40. pag. 197. Taf. 4. fig. 6.

Sie ist im Umrisse der *Fr. angusta* Nilss. ähnlich, aber im oberen Theile des Gehäuses noch schmäler, von linearem Umriss, oben kurz zugespitzt, nach abwärts sehr allmählich verschmälernd, an den Seitenrändern stumpfwinkelig. Die Embryonalkammer eine kleine Kugel, unten in einen kurzen Centralstachel auslaufend, beiderseits mit zwei zarten Längsrippchen verziert und seitlich von einer schmalen Fortsetzung des Seitenrandes umsäumt. Oberhalb der ersten Kammer verschmälert sich das Gehäuse etwas, nimmt aber bald wieder allmählich an Breite zu, um erst beiläufig im Umfange des obersten Fünftheiles der Länge seine grösste Breite zu erlangen. Die zahlreichen Kammern sind niedrig, spitzwinkelig, in der Mittellinie durch eine seichte Längsfurche halbirt, durch deutliche Nathfurchen geschieden und, mit Ausnahme der letzten, an der Oberfläche mit sehr zarten parallelen Längslinien geziert.

Von der ebenfalls verwandten *Fr. capillaris* Rss. [1] aus dem Mucronatenmergel von Nagorzani in Galizien weicht die in Rede stehende Species durch das schlankere Gehäuse und durch die nur mit zwei Rippchen versehene Embryonalkammer ab.

Die seltenen im Pläner von Weinböhla vorkommenden Exemplare lassen in Beziehung auf ihren

---

[1] Reuss, Foraminif. d. Kreidemerg. v. Lemberg, pag. 29. Taf. 1. fig. 20.

Erhaltungszustand Manches zu wünschen übrig, so dass ihre Bestimmung nicht vollkommen sicher ist. — Sehr selten im westphälischen Senon.

6. Fr. striatula Rss. — Taf. II. 21. Fig. 2.

1845. Reuss, Verstein. d. Böhm. Kreideform. I. pag. 30. Taf. 8. fig. 23. (icon mala); II. pag. 107. Taf. 43. fig. 11.
1860. Reuss, Sitzungsber. d. k. Akad. d. Wissensch. Bd. 40. pag. 52.

Mehr weniger breit-lanzettförmig, über der Mitte am breitesten, oben sich rasch zuspitzend, nach abwärts sich langsam verschmälernd und stumpf endigend, in der Mittellinie nur wenig und nicht immer dicker, als an den Seiten. 7—12 flache Kammern mit schmalen Nahtleistchen, welche in der Mittellinie nicht zusammenstossen, sondern, noch schmäler werdend, sich als feine Fältchen aufwärts bis zur nächsten Kammer fortsetzen. Die Aussenfläche jeder Kammer zeigt 6—15 zarte kurze Längsfältchen, zwischen welche sich an der Basis bisweilen noch einige ganz kurze einschieben. Die Embryonalkammer, die in mehr als ihrer oberen Hälfte von der zweiten umfasst wird, stellt ein gewölbtes breites Ellipsoid dar, läuft unten in eine kurze Spitze aus und trägt auf jeder Seite sieben oder fünf Längsfalten, von welchen die mittlere die längste und stärkste ist. Bisweilen wechseln jedoch drei längere mit vier kürzeren oder zwei kürzere mit drei längeren regelmässig ab. Die Seitenränder sind der Länge nach rinnenförmig ausgehöhlt.

Sehr selten im Pläner von Streblen und Weinböhla und im Mergel von Zschertnitz bei Dresden. — Ebenfalls selten im böhmischen Pläner und Baculitenthon, häufiger im dortigen Conoman.

7. Fr. tenuis Rss. — Taf. II. 21. Fig. 3.

1845. Reuss, Verstein. d. Böhm. Kreideform. I. pag. 30. Taf. 8. fig. 25.

Verkehrt-lanzettförmig, im obersten Drittheil am breitesten, nach oben sich rasch zur kurzen Spitze zusammenziehend, nach abwärts sich langsam verschmälernd. 8—9 niedrige, flache, spitzwinkelige Kammern mit sehr dünnen senkrechten Grenzleisten. Die grosse Embryonalkammer breit-eiförmig, stark gewölbt, auf jeder Seite mit drei feinen Längsrippchen. Der scharfe Seitenrand des Gehäuses setzt auch über die erste am unteren Ende mit einem kurzen Stachel versehene Kammer fort.

Sehr selten im Pläner von Streblen, sowie in jenem von Kosstiz in Böhmen.

8. Fr. microsphaera n. sp. — Taf. II. 21. Fig. 4.

Eine dünne, gleichmässig zusammengedrückte, fast regelmässig ovale Species, welche am unteren Ende nur wenig schmäler ist, als am oberen. Die Embryonalkammer stellt ein sehr kleines Kügelchen dar, das von der zweiten Kammer im grössten Theile seines Umfanges umfasst wird. Die übrigen ziemlich zahlreichen Kammern sind niedrig, winkelig, durch zarte Leistchen geschieden. Sehr feine unterbrochene Längsstreifen laufen darüber hin, der dünne Seitenrand des Gehäuses ist winkelig.

Sehr selten im Pläner von Weinböhla.

9. Fr. inversa Rss. — Taf. II. 21. Fig. 5—7.

1845. Reuss, Verstein. d. Böhm. Kreideform. I. pag. 31. Taf. 8. fig. 15—19; Taf. 13. fig. 42.
1860. Reuss, Sitzungsber. d. k. Akad. d. Wissensch. Bd. 40. pag. 194.
1861. Reuss, Sitzungsber. d. k. Akad. d. Wissensch. Bd. 44. pag. 307.
1870. Gümbel, Sitzungsber. d. k. baier. Akad. d. Wissensch. pag. 283.
1872. Geinitz, d. Elbthalgeb. in Sachsen. I. 4. pag. 136.

Im Umrisse sehr veränderlich, gewöhnlich ei-lanzettförmig, seltener eiförmig, rhomboidal oder schmal-lanzettförmig, stets sehr dünn und gleichmässig zusammengedrückt, oben rasch zur kurzen Spitze zusammengezogen, nach abwärts in eine meist langgezogene, dünne Spitze auslaufend. Die zahlreichen (6—30) äusserst schmalen Kammern werden durch feine Furchen geschieden. Die Mittellinie des Gehäuses tritt im oberen Theile als erhabene Längslinie hervor, während im unteren die Kammern äusserlich durch eine Medianfurche unterbrochen werden. Die meist sehr kleine schmal-ei- oder lanzettförmige Embryonalkammer ist gewölbt, der Länge nach fein liniirt und ragt in Gestalt einer mehr weniger langen Spitze am unteren Ende des Gehäuses in verschiedenem Grade vor. Am meisten findet dies bei den schmalen langgezogenen Formen statt.

Ziemlich selten im Pläner von Strehlen und Weinböhla und im Mergel von Zschertnitz bei Dresden. — Häufig im Baculitenthon, seltener im Pläner Böhmens, im westphälischen Senon, im Kreidetuff von Maastricht, im sächsischen Cenoman, in den Gosaumergeln von Götzreuth in Baiern. Nach Morris im Gault von Folkestone in England. (?)

10. Fr. Cordai Rss. — Taf. II. 21. Fig. 8—10, 12, 13.

1845. Reuss, Verstein. d. Böhm. Kreideform. I. pag. 31. Taf. 8. fig. 26—28; Taf. 13. fig. 41; II. pag. 108. Taf. 24. fig. 38.
1854. Reuss, Denkschr. d. k. Akad. d. Wissensch. Bd. 7. pag. 66. Taf. 25. fig. 3.
1870. Gümbel, Sitzungsber. d. k. baier. Akad. d. Wissensch. pag. 283, 287.
1870. Karrer, Jahrb. d. k. k. geol. Reichs-Anst. Bd. 20. pag. 170.

Ebenfalls eine im Umriss sehr wandelbare Art. Die typischen Formen sind ei-lanzettlich, eiförmig, breit-oval oder verkehrt-herzförmig, an der Basis oder nicht weit oberhalb derselben am breitesten, gewöhnlich sehr dünn, besonders die grösseren Exemplare, oben kurz zugespitzt, unten fast abgestutzt mit gerundeten Ecken, seltener zugerundet. 5—15 sehr niedrige, oben spitzwinkelige oder bogenförmige Kammern, durch schmale und niedrige Leisten von einander geschieden. Die kleine Embryonalkammer ragt in Gestalt eines gewölbten lanzettförmigen Zapfens in der Mitte des Basalrandes hervor und zeigt bei stärkerer Vergrösserung jederseits drei scharfe Längsrippchen. Die übrigen Kammern sind an den an der Basis abgestutzten Exemplaren fast ganz umfassend und an älteren Individuen erscheint ihre Oberfläche mit zerstreuten feinen ausstrahlenden Fältchen geziert, welche jedoch den kleineren Schalen fehlen. An den letzteren ist auch die feine Furche, welche in der Mittellinie des Gehäuses herabläuft, stärker ausgebildet, so dass sie in eine Rinne übergeht; auf der entgegengesetzten Fläche des Gehäuses entspricht derselben eine feine Längsfalte oder selbst eine sehr stumpfe Kante. Der Rand des Gehäuses ist gerade abgestutzt, oben gekantet, an den kleineren Individuen dicker als der etwas eingesenkte mittlere Schalentheil.

Beinahe häufiger als die eben beschriebenen typischen Formen, findet man in Sachsen und Böhmen andere, die sich in ihren Extremen so weit davon entfernen, dass man sie für eine verschiedene Species halten würde, wenn sie nicht durch zahlreiche Zwischenglieder damit verbunden wären. Sie sind schmäler, an der Basis nicht abgestutzt, sondern abgerundet, im Umriss nicht dreiseitig-eiförmig, sondern eiförmig. Die schmale, verlängerte, jederseits nur mit einer, seltener mit drei Längsfältchen, deren seitliche viel zarter sind, versehene Embryonalkammer ragt am unteren Ende mehr weniger vor. Die Randkammer ist kaum verdickt, das Gehäuse in der Mitte nicht so deutlich vertieft. Die ausstrahlenden Längsstreifen fehlen oder sind nur sehr undeutlich ausgesprochen.

Selten sind bei *Fr. Cordai* monströse dreiarmige Formen (Var. *tribrachiata* Rss. l. c. II. pag. 108. T. 24. fig. 38).

Selten und meistens schlecht erhalten im Pläner von Strehlen und Weinböhla und im Mergel von Zschertnitz bei Dresden. Ziemlich gemein im Pläner und Baculitenthon Böhmens, selten in den Mergeln der

Gosau und von Götzreuth in Baiern, sowie in den Belemnitellenschichten von Pattenau in Baiern und in der oberen Kreide von Leitzersdorf (N.-Oesterreich).

11. Fr. mucronata Rss. — Taf. II. 21. Fig. 14—16.

1845. Reuss. Verstein. d. Böhm. Kreideform. I. pag. 31. Taf. 13. fig. 43. 44.

Auch diese Species bietet gleich der vorigen, welcher sie überhaupt im Umrisse ähnlich ist, beträchtliche Formenverschiedenheiten dar. Das Gehäuse ist bald breiter, herzförmig-oval, bald schmäler, ei-lanzettlich, oben zugespitzt, unten gerundet, sehr dünn. Es besteht aus 5—9 sehr niedrigen Kammern, welche spitzwinklig und äusserlich durch schmale Furchen geschieden sind. Die äusserste, gewöhnlich die schmälste, umfasst die inneren vollständig. Die Embryonalkammer schmal lanzettförmig oder linear, lang, gewölbt, läuft unten in einen langen dünnen Stachel aus. Der Seitenrand des Gehäuses abgestutzt und eben, wird gegen die Basis hin allmählich schärfer.

Manche Jugendformen sind besonders schmal, mit stark verlängerter linearer Primordialkammer und langem Basalstachel.

Sehr selten im Pläner von Strehlen und im Mergel von Zschertnitz bei Dresden, häufiger im Pläner von Weinböhla. — Im böhmischen Baculitenthon.

12. Fr. Decheni Rss.

1860. Reuss, Sitzungsber. d. k. Akad. d. Wissensch. Bd. 40. pag. 191. Taf. 4. fig. 3.

Das kurze Gehäuse ist verhältnissmässig dick und breit und zwar in seiner gesammten Länge gleichbreit, so dass seine Seitenränder beinahe parallel verlaufen. Dieselben sind abgestutzt, breit, jederseits mit einer zarten Leiste eingefasst und daher der Länge nach rinnenartig ausgehöhlt. Die Embryonalkammer ist gross, so breit als das übrige Gehäuse, stark gewölbt, jederseits mit zwei ziemlich hohen gekrümmten Längsrippchen, zwischen welche noch ein kürzeres sehr zartes eingeschoben ist, geziert. Das untere Ende läuft in einen kurzen starken Stachel aus. An beiden Seiten wird die erste Kammer durch den darüber fortsetzenden Rand des Gehäuses gesäumt. Ueber derselben folgen noch 3—4 Kammern, deren unterste von ihr nur undeutlich gesondert ist. Die übrigen werden durch feine, in der Mittellinie unterbrochene Nahtleistchen begrenzt, sind übrigens spitzwinklig und ziemlich hoch. Sie tragen auf jeder Fläche 4—10 zarte kurze Längsfältchen, die zweite die wenigsten (4), die letzte die zahlreichsten (10).

Sehr selten im Pläner von Strehlen und Weinböhla, sowie im Senon von Hamm in Westphalen.

13. Fr. Archiacina d'Orb.

1839. d'Orbigny, l. c. pag. 20, 21. Taf. 1. fig. 34—36.
1845. Reuss. Verstein. d. Böhm. Kreideform. I. pag. 31. Taf. 13. fig. 39.
1860. Sitzungsber. d. k. Akad. d. Wissensch. Bd. 40. pag. 198.

Klein, schmal lanzettförmig, stark und gleichmässig zusammengedrückt, oben zugespitzt, nach abwärts sich nur langsam und wenig verschmälernd, mit abgestutzten, ebenen Seitenrändern. Nur 4—6 ziemlich hohe spitzwinklige Kammern, deren Grenzen durch schmale, niedrige, senkrechte Leistchen angedeutet werden. Die Embryonalkammer stark gewölbt, breit-elliptisch, auf jeder Seite mit 1—3 feinen Längsfältchen, deren seitliche oft undeutlich werden. Unten endigt sie in einen dünnen Stachel und wird seitlich von dem verlängerten Rande des Gehäuses eingesäumt. Bisweilen sind auf der Oberfläche der Kammern Spuren feiner Längs- streifung wahrzunehmen.

Sehr kleine und schlecht erhaltene Schalen im Pläner von Weinböhla. — Im böhmischen Baculiten-thon und Pläner, im westphälischen Senon, in der weissen Kreide Frankreichs und Englands. *Fr. elegans* d'Orb. [1]) ist wohl nur eine breitere und kürzere Form von *Fr. Archiacina*.

14. Fr. angulosa d'Orb.

1839. d'Orbigny, l. c. pag. 22. Taf. 1. fig. 39.
1845. Reuss, Verstein. d. Böhm. Kreideform. I. pag. 31. Taf. 13. fig. 40; II. pag. 107. Taf. 24. fig. 42.
1860. *Fr. angulata* (errore typi) Reuss, Sitzungsber. d. k. Akad. d. Wissensch. Bd. 40. pag. 191.
1870. Gümbel, Sitzungsber. d. k. baier. Akad. d. Wissensch. pag. 287.

Das kleine Gehäuse wenig verlängert, schmal-oval, zusammengedrückt, oben zugespitzt, unten gerundet und mit einem kurzen Centralstachel versehen. Der breite abgestutzte Seitenrand wird durch eine Längs-furche in zwei schmale Leistchen getheilt, welche die Kammern seitlich einsäumen. Diese sind wenig zahl-reich (3—4), verhältnissmässig hoch, oben spitzwinklig, durch schmale Leistchen geschieden. Die Embryonal-kammer ist gross, kugelig, seitlich von den Leistchen des Seitenrandes eingefasst und überdies auf jeder Fläche mit zwei kurzen Längsrippchen geziert.

Selten im Pläner von Strehlen, sehr selten im Mergel von Zschertnitz bei Dresden. — In der weissen Kreide Frankreichs, im böhmischen Baculitenthon, im Senon von Hamm in Westphalen und in den Belemni-tellenschichten von Pattenau in Baiern, überall vereinzelt.

15. Fr. turgida Rss. — Taf. II. 21. Fig. 17. 18.

1846. Reuss, Verstein. d. böhm. Kreideform. II. pag. 107. Taf. 24. fig. 41. 44.
1860. Reuss, Sitzungsber. d. k. Akad. d. Wissensch. Bd. 40. pag. 191.

Sie ist der vorigen Species im Umrisse ähnlich, verlängert-oval, oben zugespitzt, unten gerundet und mit einem kurzen Centralstachel versehen. Gewöhnlich nur zwei, selten drei Kammern. Die Embryonal-kammer stellt eine grosse Kugel dar, jederseits mit drei scharfen Längsrippchen, deren mittlere gewöhnlich kürzer und feiner ist. Der Seitenrand des Gehäuses breit, gerade abgestutzt, in der Mittellinie seicht rinnen-artig vertieft, daher beiderseits von einem scharfen Leistchen eingefasst. Da wo er sich auf die erste Kammer fortsetzt, wird er zuerst etwas breiter, um sich dann rasch zur dünnen Centralspitze zusammen-zuziehen.

Auch bei dieser Species kommen monströse dreiarmige Individuen vor.

Sehr selten im Pläner von Strehlen. — Auch im böhmischen Baculitenthon und im Senon von Hamm in Westphalen.

Flabellina d'Orb.

Ein Mischtypus aus der Gruppe der Frondicularideen. Der grössere jüngere Theil des Gehäuses stimmt mit *Frondicularia* völlig überein, während der Anfangstheil gleichseitig spiral eingerollt ist und eine meist sehr kleine *Cristellaria* darstellt. Die terminale Mündung ist meistens rund, seltener etwas quer ver-längert (*Frondiculina* v. M.).

1. Fl. elliptica Nilss. sp.

1827. *Planularia elliptica* Nilsson, Petref. suec. form. cret. pag. 11. Taf. 9. fig. 21.
1840. *Frondicularia ovata* Geinitz, Charact. d. Schichten u. Petref. d. sächs. Kreidegeb. II. pag. 43. Taf. 16. fig. 9, 10.

[1]) d'Orbigny, l. c. pag. 19 Taf. 1. fig. 21—33.

1841. *Frondicularia ovata* Römer, Verstein. des nordd. Kreidegeb. pag. 96. Taf. 15. fig. 9.

1842. *Frondicularia ovata* Geinitz, l. c. III. pag. 60.

1845. *Flabellina cordata* Reuss, Verstein. d. böhm. Kreideform. I. pag. 32. Taf. 8. fig. 37—46, 78.

1854. *Fl. cordata* Reuss, Denkschr. d. k. Akad. d. Wissensch. Bd. 7. pag. 67. Taf. 25. fig. 6—8.

1860. *Fl. cordata* Reuss, Sitzungsber. d. k. Akad. d. Wissensch. Bd. 40. pag. 216.

1861. *Fl. cordata* Reuss, Sitzungsber. d. k. Akad. d. Wissensch. Bd. 44. pag. 335.

1872. *Fl. cordata* Geinitz, d. Elbthalgeb. in Sachsen. I. 4. pag. 136.

Das mitunter eine Länge von 4,5 mm. erreichende, gleichmässig zusammengedrückte, nicht sehr dünne Gehäuse wechselt sehr in seinem Umrisse vom Elliptischen durch das Eiförmige bis zum Breit-herzförmigen oder beinahe Dreieckigen. Seltener nähert, wenn die Mitte der Basis sich mehr weniger vorschiebt, der Umriss sich dem Trapezoidalen oder selbst dem Rhombischen. Dieser verschiedenen Form entsprechend, befindet sich die grösste Breite entweder gleich an der Basis oder sie rückt mehr gegen die Mitte hinauf. Ebenso ist das obere Ende bald stumpf zugespitzt, bald bogenförmig, das untere abgestutzt oder abgerundet oder in eine kürzere, oder längere stumpfe Spitze auslaufend.

Der blattförmige Theil des Gehäuses besteht aus 5—20 schmalen, oben stumpf zugespitzten oder bogenförmigen reitenden Kammern, mit schmalen kaum erhabenen, mit dunkler Farbe durchscheinenden Nähten. An herzförmigen oder dreieckigen Schalen umfassen sie einander seitlich beinahe ringsum. Die ersten Kammern bilden eine oft unregelmässige kleine gleichseitige Spira, die über die Umgebung etwas vorragt. Sie stellt bei den verlängerten Varietäten eine in der Mitte der Basis vortretende stumpfe Spitze dar.

Die Species ist eine der verbreitetsten Kreideformen. Im Pläner von Strehlen und Weinböhla ist sie eine häufige Erscheinung, im unteren Pläner von Gorbitz selten. Ihres Vorkommens im sächsischen Cenoman wurde schon früher [1]) Erwähnung gethan. Ausserdem findet man sie beinahe überall im Baculitenthon und Pläner, seltener im Cenoman Böhmens, in der Kreide Schwedens, in der weissen Kreide Englands, im Senon Westphalens, im Grünsande von New-Jersey, auf secundärer Lagerstätte im Pyropensande von Triblitz in Böhmen und im westphälischen Diluvialsand. Nach Morris soll sie auch im Gault von Folkestone liegen, was wohl noch weiterer Bestätigung bedarf.

2. Fl. rugosa d'Orb.

1839. d'Orbigny, l. c. pag. 23, 24. Taf. 2. fig. 4—7.

1845. Reuss, Verstein. d. böhm. Kreideform. I. pag. 33. Taf. 8. fig. 31—34, 69. Taf. 13. fig. 49—53.

1846. d'Orbigny, Foraminif. foss. du bass. tert. de Vienne. pag. 93. Taf. 21. fig. 13.

1854. Reuss, Denkschr. d. k. Akad. d. Wissensch. VII. pag. 67.

1860. Reuss, Sitzungsber. d. k. Akad. d. Wissensch. Bd. 40. pag. 71.

1865. Reuss, Sitzungsber. d. k. Akad. d. Wissensch. Bd. 52. pag. 9.

1870. Karrer, Jahrb. d. k. geol. Reichs-Anst. Bd. 20. pag. 176.

1872. Geinitz, d. Elbthalgeb. in Sachsen. I. 4. pag. 136.

Der Umriss des stark und gleichmässig zusammengedrückten Gehäuses wechselt vom Breit-eiförmigen bis zum Trapezoidalen. Im ersten Falle ist dasselbe am unteren Ende zugerundet, im letzteren in eine kurze stumpfe Spitze ausgezogen. Das obere Ende ist stets kurz zugespitzt. Die zahlreichen niedrigen Kammern sind von schmalen, aber ziemlich hohen senkrechten Nahtleistchen begrenzt; die jüngeren reitend, oben spitzwinklig oder bogenförmig; die ältesten zu einer kleinen, unregelmässigen, vorwärts gerichteten Spira eingerollt. Der abgestutzte, gekantete, rinnenförmig ausgehöhlte Seitenrand setzt sich auch über den spiralen Theil des Gehäuses fort.

---

[1]) Geinitz, das Elbthalgebirge Sachsens. I. 4. pag. 136.

Dieser ist an erwachsenen Individuen meistens sehr klein und tritt nur als eine stumpfe Spitze mehr weniger über die Basis vor. An jüngeren Exemplaren erreicht er eine beträchtlichere Grösse. Jugendformen sind in ihrer ganzen Ausdehnung spiral, eiförmig, mit bogenförmigen nicht winkligen Kammern.

Die Oberfläche der Schale erscheint durch unregelmässige Rauhigkeiten fein gerunzelt.

Häufig im Pläner von Strehlen und Weinböhla. Selten im sächsischen Cenoman. Gemein im Plänerkalke, seltener im Baculitenthon Böhmens, sehr häufig in der oberen Kreide von Leitzersdorf (N.-Oesterreich), in der weissen Kreide Englands und Frankreichs, in den Mergeln des Gosauthales, im Senon und Diluvialsande Westphalens, in der Kreide am Kanara-See in der Dobrudscha.

3. Fl. Baudouiniana d'Orb.

1839. d'Orbigny, l. c. pag. 24. Taf. 2. fig. 8—11.
1845. Reuss, Verstein. d. böhm. Kreideform. I. pag. 32. Taf. 8. fig. 36.
1860. Reuss, Sitzungsber. d. k. Akad. d. Wissensch. Bd. 40. pag. 215.

Sie unterscheidet sich von der vorigen Species hauptsächlich durch die grössere Dicke des Gehäuses, welche im unteren Theile desselben 2—3mal so gross ist, als bei *Fl. rugosa*. An den typischen Exemplaren ist zugleich das Gehäuse mehr eiförmig, weniger trapezoidal oder rhombisch und der spirale Anfangstheil pflegt grösser und regelmässiger zu sein. Jugendindividuen stellen eine ganz regelmässige *Cristellaria* mit zwei Windungen dar. Auch sind die Nahtlinien gewöhnlich etwas höher und dicker als bei *Fl. rugosa*.

Solche typische Formen sind leicht von der letztgenannten Art zu unterscheiden; es gibt aber zahlreiche Zwischenformen, bei welchen man im Zweifel bleibt, ob man sie der einen oder der anderen Species zuweisen soll. *Fl. Baudouiniana* dürfte daher vielleicht nur als eine etwas abweichende Form von *F. rugosa* zu betrachten sein.

Selten die typischen, häufiger die Uebergangsformen im Pläner von Strehlen und Weinböhla. — Sehr selten im böhmischen Pläner, im Diluvialsande von Hamm in Westphalen, in der weissen Kreide Frankreichs und Englands.

4. Fl. ornata Rss. — Taf. II. 22. Fig. 1.

1845. Reuss, Verstein. d. böhm. Kreideform. I. pag. 32. Taf. 13. fig. 48.

Sie kömmt in der winklig gebrochenen Form der jüngeren Kammern, in den hohen schmalen Nahtleistchen und dem abgestutzten längsgefurchten Rande mit *Fl. rugosa* d'Orb. überein. Der eiförmige Umriss und die grössere Dicke des Gehäuses, sowie der beträchtlichere Umfang des spiralen Anfangstheiles nähern sie der *Fl. Baudouiniana* d'Orb. Von beiden unterscheidet sie sich hauptsächlich nur dadurch, dass die Nahtleistchen, besonders die unteren, in zierliche Körner zerschnitten sind und dass die Embryonalkammer als ein kleines, convexes, abgeplattetes Scheibchen vorragt. Nach diesen Angaben könnte *Fl. ornata* vielleicht auch nur als eine dickere Form der vielgestaltigen *Fl. rugosa* mit gekörnten Nahtleistchen angesehen werden.

Sehr selten im Pläner von Strehlen. Ebenso im Baculitenthon von Luschitz in Böhmen.

II. Cristellaridea.

Das Gehäuse frei, glasig, verschieden gestaltet, stets gleichseitig, ganz oder doch im Anfangstheile in einer Ebene spiral eingerollt. Die Mündung terminal oder carenal, rund oder spaltenförmig.

Cristellaria Lam.

Die Gattung zerfällt in zwei Gruppen, deren Extreme einen sehr differenten Habitus besitzen.

a) Marginulina d'Orb. Nur die ältesten Kammern spiral eingerollt, meist kaum ein Drittheil eines spiralen Umganges bildend. Die übrigens in gerader Linie über einander gestellt mit queren oder nicht sehr schrägen Nähten. Daher das im Querschnitte kreisrunde oder mässig zusammengedrückte, schmale Gehäuse verlängert, schwach gekrümmt, der Rückenrand convex. Die runde Mündung terminal, auf einer kurzen schnabelförmigen Verlängerung gegen die Rückenseite gerückt.

b) Cristellaria d'Orb. Sämmtliche Kammern zu einer gleichseitigen Spira eingerollt. Daher das Gehäuse bei ganz oder beinahe ganz umfassendem letztem Umgange kreisförmig oder eiförmig, mehr weniger gewölbt, bisweilen beinahe kugelig, mit oder ohne Nabelscheibe, oder, wenn die jüngeren Kammern rasch an Höhe zunehmen, verlängert ei- oder ohrförmig, in verschiedenem Grade zusammengedrückt, selbst bis zum Blattförmigen oder, wenn die jüngsten Kammern sich gerade über einander stellen, stärker verlängert, mit sehr schräg abschüssigen Nähten. Die Mündung terminal, rückenständig, rund oder carenal, spaltenförmig (*Robulina* d'Orb.).

So wie sich *Cristellaria* im engeren Sinne und *Robulina* wegen des allmählichen Ueberganges der runden in die spaltenförmige Mündung nicht von einander trennen lassen, sind auch *Cristellaria* und *Marginulina* durch zahlreiche Zwischenformen auf das innigste mit einander verknüpft.

1. Cr. (Marg.) elongata d'Orb.

1889. *Marginulina elongata* d'Orbigny, l. c. pag. 17. Taf. 1. fig. 20—22.
1845. Reuss, Verstein. d. böhm. Kreideform. I. pag. 29. Taf. 13. fig. 28—32.
1851. Reuss, Foraminif. u. Entomostr. d. Kreidemergels v. Lemberg. pag. 28. Taf. 1. fig. 17.
1860. Reuss. Sitzungsber. d. k. Akad. d. Wissensch. Bd. 40. pag. 207.

Eine sehr veränderliche Species, deren abweichende Formen durch zahlreiche Zwischenformen verbunden werden.

Das mehr weniger schlanke und verlängerte Gehäuse fast gerade oder schwach gebogen, drehrund oder seitlich wenig zusammengedrückt, mit 6—10 queren oder wenig schiefen Kammern, die fast eben so hoch als breit sind. Nur die obersten werden durch deutliche Nahtfurchen geschieden. Die Rücken- und Bauchseite sind gerundet. Die letzte grösste, oben gewölbte Kammer trägt auf einer kurzen rückenständigen Spitze die kleine runde Mündung.

Die sehr seltenen Exemplare aus dem Pläner von Weinböhla stimmen mit den beinahe geraden Formen überein, wie ich sie l. c. T. 1. Fig. 17. von Lemberg abgebildet habe. — Im böhmischen Baculiten-thon, im Mucronatenmergel von Lemberg in Galizien, in der weissen Kreide Frankreichs.

2. Cr. (Marg.) inaequalis Rss.?

1860. Reuss, Sitzungsber. d. k. Akad. d. Wissensch. Bd. 40. pag. 207. Taf. 7. fig. 3.
1862. Reuss, Sitzungsber. d. k. Akad. d. Wissensch. Bd. 46. pag. 59.

Die seltenen typischen Exemplare aus dem westphälischen und norddeutschen Gault zeichnen sich durch das verlängerte, beinahe drehrunde, unten etwas vorwärts gebogene Gehäuse und die an Form und Grösse sehr ungleichen Kammern aus. Die letzte ist sehr gross, schief-eiförmig, durch eine tiefe Naht begrenzt und trägt auf der nach rückwärts gerichteten kurzen Spitze die gestrahlte Mündung.

Aus dem Pläner von Weinböhla liegt nur ein Exemplar vor, das mit der gegebenen Beschreibung nicht vollständig übereinstimmt, sich aber mit einer anderen Species nicht wohl vereinigen lässt. Die Bestimmung ist daher bis zur Entdeckung zahlreicherer Individuen zweifelhaft.

3. Cr. (Marg.) compressa d'Orb. [1]). — Taf. II. 23. Fig. 5.

1839. *Marginulina compressa* d'Orb. l. c. pag. 17. Taf. 1. fig. 13. 19.
1845. *Marginulina compressa* Reuss, Verstein. d. böhm. Kreideform. I. pag. 29. Taf. 13. fig. 33.

Das kleine Gehäuse ist breit-lanzettförmig, stark zusammengedrückt, mit dem unteren stumpfen Ende schwach vorwärts gebogen, am oberen Ende schief zugespitzt, mit gerundet-winckeligem Bauch- und Rückenrande. 7—8 sehr niedrige und schräge Kammern, deren Trennung im oberen Theile des Gehäuses nur durch Nahtlinien angedeutet, im unteren aber äusserlich kaum sichtbar ist. Die Wandfläche der letzten Kammer gewölbt, gegen die Bauchseite sehr abschüssig. Sie trägt mit der kurzen rückenständigen Spitze die kleine runde Mündung.

Sehr selten im Pläner von Strehlen und Weinböhla. Im Baculitenthon und im Cenoman Böhmens (Weisskirchlitz), in der weissen Kreide Frankreichs.

4. Cr. recta d'Orb. — Taf. II. 22. Fig. 2, 3.

1839. d'Orbigny, l. c. pag. 28. Taf. 2. fig. 23—25.
1845. Reuss, Verstein. d. böhm. Kreideform. I. pag. 33.
1860. Reuss, Sitzungsber. d. k. Akad. d. Wissensch. Bd. 40. pag. 66.

Ich fasse unter diesem Namen zahlreiche Formen zusammen, die theilweise von dem Orbigny'schen Typus beträchtlich abweichen, die aber durch Zwischenformen so innig verknüpft sind, dass die Extreme nicht als besondere Species getrennt werden können. Bald ist das verlängerte zusammengedrückte Gehäuse linear, in der gesammten Höhe gleichbreit, fast gerade; bald ist es breiter, mit dem untersten Theile gegen die Bauchseite hakenförmig umgebogen und verbreitert sich nach oben etwas, so dass die grösste Breite in das oberste Drittheil seiner Länge zu liegen kommt. Im letzten Falle ist der winklige Rückenrand etwas bogenförmig, der Bauchrand im unteren Theile selbst eingebogen, von einer Seite zur anderen convex, nie flach oder gar rinnenartig eingedrückt, wie d'Orbigny denselben beschreibt.

Acht bis fünfzehn sehr schräge und niedrige Kammern, deren jüngste in gerader Reihe über einander stehen. Die älteren, von welchen die ersten sehr klein sind, zeigen den Beginn einer spiralen Einrollung, bilden jedoch nur einen kleinen Theil eines Umganges, der bei den typischen Formen über den Bauchrand des Gehäuses kaum vorragt, bei den anderen aber am unteren Ende einen hakenförmigen Vorsprung bildet. Man könnte daher diese Formen als *Var. hamosa* bezeichnen (Taf. II. 22. Fig. 2). Die Nähte sind mit Ausnahme der letzten Kammer äusserlich kaum angedeutet; sie werden insbesondere bei durchfallendem Lichte erkannt. Die schmale Mundfläche der obersten Kammer ist gewölbt und gegen die Bauchseite stark abschüssig.

Nicht selten im Pläner von Strehlen, im böhmischen Baculitenthon, im westphälischen Senon, in der weissen Kreide Frankreichs und Englands.

5. Cr. angusta Rss.

1851. Reuss, Foraminif. u. Entomostr. d. Kreidemergels v. Lemberg. pag. 32. Taf. 2. fig. 7.
1860. Reuss, Sitzungsber. d. k. Akad. d. Wissensch. Bd. 40. pag. 210.

Ist wohl nur eine Form der vielgestaltigen vorigen Species. Die Kammern sind schräger, als in der Abbildung dargestellt wurde. — Sehr selten im Pläner von Weinböhla, im Mucronatenmergel von Lemberg in Galizien, im Diluvialsande von Hamm in Westphalen.

---

[1]) Nicht *Cr. compressa* d'Orb. (Foraminif. foss. du bass. tert. de Vienne, pag. 86. Taf. 3. fig. 32. 33), deren Name, als der spätere, geändert werden muss.

6. Cr. Schlönbachi Rss.

1867. Reuss, Sitzungsber. d. k. Akad. d. Wissensch. Bd. 46. pag. 65. Taf. 6. fig. 14. 15.

Zwei Exemplare aus dem Pläner von Weinböhla stimmen mit jenen aus dem norddeutschen Hils völlig überein.

Das mässig zusammengedrückte Gehäuse ist bald schmäler, bald breiter lanzettförmig, fast in seiner gesammten Länge gleichbreit, oben zugespitzt, unten stumpf und in verschiedenem Grade vorwärts gebogen, im Querschnitte ziemlich schmal elliptisch. Die etwas bogenförmige Rückenseite und die concave Bauchseite fast gleich, gerundet-winkelig. Die ältesten der 10—12 Kammern sind sehr klein und in wechselndem Grade vorwärts gebogen, nie aber winkelig spiral eingerollt. Die folgenden Kammern stehen in gerader Reihe übereinander, sind breiter als hoch und schräge. Die letzte übertrifft die vorhergehende an Höhe um das Doppelte, ist schief und trägt auf der beinahe rückenständigen Spitze die Mündung. Die schmalen Nähte sind sehr seicht vertieft.

Marginulina elongata d'Orb. l. c. T. I. fig. 22, die wohl nicht mit den dort fig. 20, 21 abgebildeten Formen vereint werden darf, scheint zu der hier besprochenen Species zu gehören.

7. Cr. Kirsteni n. sp.

Sie ist der *Cr. Strombecki* Rss.[1] aus dem norddeutschen Hilsthon und der *Cr. harpa* Rss.[2] aus dem westphälischen Senon nahe verwandt. Das kleine Gehäuse ist stark und gleichmässig zusammengedrückt, am unteren Ende stumpf, am oberen kurz zugespitzt. Der abgerundet-winkelige Rückenrand ist bogenförmig, der Bauchrand fast gerade. 7—12 sehr niedrige, durch seichte Nahtfurchen geschiedene Kammern, die ersten sehr klein und den Anfang einer Spiralwindung bildend, ohne dass derselbe jedoch über den Bauchrand hervorragte. Die jüngeren Kammern haben eine sehr schräge Stellung; die letzte biegt sich vorne bis zu der ersten herab.

Ich habe die Species, welche sehr selten im Pläner von Strehlen vorkommt, zu Ehren des Herrn G. Kirsten, dessen Eifer wir die Aufsammlung der zahlreichen Foraminiferen des sächsischen Pläners verdanken, benannt.

8. Cr. navicula d'Orb.

1839. d'Orbigny, l. c. pag. 27. Taf. 2. fig. 19. 20.
1845. Reuss, Verstein. d. böhm. Kreideform. I. pag. 34. Taf. 12. fig. 27.
1860. Reuss, Sitzungsber. d. k. Akad. d. Wissensch. Bd. 40. pag. 212.
1861. Reuss, Sitzungsber. d. k. Akad. d. Wissensch. Bd. 41. pag. 308. 328.
1870. Karrer, Jahrb. d. k. k. geol. Reichsanstalt Bd. 20. pag. 173.

Das kleine gewölbte Gehäuse eiförmig, oben zugespitzt, unten gerundet, mit gekieltem bogenförmigem Rückenrande. 8—10 niedrige, schwach gebogene Kammern, die sämmtlich spiral eingerollt sind, deren jüngere aber ziemlich rasch an Breite zunehmen. Die Nähte linear, die unteren undeutlich. Die Mundfläche der letzten Kammer verlängert-herzförmig; gewölbt, steil abschüssig, am Carenalwinkel die gestrahlte runde Mündung tragend.

Selten im Pläner von Strehlen. — Im Baculitenthon und Pläner Böhmens, im Senon Westphalens, in der oberen Kreide von Leitzersdorf (N.-Oesterreich), in der weissen Kreide Frankreichs und Englands und von Rügen, im Kreidetuff von Maastricht.

---

[1] Sitzungsber. d. k. Akad. d. Wissensch. Bd. 46. pag. 68. Taf. 7. fig. 7.
[2] Sitzungsber. d. k. Akad. d. Wissensch. Bd. 40. pag. 211. Taf. 10. fig. 1. 2.

9. Cr. intermedia Rss. — Taf. II. 22. Fig. 4. 5.

1845—46. Reuss, Verst. d. böhm. Kreideform. I. pag. 33. Taf. 13. fig. 57. 58. II. pag. 108. Taf. 21. fig. 50. 51.
1861. Reuss, Sitzungsber. d. k. Akad. d. Wissensch. Bd. 44. pag. 336.
1870. Gümbel, Sitzungsber. d. k. Bayer. Akad. d. Wissensch. pag. 287.

Das verlängert-eiförmige oder nierenförmige Gehäuse stark zusammengedrückt, unten breit gerundet, oben kurz zugespitzt. Der bogenförmige Rückenrand winkelig, aber nicht gekielt, der eingebogene Bauchrand abgerundet. 9—10 niedrige, schwach gebogene Kammern, die, mit Ausnahme der letzten zwei, sämmtlich spiral eingerollt sind. Die Spira bald kleiner, bald grösser und über den Bauchrand vorragend. Die Nähte nur an den letzten Kammern schwach vertieft; an alten Individuen treten dieselben als sehr flache Rippchen hervor. Die Mundfläche der letzten Kammer schmal, gewölbt, sehr schräg abschüssig. Am Carenalwinkel derselben sitzt die Mündung auf einem kleinen Höcker.

Sehr seltene Jugendexemplare im Pläner von Weinböhla. — Im böhmischen Baculitenthon, in den Belemnitelleuschichten von Pattenau in Baiern, im Grünsand von New-Jersey in Nord-Amerika.

10. Cr. oligostegia Rss.

1846. Reuss, Sitzungsber. d. k. Akad. d. Wissensch. Bd. 40. pag. 213. Taf. 8. fig. 8.

Vollkommen spiral eingerollt, im Umfange kreisrund, wenig zusammengedrückt, auf den Seitenflächen stark gewölbt, mit winkeligem Rückenrande. 5—6 gewölbte, fast gerade, dreieckige Kammern, die durch schmale, aber deutliche Nahtfurchen gesondert werden. Die letzte Kammer läuft in eine sehr kurze, stumpfe, beinahe mittelständige Spitze aus, welche die gestrahlte Mündung trägt. Die Bauchfläche der Endkammer ist durch den vorletzten Umgang tief ausgeschnitten, quer-halbmondförmig.

Die sehr seltenen Exemplare aus dem Pläner von Strehlen sind etwas stärker zusammengedrückt, als die typischen aus dem Diluvialsande von Hamm in Westphalen.

11. Cr. ovalis Rss. — Taf. II. 22. Fig. 6—11.

1845. Reuss, Verstein. d. böhm. Kreideform. I. pag. 34. Taf. 8. fig. 49. Taf. 12. fig. 19. Taf. 13. fig. 60—63.
1860. Reuss, Sitzungsber. d. k. Acad. d. Wissensch. Bd. 40. pag. 213.
1861. Reuss, ebendaselbst, Bd. 44. pag. 308.
1862. Reuss, ebendaselbst, Bd. 46. pag. 75.
1865. Reuss, ebendaselbst, Bd. 52. pag. 9.
1870. Karrer, Jahrb. d. k. k. geol. Reichsanst. Bd. 23. pag. 178.

Das Gehäuse eiförmig oder beinahe halbkreisförmig, gewölbt, unten gerundet, oben kurz zugespitzt. Die Wölbung nimmt mit dem Alter zu, so dass der untere Theil bisweilen fast kugelig wird. 5—6 schwach gebogene Kammern, deren Nähte nur als dunkle Linien durchscheinen. Verticalschnitte zeigen, dass die Primordialkammer gross, nahezu kugelig ist. Der Rückenrand ist scharf winkelig, an jugendlichen Individuen gekielt; mit zunehmendem Alter und wachsender Wölbung des Gehäuses wieder stumpfer. Er setzt sich aber nicht, gleichwie bei Cr. rotulata Lam. auf die Bauchseite des Gehäuses fort; dieselbe ist vielmehr breit, meist flach niedergedrückt, mitunter sogar etwas eingedrückt. Die Mundfläche der letzten Kammer in der Mitte gewöhnlich etwas deprimirt. An dem Carenalwinkel trägt sie auf einem kleinen Höcker die ziemlich grosse runde gestrahlte Mündung.

Von der vorigen Species unterscheidet sie sich durch das eiförmige, aber zugespitzte Gehäuse, durch die weniger gleichförmige Wölbung und den scharfwinkeligen Rücken.

Häufig im Pläner von Strehlen und Weinböhla, selten bei Zschertnitz unweit Dresden und am Rathsweinberge bei Meissen. — Gemein im Pläner und Baculitenthone, seltener im Cenoman Böhmens; im norddeutschen Pläner, im Senon Westphalens, in der oberen Kreide von Leitzersdorf (N.-Oesterreich), im Kreidetuff von Maastricht, in der Kreide von Köpinge auf Schoonen, in der Kreide am Kanara-See in der Dobrudscha. Sie steigt aber auch bis in den norddeutschen Gault hinab.

12. **Cr. lobata** Rss. — Taf. II. 22. Fig. 12; Taf. II. 23. Fig. 1.

1845. Reuss, Verstein. d. böhm. Kreideform. I. pag. 34. Taf. 13. fig, 54. (ic. mala.)

Vollkommen spiral eingerollt, im Umfange kreisrund, gewölbt. Die letzten 2—4 Kammern sind convex und durch tiefe Nahtfurchen geschieden. Die älteren sind ganz eben und äusserlich kaum zu unterscheiden. Der Rückenrand ist scharf, gekielt; die grosse Nabelscheibe ist flach gewölbt und theilweise durch die inneren Lappen der letzten Kammern verdeckt. Die Mundfläche der Endkammer verkehrt-herzförmig, stark gewölbt, trägt am Carenalwinkel die ziemlich grosse runde oder etwas längliche Mündung, die bisweilen auf einer kurzen röhrigen Verlängerung sitzt.

Sehr selten im Pläner von Strehlen, im Mergel von Zschertnitz bei Dresden und am Rathsweinberge bei Meissen. Häufiger im böhmischen Baculitenthon.

13. **Cr. rotulata** Lam. sp.

1804. *Lenticulites rotulata* Lamarck, Ann. du mus. pag. 188. VIII. Taf. 62. fig. 11.
1826. *Nautilus Comptoni* Sowerby, Min. Conchol. Taf. 121.
1825. *Lenticulina rotulata* Blainville, Malacolog. pag. 380.
1827. *Lenticulites Comptoni* Nilsson, Petref. Suec. form. cret. pag. 7. Taf. 2. fig. 3. A—D.
1827. *Lenticulites cristella* Nilsson, l. c. pag. 7. Taf. 2. fig. 4. A. B.
1839. d'Orbigny l. c. pag. 26. Taf. 2. fig. 15—18.
1840. *Lenticulites Comptoni* Geinitz, Charact. d. Schichten u. Petref. d. sächs. Kreidegeb. II. pag. 43.
1841. *Robulina Comptoni* Römer, Verstein. d. norddeutschen Kreidegeb. pag. 99. Taf. 15. fig. 34.
1841. *Robulina crassa* Römer l. c. pag. 98. Taf. 15. Fig. 32.
1842. *Robulina Comptoni* Geinitz. l. c. III. pag. V. Index.
1845—46. Reuss, Verstein. d. böhm. Kreideform. I. pag. 34. Taf. 8. Fig. 70. Taf. 12. Fig. 25; II. pag. 109. Taf. 24 fig. 48, 49.
1846. Geinitz, Grundriss der Versteinerungskunde pag. 663. Taf. 24. fig. 30.
1854. Reuss, Denkschr. d. k. Akad. d. Wissensch. Bd. 7. pag. 68.
1855. Reuss, Zeitschr. d. deutschen geol. Ges. VII. pag. 271.
1860. Reuss, Sitzungsber. d. k. Akad. d. Wissensch. Bd. 40. pag. 213.
1861. Reuss, Sitzungsber. d. k. Akad. d. Wissensch. Bd. 44. pag. 307. 326. 336.
1865. Reuss, Sitzungsber. d. k. Akad. d. Wissensch. Bd. 52. pag. 9.
1870. Gümbel, Sitzungsber. d. k. Bayer. Akad. d. Wissensch. pag. 237.
1870. Karrer, Jahrb. d. k. k. geol. Reichsanst. Bd. 20. pag. 179.
1872. Geinitz, d. Elbthalgeb. in Sachsen I. 4. pag. 136.

Die häufigste und verbreitetste aller Kreideforaminiferen, sowohl in horizontaler, als in verticaler Richtung. Sie ist vollkommen spiral eingerollt, im Umfange kreisrund, in sehr verschiedenem Grade gewölbt, mit bald kleinerer, bald grösserer, bald flacher, bald angeschwollener Nabelscheibe und mit scharfwinkeligem, oft gekieltem, mitunter selbst etwas geflügeltem Rückenrande. Mit dem Alter scheint die Wölbung des Gehäuses im Allgemeinen abzunehmen, doch gibt es auch stark gewölbte, grosse Schalen. Ueberhaupt scheint die Wölbung der Schale grossentheils von dem Grade der Entwicklung der Nabelscheibe abzuhängen.

Zahlreiche (20—24) schmale dreieckige gebogene Kammern, in zwei spirale Umgänge angeordnet, von denen 10—12 auf den äusseren Umgang kommen. Die Embryonalkammer ist bald grösser, bald kleiner, linsenförmig, bisweilen selbst abgeplattet kugelig. Die etwas nach rückwärts gebogenen Scheidewände scheinen entweder nur mit dunkler Farbe durch oder sie ragen als schwache Leistchen oder selbst als scharfe Fältchen über die Umgebung vor. Die Mundfläche der Endkammer schmal dreieckig, beiderseits von einer erhabenen Leiste eingefasst. An alten flachen Individuen wird sie beinahe linear. Im Carenalwinkel sitzt auf einem kleinen gestrahlten Höcker die runde Mündung.

Häufig im Pläner von Strehlen und Weinböhla; selten am Rathsweinberge bei Meissen, im unteren Pläner von Gompitz und im Mergel von Zschertnitz bei Dresden; an letzterem Orte dicke Individuen mit gewölbter Nabelscheide und deutlichen Nahtfalten, analog der *Cr. secans* Rss. [1] aus dem deutschen Gault.

Cr. rotulata hat zwar ihr Hauptlager in der oberen Kreide; sie geht aber, wenngleich in geringerer Individuenzahl, auch durch die tieferen Kreideschichten hindurch. Sie ist verbreitet im Pläner und Baculitenthone Böhmens, in der oberen Kreide Westphalens und Norddeutschlands, in jener von Mecklenburg, in der Kreide von Köpinge auf Schoonen, in den Mucronatenschichten von Lemberg in Galizien, in den Mergeln der Gosau, in den Belemnitellenschichten von Pattenau in Baiern, in der oberen Kreide von Leitzersdorf (N.-Oesterreich), in der weissen Kreide Frankreichs, Englands, Dänemarks und Rügens, im Kreidetuff von Maastricht, in der Kreide am Kanara-See in der Dobrudscha, im Grünsand von New-Jersey in Nordamerika.

Cr. orbicula Rss. [2] aus den Kreidemergeln der Gosau ist von *Cr. rotulata* kaum verschieden, denn die nackte Mündung scheint auch den typischen Formen der letzteren Species nicht zu fehlen und wird von d'Orbigny sogar unter den Charakteren derselben angeführt.

Cr. rotulata tritt, wenngleich seltener, im Cenoman Sachsens, Böhmens und Norddeutschlands auf. Sie reicht auch bis in den norddeutschen Gault und Hils, sowie in den Gault Englands hinab. *Cr. secans* Rss aus dem deutschen Gault, sowie *Cr. Muensteri* Röm. [3] und *Cr. Roemeri* Rss. [4] dürften wohl auch nur Formen der vielgestaltigen Species darstellen.

Sehr ähnliche Formen bietet auch das Tertiärgebirge und die lebende Schöpfung dar. Ob man sie auch hierher beziehen will, hängt von dem Umfange ab, welchen man der *Cr. rotulata* beilegt. [5] Sie lassen immerhin manche beachtenswerthe Unterschiede erkennen.

14. Cr. subalata Rss.

1854. Reuss, Denkschr. d. k. Akad. d. Wissensch. VII. pag. 68. Taf. 25. fig. 13.
1862. Reuss, Sitzungsber. d. k. Akad. d. Wissensch. Bd. 46. Taf. 8. fig. 10; Taf. 9. fig. 1.
Reuss, Sitzungsber. d. k. Akad. d. Wissensch. Bd. 46. pag. 77. Taf. 9. fig. 3. 4.
1865. Reuss, Sitzungsber. d. k. Akad. d. Wissensch. Bd. 52. pag. 10.
1870. Gümbel, Sitzungsber. d. k. Baier. Akad. d. Wissensch. pag. 283.

Die extremen Formen unterscheiden sich von *Cr. rotulata* nicht unbeträchtlich. Das nur mässig gewölbte Gehäuse ist nicht vollkommen kreisrund, oben kurz zugespitzt, ohne oder mit kleiner flacher Nabelscheibe, an der Peripherie mit einem schmalen Flügelsaum. Die Kammern sind weniger zahlreich (7—9 im letzten Umgange), wenig gebogen, durch schmale Radialleistchen geschieden, die in ihrem Centraltheile am stärksten hervorragen. Die Septalfläche der Endkammer ist verkehrt herzförmig, mit durch den vorletzten Umgang tief ausgeschnittener Unterseite, beiderseits mit einem sehr schmalen Leistchen eingefasst.

[1] Reuss, Sitzungsber. d. k. Akad. d. Wissensch. Bd. 40. pag. 214. Taf. 9. fig. 7.
[2] Reuss, Denkschr. d. k. Akad. d. Wissensch. VII. pag. 68. Taf. 25. fig. 12.
[3] Römer, Verstein. d. norddeutsch. Kreidegeb. pag. 98. Taf. 15. fig. 30.
[4] Reuss, Sitzungsber. d. k. Akad. d. Wissensch. Bd. 46. Taf. 8. fig. 9.
[5] Parker and Jones, on some Foram. of the North-Atlantic and Arctic Oceans pag. 345. Taf. 33. fig. 19.

Die beschriebene Species dürfte ebenfalls kaum von *Cr. rotulata* zu trennen sein, mit welcher sie durch zahlreiche Zwischenformen verknüpft zu werden scheint. Ich habe sie schon früher als Var. *subalata* derselben bezeichnet.

Sehr selten im Mergel von Zschertnitz bei Dresden. Im norddeutschen Gault, doch auch im böhmischen Pläner und in den Mergeln der Gosau und von Götzreuth in Baiern.

15. Cr. (Rob.) nuda Rss. — Taf. II. 23. Fig. 2, 3.

1861. Reuss. Sitzungsber. d. k. Akad. d. Wissensch. Bd. 44. pag. 328. Taf. 6. fig. 1—3.

Die Species ist der *Cr. intermedia* Rss. verwandt. Das in verschiedenem Grade zusammengedrückte Gehäuse ist schief oval, unten breit gerundet, oben zugespitzt, am scharfwinkeligen Rückenrande bogenförmig, am Bauchrande mehr weniger eingebogen. 8—11 schmale, wenig gebogene flache Kammern, deren Grenzen nur als undeutliche Linien durchscheinen. Die etwas verlängerte gestrahlte Mündung sitzt am Carenalwinkel der schmal lanzettförmigen Mündungsfläche der Endkammer.

Selten im Pläner von Strehlen. — In der Schreibkreide von Rügen.

16. Cr. (Rob.) lepida Rss. — Taf. II. 23. Fig. 4.

1846. Renss, Verstein. d. böhm. Kreideform. II. pag. 109. Taf. 24. fig. 46.

1854. Reuss, Denkschr. d. k. Akad. d. Wissensch. VII. pag. 68.

1860. Reuss, Sitzungsber. d. k. Akad. d. Wissensch. Bd. 40. pag. 215.

1865. Reuss, ebendaselbst, Bd. 52. pag. 10.

Das kleine, wenig gewölbte Gehäuse ist etwas verlängert eiförmig, oben zugespitzt, unten breit gerundet, mit scharfwinkeligem Rückenrande und kleiner flacher Nabelscheibe. Im letzten Umgange 7—8 wenig gebogene flache Kammern, deren Scheidewände nur als dunkle Linien durchscheinen. Die Mundfläche der Endkammer herzförmig-lanzettlich, gewölbt, ohne Seitenleisten. Am Carenalwinkel die eine enge Längsspalte darstellende Mündung, in ihrem oberen Theile von einigen feinen Strahlen umgeben.

Nicht selten im Pläner von Weinböhla. — Im böhmischen Baculitenthon, im westphälischen Senon, in den Mergeln der Gosau, in der Kreide am Kanara-See in der Dobrudscha.

III. Polymorphinidea.

Gehäuse frei, glasig glänzend, fein porös, stets ungleichseitig, mehr weniger unregelmässig, kugelig oder in verschiedenem Grade verlängert. Die Kammern in Grösse und Form sehr wechselnd, nicht selten theilweise umfassend, bald zur mehr weniger regelmässigen offenen Spirale eingerollt, bald unvollkommen zweizeilig angeordnet, bald kugelig geballt. Die Mündung entweder rund, terminal oder spaltenförmig oder halbmondförmig, lateral.

Durch die mehr weniger zweizeiligen Formen neigen sich die Polymorphinideen zu den Textilarideen hin, von welchen sie sich aber stets durch die nicht vollständige Gleichseitigkeit unterscheiden.

Es kommen Mischtypen von Polymorphinideen und Nodosarideen vor (*Dimorphina* d'Orb.).

Im sächsischen Pläner sind bisher nur die Gattungen *Polymorphina*, *Bulimina* und *Virgulina* vertreten.

Polymorphina d'Orb.

Gehäuse sehr wechselnd in der Form, vom Kugeligen bis zum stark Verlängerten, bisweilen breit und zusammengedrückt, Kammern ungleich, sehr verschiedengestaltig, mehr weniger umfassend, selten regelmässig, meistens undeutlich spiral oder zweizeilig angeordnet. Mündung terminal, rund, mitunter verlängert sich dieselbe etwas röhrenförmig nach innen (Entosoterienform); häufiger verästelt sie sich mehr weniger in Folge von Kalkablagerung an der Basis der aus der Mündung hervortretenden Pseudofurchen.

Die Gattung bietet vier Haupttypen dar, die durch zahlreiche Zwischenformen zusammenhängen.

α) **Pyrulina** d'Orb., spindel- oder birnförmig; Kammern sich dachziegelförmig deckend, eine regelmässige Spira bildend.

β) **Globulina** d'Orb. kugelig, elliptisch bis zum Lanzettförmigen. Nur die letzten drei Kammern äusserlich sichtbar.

γ) **Guttulina** d'Orb. Dreiseitig oder mehr weniger verlängert. Kammern ungleich, nach oben verlängert; meistens nur fünf äusserlich sichtbar.

δ) **Polymorphina** d'Orb. (s. strictiori). Mehr weniger verlängert, oft zusammengedrückt, mitunter breit. Kammern ungleich, meist wenig umfassend, alle oder nur die jüngeren unregelmässig zweizeilig angeordnet.

Der sächsische Pläner hat bisher nur die Gruppe *Globulina* dargeboten.

1. P. (Glob.) globosa v. M. sp.

1838. v. Münster, in Leonh. u. Bronn's Jahrb. pag. 386. Taf. 3. fig. 33.
1845. Reuss, Verstein. d. böhm. Kreideform. I. pag. 40. Taf. 13. fig. 82.
1860. Reuss, Sitzungsber. d. k. Akad. d. Wissensch. Bd. 40. pag. 230.
1861. Reuss, Sitzungsber. d. k. Akad. d. Wissensch. Bd. 44. pag. 318, 338.
1870. Karrer, Jahrb. d. k. k. geol. Reichs-Anst. Bd. 20. pag. 180.

Kugelig, bisweilen ohne etwas verschmälert. Die drei äusserlich sichtbaren umfassenden Kammern nur durch sehr feine undeutliche Linien gesondert. Oft ist eine solche Begrenzung äusserlich gar nicht wahrnehmbar, in welchem Falle ohne innere Untersuchung eine Verwechselung mit *Lagena*-Schalen sehr leicht möglich ist. Die terminale Mündung gestrahlt.

Nicht selten im Pläner von Strehlen, im böhmischen Baculitenthon, im westphälischen Senon, in der oberen Kreide von Leitzersdorf (N.-Oesterreich), im Kreidetuff von Maastricht, im Grünsande von New-Jersey in Nordamerika. — Ueberdies vollkommen identisch in oligocänen und neogenen Tertiänschichten.

2. P. (Glob.) lacrima Rss.

1845. Reuss, Verstein. d. Böhm. Kreideform. I. pag. 40. Taf. 13. fig. 83; Taf. 12. fig. 6.
1851. Reuss, Foram. und Entomostr. d. Kreidemerg. v. Lemberg. pag. 43. Taf. 7. fig. 9.
1870. Karrer, Jahrb. d. k. k. geol. Reichs-Anst. Bd. 28. pag. 131.

Bald breiter, bald schmäler eiförmig bis lanzettförmig, oben zugespitzt, unten gerundet, bisweilen sich auch stumpf zuspitzend. Nur bei stärkerer Vergrösserung sind die drei umfassenden Kammern zu unterscheiden. Die kleine terminale Mündung ist mit einem feinen Strahlenkranze umgeben.

Nicht selten im Pläner von Strehlen. — Im böhmischen Baculitenthon, im Mucronatenmergel von Lemberg in Galizien und in der oberen Kreide von Leitzersdorf (N.-Oesterreich).

3. P. (Glob.) horrida Rss.

1846. Reuss, Verstein. d. Böhm. Kreideform. II. pag. 110. Taf. 43. fig. 14.
1851. Reuss, Foram. und Entomostr. d. Kreidemerg. v. Lemberg. pag. 43 Taf. 4. fig. 8.

Die sehr seltenen Exemplare aus dem Pläner von Weinböhla stimmen völlig mit jenen aus dem böhmischen Baculitenthone und aus den Mucronatenmergeln von Lemberg in Galizien überein. Sie sind etwas verlängert-eiförmig, unten breit gerundet, nach oben hin wenig verschmälert. Es sind drei umfassende Kammern sichtbar, deren Begrenzung durch feine Linien nur bei stärkerer Vergrösserung sichtbar wird. Das obere Ende läuft in 4—6 divergirende röhrige Spitzen aus, die nach aussen gerundet sind. Man hat es hier offenbar mit der Anlostomellenform irgend einer *Globulina* zu thun, deren Species sich jedoch nicht genauer bestimmen lässt, weil keine normal gebildeten Schalen derselben vorliegen. Im Umrisse nähert sie sich der *Gl. lacrima* Rss., doch ist die Oberfläche der Lemberger Exemplare mit feinen Rauhigkeiten bedeckt.

Bulimina d'Orb.

Gehäuse seltener kurz, bisweilen fast kugelig, meistens verlängert, verkehrt-konisch oder thurmförmig oder bis zum Lanzettlichen verschmälert. Die ungleichen unregelmässigen Kammern zur deutlichen schraubenförmigen Spira eingerollt. Die kommaförmige nackte Mündung mit einwärts gebogenem Rande auf der inneren Seite der letzten Kammer herablaufend.

1. B. intermedia Rss.

1845. Reuss. Verstein. d. böhm. Kreideform. I. pag. 37. Taf. 13. fig. 71.
1851. Reuss, Foraminif. und Entomostr. d. Kreidemerg. v. Lemberg. pag. 39. Taf. 3. fig. 11.
1860. Reuss. Sitzungsber. d. k. Akad. d. Wissensch. Bd. 40. pag. 225.
1861. Reuss. Sitzungsber. d. k. Akad. d. Wissensch. Bd. 44. pag. 332.

Sie dürfte wohl nur als eine kürzere und bauchigere Form der *B. Murchisoniana* d'Orb. [1]) zu betrachten sein. Das Gehäuse ist kurz und breit verkehrt-eiförmig, am oberen Ende am breitesten, nach abwärts sich zur stumpfen Spitze verschmälernd. Vier bis fünf spirale Umgänge, die ersten sehr klein, der letzte gross und aufgeblasen, 2—4mal so hoch, als die übrigen zusammengenommen. Die Kammern der ersten Umgänge sind klein und durch seichte Nähte gesondert; die drei Kammern der letzten Windung sind dagegen sehr gross, kugelig und durch ziemlich tiefe Nähte begrenzt, wenngleich dieselben nicht so tief eingesenkt sind, wie bei *B. Murchisoniana*. Die Mündung, eine kurze, mitunter breite Spalte, fast senkrecht gegen den inneren Rand der Endkammer gestellt.

Häufig im Pläner von Strehlen, Weinböhla und Zschertnitz und im senonen Mergel von Zeichen bei Wehlen. — Im böhmischen Baculitenthon, in den Mucronatenmergeln von. Lemberg in Galizien, in der norddeutschen oberen Kreide, im westphälischen Senon, in der Schreibkreide der Insel Rügen. Selten im Cenoman Böhmens (Weisskirchlitz).

Virgulina d'Orb.

Gehäuse schmal, verlängert, lanzettlich bis linear, oft etwas zusammengedrückt. Die verlängerten, sehr schrägen Kammern sind in einer sehr langgezogenen undeutlichen Spira oder unvollkommen zweizeilig angeordnet. Bisweilen stehen die älteren Kammern spiral, die jüngeren spiral. Ueberhaupt wechseln diese Verhältnisse bei einer und derselben Species vielfach. Die lange, spaltenförmige Mündung mit einwärts gebogenem Rande läuft an der inneren Seite der Endkammer gegen die vorletzte herab.

Die Arten der Gattung *Virgulina* schliessen sich theils an *Bulimina*, theils an *Bolivina* an, stehen jedoch der ersteren, mit welcher sie von Parker und Jones als lockere, länger ausgezogene Formen vereinigt werden, näher.

Aus dem Pläner von Strehlen liegen sehr seltene Fragmente einer grossen *Virgulina* vor, ähnlich der *V. Reussi* Gein. [2]) Sie gestatten jedoch keine genaue Bestimmung.

---

[1]) d'Orbigny l. c. pag. 41. Taf. 4. fig. 15, 16.
[2]) Geinitz, Characteristik I. pag. 70. Taf. 17. fig. 23. — Reuss. Verstein. d. Böhm. Kreideform. pag. 40. Taf. 8. fig. 61. — Reuss, Sitzungsber. d. k. Akad. d. Wissensch. Bd. 52. pag. 12. Taf. I. fig. 7.

IV. Textilaridea.

Das freie, durchaus kalkige, gleichseitige Gehäuse mehr weniger verlängert, fast stets gerade und von vorne nach hinten zusammengedrückt. Die zahlreichen Kammern stehen regelmässig alternirend in zwei beinahe parallelen Längsreihen über und neben einander. Die Mündung terminal oder seitlich, rund oder spaltenförmig.

Bisweilen sind nur die ältesten Kammern nach dem Textilarideen-Typus an einander gereihet, während die jüngeren in gerader Linie über einander stehen. Es gehen daraus Mischtypen zwischen Textilarideen und Rhabdoideen hervor (*Gemmulina* d'Orb., *Schizophora* Rss.).

Bolivina d'Orb.

Gehäuse stark verlängert, linear bis lanzettförmig, stark von vorne nach hinten zusammengedrückt. Die zahlreichen Kammern niedrig, flach, mehr weniger schräge. Die Mündung eine enge Längsspalte, an der inneren Seite der Endkammer herablaufend.

1. B. tegulata Rss. — Taf. ll. 23. Fig. 6.

1845. *Virgulina tegulata* Reuss. Verstein. d. Böhm. Kreideform. I. pag. 40. Taf. 13. fig. 81.
1851. Reuss, die Foraminif. und Entomostr. v. Lemberg. pag. 45. Taf. 4. fig. 12.
1870. Gümbel, Sitzungsber. d. k. baier. Akad. d. Wissensch. pag. 268, 287.

Das sehr kleine Gehäuse verkehrt-lanzettförmig, unten sich langsam zuspitzend, oben stumpf, an den Seitenrändern wenig winkelig, beinahe gerundet. In jeder der beiden Längsreihen 9—10 nicht gewölbte, durch kaum vertiefte lineare, fast quere Nähte geschiedene Kammern, welche wenig schräg und gewöhnlich etwas höher als breit sind. Sie liegen dachziegelförmig auf einander. Nicht selten ist das Gehäuse mannigfach verbogen. Auch die Höhe der Kammern ist manchem Wechsel unterworfen. Bisweilen werden sie selbst breiter als hoch.

Häufig im Pläner von Strehlen, sehr selten in jenem von Weinböhla und im senonen Mergel von Zeichen bei Wehlen. — Gemein im böhmischen Baculitenthon, selten im Mucronatenmergel von Lemberg in Galizien, im Gosaumergel von Götzreuth und in den Belemnitellenschichten von Pattenau in Baiern.

Textilaria Defr.

Das Gehäuse sehr verschieden gestaltet, verkehrt-kegelförmig oder keilförmig, seltener lanzettlich bis linear, kalkig, fein porös, meistens von vorne nach hinten zusammengedrückt, selten im Querschnitte dreiseitig, bisweilen gebogen. Die Kammern gewöhnlich breiter als hoch und quer, seltener etwas schräge. Die Mündung, eine kürzere oder längere Querspalte am inneren Rande jeder Kammer, senkrecht auf der Compressionsebene des Gehäuses, meistens nackt, selten durch einen klappenartigen Deckel theilweise verschlossen (*Clidostomum* Ehrb.), oder gerippt oder selbst kurzröhrig (*Rhynchoplecta* Ehrb.), bisweilen mehr weniger gegen den Scheitel der Kammern hinaufgerückt (*Loxostomum* Ehrb.).

Bisweilen sind an der Oberfläche der Schale kleine Sandkörner und Schalentrümmer angeklebt, während die Schale selbst kalkig bleibt. Dagegen können zu *Textilaria* jene Formen nicht mehr gerechnet werden, bei welchen Kieselkörner mehr weniger in die Zusammensetzung der Schale selbst eingehen. Dieselben gehören offenbar der Gruppe der kieselschaligen Foraminiferen an und ich habe sie daher in der Gattung *Plecanium* zusammengefasst.

1. T. conulus Rss.

1845. Reuss, Verstein. d. Böhm. Kreideform. I. pag. 38. Taf. 8. fig. 59. Taf. 13. fig. 15.
1854. Reuss, Denkschr. d. k. Akad. VII. pag. 72. Taf. 26. fig. 7.
1860. Reuss, Sitzungsber. d. k. Akad. d. Wissensch. Bd. 40. pag. 37. Taf. 13. fig. 8.
1861. Reuss, ebendaselbst, Bd. 44. pag. 320.
1862. Reuss, ebendaselbst, Bd. 46. pag. 80.

Das kleine Gehäuse verkehrt-kegelförmig, im Verhältnisse zur Höhe breit, unten stumpf zugespitzt, oben wenig gewölbt, beinahe abgestutzt, mit breit-gerundeten Seitenrändern und breit-elliptischem, mitunter fast kreisrundem Querschnitt. Auf jeder Seite 6—7 niedrige, durch deutliche Nähte gesonderte Kammern. Die letzten zwei Kammern auf der Oberseite schwach gewölbt, die letzte oft sogar etwas eingedrückt. Die Mündung kurz, aber ziemlich breit halbmondförmig. Die Schalenoberfläche erscheint sehr fein rauh.

T. pupa Rss.[1]) ist nur eine etwas grössere und höhere Abänderung von *T. conulus* mit stark gewölbten Endkammern.

Ziemlich häufig im Pläner von Strehlen, selten in jenem von Weinböhla. Im böhmischen Baculitenthon, in den Mergeln der Gosau, im Senon und im Diluvialsande Westphalens, im Kreidetuff von Maastricht. Sehr selten im norddeutschen Gault.

2. T. turris d'Orb.

1839. d'Orbigny l. c. pag. 46. Taf. 4. fig. 27.
1845. Reuss, Verstein. d. Böhm. Kreideform. I. pag. 39. Taf. 13. fig. 76.
1854. Reuss, Denkschr. d. k. Akad. d. Wissensch. VII. pag. 72.
1860. Reuss. Sitzungsber. d. k. Akad. d. Wissensch. Bd. 40. pag. 231.

Verkehrt-kegelförmig, mit vollkommen kreisrundem Querschnitte, unten zugespitzt, nach oben sich mehr oder weniger ausbreitend, am oberen Ende gerade abgestutzt und am Rande scharf gekantet. Zahlreiche (jederseits 15—20) sehr niedrige horizontale Kammern, die durch undeutliche Nahtlinien begrenzt werden. Die zwei letzten Kammern sind gerade abgestutzt mit flacher Oberseite. Die Mündung eine kleine Spalte in der Mitte des inneren Randes der letzten Kammer, durch eine kurze dünne klappenartige Lippe überdeckt.

Häufig im Pläner von Strehlen, selten in jenem von Weinböhla. — In der Schreibkreide Frankreichs und Englands, im Senon und Pläner Westphalens, im böhmischen Baculitenthon, in den Kreidemergeln der Gosau. Selten auch im Cenoman von Bilin in Böhmen.

3. T. Baudouiniana d'Orb.

1839. d'Orbigny, l. c. pag. 46. Taf. 4. fig. 29, 30.
1845. *Textilaria Partchi* Reuss, Verstein. d. Böhm. Kreideform. I. pag. 39. Taf. 13. fig. 80.

Die typischen Formen sind verkehrt konisch, unten zugespitzt, oben abgestutzt, mit fast rhombischem Querschnitt und scharfwinkeligen Seitenrändern. Die Seitenflächen sind zunächst dem gewölbten Mitteltheile gewöhnlich etwas eingedrückt. Jederseits 9—10 niedrige, schwach bogenförmige Kammern, äusserlich nur durch sehr feine Nahtlinien begrenzt. Die Mündung ein kurzer, halbmondförmiger Ausschnitt in der Mitte des Innenrandes der letzten Kammer.

Die Exemplare aus dem Pläner von Strehlen, welche mit jenen aus dem böhmischen Baculitenthon vollständig übereinstimmen, weichen von den französischen darin ab, dass die Seitenränder nicht so scharfwinkelig, ja im oberen Theile selbst etwas abgerundet sind.

---

[1]) Reuss, Sitzungsber. d. k. Akad. d. Wissensch. Bd. 40. pag. 88. Taf. 13. fig. 4, 5; Bd. 52. pag. 11.

4. **T. praelonga** Rss. — Taf. II. 23. Fig. 7, 8.

1845. Reuss, Verstein. d. böhm. Kreideform. I. pag. 39. Taf. 12. fig. 14.
1854. Reuss, Denkschr. d. k. Akad. d. Wissensch. VII. pag. 72. Taf. 26. fig. 8.
1860. Reuss, Sitzungsber. d. k. Akad. d. Wissensch. Bd. 40. pag. 234.

Stark verlängert und schmal, linear, im oberen Theile mit fast parallelen Seitenrändern, unten sich rasch zur stumpfen Spitze zusammenziehend, stark zusammengedrückt, in der Mittellinie am dicksten, gegen die scharfwinkeligen Seitenränder sich allmählich abdachend, daher mit schmal-rhomboidalem Querschnitte. Zahlreiche (jederseits 15—20) niedrige Kammern, die unteren sehr klein und horizontal, die oberen etwas schräge, durch sehr feine Nahtlinien geschieden, welche einen etwas gebogenen, wenig schrägen Verlauf nehmen. In alten Individuen sind die Seitenränder im oberen Theile gekerbt, die Kammern sinken ein und die Nähte treten als sehr flache Rippchen hervor. Die letzte Kammer ist oben gewölbt und erhebt sich bisweilen sogar zur stumpfen Spitze. Auf der Schalenoberfläche kommen erst bei starker Vergrösserung sehr feine Grübchen zum Vorschein.

Sehr selten im Pläner von Weinböhla. Im Baculitenthon Böhmens, im Senon und Pläner Westphalens, in den Mergeln der Gosau, im Kreidedetritus von Charing (England).

V. Globigerinidea.

Diese Gruppe umfasst sehr verschiedengestaltige Formen. *Orbulina* d'Orb., wenn man sie als Gattung festhalten will, würde eine einkammerige Form darstellen. Ich habe aber schon früher [1]) die Ansicht ausgesprochen, dass die Orbulinen wohl nur als die losgelösten Endkammern in der Vermehrung begriffener Globigerinen zu betrachten sein dürften. Alle übrigen Globigerinideen besitzen vielkammerige Schalen.

Dieselben sind stets ungleichseitig, mit nur einfachen Wandungen, von zahlreichen grösseren und kleineren, bald regellos untermischten, bald mehr symetrisch vertheilten Poren durchstochen, an der Oberfläche bisweilen mit haarartigen Stacheln besetzt. Die Kammern sind entweder in einer deutlichen schraubenförmigen Spirale aneinander gereiht, wodurch das Gehäuse linsen-, kreisel- oder selbst kegelförmig wird, oder dieselben ballen sich mehr weniger regellos zu einem kugeligen Aggregate zusammen.

Bisweilen entwickeln sich in der Nabelgegend secundäre Zellen, die' oft nur rudimentär sind, in manchen Fällen sich aber zu einem mehr weniger regelmässig sternförmigen Aggregate ausbilden, dessen Zellen sich zwischen die inneren Enden der primären Kammern alternirend hineinschieben (*Asterigerina*).

Auch die Mündung bietet eine grosse Abwechslung dar. Den Orbulinen fehlt eine grössere Mündung gänzlich. Bei anderen stehen die Kammern durch keine Oeffnung mit einander in Verbindung; dieselben münden unmittelbar nach aussen. Bei dem grösseren Theile findet jedoch eine solche statt durch eine kürzere oder längere halbmondförmige Oeffnung am Rande der Kammer zunächst dem vorhergehenden Umgange.

Einen ganz abweichenden Typus stellt die Gattung *Carpenteria* Gray dar, welche mit breiter, am Rande gelappter Basis festsitzt und sich kurz kegelförmig erhebt mit einfacher grosser Mündung am Scheitel. Sie schliesst sich wohl an manche Globigerinideen dadurch an, dass die einzelnen Concamerationen nicht unmittelbar mit einander in Verbindung stehen, sondern durch die grosse Scheitelmündung sich insgesammt nach aussen öffnen und dass die Kammern anfänglich ebenfalls eine spirale Anordnung zeigen. Der übrige Bau ist aber so verschieden, dass *Carpenteria* wohl einer gesonderten Foraminiferen-Gruppe zugetheilt werden muss.

---

[1]) Reuss, Entwurf einer syst. Zusammenstellung d. Foram. im Sitzungsber. d. k. Akad. d. Wissensch. 1861 Bd. 44. pag. 387.

Im sächsischen Pläner fand ich bisher nur die Gattungen *Globigerina*, *Planorbulina* und *Pulvinulina* vertreten.

Globigerina d'Orb.

Die mehr weniger kugeligen Kammern sind entweder regelmässig spiral eingerollt zu einem ungleichseitigen linsen- oder kreiselförmigen spiralen Gehäuse mit weiter und tiefer Nabelaushöhlung, oder regellos gehäuft, bisweilen kugelig zusammengeballt. Die Schale ist gleichförmig, meistens grob porös, nicht selten netzförmig-rauh oder haarig-stachelig. Die Kammern communiciren mit einander durch keine grössere Oeffnung, sondern öffnen sich mit einer oft grossen rundlichen oder breit-halbmondförmigen, gewöhnlich nackten Mündung direct in den Nabelraum. In selteneren Fällen ist dieselbe jedoch kurz rüsselförmig vorgezogen (*Rhynchospira* Ehrb.).

Orbulinen habe ich bisher im sächsischen Pläner nicht angetroffen.

1. Gl. cretacea d'Orb.

1839. d'Orbigny, l. c. pag. 34. Taf. 3. fig. 12—14.
1845. Reuss, Verstein. d. böhm. Kreideform I. pag. 36. Taf. 8. fig. 55.
1860. Reuss, Sitzungsber. d. k. Akad. d. Wissensch. Bd. 40. pag. 225.
1862. Reuss, ebendaselbst, Bd. 62. pag. 88.
1870. Gümbel, Sitzungsberichte d. k. baier. Akad. d. Wissensch. pag. 283. 287.

Gehäuse fast kreisförmig, stark niedergedrückt, mit rauher punktirter Oberfläche. Drei sehr deutliche, ein sehr niedriges, kaum vorragendes Gewinde bildende Umgänge, die rasch an Grösse zunehmen, auf der Unterseite einen weiten tiefen Nabel bildend. 13—16 beinahe kugelige, durch tiefe Einschnürungen gesonderte Kammern, von denen 5—6 auf den letzten Umgang kommen. Die Endkammer mündet mit einer grossen rundlichen Oeffnung in der Nabelvertiefung aus. Oft zeigt daselbst die vorletzte Kammer eine ähnliche kleinere Mündung.

Selten im Pläner von Strehlen und im Mergel von Zschertnitz bei Dresden. — Im böhmischen Baculitenthon und Pläner, im Senon. Pläner und Diluvialsand Westphalens, in den Gosaumergeln von Götzreuth und in den Belemnitellenschichten von Pattenau in Baiern, in der weissen Kreide Englands und Frankreichs. In Westphalen und in Norddeutschland steigt sie bis in den Gault hinab.

2. Gl. marginata Rss. sp.

1845. *Rosalina marginata* Reuss, Verst. d. böhm. Kreideform. I. pag. 36. Taf. 8. fig. 54, 74. Taf. 13. fig. 68.
1851. *Rosalina marginata* Reuss, Denkschr. d. k. Akad. d. Wissensch. Bd. 7. pag. 60. Taf. 26. fig. 1.
1854. *Rosalina canalicula* Reuss, ebendaselbst, pag. 70. Taf. 26. fig. 4.
1860. *Rosalina marginata* Reuss, Sitzungsber. d. k. Akad. d. Wissensch. Bd. 40. pag. 224.
1862. *Rosalina marginata* Reuss, ebendaselbst, Bd. 46. pag. 48.
1865. *Discorbina marginata* Reuss, ebendaselbst, Bd. 52. pag. 12.
1870. *Discorbina marginata* Karrer, im Jahrb. d. k. k. geolog. Reichs-Anst. Bd. 20. Nr. 2. pag. 182.
1870. *Rotalia marginata* Gümbel, Sitzungsber. d. k. baier. Akad. d. Wissensch. pag. 283, 287.
1872. R. Jones und J. Parker, Quart. Journ. of the geolog. Soc. Bd. 28. Mag. Nr. 110.

Sie ist eine der gemeinsten und verbreitetsten Foraminiferen der oberen Kreide. Das Gehäuse ist fast kreisrund und selbst auf der Spiralseite stark niedergedrückt. Gewöhnlich drei Spiralumgänge, deren erster sehr klein ist und die sehr rasch an Breite zunehmen. Der letzte besteht aus 6—8 Kammern, die auf der Spiralseite sehr wenig gewölbt, mitunter selbst seicht vertieft und schief bogenförmig sind. Seitlich werden sie von einem senkrecht abgestutzten, oben und unten gekanteten Saum umgeben, der bisweilen rinnenartig ausgehöhlt ist. Auf der mit einer weiten Nabelvertiefung versehenen Nabelseite erscheinen die Kammern viel weniger schief, beinahe rundlich im Umfange, stärker gewölbt und sind nicht, wie auf der Spiralseite, durch Leistchen, sondern durch schmale, aber besonders in ihrem äusseren Theile ziemlich stark vertiefte, beinahe gerade Nähte begrenzt. Die Oberfläche der Schale ist mit sehr feinen unregelmässigen Spitzen bedeckt.

Sehr gemein im Pläner von Strehlen und Weinböhla, nicht selten im Mergel von Zschertnitz bei Dresden, sehr selten und schlecht erhalten am Rathsweinberge bei Meissen. — Häufig im Pläner und Baculitenthone Böhmens, im Thonmergel von Leitzersdorf bei Stockerau (N.-Oesterreich), im Senon und im Pläner Westphalens und Norddeutschlands, in den Kreidemergeln der Gosau und von Götzreuth in Baiern, sowie in den Belemnitellenschichten von Pattenau ebendaselbst, in der weissen Kreide Englands, in der Kreide am Kanara-See in der Dobrudscha. Sie steigt auch bis in den norddeutschen und westphälischen Gault herab.

Planorbulina d'Orb. (char. emend.)

Die Gattung umfasst sehr verschiedenartige Formen, unter welchen sich jedoch insbesondere zwei Haupttypen unterscheiden lassen, *Planorbulina* im engeren Sinne und *Truncatulina* d'Orb., von welcher *Anomalina* nicht getrennt werden kann.

Erstere bildet ein bisweilen ziemlich grosses, scheibenförmiges, ungleichseitiges, mit der flacheren Spiralseite angeheftetes Gehäuse, in welchem nur die innersten Umgänge einen spiralen Bau besitzen und die einzelnen Kammern durch eine zunächst der Nabelfläche gelegene seitliche Mündung mit einander communiciren. Im weiteren Fortschritte des Wachsthums ändert sich der spirale Bau in den cyclischen um. Die auf der Spiralfläche dachziegelförmig aneinander liegenden, ungleichen Kammern stehen in gedrängten, alternirenden Kreisreihen und öffnen sich nicht nur in die beiden Nachbarkammern derselben Reihe, sondern communiciren auch durch eine Mündung mit den beiden nächstliegenden alternirenden Kammern des vorhergehenden Kreises, — ein Bau, der mit jenem des einfachen Orbitolitentypus eine grosse Analogie darbietet.

Bei der Truncatulinen-Gruppe wird die Anordnung der Kammern niemals kreisförmig; sie bleibt immer spiral, wird jedoch bei manchen Arten bei fortschreitendem Wachsthum sehr unregelmässig und unterliegt sodann einem überaus grossen Wechsel. Das Gehäuse bietet ebenfalls eine beträchtliche Verschiedenheit dar. Orbigny hat darauf die Aufstellung zweier Gattungen, *Truncatulina* und *Anomalina*, gegründet, die aber durch zahlreiche Zwischenformen verknüpft werden. Das plan-convexe Gehäuse der Truncatulinen ist mit der ebenen oder etwas concaven Spiralseite, auf welcher alle Kammern äusserlich sichtbar sind, angeheftet, während auf der freien Nabelseite, deren Convexität bis zum Niedrig-Kegelförmigen sich steigern kann, die äusseren Kammern die inneren ganz oder theilweise überdecken, so dass oft nur jene des letzten Umgangs wahrnehmbar sind. Die Mündung ist nicht auf die Septalfläche der Kammer beschränkt, sondern verlängert sich spaltenförmig über den unteren Rand auf die Spiralseite, so dass die letzten Kammern dort direct mit der Aussenwelt in Verbindung kommen, welche Communication erst bei der Bildung neuer Kammern durch Ablagerung von Kalkmasse geschlossen wird.

Bei der Anomalinen-Gruppe verschwindet der Gegensatz zwischen der flachen Spiral- und der gewölbten Nabelseite allmählich mehr weniger; das beinahe gleichseitige Gehäuse nimmt einen anscheinend nautiloiden Charakter an und beide Seiten desselben bieten eine Nabeldepression von verschiedener Weite und Tiefe dar. Die Mündung ist nicht auf beiden Seiten sichtbar, sondern beschränkt sich auf die Septalfläche der Kammern, bleibt jedoch stets mehr der flacheren Seite genähert. Diese Formen gehen durch zahlreiche graduelle Modificationen in die typischen Truncatulinen über, so dass es unmöglich ist, sie scharf zu begrenzen. Die Vereinigung von *Planorbulina*, *Truncatulina* und *Anomalina*, die nur als Untergruppen aufzufassen sind, in eine Sippe erscheint daher vollkommen gerechtfertigt.

In allen Fällen ist die Schale des Gehäuses von mehr weniger groben Poren durchstochen, deren Zwischenräume an alten Individuen nicht selten körnig-rauh erscheinen.

Die bisher im sächsischen Pläner aufgefundenen Arten gehören insgesammt den Uebergangsformen von *Truncatulina* an.

1. Pl. ammonoides Rss. — Taf. II. 23. Fig. 9.

1845. *Rosalina ammonoides* Reuss, Verstein. d. böhm. Kreideform. I. pag. 36. Taf. 13. fig. 66.
1851. *Rosalina ammonoides* Reuss, Foram. und Entemostr. d. Kreidemerg. von Lemberg pag. 36. Taf. 3. fig. 2.
1860. *Rosalina ammonoides* Reuss, Sitzungsber. d. k. Akad. d. Wissensch. Bd. 40. pag. 223.
1861. *Rosalina ammonoides* Reuss, Sitzungsber. d. k. Akad. d. Wissensch. Bd. 44. pag. 316, 330, 337.
1865. *Discorbina ammonoides* Reuss, ebendaselbst Bd. 52. pag. 12.
1870. *Rotalia ammonoides* Gümbel, Sitzungsber. d. k. baier. Akad. d. Wissensch. pag. 283.
1872. *Truncatulina ammonoides* J. Parker and R. Jones, Quart. Journ. of the geolog. Soc. XXVIII. May. Nr. 110.

Das Gehäuse im Umfange kreisrund, stark niedergedrückt, scheibenförmig, mit zugerundetem peripherischem Rande. Drei deutliche, rasch an Breite zunehmende Spiralwindungen, die letzte mit 7—10 Kammern. Auf der kaum gewölbten, in der Mitte seicht vertieften Spiralseite sind die schmalen Kammern flach und bogenförmig gekrümmt; die innersten sehr klein und nur jene des letzten Umganges durch sehr seichte Nahtfurchen geschieden. Die Nabelseite ist etwas stärker, aber stets nur flach gewölbt, mit deutlich ausgesprochenem Nabel. Sie zeigt nur den letzten Spiralumgang, dessen Nähte daselbst einen mehr geraden Verlauf nehmen. Die letzte Kammer erscheint auf der Nabelfläche oft stärker gewölbt, bisweilen fast halbkegelförmig angeschwollen.

Selten im Pläner von Strehlen. — Im böhmischen Baculitenthon, im Mucronatenmergel von Lemberg, im Senon und Pläner Westphalens, in der norddeutschen oberen Kreide, in den Gosaumergeln von Götzreuth in Baiern, in der Schreibkreide Englands und der Insel Rügen, im Kreidetuff von Maastricht, in der Baculitenkreide vom Kanara-See in der Dobrudscha, im senonischen Grünsand von New-Jersey. Auch im Cenoman Böhmens und Norddeutschlands, sehr selten im Gault von Folkestone und von Norddeutschland.

2. Pl. polyrrhabes Rss. — Taf. II. 23. Fig. 10.

1845. *Rotalina polyrraphes* Reuss, Verstein. d. böhm. Kreideform. l. pag. 35. Taf. 12. fig. 18.
1851. *Rotalina polyrraphes* Reuss, Foram. und Entom. d. Kreidem. v. Lemberg. pag. 35. Taf. 3. fig. 1.
1860. *Rotalia polyrraphes* Reuss, Sitzungsber. d. k. Akad. d. Wissensch. Bd. 40. pag. 221.
1861. *Rotalia polyrraphes* ebendaselbst. Bd. 44. pag. 337.
1862. *Rotalia polyrraphes* Reuss, ebendaselbst, Bd. 46. pag. 82.
1870. *Discorbina polyrraphes* Gümbel, Sitzungsber. d. baier. Akad. d. Wissensch. pag. 287.

Gehäuse bald rechts, bald links gewunden, im Umrisse kreisförmig und stumpf gekantet, mit flacher Spiral- und wenig gewölbter Nabelseite, letztere nur eng und seicht genabelt. Drei deutliche, wenig an Breite zunehmende Spiralwindungen. In der letzten zählt man 10 schmale, auf der Spiralseite schwach gebogene, auf der Nabelseite beinahe gerade Kammern. Die Nähte sind nur auf dem äussersten Umgange deutlicher und etwas vertieft. auf den übrigen, besonders auf der innersten, nur durch sehr feine Linien angedeutet. Die Schale ziemlich fein porös.

Selten im Pläner von Strehlen. — Im böhmischen Baculitenthon, im Mucronatenmergel von Lemberg, im Senon und Pläner Westphalens, in der norddeutschen oberen Kreide, in den Belemnitellenschichten von Pattenau in Baiern, im senonischen Grünsand von New-Jersey. Auch im Cenoman von Westphalen und Norddeutschland und ziemlich häufig im norddeutschen Gault.

3. Pl. lenticula Rss. — Taf. II. 23. Fig. 11.

1845. *Rotalina lenticula* Reuss, Versteiu. d. böhm. Kreideform. I. pag. 35. Taf. 12. fig. 17.
1860. *Rotalia lenticula* Reuss. Sitzungsber. d. k. Akad. d. Wissensch. Bd. 40. pag. 221.
1865. *Rotalia lenticula* Reuss. ebendaselbst. Bd. 46. pag. 82. Taf. 10. fig. 3.

Das kleine, fast kreisrunde Gehäuse ist niedergedrückt und an der Peripherie stumpf gekantet. Die Wölbung seiner beiden Flächen ist sehr veränderlich. Gewöhnlich ist jedoch die Spiralseite sehr wenig gewölbt, während die Nabelseite eine etwas grössere, nie aber beträchtliche Convexität zeigt. Selten erhält das Gehäuse durch eine beinahe gleiche Wölbung beider Seiten eine linsenförmige Gestalt. Dasselbe besteht aus $2\frac{1}{2}$—3 Windungen, die aber äusserlich kaum gesondert sind. Nur das Ende des letzten Umgangs lässt eine lineare Naht erkennen. In demselben zählt man 6 Kammern, die auf der Spiralseite vierseitig und wenig gebogen, auf der ungenabelten Umbilicalseite aber dreiseitig sind. Ihre linearen Begrenzungen werden auch auf der letzteren nur bei stärkerer Vergrösserung und intensiver Beleuchtung wahrgenommen. Die letzte Kammer pflegt auf dieser Seite mit stärkerer Wölbung über die Umgebung hervorzutreten. Die glänzende Schalenoberfläche erscheint nur fein porös.

Selten im Pläner von Strehlen. — Im böhmischen Baculitenthon, im westphälischen Pläner und im norddeutschen Gault.

VI. Rotalidea.

Die Rotalideen zeigen nicht nur eine ausnehmend grosse Mannigfaltigkeit in ihrer Gestalt und in ihrer äusseren Architectur, sondern auch in ihrem inneren Bau. Einer der wichtigsten Charaktere, durch welche sich die echten Rotalideen von den Globigerinideen unterscheiden, beruht darin, dass jede ihrer Kammern durch eine selbstständige Wandung ringsum geschlossen ist. Die sie trennenden Scheidewände sind daher nicht einfach, sondern gewöhnlich bestehen sie aus zwei mitunter mehr weniger von einander abstehenden Platten, die aus compacter, nicht poröser Substanz gebildet sind, während die Aussenwand von sehr gedrängten feinen Porencanälen durchzogen wird. Zwischen den beiden Septalplatten entwickelt sich bei den meisten in sehr verschiedenem Grade der Ausbildung ein intermediäres Canalsystem, wodurch die Rotalideen sich einigermaassen den Nummulitideen annähern. Zugleich nimmt in wechselnder Intensität und Ausdehnung eine accessorische dichte porenlose Kalksubstanz (Carpenter's supplemental skeleton) mehr weniger wesentlichen Antheil an der Bildung des Gehäuses. Bald füllt sie nur den Nabel aus, eine compacte Säule bildend; bald drängt sie sich mehr weniger in die Interseptalräume der Kammern ein oder bildet auch zwischen den Windungen selbst eine trennende Schicht; oder sie schiesst in radialen Fortsätzen an, welche, in verschiedener Tiefe zwischen den einzelnen Windungen entspringend, über den äusseren Kammerrand hinaus fortsetzen und dem Gehäuse eine sternförmige Gestalt ertheilen (*Calcarina*); oder endlich sie häuft sich an unbestimmten Stellen der Schalenoberfläche in höckerigen Auswüchsen an. Die Schale selbst ist stets compacter und dicker, als bei den Globigerinideen und wird nur von sehr feinen, aber gedrängt stehenden Porencanälen durchzogen.

In der Nabelregion entwickelt sich bisweilen ein accessorischer Zellenapparat, bald nur rudimentär bald eine sternförmige Ausbreitung bildend, gleichwie bei den asterigerinen *Discorbis*-Arten, bald eine röhrige Ausfüllung der conischen Nabelhöhlung darstellend (*Patellina* Will., bei welcher überdies die Kammern durch accessorische Septa unterabgetheilt sind).

Die Kammern stehen entweder sämmtlich in vollkommener regelmässiger Spirale (*Rotalia, Calcarina*). oder ihre Anordnung schlägt in der Folge in die cyclische um (*Patellina*).

Ein anderes, sehr wesentliches Unterscheidungsmerkmal von den Globigerinideen bietet die Mündung dar. Während bei diesen die einzelnen Kammern durch keine grössere Mündung mit einander in Verbindung stehen, findet bei den Rotalideen eine directe Communication mit den Nachbarkammern jedesmal statt. Die Mündung wechselt übrigens sehr in ihrer Form und stellt eine bald kürzere, bald längere, bald breitere, bald schmälere, bald gerade, bald gebogene Spalte dar. Bisweilen zerfällt dieselbe durch sehr schmale Querbrücken in eine Reihe von Poren.

Von den Rotalideen weichen die verwandten Polytremideen in mancher Beziehung ausnehmend ab. Das Gehäuse zeigt nur in einem Embryonaltheile Spuren spiraler Anordnung, während sich die meist sehr zahlreichen jüngeren Kammern entweder cyclisch gruppiren oder regellos nebeneinander oder übereinander häufen. Die äussere Form ist meistens sehr unregelmässig, bald kugelig oder etwas conisch (*Tinoporus* Montf.), bald incrustirend und sich mehr weniger einfach flächenartig ausbreitend (*Polytrema*), bald verzweigte grosse unregelmässige Platten zusammensetzend (*Eozoon*), bald sich knollig oder in baumförmiger Verzweigung erhebend (*Polytrema*). Die Kammern besitzen nur einfache Scheidewände; aber auch hier entwickelt sich stellenweise in säulenförmigen oder regellosen Partieen die accessorische nicht poröse Kalksubstanz.

Die Familie der Rotalideen scheint in der oberen Kreide Sachsens nur durch eine Species der Gattung *Rotalia* vertreten zu sein.

Rotalia Lam.

Das Gehäuse regelmässig spiral eingerollt, im Umrisse sehr wechselnd vom Kreiselförmigen einerseits bis zum Kegelförmigen, andererseits bis zum Kugeligen. Die Spiralfläche, welche äusserlich sämmtliche Windungen erkennen lässt, gewöhnlich weniger gewölbt, als die Nabelseite, welche alle Grade der Wölbung bis zur conischen Erhebung darbietet und auf der nur die Kammern des letzten Umganges sichtbar sind. Selten findet das Gegentheil statt, ja die Nabelseite steigt mitunter in Gestalt eines ziemlich hohen Kegels empor. Die Mündung öffnet sich als eine kürzere oder längere halbmondförmige Spalte ziemlich in der Mitte des inneren Kammerrandes dicht am vorhergehenden Umgange.

1. R. umbilicata d'Orb. var. nitida Rss. — Taf. II. 23. Fig. 12.

1845. *Rotalina nitida* Reuss, Verstein. d. böhm. Kreideform. 1. pag. 35. Taf. 8 fig. 52; Taf. 12. fig. 8. 20. (icon mala)
1851. *Rotalina umbilicata* Reuss, Foram. und Entom. d. Kreidemerg. v. Lemberg pag. 35.
1860. *Rotalia nitida* Reuss, Sitzungsber. d. k. Akad. d. Wissensch. Bd. 40. pag. 222.
1861. *Rotalia nitida* Reuss, ebendaselbst. Bd. 44 pag. 336.
1862. *Rotalia nitida* Reuss, ebendaselbst. Bd. 46. pag. 82.
1865. *Rotalia umbilicata* Reuss, ebendaselbst, Bd. 52. pag. 13.
1870. Karrer, Jahrb. d. k. k. geolog. Reichs-Anst. Bd. 20. pag. 184.
1870. Günbel, Sitzungsber. d. k. baier. Akad. d. Wissensch. pag. 283, 287.

Das Gehäuse ist fast stets beträchtlich kleiner, als bei den typischen Formen der R. *umbilicata* d'Orb. [1]), fast ebenso hoch, als breit, kreiselförmig, fast halbkugelig oder niedrig und stumpf conisch, an

---

[1]) d'Orbigny, l. c. pag. 32. Taf. 3. fig. 4—6. — *Rotalia turgida* v. Hagenow. in Leonh. und Bronn's Jahrb. 1842. pag. 570. Taf. 9. fig. 22.

der Peripherie abgerundet oder etwas gekantet, mit engem, aber deutlichem Nabel. Die Spiralseite wenig gewölbt mit drei deutlichen schmalen Umgängen, welche eine flache, bisweilen in der Mitte selbst etwas eingedrückte Spira bilden. Der letzte Umgang erscheint durch die etwas gewölbten 6—7 vierseitigen Kammern und die meistens nur seicht vertieften wenig schiefen Nähte etwas knotig. Auf der viel gewölbteren Nabelseite werden die dreieckigen Kammern nur durch lineare Nähte begrenzt; die letzte Kammer tritt jedoch besonders stark gewölbt hervor. Die Mündung bildet eine schmale halbmondförmige Spalte in der Mitte des inneren Kammerrandes hart am vorhergehenden Spiralumgang.

Gemein im Pläner von Strehlen, nicht selten bei Weinböhla, sehr selten am Rathsweinberge bei Meissen. — Häufig im Baculitenthon, selten im Pläner Böhmens, im westphälischen Senon und Pläner, in der norddeutschen oberen Kreide, im Mucronatenmergel von Lemberg, in der oberen Kreide von Leitzersdorf (N.-Oesterreich), in den Gosaumergeln von Götzreuth und in den Belemnitellenschichten von Pattenau in Baiern, im senonischen Grünsande von New-Jersey, in der Kreide vom Kanara-See in der Dobrudscha. Sehr selten steigt die Species bis in den norddeutschen Gault hinab.

Die typischen Formen der *R. umbilicata* d'Orb. sind aus der weissen Kreide Frankreichs, Englands und der Insel Rügen bekannt.

Sehr verwandte Formen kommen auch in den tertiären Schichten vor und leben noch in den heutigen Meeren.

B. Porenlose Foraminiferen.

Die kalkige Schale dicht, porcellanartig, ohne Poren und Porencanäle. Das Gehäuse ein- oder mehrkammerig.

I. Cornuspiridea.

Gehäuse einkammerig, fast kreisrund, tellerförmig, gewöhnlich im Centrum seicht vertieft, gleichseitig, gebildet durch eine kalkige Röhre ohne Scheidewände, deren mehr weniger zahlreiche Spiralwindungen nur am Rande dicht aneinander liegen, auf beiden Flächen aber sämmtlich sichtbar sind. Die einfache Kammerhöhlung mündet am Ende des letzten Umganges entweder in ihrer ganzen Weite oder verengt aus. Die einzige hierher gehörige Gattung ist

Cornuspira Schultze.

Die bald wenig, bald sehr zahlreichen Windungen nehmen entweder sehr langsam und wenig oder beträchtlich und rasch an Höhe zu. Die Kammerröhre ist drehrund oder in verschiedenem Grade zusammengedrückt, bisweilen auf den Seiten rinnenartig ausgehöhlt, mit gerundetem oder gekantetem Rücken. Die Schalenoberfläche nur mit einfachen Anwachslinien oder mit stärkeren kreisförmigen, seltner mit spiralen Streifen.

1. C. cretacea Rss.

1845. *Operculina cretacea* Reuss, Verstein. d. böhm. Kreideform. 1. pag. 35. Taf. 13. fig. 64, 65.
1860. Reuss, Sitzungsber. d. k. Akad. d. Wissensch. Bd. 40. pag. 177. Taf. 1. fig. 1.
1862. Reuss, ebendaselbst, Bd. 46 pag. 34. Taf. 1. fig. 10—12.
1865. Reuss, ebendaselbst, Bd. 52. pag. 15.
1870. Gümbel, Sitzungsber. d. k. baier. Akad. d. Wissensch. pag. 282, 286.

Kreisrund oder breit-elliptisch, dünn-scheibenförmig, in der Mitte beiderseits seicht ausgehöhlt, an der Peripherie gerundet. 10—15 drehrunde, durch deutliche Nähte gesonderte Umgänge, die nur sehr wenig involut sind und an der Innenseite nur eine schwache Längsrinne zeigen zur Aufnahme der nächstvorhergehenden Windung. Sie nehmen nach aussen hin nur sehr langsam und wenig an Höhe zu; nur der letzte wird rasch fast doppelt so hoch, als der vorletzte und stärker involut. Bisweilen zieht sich derselbe gegen das Ende hin etwas zusammen, wodurch die Mündung verengert, halbmondförmig wird. Die Schalenoberfläche trägt entweder nur undeutliche Anwachslinien oder sie ist in seltneren Fällen mit ziemlich regelmässigen starken ringförmigen Streifen bedeckt.

In dem norddeutschen Gault kommen in Gesellschaft spärlicher typischer Formen weit zahlreichere abnorm gebildete vor. Bei denselben sind die Windungen entweder nicht in einer Ebene, sondern in einer offenen conischen Spirale eingerollt oder sie sind ganz regellos zu einem Knäuel zusammengeballt, welcher knopfförmig in der Mitte des Gehäuses hervorragt und bald nur die innersten Windungen, bald den grösseren Theil derselben umfasst, so dass sich nur die äussersten in normaler Weise in einer Ebene um diesen Knopf herumlegen.[1] In der oberen Kreide sind mir dergleichen anomale Bildungen bisher noch nicht vorgekommen.

Cyclolina cretacea d'Orb.[2] aus dem Cenoman Frankreichs dürfte wohl nichts als eine *Cornuspira* sein. Die Annahme ihres ganz eigenthümlichen Baues scheint nur das Product von Selbsttäuschung zu sein. Der Species nach ist sie aber jedenfalls von *Cornuspira cretacea* verschieden.

In der Schalenform kommen *Spirillina* Ehrb. und *Ammodiscus* Rss. mit *Cornuspira* überein. Erstere weicht aber durch ihre poröse Kalkschale, letztere Gattung, welcher auch *Operculina incerta* d'Orb., lebend an den Küsten von Cuba und Martinique, angehört, durch die kieselige Beschaffenheit der Schale von *Cornuspira* ab. *C. cretacea* besitzt eine beträchtliche verticale Verbreitung. Sie ist nicht selten im Pläner von Strehlen, sehr selten im senonen Mergel mit Zeichen bei Wehlen. Ueberdies im Baculitenthon und Pläner Böhmens, im Senon, Pläner und Diluvialsand Westphalens, in der norddeutschen oberen Kreide, in den Gosauschichten von Götzreuth und in den Belemnitellenschichten von Pattenau in Baiern, in der Feuersteinkreide vom Kanara-See in der Dobrudscha, endlich ziemlich verbreitet im Gault Westphalens und Norddeutschlands.

C. Kieselschalige Foraminiferen.

Die Schale ist in ihrer Gesammtheit in verschiedenem Grade aus kleinen sandartigen eckigen Körnern amorpher Kieselsäure aufgebaut, welche durch eine wechselnde Menge kalkigen Cementes verkittet werden. Behandelt man solche Schalen mit schwacher Säure, so wird bei Vorwiegen der Kieselkörner das Kalkcement ausgezogen und es bleibt ein poröses Kieselskelet zurück, welches den äusseren Umriss der Schale beibehält. Ist jedoch das kalkige Bindemittel in etwas reicherem Maasse entwickelt, so zerfällt beim Auflösen die Schale in ein Häufchen von Kieselkörnern. In allen Fällen fehlen jedoch der Schale alle Poren und Porencanäle.

Von diesen kieseligen Gehäusen sind jene wohl zu unterscheiden, welche ihrer Hauptmasse nach kalkig (porös oder porenlos) sind und nur in ihrer oberflächlichen Schichte Kieselkörner — meistens von etwas grösseren Dimensionen — mechanisch aufgenommen oder nur oberflächlich angeklebt haben. Sie spielen unter den Foraminiferen dieselbe Rolle, wie manche Xenophora-Arten unter den Mollusken. Man beobachtet diese Erscheinung sowohl an Arten mit poröser, als auch mit porcellanartiger Kalkschale (*Textilaria*, *Triloculina*, *Quinqueloculina* u. a.).

---

[1] Reuss, Sitzungsber. d. k. Akad. d. Wissensch. Bd. 46. pag. 34. Taf. 1. fig. 11, 12.
[2] d'Orbigny, Foraminif. foss. du bass. tert. de Vienne. pag. 139. Taf. 21. fig. 22—25.

I. Lituolidea.

Gehäuse frei oder angewachsen, vollkommen oder theilweise spiral eingerollt und sich später gerade streckend oder die Kammern nach einer einfachen, fast geraden oder etwas gekrümmten Axe aneinander gereiht. Die Kammern oft sehr wenig regelmässig, mit einfacher ununterbrochener Höhlung oder im Innern durch mehr weniger zahlreiche, sehr regellose Schalenfortsätze unterabgetheilt. Die Mündung einfach oder mehrfach, die Mundfläche siebartig durchlöchernd.

Die englischen Foraminiferen-Forscher vereinigen fast alle Lituolideen-Formen in der Gattung *Lituola*, die dadurch einen sehr weiten Umfang erhält. Ich ziehe es schon aus paläontologischen Gründen vor, dieselben trotz ihrer unläugbaren grossen Verwandtschaft in mehrere Sippen zu ordnen. Dieselben ergeben sich aus nachstehendem Schema:

1. Gehäuse aufgewachsen: *Polyphragma* Rss.

2. Gehäuse frei.

   a. Kammerhöhlung einfach, ununterbrochen. *Haplophragmium* Rss.

     α. Vollkommen spiral eingerollt, Mündung halbmondförmig, am inneren Rande Mundfläche zunächst dem vorhergehenden Umgange (Nonioninen-Form).

     β. Gehäuse mit spiralem Anfangstheile, später gerade gestreckt, bischofsstabförmig, Mündung einfach oder mehrfach, terminal (Spirolinen-Form).

     γ. Gehäuse vollständig spiral. Mündung rundlich oder elliptisch, beiläufig in der Mitte der senkrechten gewölbten Mundfläche (*Orbignyina* Hag.).

   b. Kammerhöhlung durch regellos verzweigte Septa unterbrochen, zellig.

     α. Gehäuse anfänglich spiral eingerollt, später gerade gestreckt, bischofsstabförmig, Mündung dendritisch verzweigt oder mehrfach. *Lituola* Lam.

     β. Kammern in einfacher Reihe übereinander stehend. Gehäuse nach Nodosarien-Art gerade oder nach Dentalinen-Art gebogen. Die terminale Mündung einfach: *Haplostiche* Rss.

Im sächsischen Pläner sind nur die Sippen *Haplophragmium* und *Haplostiche* vertreten.

Haplophragmium Rss.

Die Kammern mit einfacher ununterbrochener Höhlung sind entweder insgesammt spiral eingerollt oder die jüngeren reihen sich in gerader Linie aneinander, wodurch das Gehäuse eine bischofsstabartige Gestalt erlangt. Im ersteren Falle sind die Kammern meist regelmässig, das Gehäuse gleichseitig; im zweiten unterliegen die Kammern manchen Unregelmässigkeiten in der Gestalt und Stellung. Mündung einfach, terminal, median oder basilar oder mehrfach, terminal. Die Schalenoberfläche mit groben Rauhigkeiten bedeckt.

   1. H. irregulare Röm. sp.

1839. *Spirolinites Stokesi Murchisoni, Mantelli, Bucklandi*, Nordhampton in Mantell, Wonders of Geologie pag. 297. Taf. 34. fig. 1. 2; Taf. 35. fig. 1. 2.
1841. *Spirolina irregularis* Römer. Verstein. d. nordd. Kreidegeb. pag. 98. Taf. 15. fig. 29.
1841. *Spirolina lagenalis* Römer. l. c. pag. 98. Taf. 15. fig. 29.
1842. *Spirolina irregularis* und *lagenalis* Geinitz, Charact. d. sächsischen Kreidesch. pag. 70.
1845. *Spirolina inaequalis* (error typi) Reuss, Verstein. d. böhm. Kreideform. I. pag. 35 Taf. 8. fig. 62—66, 75.
1846. *Spirolina irregularis* Geinitz, Grundriss d. Versteinerungskunde pag. 659.
1854. *Spirolina irregularis* Reuss, Denkschrift. d. k. Akad. d. Wissensch. Bd. 7. pag. 68.

1860. *Haplophragmium aequale* Reuss. Sitzungsber. d. k. Akad. d. Wissensch. Bd. 40. pag. 218. Taf. 11. fig. 2, 3.
1860. Reuss, Sitzungsber. d. k. Akad. d. Wissensch. Bd. 40. pag. 219. Taf. 10. fig. 9; Taf. 11. fig. 1.
1861. Reuss ebendaselbst. Bd. 44. pag. 308.
1870. Gümbel. Sitzungsber. d. k. Bayer. Akad. d. Wissensch. pag. 286.
1872. Geinitz. das Elbthalgebirge in Sachsen. I. 4. pag. 139.

Bis 4—5 mm. hoch und bis 2,4—2,5 mm. breit, sehr wandelbar in ihrer Form, gewöhnlich flaschen-
oder bischofsstabförmig. Die ältesten 8—10 Kammern, ungleich in Form und Grösse, meist keilförmig,
bilden eine bald fast kugelige, bald etwas zusammengedrückte, in der Mitte vertiefte Spira: die folgenden
5—6 stehen in gerader Reihe übereinander und bilden einen meistens walzenförmigen, selten etwas zusammengedrückten Fortsatz, der bald aus der Seite, bald aus der Mitte der Spira (*Sp. lagenalis* Röm.) entspringt.
Uebrigens sind sie gewöhnlich breiter als hoch, von sehr ungleicher Grösse, oft sehr abnorm gestaltet, auf
einer Seite höher, als auf der anderen, bis zum Keilförmigen, durch schmale, aber tiefe Nähte gesondert.
Die letzte Kammer ist oben etwas zusammengezogen, mit wenig gewölbter Mundfläche. Auf dieser stehen
2—6 kleine rundliche Mündungen regellos oder in ziemlich regelmässigem Kreise gestellt.

Besonders im Pläner verbreitet. Sehr häufig im Pläner von Strehlen und Weinböhla, im senonen Mergel
von Zeichen bei Wehlen (meistens zufällig zusammengedrückt). Im Pläner Böhmens, Westphalens und Norddeutschlands, im Senon und Diluvialsande von Westphalen, im Mucronatenmergel von Lemberg, im norddeutschen Senon, in den Mergeln des Gosauthales, in den Belemnitellenschichten von Pattenau in Baiern, in
der englischen Schreibkreide, im Kreidetuff von Maastricht. Auch im Cenoman Böhmens, Sachsens und Norddeutschlands.

2. H. aequale Röm. sp.

1841. *Spirolina aequalis* Römer, Versteinerungen d. nordd. Kreidegeb. pag. 98. Taf. 15. fig. 27.
1850. *Lituola aequalis* d'Orbigny, Prodr. de paléont. strat. II. pag. 95. Nro. 1554.
1862. Reuss. Sitzungsber. d. k. Akad. d. Wissensch. Bd. 46. pag. 29. Taf. 1. fig. 1—7.

Die typischen Formen scheinen auf die tieferen Kreideschichten, besonders den norddeutschen Hils,
beschränkt zu sein. In Folge der grossen Veränderlichkeit der Kammern ist ihr Umriss selbst sehr wandelbar. Das Gehäuse ist bald ziemlich schmal und cylindrisch, bald breiter und etwas, wenngleich immer nur
wenig, zusammengedrückt. Die ersten Kammern sind zu einer bald mehr, bald weniger deutlichen Spira
eingerollt, die etwas stärker comprimirt ist und den gerade gestreckten Theil des Gehäuses nur wenig oder
gar nicht an Breite übertrifft. Nur die Nähte der letzten Kammer sind etwas mehr vertieft, aber immer
schmal. Die letzte Kammer, meistens höher als breit oder doch ebenso hoch, zieht sich oben rasch zur
stumpfen Spitze zusammen, welche selten 2—3 kleine Mündungen, öfter eine einfache Mündung trägt. Diese
ist grösser und offenbar durch das Zusammenfliessen mehrerer kleinerer entstanden, daher mehr weniger
langgezogen oder selbst unregelmässig gelappt.

An den sehr seltenen Exemplaren aus dem Pläner von Strehlen treten nicht sämmtliche eben an-
geführte Unterscheidungsmerkmale in gleicher Schärfe hervor.

Haplostiche Rss.

Das freie verlängerte Gehäuse gerade oder etwas gebogen, selbst in seinem Anfangstheile nicht
spiral eingerollt. Die meistens sehr unregelmässigen, im Innern durch secundär regellose Septa unter-
abgetheilten Kammern stehen in einfacher gerader oder gekrümmter Reihe übereinander. Die Mündung einfach oder mehrfach.

1. **H. foedissima** Rss. -- Taf. II. 24. Fig. 1—3.

1860. *Dentalina foedissima* Reuss, Sitzungsber. d. k. Akad. d. Wiss. Bd. 40. pag. 189. Taf. 3. fig. 2, 3.

Die Species, welche ich früher irriger Weise der Gattung *Dentalina* einverleibte, gehört unter die *Haplostiche*-Arten mit etwas gebogenem Gehäuse. Zuerst in dem Diluvialsande von Hamm in Westphalen aufgefunden, liegt sie jetzt in reicher Auswahl aus dem Pläner von Weinböhla und Strehlen vor. Meistens sind es jedoch nur Bruchstücke; vollständige Schalen sind eine seltene Erscheinung. Die grössten erreichen jedoch nur eine Länge von 3.5—4 mm., während ich unter den westphälischen solche von 7.63 mm. Länge fand. Das Gehäuse ist schwach gebogen oder beinahe gerade und verschmälert sich nach unten nur langsam. Die Kammern sind von sehr ungleicher und unregelmässiger Gestalt, vielfach höckerig und verdrückt und mit groben Rauhigkeiten bedeckt. Nach oben hin nehmen sie allmählich an Grösse zu. Die unteren sind breiter als hoch; nur an den jüngsten wird die Breite öfters von der Höhe übertroffen. Die Naht-furchen sind ebenfalls sehr ungleich und regellos, im oberen Theile öfters an Tiefe zunehmend, wodurch die Kammern eine grössere Wölbung annehmen. Die letzte Kammer spitzt sich zu einem kurzen centralen Schnabel zu, welcher die unregelmässig gestaltete einfache Mündung trägt.

In Gesellschaft der eben beschriebenen typischen Formen kommen noch andere von etwas ab-weichendem Baue vor, die man mit dem Namen *Var. marginuloides* bezeichnen kann. Sie sind verlängert-oval, oben kurz und stumpf zugespitzt, unten oft etwas gebogen, meistens zusammengedrückt. Aeusserlich ist entweder gar keine Spur von Kammerabtheilung wahrnehmbar oder es werden nur die jüngsten durch seichte, wenig deutliche Furchen angedeutet. Auf einem Verticalschnitt überzeugt man sich, dass die etwas gebogenen Kammerhöhlungen niedrig, viel breiter als hoch sind. Nicht immer sind aber die angegebenen Kennzeichen so deutlich ausgesprochen. Man kann mancherlei Uebergänge zu den gewöhnlichen typischen Dentalinenformen beobachten.

2. **H. dentalinoides** n. sp. — Taf. II. 24. Fig. 4—6.

Von der verwandten vorigen Species unterscheidet sie sich durch die weit regelmässigere Gestaltung der Kammern und durch die viel feineren Rauhigkeiten der Schalenoberfläche. Fast stets konnte ich auch hier nur Fragmente beobachten. Vollständige Exemplare erreichen die Länge von 4—4,5 mm. Obwohl es an regellos verbogenen Gehäusen nicht fehlt, ist dasselbe doch meistens nur schwach gekrümmt, einer *Den-talina* ähnlich, oben kurz zugespitzt, unten allmählich in eine stumpfe Spitze auslaufend. 8—9 Kammern, die unteren breiter als hoch, durch seichte Nähte gesondert. Nur die obersten Nähte werden etwas tiefer. Die letzte Kammer ist eiförmig, bisweilen höher als breit und oben in eine kurze Spitze zusammengezogen, welche die einfache Mündung trägt.

Häufig im Pläner von Strehlen, sehr seltene Bruchstücke in jenem von Weinböhla.

3. **H. clavulina** n. sp. — Taf. II. 24. Fig. 7, 8.

So zahlreich die Exemplare sind, welche mir aus dem senonen Mergel von Zeichen bei Wehlen vor-liegen, befindet sich unter denselben doch keines, dessen Embryonaltheil vollständig erhalten wäre. Die grössten Bruchstücke messen 4—5 mm. in der Länge. Sie sind oftmals unregelmässig verbogen und verschmälern sich nach abwärts nur sehr langsam und wenig. Die zahlreichen Kammern sind stets beträchtlich breiter als hoch und durch schmale, jedoch ziemlich tiefe Nähte geschieden. An den Querscheidewänden der Kam-mern erkennt man mehrere, nicht selten zusammenfliessende Communicationsöffnungen. Das obere Ende der letzten Kammer, das sehr flach gewölbt, beinahe abgestutzt ist, bietet jedoch gewöhnlich nur eine grössere, mitunter unregelmässige Mündung dar. Die Schalenoberfläche ist mit groben Rauhigkeiten bedeckt.

4. H. constricta Rss. — Taf. II. 24. Fig. 9—12.

1845. *Nodosaria constricta* Reuss. Verstein. d. böhm. Kreideform. I. pag. 26. Taf. 13. fig. 12, 13.

Die sächsischen Exemplare sind beträchtlich grösser, als die von mir zuerst im böhmischen Baculitenthon aufgefundenen. Sie ähneln jugendlichen Exemplaren der *N. födissima*, lassen sich aber bei genauerer Untersuchung leicht unterscheiden.

Das Gehäuse, welches aus verhältnissmässig groben Kieselkörnern zusammengekittet erscheint, ist fast stets gerade und besteht nur aus 3—4 Kammern. Sehr selten steigt ihre Zahl auf 5 oder 6. Die erste Kammer ist gerundet, bisweilen mit einem kurzen Centralstachel versehen, die übrigen sind stark gewölbt, breiter als hoch, mitunter niedergedrückt und unregelmässig. Die letzte verlängert sich in einen röhrenförmigen Schnabel, der die Mündung trägt. Alle, besonders die oberen werden durch tiefe Nahteinschnürungen gesondert; ja bisweilen ist diese Einschnürung so stark, dass die Kammern nur durch eine kurze Röhre verbunden erscheinen.

Häufig im Mergel bei der Ziegelei von Pennrich an der Strasse nach Kesselsdorf.

II. Uvellidea.

Das Gehäuse sehr veränderlich in seiner Form, vom Kugeligen durch das Kreiselförmige, Konische, Pyramidale bis zum verlängert Cylindrischen und Linearen. Die Kammern selten in einer kugelförmigen, meistens in einer schraubenförmigen Spira aufgerollt, welche bisweilen dreiseitig-pyramidal erscheint, indem die Kammern regelmässig in drei alternirenden Längsreihen übereinander stehen. Seltener sind sie in zwei parallelen Wechselreihen angeordnet. Die einfache Mündung ist selten terminal, rund oder länglich, gewöhnlich lateral, am innern Rande der Kammer spaltenförmig.

Häufig treten in dieser Familie Mischtypen auf von Uvellideen- und Rhabdoideen-Form (*Clavulina* d'Orb. — Clavulinenformen von *Valvulina*, *Verneuilina* und *Ataxophragmium* — Form, *Bigenerina* — Clavulinenform von *Plecanium*) und von Uvellideen- und Textilarideen-Form (*Gaudryina* d'Orb.).

Tritaxia Rss.

Gehäuse dreiseitig pyramidal oder von ovalem Umrisse, scharf dreikantig. Die niedrigen Kammern stehen in drei geraden Wechselreihen übereinander und bilden dreikammerige Umgänge, die zu einer schraubenförmigen Spira verbunden sind. Die Nähte meistens undeutlich. Die letzte Kammer läuft in eine kurze Spitze aus, welche die terminale runde Mündung trägt.

1. Tr. tricarinata Rss.

1845. *Textularia tricarinata* Reuss, Verstein. d. böhm. Kreideform. I. pag. 39. Taf. 8. fig. 60.
1851. *Verneuilina dubia* Reuss, Foramnif. u. Entomostr. d. Kreidem. v. Lemberg, pag. 40. Taf. 4. fig. 3.
1860. Reuss, Sitzungsber. d. k. Akad. d. Wiss. Bd. 40. pag. 228. Taf. 12. fig. 1, 2.
1862. Reuss, ebendas. Bd. 46. pag. 82.
1865. Reuss, ebendas. Bd. 52. pag. 14.
1870. *Verneuilina dubia* Karrer, Jahrb. d. k. k. geol. Reichs-Anst. Bd. 20. pag. 163.

Das Gehäuse bis 1 mm. hoch bei 0,5—0,6 mm. grösster Breite, in der Seitenansicht etwas verlängert elliptisch, an beiden Enden fast gleichmässig stumpf zugespitzt oder beinahe abgerundet, scharf dreikantig mit seicht ausgehöhlten Seitenflächen. In jeder Verticalreihe 4—6 ebene, am Rande scharfkantige, niedrige, wenig schiefe Kammern, deren Grenzen äusserlich durch meistens sehr undeutliche lineare Nähte angedeutet werden. Die letzte Kammer sehr schwach gewölbt, oft mützenförmig auf den übrigen aufsitzend, auf kurzer, stumpfer Spitze die feine runde Mündung tragend. Selten rückt diese etwas tiefer von der Spitze der Kammer herab. Die Schalenoberfläche mit ziemlich feinen Rauhigkeiten bedeckt.

· Sehr häufig im Pläner von Strehlen und Weinböhla, selten bei Zschertnitz unweit Dresden, sehr selten am Rathsweinberge bei Meissen. Ueberdies im Pläner und Baculitenthon Böhmens, in der oberen Kreide von Leitzersdorf (N.-Oesterreich), im westphälischen Pläner und Senon, im Mucronatenmergel von Lemberg, in der Feuersteinkreide vom Kanara-See in der Dobrudscha; selten im Cenoman und Gault Norddeutschlands.

2. Tr. pyramidata Rss.

1862. Reuss, Sitzungsber. d. k. Akad. der Wiss. Bd. 46. pag. 32. Taf. 1. fig. 9.

Grösser als die vorige Species, verkehrt-dreiseitig pyramidal, scharf dreikantig, aber sehr kurz und stumpf zugespitzt oder beinahe abgerundet, mit ebenen oder häufiger seicht ausgehöhlten Seitenflächen. 11—12 niedrige, fast quere Kammern stehen in einer Längsreihe übereinander und werden durch schmale seichte Nähte gesondert, die stets viel deutlicher sind, als bei Tr. tricarinata. Die rundliche Mündung steht auf oder nur wenig unter dem Scheitel der letzten Kammer.

Sehr selten in den cenomanen Plänerschichten der Rathsweinberge bei Meissen. Sie scheint im Cenoman ihren Hauptsitz zu haben und dort die Tr. tricarinata zu vertreten. Sie ist in diesen Schichten Norddeutschlands weit verbreitet. Selten erscheint sie im Gault, sowie in der norddeutschen oberen Kreide und im Kreidedetritus von Charing in England.

Verneuilina d'Orb.

Die Gattung stimmt in Betreff ihres Schalenbaues im Allgemeinen mit *Tritaxia* überein. Das dreiseitig-pyramidale gekantete Gehäuse besteht aus niedrigen Kammern, welche in drei alternirenden Verticalreihen regelmässig übereinander stehen. Je drei bilden eine Spiralwindung, welche zu einer schraubenförmigen Spira verbunden sind. Nur die nackte Mündung weicht ab. Dieselbe ist spaltenförmig und liegt am inneren Rande der letzten Kammer.

1. V. Bronni Rss.

1845. Reuss, Verstein. d. böhm. Kreideform. l. pag. 38. Taf. 12. fig. 3.
1851. Reuss, Foraminif. u. Entomostr. v. Lemberg, pag. 40. Taf. 4. fig. 2.
1860. Reuss, Sitzungsber. d. k. Akad. d. Wiss. Bd. 40. pag. 227.
1870. Gümbel, Sitzungsber. d. k. baier. Akad. d. Wiss. pag. 282.
1870. Karrer, Jahrb. d. k. k. Reichs-Anst. Vol. 2. pag. 163.

Das kleine Gehäuse verkehrt-dreiseitig pyramidal, ziemlich scharfkantig, mit ebenen, nur in der Mitte kaum vertieften Seitenflächen, unten zugespitzt, oben sehr wenig gewölbt, beinahe abgestutzt. 9—10 dreikammerige Windungen mit niedrigen, ebenen, schrägen, durch kaum gebogene sehr undeutliche Nähte geschiedenen Kammern, deren oberste, besonders die letzte, auf der Oberseite mässig gewölbt sind. Die spaltenförmige Oeffnung längs des inneren Randes der letzten Kammer einer der Seitenflächen des Gehäuses parallel verlaufend.

. Nicht selten im Pläner von Strehlen, sehr selten im tieferen Pläuer der Rathsweinberge bei Meissen. — Im Baculitenthon Böhmens, im westphälischen Senon, im Mucronatenmergel von Lemberg, in den Gosauschichten von Götzreuth in Baiern, in der oberen Kreide von Leitzersdorf (N.-Oesterreich), im Kreidedetritus von Charing (England).

2. V. Münsteri Rss.

1838. *Textularia triquetra* (v. M.). Romer in Leonhard u. Bronn's Jahrb. pag. 384. Taf. 3. fig. 19.
1845. *Textularia triquetra* Reuss. Verstein. d. böhm. Kreideform. I. pag. 39. Taf. 13. fig. 77.
1851. Denkschr. d. k. Akad. d. Wiss. Bd. 7. pag. 71. Taf. 26. fig. 5.
1860. Reuss. Sitzungsber. d. k. Akad. d. Wiss. Bd. 40. pag. 227.
1870. Karrer. Jahrb. d. k. k. geol. Reichs-Anst. Bd. 20. pag. 163.

Das Gehäuse stets etwas grösser, als bei der vorigen Species, dreiseitig-pyramidal, scharfkantig, mit seicht ausgehöhlten Seitenflächen. 7—8 dreikammerige Umgänge, aus niedrigen, flachen, schrägen Kammern. Die Nahtverbindungen treten als sehr flache rippenartige Erhöhung hervor. Die Mündung eine kurze Spalte längs des inneren Randes der oben wenig gewölbten letzten Kammer, parallel einer Seitenfläche des Gehäuses.

Selten im Pläner von Strehlen; schlecht erhaltene Steinkerne im senonen Mergel von Zeichen bei Wehlen. — Im böhmischen Baculitenthon, im Senon, Pläner und Diluvialsand Westphalens, in den Mergeln der Gosan, in der oberen Kreide von Leitzersdorf (N.-Oesterreich); überdies im norddeutschen Cenoman und im Gault Westphalens.

Ataxophragmium Rss.

Diese Gattung vertritt in der Reihe der kieselschaligen Foraminiferen die kalkschaligen Buliminen und stimmt mit denselben im Baue auch grösstentheils überein. Das an den Seiten gerundete, nicht gekantete Gehäuse wechselt im Umrisse sehr vom Kugeligen bis zum Verkehrt-Kegelförmigen. Die sehr ungleichen Kammern sind in einer bald rechts-, bald linksläufigen schraubenförmigen Spirale, die nicht selten unregelmässig wird, aufgerollt. Die letzten Kammern werden mitunter beinahe ringförmig und stehen dann in gerader Reihe übereinander. Die Kammerhöhlungen sind gewöhnlich nicht ununterbrochen, sondern durch mehr weniger unregelmässige secundäre Septa unterabgetheilt. Die Mündung stimmt mit jener der Buliminen überein; sie stellt eine kommaförmige Spalte dar, welche auf der Mundfläche der letzten in senkrechter Richtung gegen deren inneren Rand verläuft.

1. A. variabile d'Orb. sp.

1839. *Bulimina variabilis* d'Orbigny, l. c. pag. 40. Taf. 4. fig. 9—12.
1845. *Bulimina variabilis* Reuss, Verstein. d. böhm. Kreideform. I. pag. 37. Taf. 8. fig. 56, 76, 77.
1851. *Bulimina variabilis* Reuss, Foraminif. u. Entomostr. d. Kreidemergels v. Lemberg, pag. 39.
1860. *Bulimina variabilis* Reuss, Sitzungsber. d. k. Akad. d. Wiss. Bd. 40. pag. 223.
1865. Reuss, Sitzungsber. d. k. Akad. d. Wiss. Bd. 52. pag. 3, 14.

Das Gehäuse wechselt im Umrisse sehr beträchtlich vom Kugeligen bis zum Verlängert-Eiförmigen und ist am unteren Ende zugerundet, am oberen abgestutzt. Die an Grösse und Gestalt sehr ungleichen Kammern sind niedrig bogenförmig bis zum Ringförmigen, bald fast horizontal, bald mehr weniger schräge. Die letzte Kammer ist am grössten und oben abgeplattet, alle sind durch schmale seichte Nähte gesondert. Die spirale Einrollung, welche bald rechts-, bald linksläufig ist, zeigt die verschiedensten Grade und Modificationen. Bisweilen ist sie nur rudimentär, indem das untere Ende des Gehäuses hakenförmig vorwärts umgebogen ist, der grösste Theil der Kammern aber, welche ringförmig sind und durch eine centrale Mündung communiciren, in gerader Reihe übereinander steht. In anderen Fällen bildet sich ein Theil der Kammern spiral eingerollt, so dass die Windungen der Spira in einer Ebene liegen, das Gehäuse daher beinahe gleichseitig erscheint. Meistens ist aber die Spira mehr weniger seitwärts gewendet, wodurch der Umriss des Gehäuses sich dem Kugeligen nähert. Die letzte Kammer bildet dann den grösseren Theil eines Kreisbogens, welcher durch die kommaförmige Spaltmündung unterbrochen wird.

Die secundären Scheidewände der Kammern stehen oft beinahe senkrecht, wodurch ihre Höhlung in zwei Reihen mehr weniger unregelmässiger Zellen unterabgetheilt wird.

A. variabile ist eine der verbreitetsten und häufigsten Foraminiferenspecies der oberen Kreide. Man findet sie häufig im Pläner von Strehlen und Weinböhla, sehr selten auf den Rathsweinbergen von Meissen und im senonen Mergel von Zeichen bei Wehlen. — Gemein im Pläner und Baculitenthon Böhmens und im Mucronatenmergel von Lemberg in Galizien, in der oberen Kreide Norddeutschlands, im Pläner, Senon und Diluvialsande Westphalens, in der weissen Kreide Frankreichs und Englands und in der Kreide am Kanara-See in der Dobrudscha. Nur selten ist sie bisher im Cenoman Böhmens und Norddeutschlands angetroffen worden.

Plecanium Rss.

Das Gehäuse stimmt in seinem Aufbaue völlig mit jenem von *Textilaria* und unterscheidet sich davon nur in der chemischen Zusammensetzung der Schale. Kiesel- und kalkschalige Formen dürfen aber wohl kaum in einer Gattung mit einander vereinigt werden, da die Absonderung chemisch abweichender Schalen unzweifelhaft eine principielle Verschiedenheit in der functionellen Thätigkeit der Sarcodemasse der Thiere voraussetzt. Es handelt sich nämlich hier nicht um ein blosses mechanisches Ankleben von Sandkörnchen an die äusseren Schalenschichten, sondern um eine durchgreifende Verschiedenheit der ganzen Schalenmasse. Wenn dagegen manche Forscher dennoch der Sonderung von *Textilaria* und *Plecanium* ihre Beistimmung versagen, so kann man darin nur einen Mangel an Consequenz sehen. Wer *Cornuspira*, *Spirillina* und *Ammodiscus*, wer *Spirolina* und *Lituola* u. s. w. trennt, muss wohl auch *Plecanium* und *Textilaria* getrennt halten. Ersteres ist im Kreise der kieselschaligen Foraminiferen gleichsam der Stellvertreter der kalkschaligen Textilarien, gerade so wie *Ataxophragmium* die Buliminen vertritt.

Der hervorstechendste Charakter der Gattung *Plecanium* beruht darin, dass die meist niedrigen, queren oder etwas schiefen Kammern in zwei parallelen verticalen Wechselreihen übereinander stehen. Die Mündung ist eine Spalte längs des inneren Randes jeder Kammer, senkrecht auf der Compressionsebene des Gehäuses. Je nach der Form und Grösse der Kammern wechselt das Gehäuse vom Kurz- und Dick-keilförmigen bis zum Schmalen, Verlängerten, mit gerundeten oder winkeligen Seitenrändern. Stets ist es gleichseitig, meistens nur wenig zusammengedrückt.

1. Pl. concinnum Rss.
1846. *Textularia concinna* Reuss, Verstein. d. böhm. Kreideform. II. pag. 109. Taf. 24. fig. 54.
1854. *Textularia concinna* Reuss, Denkschr. d. k. Akad. d. Wiss. Bd. 7. pag. 71. Taf. 26. fig. 6.
1860. *Textularia concinna* Reuss. Sitzungsber. d. k. Akad. d. Wiss. Bd. 40. pag. 233. Taf. 13. fig. 1.

Gehäuse von älteren Exemplaren beträchtlich verlängert, im Verhältnisse der Höhe zur Breite wechselnd, gewöhnlich verkehrt-lanzettlich, mitunter mit beinahe parallelen Seitenrändern, unten stumpf zugespitzt, am oberen Ende flach gewölbt, wenig zusammengedrückt, an den Seiten gerundet. Auf jeder Seite 6—10 ziemlich hohe, fast quere, durch tiefe schmale Nähte gesonderte Kammern. Die Mündung, eine kurze breit-halbmondförmige Spalte, liegt in einer hufeisenförmigen Einbiegung des inneren Randes der letzten Kammer.

Häufig im Pläner von Weinböhla und Strehlen. Doch sind die Schalen daselbst fast stets kleiner, als die böhmischen, sehr uneben und mit groben Rauhigkeiten bedeckt, durch Erosion entstellt und überdies auf mannigfache Art verdrückt. Ihre Bestimmung wäre kaum möglich gewesen, wenn nicht hin und wieder besser erhaltene Fragmente eingestreut wären. — Ausserdem findet man die Species im Cenoman von Weisskirchlitz in Böhmen, im Senon und im Pläner Westphalens und in den Mergeln der Gosau.

2. Pl. Partschi Rss. — Taf. II. 24. Fig. 13.

1860. *Textilaria Partschi* Reuss. Sitzungsber. d. k. Akad. d. Wiss. Bd. 40. pag. 233. Taf. 14. fig. 6 (icon mala).

Diese Species kommt zwar in der oberen Kreide Böhmens vor; die Formen aber, die ich von dort unter diesem Namen beschrieben und nicht ganz treu abgebildet habe [1], gehören zu *Textilaria Baudouiniana* d'Orb. [2]

Pl. Partschi ist lanzettlich-keilförmig, zusammengedrückt, an den Seiten gerundet-winklig, nicht gekantet; nur im unteren Theile tritt das Winklige etwas deutlicher hervor. Das obere Ende ist beinahe abgestutzt, das untere zugespitzt. Jederseits 6—9 niedrige Kammern, deren untere wenig schief, die oberen quer sind. Die Nähte stellen nur vertiefte Linien dar, besonders an den ältesten Kammern. Die Oberseite der letzten Kammer ist kaum gewölbt. beinahe abgestutzt.

Die ziemlich häufigen Exemplare aus dem Pläner von Strehlen sind schlecht erhalten. — Im böhmischen Baculitenthon, im westphälischen Senon.

Bei Strehlen kommt noch eine andere Species von *Plocanium* vor, welche einerseits an *Pl. concinnum* Rss. grenzt, anderseits sich der *Text. anceps* in der Form zu nähern scheint. Obwohl häufig, ist sie doch durchgehends so mangelhaft erhalten. dass an eine genauere Bestimmung nicht zu denken ist.

Gaudryina d'Orb.

Ein häufiger Mischtypus aus der Familie der Uvellideen. Die ältesten sehr kleinen Kammern sind in einer schraubenförmigen Spirale zu einem kleinen gerundeten oder dreikantigen Gewinde aneinander gereiht, ein *Ataxophragmium* oder eine *Verneuilina* darstellend. Die jüngeren stehen dagegen nach dem Textilarien-Typus in zwei geraden verticalen Wechselreihen übereinander. Die Mündung eine kurze Spalte am inneren Rande der letzten Kammer, bisweilen gegen die Mitte derselben hinaufrückend, mitunter gelippt oder als kurze Röhre vorragend.

1. G. rugosa d'Orb.

1839. d'Orbigny, l. c. pag. 44. Taf. 4. fig. 20, 21.
1845. Reuss, Verstein. d. böhm. Kreideform. I. pag. 38. Taf. 12. fig. 15, 24.
1851. Reuss, Foraminif. u. Entomostr. d. Kreiden. v. Lemberg, pag. 41.
1860. Reuss, Sitzungsber. d. k. Akad. d. Wiss. Bd. 40. pag. 229.
1865. Reuss, ebendaselbst Bd. 62. pag. 4, 14.
1870. Karrer, Jahrb. d. k. k. geol. Reichs-Anst. Bd. 20. pag. 166.
1870. Gümbel, Sitzungsber. d. k. baier. Akad. d. Wiss. pag. 256.
1872. Geinitz, d. Elbthalgeb. in Sachsen. I. 4. pag. 140.

Der untere Theil des verlängert-conischen Gehäuses ist dreiseitig-pyramidal, scharfkantig, mit ebenen oder in der Mittellinie schwach vertieften Seitenflächen, stellt daher eine *Verneuilina* dar. Die kleinen Kammern sind niedrig dreiseitig, etwas schräge, äusserlich kaum durch sehr undeutliche Nahtlinien geschieden und stehen, je drei einen Umgang der schraubenförmigen Spirale bildend, regelmässig in drei alternirenden Verticalreihen übereinander.

Die jüngeren Kammern ordnen sich dagegen in zwei senkrechten Wechselreihen über einander und sind viel grösser, etwas niedriger als breit. an den Seiten gewölbt, durch tiefe quere Nähte geschieden. Die letzte Kammer oben gewölbt, mit einem halbmondförmigen Ausschnitte am inneren Rande, der die spaltenförmige Mündung aufnimmt.

---

[1] *Textularia Partschi* Reuss, Verstein. d. böhm. Kreideform. I. pag. 39. Taf. 13. fig. 80.
[2] d'Orbigny, l. c. pag. 46. Taf. 4. fig. 29, 30.

Jugendexemplare zeigen nur den dreikantigen verneuilinenartigen Theil; erst bei fortschreitendem Wachsthume tritt der Textilarientypus auf. Das Verhältniss zwischen dem dreikantigen und dem zweiseitigen Theile des Gehäuses ist jedoch ein sehr wechselndes. Oftmals nimmt der erstere nur einen sehr kleinen Theil des Gehäuses ein und die Kammern reihen sich schon frühzeitig zweiseitig an einander, während in anderen Fällen nur 1—2 Paare zweizeiliger Kammern vorhanden sind.

Ziemlich häufig im Pläner von Strehlen. — Im böhmischen Baculitenthon, im Mucronatenmergel von Lemberg in Galizien, im Senon und Diluvialsand Westphalens, in der norddeutschen oberen Kreide, in den Belemnitellenschichten von Pattenau in Baiern, in der oberen Kreide von Leitzersdorf (N.-Oesterreich), in der weissen Kreide Frankreichs, im Kreidedetritus von Charing in England, in der Senonkreide vom Kanara-See in der Dobrudscha. Sehr selten im sächsischen Cenoman.

II. Die Bryozoen des oberen Pläners.

Der turone Pläner Sachsens steht dem cenomanen in der Zahl der daraus bekannt gewordenen Bryozoen bei weitem nach. Der Grund dieser auffallenden Erscheinung dürfte wenigstens zum Theile in der schon weiter oben bei den Foraminiferen hervorgehobenen, auch ihrer Erhaltung ungünstigen Beschaffenheit der Plänergesteine liegen. Darin wird aber auch der Umstand seine Erklärung finden, dass uns aus dem Pläner anderer Länder so wenige Bryozoenspecies zum Behufe der Vergleichung zu Gebote stehen.

Bisher vermochte ich aus dem sächsischen Ober-Pläner nur 33 Arten genauer zu bestimmen; manche (*Lepralia*, *Stomatopora*, *Entalophora*, *Meliceritites*) gestatten nur eine Bestimmung der Gattung; noch andere mussten endlich wegen des sehr mangelhaften Erhaltungszustandes unbestimmt bei Seite gelegt werden.

Sämmtliche untersuchte Arten stammen aus dem Scaphitenpläner von Strehlen, nur *Osculipora truncata* liegt auch von Weinböhla vor.

Von den genannten 33 Arten sind 12 bis jetzt von anderen Fundorten noch nicht bekannt geworden, müssen daher als neu betrachtet werden. Es bleiben mithin nur noch 21 Species übrig, die zur Vergleichung des Pläners mit anderen Kreideschichten dienen könnten. Doch auch diese führen zu keinem brauchbaren Resultate, da aus den angeführten Gründen für die äquivalenten Schichten anderer Länder fast kein Vergleichungsmaterial vorhanden ist. Denn nur *Berenicea grandis* ist auch im böhmischen Pläner gefunden worden; die übrigen konnten bisher darin nicht nachgewiesen werden. Der bei weitem grösste Theil der Species ist auch im Cenoman gefunden worden und zwar 16 im sächsischen Cenoman, was einen neuen Beweis für die schon mehrfach betonte stärkere Accomodationsfähigkeit der Bryozoen an wechselnde Lebensverhältnisse und die daraus hervorgehende grössere verticale Verbreitung derselben liefert.

Acht Species hat das Senon anderer Gegenden geboten, von welchen sieben auch dem Cenoman angehören, eine überdies zugleich im Pläner vorkömmt (*Berenicea grandis*).

Nur eine Species (*Lepralia inflata* Röm.) ist bisher nur aus der unteren Kreide, dem cenomanen Conglomerate von Essen, angeführt worden; doch ist wenig Gewicht darauf zu legen, da die Bestimmung dieser Art nicht über allen Zweifel erhaben ist.

Endlich reicht *Entalophora pulchella* Rss. bis in die Tertiärschichten hinauf, indem sie ganz übereinstimmend in dem Oligocän und Miocän gefunden wird und zwar weit häufiger, als in der Kreideformation, so dass sie wohl dort ihren Hauptsitz zu haben scheint.

I. Bryozoa chilostomata. — I. pag. 99.

A. Articulata.

Die Stämmchen baumförmig-ästig, kalkig oder hornig, in durch biegsame Masse verbundene Glieder getheilt, mit ein oder mehrreihigen Zellen.

Salicornaridea.

An dem kalkigen, baumförmigen, sich dichotomom verästelnden *Polyparium* stehen die Zellen in regelmässigen alternirenden Längsreihen um eine ideale Längsaxe.

Salicornaria Cuv.

Die Zellendecke niedergedrückt, von einem erhabenen Rande umgeben. Ovicellarien eingesenkt, über den Zellen stehend. Avicularien zerstreut.

1. S. sp. — Bei Strehlen wurden nur einzelne Bruchstücke gefunden, die wegen ihrer Verdünnung nach abwärts es wahrscheinlich machen, dass sie einer gegliederten Bryozoe angehören. Da sie vier Längsreihen von Zellen darbieten, würden sie zu der Gruppe *Quadricellaria* d'Orb. zu rechnen sein, welcher jedoch Orbigny selbst auch ungegliederte Formen anschliesst. In Beziehung auf den Zellenbau zeigen sie Aehnlichkeit mit der cenomanen *Vincularia Bronni* Rss.[1]), weichen aber in mancher Beziehung davon ab. Wegen ihres mangelhaften Erhaltungszustandes ist jedoch die genauere Bestimmung nicht durchführbar.

B. Non articulata.

Das sehr verschiedenartig gestaltete *Polyparium* ist niemals gegliedert.

1. Membraniporidea. — I. pag. 100.

Membranipora Blainv. — I. pag. 100.

1. M. elliptica Hag. sp. — I. pag. 101. T. 24. Fig. 4, 5.

Die oft unregelmässig werdenden Zellen bilden im Pläner von Strehlen Ausbreitungen auf Steinkernen von *Nautilus*.

2. M. patellaris Rss. — I. pag. 102. T. 24. Fig. 6.

Auf *Rhynchonella octoplicata* aufsitzend sehr selten bei Strehlen.

3. M. depressa Hag. sp. — I. pag. 103. T. 25. Fig. 1.

Sehr selten bei Strehlen auf Schalen von Rhynchonellen.

---

[1]) Geinitz, Elbthalgebirge. I. 1. pag. 108.

4. M. tenuisulca Rss. — I. pag. 103. T. 25. Fig. 2, 3, 6.

Sehr selten bei Strehlen auf *Terebratula semiglobosa*. Häufiger ist sie, gleich den vorhergehenden Arten, im sächsischen Cenoman.

5. M. confluens Rss. — Taf. II. 24. Fig. 14.

1846. Reuss. Verstein. d. böhm. Kreideform. II. pag. 68. Taf. 15. fig. 22.

Ziemlich ausgedehnte einschichtige Incrustationen, die oft von mehreren Centris ausgehen und an ihren Rändern zusammenfliessen. Die centralen Zellen sind beinahe rund oder doch verhältnissmässig kurz und breit. Vom Mittelpunkte strahlen sie nach allen Richtungen aus und stehen bald in regelmässigen alternirenden Längsreihen, bald mehr weniger regellos nebeneinander. Auch ihr Umriss wechselt nicht unbeträchtlich. Gewöhnlich sind sie eiförmig, indem sie sich am hinteren Ende etwas verschmälern. Bisweilen wird diese Verschmälerung beträchtlicher und länger, so dass die Zellen ein gestieltes Aussehen annehmen. Besonders ist dies der Fall bei den Anfangszellen neuer sich einschiebender Reihen, die sich mit ihrem dünnen hinteren Ende zwischen zwei ältere Reihen einfügen.

Die Zellen werden von einem schmalen niedrigen Rande umgeben, welcher gegen die grosse, die Hälfte der Zelle oder noch mehr einnehmende, meistens hinten abgestutzte, selten elliptische, rundliche oder gerundet-dreiseitige Oeffnung steil abfällt. Der hintere Theil der Zelle ist flach oder schwach von einer Seite zu der anderen gewölbt. Die Ovicellarien sind verhältnissmässig sehr klein, halbkugelig und glatt.

Wo die Zellen in regelmässigen Längsreihen nebeneinander stehen, verschwinden die sie trennenden Querfurchen nicht selten gänzlich und es entstehen dann zusammenhängende Zellenreihen, deren einzelne Glieder sich nur durch die Lage ihrer Mündungen und durch abwechselnde Zusammenschnürungen und Erweiterungen zu erkennen geben. Seitlich werden die Längsreihen aber durch tiefe Furchen begrenzt.

Auf *Terebratula semiglobosa* aufsitzend sehr selten bei Strehlen. Auch im böhmischen Cenoman.

Lepralia Johnst. — I. pag. 104.

1. L. misera n. sp. — Taf. II. 24. Fig. 15.

Kleine Ausbreitungen sehr kleiner, in alternirenden Radialreihen oder auch regellos stehender ovaler, oder etwas hexagonaler, mässig gewölbter, durch ziemlich tiefe Furchen gesonderter Zellen. Die terminale Mündung ist klein, rundlich, die Schalenoberfläche glatt. Die kleinen Ovicellarien kugelig.

Selten auf Terebratelschalen bei Strehlen.

2. L. pediculus n. sp. — Taf. II. 24. Fig. 16.

Kleine in unregelmässigen alternirenden Radialreihen stehende eiförmige, gewölbte, durch tiefe breite Furchen geschiedene Zellen, deren Bauchwand mit 13—21 schmalen, bis zur Medianlinie reichenden Radialrippchen verziert ist. Der Rand der kleinen, hinten abgestutzten Mündung ist gekerbt. Die Ovicellarien sind kalbkugelig. Zwischen den Zellen stehen einzelne langgezogene schlitzförmige Avicularien.

Sehr selten auf *Terebratula semiglobosa* im Pläner von Strehlen.

3. L. inflata Röm. sp.

1841. *Escharina inflata* Römer, Verstein. d. norddeutsch. Kreidegeb. pag. 14. Taf. 5. fig. 5.

Die kleinen, stark gewölbten und durch tiefe Furchen gesonderten Zellen stehen in oft sehr unregelmässigen ausstrahlenden Reihen. Deshalb weichen sie von ihrer typischen eiförmigen Gestalt auf mannigfache Weise ab und nehmen einen mehr weniger unregelmässigen Umriss an. Die gewölbte Zellendecke ist jederseits mit 6—8 flachen, radialen Rippchen bedeckt; die kleine Mündung rundlich oder quer elliptisch, seltener hinten etwas abgestutzt. Der vordere dünne Mündungsrand scheint fein gekerbt zu sein.

Kleine, meist nicht besonders gut erhaltene Colonien auf *Terebratula semiglobosa* bei Strehlen. Römer führt die Species aus einem viel tieferen Niveau, dem cenomanen Conglomerate von Essen an.

Der erwähnte mangelhafte Erhaltungszustand der fossilen Reste, sowie die nicht genügende Beschreibung und Abbildung der *L. inflata* bei Römer l. c. lassen der Vermuthung Raum, dass diese Species vielleicht mit *L. pediculus* identisch sein möge.

2. Escharidea. — l. pag. 105.

Eschara Ray. — l. pag. 105.

1. E. lineolata n. sp.

Bruchstücke zusammengedrückter Stämmchen, deren stark ringförmig vorragende runde Mündungen in schrägen, von der Mittellinie nach beiden Seiten divergirend aufsteigenden Reihen stehen, 6—7 auf jeder Seitenfläche des Stämmchens. Ihre Querreihen sind nur um den 2—2½fachen Durchmesser der Mündungen selbst von einander entfernt. Eine äusserliche Begrenzung der Zellen ist nicht wahrnehmbar; dagegen ist ihre Oberfläche mit feinen erhabenen Längslinien bedeckt, die ziemlich parallel verlaufen und nur hin und wieder unter sehr spitzigen Winkeln zusammenstossen.

Sehr selten im Pläner von Weinböhla und Strehlen, an letzterem Fundorte schlecht erhalten.

Lanceopora d'Orb.

Polyparium einfach, nicht ästig, mit der verschmälerten Basis festsitzend, blattförmig zusammengedrückt, an den Rändern schneidig. Wie bei *Eschara* sind zwei Zellenschichten mit dem Rücken aneinander gewachsen und die regelmässig gestellten Zellen münden auf beiden Seitenflächen des Polypariums aus.

Die Gattung unterscheidet sich daher von *Eschara* durch die einfache, nicht ästige Form des Polypariums, sowie dadurch, dass dasselbe nicht nur am oberen Ende, sondern auch an den Seitenrändern fortwächst.

D'Orbigny beschrieb eine einzige Species, *L. elegans* [1]), welche in der Meerenge von Malacca lebt. Ich glaube, fossile Reste aus dem Plänerkalke von Strehlen dieser Gattung zurechnen zu können.

1. L. striolata n. sp. — Taf. II. 24. Fig. 17. 18.

Die bis zu einem halben Zoll hohen Bruchstücke sind stark zusammengedrückt, in der Mittellinie am dicksten, gegen die scharfwinkeligen schneidigen Ränder sich allmählich verdünnend. Am unteren Ende ziehen sie sich zu einem sehr kurzen Stiele zusammen, mittelst dessen sie festgesessen sind; das obere Ende ist nie vollständig erhalten.

Ihr Umriss ist mitunter breit lanzettförmig, gleichwie bei *L. elegans* d'Orb.; doch öfter verschmälern und verlängern sich die Stämmchen und werden dabei auch weniger regelmässig. Die Begrenzung der Zellen ist äusserlich nicht wahrnehmbar; doch verräth sich ihre Anordnung durch die Stellung der kreisrunden, pustelartig hervorragenden Mündungen. Dieselben stehen in von der Mittellinie nach beiden Seiten hin auf- und auswärts verlaufenden, etwas gebogenen Reihen mit nach aufwärts gerichteter Convexität. Einzelne Zellen stehen hart am Rande des Polypariums, andere weiter davon entfernt. Da das obere Ende der Zellen,

---

[1]) Paléontol. franç. Terr. crét. V. pag. 186. Taf. 680. fig. 7—10.

welches die Mündung trägt, sich in etwas stärkerer Wölbung erhebt, so bilden die Mündungsreihen schwache rippenartige Erhöhungen, die nach auf- und abwärts sich sehr allmählich abdachen.

Die Aussenwand der Zellen trägt sehr feine Längslinien, welche nicht überall und vollkommen parallel verlaufen, sondern oft unter spitzigen Winkeln zusammenstossen und ein zierliches Netz mit länglichen Maschen bilden.

3. Vincularidea. — I. pag. 107.

Vincularia Defr. — I. pag. 107.

1. V. Bronni Rss. — I. pag. 108.

Sehr seltene Bruchstücke im Pläner von Strehlen. Auch im Cenoman Sachsens und Böhmens.

2. V. Planensis Rss. — I. pag. 108. T. 26. Fig. 7.

Wegen des mangelhaften Erhaltungszustandes der seltenen und kleinen Bruchstücke aus dem Pläner von Strehlen ist die Identität mit jenen aus dem Cenoman von Planen nicht mit Sicherheit nachzuweisen. Die Stämmchen sind schlanker, mit nur 8 Längsreihen von Zellen, deren Mündung kleiner und mehr gerundet zu sein scheint.

3. V. affinis n. sp. — Taf. II. 26. Fig. 2.

Diese Species würde nach der complicirten Orbigny'schen Systematik wegen der oberhalb der Mündung stehenden zwei Avicularporen zu der Gattung *Vincularina* d'Orb. gerechnet werden müssen. Die Gegenwart oder der Mangel von Avicularien kann aber keineswegs als Gattungscharakter gelten, weil sie oft an den verschiedenen Zweigen derselben Colonie bald fehlen, bald vorhanden sind.

Die kleinen Bruchstücke aus dem Pläner von Strehlen, welche leider ebenfalls mangelhaft erhalten sind, sind prismatisch, 5—6-kantig, aus ebenso vielen alternirenden Längsreihen von Zellen zusammengesetzt. Diese haben einen länglich-hexagonalen bis ovalen Umriss und werden von einem schmalen scharfen Rande umgeben. Die Mündung ist rundlich oder etwas quer-elliptisch. Bisweilen trägt die niedergedrückte Zellendecke, die gegen die Mündung hin abschüssig ist, unterhalb ihrer Mitte eine kleine rundliche Vibracularpore und dann pflegt die Mündung kleiner zu sein. Oberhalb der Mündung steht auf jeder Seite eine ovale, gewöhnlich etwas schräge, scharf umrandete Avicularpore. Die Oberfläche der Zellendecke scheint sehr fein und regellos gekörnt zu sein.

Sehr selten im Pläner von Strehlen.

II. Bryozoa cyclostomata. — I. pag. 108.

1. Diastoporidea. — I. pag. 108.

Berenicea Lam. — I. pag. 108.

1. B. grandis d'Orb. — I. pag. 109. Taf. 26. Fig. 10.

Kleine Ausbreitungen auf *Rhynchonella plicatilis* bei Strehlen. Die Zellen sind nicht immer so gebogen, wie die citirte Abbildung sie darstellt.

2. B. conferta Rss. — I. pag. 109. Taf. 26. Fig. 11; Taf. 27. Fig. 1.

Sehr selten bei Strehlen.

3. B. comata n. sp. — Taf. II. 25. Fig. 4.

Grosse, sehr dünne, fast kreisrunde, einschichtige Ausbreitungen mit vom Centrum ausstrahlenden, durch Einsetzen neuer sich vermehrenden radialen Reihen sehr gedrängter, äusserst schmaler und langer gebogener Röhrenzellen. Dieselben sind zwischen den schwach erhabenen Seitenrändern seicht eingedrückt. Die rundlichen oder vertical elliptischen Mündungen sind sehr klein.

Die Species wird durch die Länge und Schlankheit der Zellen leicht von allen bekannten Arten der Gattung *Berenicea* unterschieden.

Mit *B. conferta* auf *Nautilus*-Steinkernen sehr selten im Pläner von Strehlen.

Diastopora Lamx. — I. pag. 110.

1. D. Oceani d'Orb. — I. pag. 110. Taf. 27. Fig. 2, 3.

Seltene kleine jugendliche einschichtige Ausbreitungen auf *Terebratula semiglobosa* bei Strehlen.

2. D. tuberosa n. sp. — Taf. II. 25. Fig. 2, 3.

Nach meiner, an einem anderen Orte [1] ausgesprochenen Ansicht umfasst *Berenicea* die flach incrustirenden ein- oder mehrschichtigen Arten, *Diastopora* aber die frei in die Höhe wachsenden, blättrigen oder ästigen, selten knolligen Arten der Collectiv-Gattung *Diastopora*.

Die in Rede stehende Species gehört daher der zweiten Gruppe an und zwar der von Orbigny zur Gattung erhobenen und mit einem barbarischen Namen belegten Abtheilung *Reptomultisparsa*. Die Species bildet unregelmässige, meistens kurz gestielte Knollen bis zum Durchmesser eines Zolles, die, wie sich aus dem Querbruche ergibt, aus zahlreichen dünnen, sich umhüllenden Schichten besteht. Die ziemlich grossen Zellen sind selten halbcylindrisch, meistens im vorderen Theile verschmälert, daher mehr weniger eiförmig, mässig gewölbt und, besonders nach vorne hin, durch ziemlich tiefe Furchen gesondert. Die ringförmig vorragende Mündung ist rund oder hinten etwas abgestutzt, daher gerundet-dreiseitig.

Die Species ähnelt im Ganzen sehr der *Reptomultisparsa glomerata* d'Orb. [2] aus dem Cenoman von La Hève, welche aber nur aus wenigen Schichten bestehende incrustirende Flecken bildet, bei denen die Bildung der jüngeren Schichten vom Centrum der älteren ausgeht.

Nicht selten im Pläner von Strehlen.

Defrancia Bronn. — I. pag. 111.

1. D. subdisciformis d'Orb. — Taf. II. 25. Fig. 7.

1846. *Defrancia disciformis* Reuss, Verstein. d. böhm. Kreideform. II. pag. 64. Taf. 14. fig. 34 (non v. Münster).
1847. d'Orbigny. Prodr. de paléont. strat. II. pag. 266. No. 1110.
1850–51. *Unitubigera subdisciformis* d'Orbigny. Paléont. franç. Terr. crét. V. pag. 760.

Diese Species, welche ich früher mit der oligocänen *Defr. (Cellepora) disciformis* v. M. identificirte, gehört in die Orbigny'sche Sippe *Unitubigera*, welche durch die vollständig aufgewachsenen Colonien, die in einfachen Radialreihen stehenden Zellen und die porenlosen Zwischenfurchen dieser Reihen charakterisirt wird.

Die vorliegenden Exemplare sitzen auf *Rhynchonella plicatilis* und bilden kreisrunde oder breitelliptische Scheiben von 3,5—7 mm. Durchmesser, mit sehr seicht deprimirtem Centrum. Die schmalen röhrigen halbcylindrischen Zellen sind grösstentheils zu unregelmässigen, nach aussen hin vielfach dichtomirenden, schmalen, einfachen Radialreihen verwachsen. Die schräg nach aussen aufsteigenden Zellen öffnen sich in verhältnissmässig ziemlich grossen rundlichen oder elliptischen Mündungen. Die den Zellenreihen an Breite

---

[1] Bryozoen, Anthozoen und Spongiarien von Balin, pag. 4 (Denkschriften d. k. Akad. d. Wiss. in Wien. Bd. 27. 1867).
[2] Paléontol. franç. Terr. crét. V. pag. 877. Taf. 636. fig. 7, 8.

gleichen Zwischenfurchen zeigen keine Spur von Poren. Der sehr dünne Germinalrand der Colonien ist mit dicht gedrängten kleinen länglichen Poren bedeckt.

Eine der beobachteten Colonien ist proliferirend, indem sich seitlich gegen den Rand hin auf derselben eine viel kleinere kreisrunde, die Unterlage völlig verdeckende Tochter-Colonie gebildet hat. Selten im Pläner von Strehlen. Auch im Cenoman der Schillinge bei Bilin in Böhmen.

2. Tubuliporidea. — I. pag. 112.

Stomatopora Bronn. — I. pag. 112.

Eine schlecht erhaltene, nicht näher bestimmbare Species mit sehr dünnen gleichbreiten, unregelmässig gabelästigen Stämmchen.

Auf *Terebratula semiglobosa* im Pläner von Strehlen.

3. Entalophoridea. — I. pag. 116.

Entalophora Lamx. — I. pag. 116.

1. E. virgula v. Hag. sp. — I. pag. 116. Taf. 29. Fig. 1, 2.

An den Bruchstücken aus dem Pläner von Strehlen stehen die Mündungen etwas entfernter und regelloser, als an jenen aus dem Cenoman von Planen. Einzelne werden sehr dünn, mit nur wenigen, sehr entfernt und unregelmässig stehenden Mündungen. Sie stimmen theilweise mit der oligocänen E. attenuata Stol. völlig überein, welche also wohl, wie schon früher angedeutet wurde, mit E. virgula zu vereinigen ist. Auch E. Carantina d'Orb.[1]) aus dem französischen Cenoman scheint hierher zu gehören.

2. E. pulchella Rss. — I. pag. 116. Taf. 29. Fig. 3.

Einzelne schlecht erhaltene schlanke, dichotome Bruchstücke walzenförmiger Stämmchen aus dem Pläner von Strehlen sind mit grösster Wahrscheinlichkeit auf diese Species zurückzuführen.

3. E. lineata Beiss. var. — Taf. II. 25. Fig. 5, 6.

1865. Beissel, Ueber d. Bryoz. d. Aachener Kreidebild. pag. 80. Taf. 9. fig. 116—119.
1872. Stoliczka, Palaeont. indica, IV. 2. The Ciliopoda pag. 31. Taf. 3. fig. 9, 10.

Die fossilen Reste von Strehlen weichen zwar von den typischen Formen durch die mitunter etwas grössere Zahl der Zellenreihen, durch die kürzeren Zellenröhren und die öfters nicht parallelen, sondern anastomosirenden Längslinien etwas ab; ich halte sie aber bei der grossen Formveränderlichkeit aller Entalophoren doch nur für eine Varietät der Beissel'schen Species. Es sind Bruchstücke schlanker, cylindrischer Stämmchen, an denen die runden ringförmigen Mündungen in ziemlich regelmässiger Spirale in 5—7 alternirenden Längsreihen stehen. Besonders in verticaler Richtung ist ihr Abstand beträchtlich, indem er das $2\frac{1}{2}$—$3\frac{1}{2}$-fache ihres Durchmessers beträgt. Die Grenzen der langen röhrenförmigen Zellen sind äusserlich nicht erkennbar; dagegen laufen auf ihrer Aussenwand feine erhabene Längslinien in meistens ziemlich paralleler Richtung herab. Nur hin und wieder stossen sie unter spitzigen Winkeln zusammen. An einzelnen Stellen häufen sich sogar diese Anastomosen etwas mehr und bilden ein schlaffes spitzwinkeliges Maschenwerk. Von den die Zellen begleitenden Längscanälen, welche Beissel an seinen offenbar besser erhaltenen Exemplaren beobachtete, vermochte ich nichts wahrzunehmen; doch sah ich auch hier, wie bei anderen Entalophora-Arten, bei stärkerer Vergrösserung auf der Schalenoberfläche feine Nadelstichen ähnliche Poren.

---

[1]) Paléont. franç. Terr. crét. V. pag. 784. Taf. 753. fig. 16—18.

Spärlich im Pläner von Strehlen und Weinböhla. Beissel fand die typischen Formen im senonen Kreidemergel ohne Feuerstein bei Friedrichberg, Preusberg und Vaels unweit Aachen; Stoliczka in der Arrialoorgruppe bei Yermanoor in Ostindien in einem gelblichen Sandsteine.

Nebst den eben beschriebenen Arten hat der Pläner von Strehlen noch Trümmer zweier anderer Arten geliefert, die aber zu mangelhaft erhalten sind, um eine genauere Bestimmung zu gestatten. Die eine, von welcher Bruchstücke schlanker dichotomer Stämmchen vorliegen, nähert sich am meisten der *E. micropora* d'Orb.[1]) Die zweite hat Fragmente mit sehr vereinzelten und entfernten röhrenförmigen Zellen-Mündungen, die unter sehr spitzigen Winkeln von den Stämmchen ausgehen, geliefert und besitzt grosse Aehnlichkeit mit *E. subgracilis* d'Orb.[2]) aus dem französischen Senon.

Filisparsa d'Orb.

Polyparium baumförmig-ästig; die Röhrenzellen nur auf der Vorderseite der Stämmchen ausmündend mit mehr weniger regellos gestellten Mündungen; die Rückseite porenlos.

Filisparsa unterscheidet sich von *Entalophora* nur dadurch, dass die Zellen sich mit ihren Enden alle nach einer Seite wenden und auf derselben ausmünden, aber nicht rings um das ganze Stämmchen herum. Auch von *Hornera* ist die Gattung wenig scharf geschieden. Die Poren an der Rückseite der Horneren-Stämmchen sind mitunter sehr spärlich und undeutlich; ihre Vorderseite ist bisweilen, wenngleich selten, stellenweise ganz porenlos.

1. F. simplex n. sp. — Taf. II. 25. Fig. 1.

Kleine schlecht erhaltene Bruchstücke zusammengedrückter Stämmchen, deren Rückseite nur durchscheinende, unter spitzigem Winkel zusammenstossende Linien, die Begrenzungen der Zellenröhren, wahrnehmen lässt. Auf der Vorderseite stehen die kleinen rundlichen, ringförmigen oder selbst kurz röhrenförmigen Mündungen regellos zerstreut, gewöhnlich nur in drei Längsreihen, meist weit von einander entfernt. Auch hier scheinen die seitlichen Grenzlinien der Zellen durch.

Es wäre möglich, dass die Species nur eine Form der sehr verwandten *F. Mülleri* Beiss.[3]) bildet, welche fünfreihige, stärker cylindrisch vorragende Mündungen besitzt.

Sehr selten bei Strehlen und Weinböhla.

2. F. ornata n. sp. — Taf. II. 24. Fig. 19.

Unter den Fragmenten der vorigen Species fand ich ein kleines Bruchstück, das offenbar einer anderen, bisher nicht beschriebenen Species angehört. Die Rückenseite ist flach oder selbst etwas concav, an den Seiten kantig. Die convexe Vorderseite trägt 3—4 Längsreihen ziemlich entfernt und oft regellos stehender Röhrenzellen, deren oberer Theil gewölbt und durch tiefe Seitenfurchen geschieden ist. Die Schalenoberfläche bedecken gedrängte, sehr feine, grösstentheils parallel verlaufende Längslinien.

Spiropora Lamx. — I. pag. 118.

1. Spir. verticillata Goldf. sp. — I. pag. 118. T. 29. Fig. 9.

1865. Beisel, Bryoz. der Aachener Kreidebild. pag. 70. Taf. 8. fig. 91—93.

Seltene Bruchstücke im Plänerkalk von Strehlen.

---

[1]) Paléont. franç. Terr. crét. V. Taf. 624. fig. 1—3. Was Orbigny als *Clausa micropora* (l. c. Taf. 766. fig. 9) damit vereinigt, scheint wohl nicht dazu zu gehören.

[2]) l. c. V. pag. 788. Taf. 634. fig. 1—6.

[3]) Beissel, Bryoz. d. Aachener Kreidebild. pag. 84. Taf. 10. fig. 129—131.

Meliceritites Röm. — I. pag. 120.

1. M. gracilis Röm. — I. pag. 120. Taf. 29. Fig. 12—16.

Schlecht erhaltene kleine Fragmente im Pläner von Strehlen.

Von demselben Fundorte liegen etwas abweichende Bruchstücke vor, deren mangelhafte Erhaltung die Bestimmung der Species nicht gestattet. An den walzenförmigen oder etwas zusammengedrückten Stämmchen erkennt man die Anordnung der Zellen in alternirenden Querreihen. Sie bilden etwa 8—10 Längsreihen und besitzen eine ziemlich grosse Mündung, die hinten abgestutzt ist und von einem schmalen erhabenen Rande eingefasst wird. Von der hexagonalen Umgrenzung der Zellen sind nur Spuren wahrnehmbar.

Escharites Römer.

Diese Gattung unterscheidet sich von *Meliceritites* hauptsächlich nur durch die Stellung der Zellenenden. Während diese bei *Meliceritites* sechsseitig sind mit nach auf- und abwärts gerichteten Winkeln und in regelmässigen Querreihen angeordnet sind, stehen sie bei *Escharites* in mehr weniger unregelmässigen Längsreihen. Zugleich bilden die äusseren Zellenenden kein so regelmässiges hexagonales Netzwerk. Im inneren Baue findet vollständige Uebereinstimmung statt.

Beide Gattungen verhalten sich mithin, wie schon früher an einem anderen Orte angedeutet wurde [1]), gerade so zu einander, wie *Eschara* zu *Meliceritita* M. Edw., und so lange diese und ähnliche auf die Zellenstellung gegründete Gattungen aufrechterhalten werden, müssen auch *Meliceritites* und *Escharites* gesondert bleiben.

1. E. dichotoma Rss. — Taf. 11. 25. Fig. 8.

1846. Reuss, Verstein. d. böhm. Kreideform. II. pag. 66. Taf. 15. fig. 31.

Die von mir früher l. c. gegebene Abbildung stellt ein sehr schlecht erhaltenes Bruchstück aus dem cenomanen Sandstein von Drahomischel bei Postelberg in Böhmen dar, an dem die Zellen durch Abreibung in ihrer ganzen Weite geöffnet sind. Die seltenen Fragmente der etwas zusammengedrückten dichotomen Stämmchen aus dem Pläner von Strehlen sind, wenngleich mangelhaft, doch etwas besser erhalten und zeigen in wenig regelmässigen Reihen stehende Zellen von sechsseitig-ovalem Umriss, die von einem schmalen erhabenen Rande eingefasst werden. Die verhältnissmässig grosse, hinten abgestutzte Mündung scheint ebenfalls von einem sehr schmalen erhabenen Saume umgeben zu sein. Die Zellendecke ist niedergedrückt.

Das von Hagenow [2]) Taf. 1. Fig. 17 unter dem Namen E. *distans* abgebildete Bruchstück dürfte wohl auch hierher zu zählen sein.

4. Frondiporidea. — I. pag. 121.

Fasciculipora d'Orb.

Polyparium einfach, pilz- oder kopfförmig oder sich verästelnd, rasen- oder selbst baumförmig. Die Röhrenzellen münden nur an den gewölbten oder beinahe abgestutzten Enden der einzelnen Zweige aus, welche mit gedrängten theils grösseren runden, theils kleineren eckigen Mündungen bedeckt sind. Die Seitenwände tragen keine Poren.

Die Gattung *Fungella* Hagenow's [3]), welche meist nur einfache Formen umfasst, ist mit *Fasciculipora* identisch.

---

[1]) Geinitz, Elbthalgeb. I. pag. 120.

[2]) D. Bryozoen d. Maastrichter Kreidebild. pag. 56.

[3]) Bryozoen d. Maastr. Kreidebild. pag. 37.

1. F. aspera n. sp. — Taf. II. 25. Fig. 9.

Auch hier liegen nur sehr vereinzelte Bruchstücke des kleinen rasenförmig-verästelten *Polyparivms* vor. Die Species unterscheidet sich von allen anderen bekannten dieser Gattung durch die gedrängten feinen körnigen Rauhigkeiten, mit welchen die breiten flachen, durch schmälere Furchen geschiedenen Längsrippen der Aussenwand regellos bestreuet sind.

Die eckigen Zellenmündungen stehen gedrängt auf den abgestutzten, schwach convexen Enden der cylindrischen Aeste.

Sehr selten im Pläner von Strehlen.

Osculipora d'Orb. — I. pag. 122.

1. O. truncata Goldf. sp. — I. pag. 122. Taf. 30. Fig. 2, 3.

Seltene schlecht erhaltene Fragmente in dem Pläner von Weinböhla.

Supercytis d'Orb. — I. pag. 123.

1. S. digitata d'Orb. — I. pag. 123. Taf. 30. Fig. 5.

Seltene Bruchstücke in dem Pläner von Strehlen.

5. Cerioporidea. — I. pag. 124.

Ceriopora Gldf. p. pte. — I. pag. 124.

1. O. substellata d'Orb. sp. — I. pag. 123. Taf. 30. Fig. 9—12; Taf. 31. Fig. 1—3.

Die einfache, kurz-keulenförmige Varietät, die ich früher[1]) unter dem Namen *C. mammilla* Rss. aus dem böhmischen Cenoman beschrieben habe, kömmt auch nicht selten in dem Pläner von Strehlen vor.

2. C. nana n. sp. — Taf. II. 26. Fig. 3, 4.

Von der ähnlichen *C. incrustans* Rss.[2]) aus dem böhmischen Cenoman unterscheidet sie sich dadurch, dass sie stets nur aus einer Schicht dicht aneinander liegender polygonaler Röhrenzellen besteht. Die Colonien sind immer sehr klein, haben höchstens 3 mm. im Durchmesser. An der Oberseite sind sie mehr weniger gewölbt, von unregelmässigem, rundlichem oder länglichem Umriss. Ihre Unterseite ist bald eben, bald mannigfach verbogen, je nach der Unterlage, auf welcher sie aufgesessen waren. Die Zellenröhren münden in ihrer ganzen Weite aus, ohne sich jedoch an der Mündung zu erweitern.

Die Mündungen sind polygonal, oft sechsseitig, durch dünne, im wohlerhaltenen Zustande durch eine feine Längsfurche getheilte Scheidewände gesondert und stehen bisweilen in deutlichen Querreihen.

Nicht selten in dem Pläner von Strehlen.

Heteropora Blainv. — I. pag. 129.

1. H. Kirsteni n. sp. — Taf. II. 25. Fig. 10.

Orbigny trennt innerhalb der cyclostomen Bryozoen die Clausideen von den Crescideen. Erstere charakterisirt er dadurch, dass zwischen den einzelnen Röhrenzellen, deren mehr weniger hervorragende Mündungen auf verschiedene Weise angeordnet sind, meistens kleinere Zwischenzellen in verschiedener Zahl und Stellung eingeschoben sind, welche er abortive Zellen nennt und welche äusserlich stets durch eine Kalklamelle geschlossen werden. Bei den Crescideen sollen diese Zellen immer offen sein.

Genauere Untersuchungen, z. B. von J. Haime[3]), haben aber gelehrt, dass die Zwischenporen an

---

[1]) Reuss, Verstein. d. böhm. Kreideform. II. pag. 63. Taf. 14. fig. 11.

[2]) Reuss, l. c. II. pag. 63. Taf. 14. fig. 8.

[3]) Description des Bryozoaires foss. de la format. jurass. 1854. pag. 207 ff.

wohlerhaltenen Colonien stets durch eine ununterbrochene Kalklamelle geschlossen werden und nur an abgeriebenen Exemplaren in Folge der Zerstörung dieser Lamelle sich nach aussen öffnen. Die Clausideen und Crescideen stellen daher nur verschiedene Zustände von derselben Gruppe angehörigen Bryozoen dar und können keinenfalls als besondere Abtheilungen gesondert werden. Ein nicht unbeträchtlicher Theil der von Orbigny unterschiedenen Arten muss selbst in der Gattung *Heteropora* zusammengefasst werden.

Dies ist auch der Fall mit der hier zunächst zu besprechenden *Bryozoe*, deren sehr seltene Bruchstücke in dem Pläner von Strehlen gefunden wurden und die der Gattung *Clausa* d'Orb. angehören würden. Sie steht der *Cl. Francqana* d'Orb.[1]), deren geologischer Horizont nicht genauer angegeben ist, sehr nahe. Es liegen von ihr nur einzelne Bruchstücke einfacher schlanker Stämmchen vor, die nach einer Seite hin sich verdünnen. Die kleinen runden, ringförmig vorragenden Mündungen stehen in 9—10 regelmässigen Längsreihen und zugleich im Quincunx. aber sehr entfernt von einander — um das 3—6fache ihres Durchmessers. Ihre Zwischenräume sind mit feinen, etwas unregelmässigen Längsstreifen bedeckt, die sich durch entfernte Queräste verbinden und ein lockeres Netzwerk bilden.

Gegen das verdünnte Ende der Stämmchen hin treten die Mündungen noch weiter auseinander und verschwinden endlich ganz, so dass die Oberfläche daselbst nur die zarten, weniger anastomosirenden Längslinien erkennen lässt. Ob dies die oberen Enden der Aeste sind, wie es d'Orbigny bei *Cl. Francqana* annimmt, oder vielmehr die unteren, wie es wahrscheinlicher ist, vermag ich bei dem spärlich vorliegenden Materiale nicht zu entscheiden.

Petalopora Lonsd. — 1. pag. 132[2]).

Den l. c. gebotenen kurzen historischen Bemerkungen ist noch hinzuzufügen, dass auch v. Hagenow in demselben Jahre 1850, in welchem Dixon die Gattung *Petalopora* aufstellte, die heteroporenartigen Bryozoen vom Typus der *Chrysaora pulchella* Röm. von den übrigen trennte und in der Gattung *Canalipora* zusammenfasste[3]). Auf dieselbe deutet v. Hagenow noch einmal später in seiner Monographie der Bryozoen der Maastrichter Kreidebildung[4]) hin. Ich habe dem Dixon'schen Namen den Vorzug gegeben, weil demselben eine vollständige Diagnose beigegeben ist.

2. P. elongata d'Orb. sp. — Taf. II. 26. Fig. 1.

1850—51. *Cavea elongata* d'Orbigny, Paléont. franç. Terr. crét. V. pag. 942. Taf. 773. fig. 14—16.

Ich vermag die sehr seltenen kleinen Bruchstücke aus dem Pläner von Strehlen durch kein wesentliches Merkmal von der Orbigny'schen Species aus dem Cenoman von Le Mans (Sarthe) zu unterscheiden. Sie gehören zu jener Abtheilung von *Petalopora*, welche sich durch eine vollkommen regelmässige Stellung der Zwischenporen auszeichnet.

Die sehr schlanken Aestchen sind cylindrisch oder sehr wenig zusammengedrückt mit 9—10 regelmässigen alternirenden Längsreihen kleiner runder, ringförmig vorragender Mündungen. Die Mündungen derselben Reihe stehen um das 2—3fache ihres Durchmessers von einander ab. Von jeder läuft an beiden Seiten eine erhabene Leiste bis zur nächstunteren Mündung herab und der Zwischenraum zweier Mündungen

---

[1]) Orbigny, Paléont. franç. Terr. crét. V. pag. 898. Taf. 766. fig. 13 –15.
[2]) In der dort unter [2]) gegebenen Anmerkung ist durch einen Druckfehler fälschlich citirt: pag. 283. Tab. 15. Es soll heissen: pag. 385. Tab. 18.
[3]) Geinitz, Das Quadersandsteingebirge in Deutschland pag. 242.
[4]) pag. 49. Anmerkung [4]).

einer Längsreihe wird durch 4—6 längliche, zu 2—3 regelmässig in Längsreihen stehende Poren ausgefüllt, welche den Mündungen an Grösse gleichkommen oder dieselbe sogar noch übertreffen und durch ziemlich dicke Zwischenwände gesondert werden.

III. Die Ostracoden des sächsischen Pläners.

Unter den von Hrn. K i r s t e n aus dem sächsischen Pläner gesammelten Ostracoden vermochte ich bisher 16 Arten zu unterscheiden, von welchen mir nur eine (*Cythere Geinitzi*) neu zu sein scheint. Die übrigen 15 sind schon längst aus den Kreideschichten anderer Länder bekannt gewesen. Die meisten (15) stammen, wie es auch bei den Foraminiferen der Fall ist, aus dem Pläner von Strehlen, acht zugleich aus jenem von Weinböhla, fünf aus den Schichten von Zschertnitz bei Dresden, drei von den Rathsweinbergen unweit Meissen. Von den letzten ist eine (*Cythere semiplicata* Rss.) bisher nur auf die genannten Schichten beschränkt geblieben und an den übrigen sächsischen Fundorten nicht angetroffen worden. Von den gefundenen Arten gehört die grösste Anzahl (7) der Gattung *Cythere* an; weniger zahlreich sind *Bairdia* durch vier, *Cytherella* durch drei, *Cytheridea* und *Cytherideis* durch je eine Species vertreten.

Für die bekannte Uebereinstimmung des sächsischen Pläners mit der böhmischen oberen Kreide liefern die Ostracoden einen neuen Beweis, denn von 15 sächsischen Arten sind zehn von mir schon vor langer Zeit aus der böhmischen Kreide beschrieben worden und bei wiederholter Untersuchung der letzteren dürfte sich die Uebereinstimmung wohl noch beträchtlicher herausstellen. Dass die grössere Zahl der identischen Arten im böhmischen Baculitenthon nachgewiesen worden ist, findet seine Erklärung in den schon weiter oben bei den Foraminiferen näher erörterten Verhältnissen. Von den 13 auch in den Kreideablagerungen anderer Länder mit Ausschluss Böhmens gefundenen Ostracodenarten hat das Senon 12 Arten geliefert, von denen fünf auch aus dem Turon bekannt sind. *Cythere sphenoides* Rss. hatten bisher nur die Kreideschichten der Gosau dargeboten. Vier Arten werden auch aus dem englischen Cenoman, sieben Species selbst aus dem Gault Englands angeführt. Ob bei den letzteren durchgehends völlige Identität stattfindet, kann ich nicht durch eigene Beobachtung bestätigen. *Cythere concentrica* Rss. gibt Cornuel selbst im französischen Neocom an. Das angebliche Vorkommen der *Bairdia Harrisiana* Jon. im englischen Kohlenkalke dürfte wohl manchem Zweifel unterliegen.

Vier Species (*Bairdia subdeltoidea, Cytheridea perforata* Röm. sp., *Cytherella ovata* und *Muensteri* Röm. sp.) reichen bis in die Tertiärschichten hinauf. Von einigen anderen Arten wird ein tertiäres Vorkommen wohl noch angeführt, ist aber keineswegs mit Sicherheit erwiesen.

Einige der hier in Rede stehenden Kreideostracoden sollen noch in den heutigen Meeren leben. Es bedarf dies jedoch noch wiederholter Bestätigung, um so mehr, als die für *Bairdia subdeltoidea* gehaltenen lebenden Arten von G. Brady für davon verschieden erkannt worden sind.

Eine raschere Uebersicht der eben erörterten Verhältnisse gewährt nachstehende kleine Tabelle.

	Kreide Sachsens. Oberer und mittlerer Planer.					Kreide Böhmens.		Kreide anderer Länder.							
	Strehlen	Weinböhla	Zscherdnitz	Molssen	Cassowsc.	Baculiten-thous.	Planer.	Senon.	Turon.	Cenoman.	Gault.	Neocom.	Tvetlär.	Lebend.	
Bairdia subdeltoidea v. M. sp.	†	†	†	†	†	†	†	†	†	†	.	.	†	?	
» arcuata Var. faba Rss.	†	†	.	.	†	†	†	.	†	.	.	.	.	.	
» modesta Rss.	†	.	.	.	.	.	.	.	†	.	.	.	.	.	
» Harrisiana Jon.	†	†	.	.	.	.	.	†	.	.	†	.	.	.	Kohlenkalkstein Englands?
Cythere concentrica Rss.	†	.	†	.	.	†	.	†	.	.	†	†	.	.	
» Karsteni Rss.	†	.	.	.	.	†	.	.	.	.	.	.	.	.	
» semiplicata Rss.	†	.	.	.	†	.	†	.	.	.	.	.	.	†	
» Geinitzi n. sp.	†	.	.	.	.	.	.	.	.	.	.	.	.	.	
» ornatissima Rss.	†	†	†	.	.	†	†	†	.	†	†	.	.	.	
sphenoides Rss.	†	.	.	.	.	.	.	†	.	†	.	.	.	.	
» serrulata Bosq.	†	†	.	.	.	†	.	†	.	.	.	.	.	.	
Cytheridea perforata Röm. sp.	†	†	.	.	.	†	.	†	†	†	†	.	†	.	
Cytherideis laevigata Röm. sp.	†	†	.	.	†	.	†	†	†	.	.	.	?	?	
Cytherella ovata Röm. sp.	†	†	†	.	†	†	†	†	†	†	†	.	†	.	
» Muensteri Röm. sp.	†	†	†	†	†	†	†	†	†	†	.	†	.	†	
» Williamsoniana Jon.	†	.	.	.	†	.	.	†	.	.	†	.	†	.	

A. Cyproidea.

Die Schalen meist hornig-kalkig, dünn und glatt, auf der Ventralseite mehr weniger eingebogen. Die wesentlichsten Unterscheidungsmerkmale stützen sich auf den Bau des Thieres. Zwei Paare von Füssen, das erste stark und fünfgliederig, in eine lange gekrümmte Klaue endigend; das zweite schlanke, meist innerhalb der Schalen aufwärts gebogen. Das Postabdomen bildet zwei lange bewegliche Zweige, selten rudimentär, gewöhnlich wohl entwickelt und in zwei starke, gekrümmte Klauen auslaufend. Auge einzeln oder fehlend, selten zwei. Der grösste Theil lebt im süssen, ein kleiner im salzigen Wasser.

Bairdia MCoy.

Das Thier ist wenig bekannt. Die Schalenklappen sind dünn, äusserlich glatt oder höchstens mit feinen Grübchen oder haarförmigen Spitzen besetzt, nie gekörnt oder gerippt, stets ungleich, die linke grösser, die rechte an der Dorsal- und Ventralseite umfassend, am hinteren Ende verschmälert und oft in einem spitzigen Winkel auslaufend, im Umriss aber sehr wechselnd von dem Dreiseitigen bis zur beinahe cylindrischen Form. Das Schloss ist sehr einfach gebildet. An der linken Klappe besteht es aus einer schmalen Längsfurche, die sich in der Mitte so verengt, dass sie beinahe verwischt erscheint. In diese Furche legt sich der dünne Rand der rechten Klappe. An der inneren Seite der vorderen, hinteren und unteren Seite entspringt eine nach innen gerichtete, stets sehr dünne und meistens auch sehr schmale Platte, welche jedoch bei manchen Arten sich in so hohem Grade entwickelt und an beiden Schalenenden nach innen so stark vorspringt, dass sich zwischen ihr und der inneren Klappenhöhlung eine ziemlich tiefe Aushöhlung bildet. Der Ventralrand beider vereinigter Klappen ist nicht gerade, sondern bildet auf der rechten Klappe eine kleine, lappenartige

Ausbreitung (Cornuel's lame pectorale), welche sich unter den Rand der linken Klappe hineinschiebt und bei den verschiedenen Arten in wechselndem Grade entwickelt ist.

1. B. subdeltoidea v. M. sp. — Taf. II. 26, Fig. 5.

1830. *Cythere subdeltoidea* v. Münster, Jahrb. f. Min. u. Geol. v. Leonhard u. Bronn pag. 64. — 1835 pag. 446.
1838. *Cytherina subdeltoidea*, ebendaselbst pag. 517. Taf. 6. fig. 16.
1840. *Cytherina subdeltoidea* Römer, Verst. d. nordd. Kreidegeb. pag. 105. Taf. 16. fig. 22.
1842. *Cytherina subdeltoidea* Geinitz, Char. d. Schicht. u. Petref. d. sächs. Kreidegeb, 3. pag. 64.
1845. *Cytherina subdeltoidea* Reuss, Verstein. d. böhm. Kreideform. I. pag. 16. Taf. 5. fig. 38; II. pag. 104.
1845. *Cytherina subdeltoidea* Geinitz, Grundriss d. Versteinerungskunde, pag. 244. Taf. 8. fig. 21.
1847. *Cythere trigona* Bosquet, descr. des entomostr. foss. de la craie de Maestr. pag. 8. Taf. 1. fig. 3.
1849. Rup. Jones, Monogr. of the Entomostr. of the cret. form. of England pag. 23. Taf. 5. fig. 15. a—f".
1849. *Cytherina subdeltoidea* Reuss, d. foss. Entomostr. d. österr. Tertiärbeckens pag. 9. Taf. 8. fig. 1.
1849. *Cytherina subdeltoidea* Geinitz, das Quadersandsteingeb. in Deutschl. pag. 98.
1850. Bosquet. descr. des Entomostr. foss. des terr. tert. de la France et de la Belg. pag. 29. Taf. 1. fig. 13. a—d.
1851. *Cytherina subdeltoidea* Reuss, Foraminif. u. Entomostr. des Kreidemergels v. Lemberg pag. 47.
1853. *Cypris pristina* Eichwald, Lethaea ross. III. pag. 816. Taf. 11. fig. 23.
1854. Bosquet, Monogr. des Crust. foss. des terr. crét. du duché de Limb. pag. 56. Taf. 8. fig. 4. a—f.
1854. Reuss, Denkschr. d. k. Akad. d. Wiss. VII. pag. 139.
1856. R. Jones, Monogr. of the tert. Entomostr. of England pag. 52. Taf. 4. fig. 2. 3; Taf. 6. fig. 1. 2.
1870. R. Jones, Notes on the cret. Entomostr. in geol. magaz. VII. 2. Febr. pag. 2. 4.

Die verbreitetste und häufigste aller Kreideostracoden. Die Schalenklappen, 1—1,5 mm. lang, sind eiförmig-dreiseitig, stark gewölbt, glatt. Nie habe ich an den Tausenden von Exemplaren, die ich untersuchte, eine Spur von Punktirung wahrgenommen. Nur unter dem Mikroskope sieht man stellenweise sehr zarte, vertiefte Punkte, vielleicht, wie Bosquet meint, von vorhanden gewesenen Haaren herrührend.

Die kleinere rechte Klappe wird von der grösseren linken am Rande theilweise umfasst. Der Rückenrand ist stark gebogen, an der linken Klappe in der Mitte selbst etwas winkelig, an der rechten Klappe abgestutzt, so dass er gleichsam drei Seiten eines Hexagons darstellt. Der Ventralrand ist elliptisch-bogenförmig, im mittleren Theile etwas eingebogen, besonders an der kleineren Klappe, an welcher er bisweilen einen nicht unbeträchtlichen Sinus bildet. Das vordere Ende ist stumpf und abgerundet, das hintere, insbesondere an der linken Klappe, kurz und stumpf zugespitzt. Jones und Bosquet haben in seltenen Fällen an beiden Enden 4—5 feine Dornen beobachtet, welche ich aber weder an den sächsischen, noch an den böhmischen Exemplaren wahrzunehmen im Stande war. Ebenso wenig konnte ich an denselben eine Spur der von Jones und Bosquet an lebenden Formen gesehenen, durchscheinenden Rosette entdecken. Ich habe sie daher auch nicht unter die Kennzeichen der Species aufgenommen, da es immer noch nicht erwiesen ist, dass die lebenden und fossilen Formen derselben Species angehören. Im Gegentheile hat in der jüngsten Zeit Brady [1]) mehrere der ersteren als specifisch verschieden anerkannt.

Die Species reicht von den oberen Senonschichten bis in das untere Cenoman, sowie aufwärts durch die gesammten Tertiärablagerungen bis in das Pliocän. Ob manche der lebenden Formen, die man bis jetzt hieher gezogen hat, wirklich dieser Species angehören, müssen weitere, umfassende und genaue Untersuchungen lehren.

---

[1]) G. St. Brady, Monogr. of the recent british Ostracoda in the transact. of the Linnean Society Vol. 26. 1866. pag. 338. (B. inflata Norm.)

In Sachsen findet sich die Species häufig im Pläner von Strehlen und Weinböhla, sehr selten in den Schichten von Zschertnitz bei Dresden und von den Rathsweinbergen bei Meissen.

2. B. Harrisiana Jones. — Taf. II. 26. Fig. 6, 7.

1840. Jones, Monogr. of the Entomostr. of the cret. form. of England pag. 25. Taf. 6. fig. 17.
1870. Jones, Geolog. magaz. Febr. pag. 3. 4.

Verlängert schief-eiförmig, gewölbt, am vorderen Ende schief zugerundet, am hinteren sich allmählich zur kurzen stumpfen, nach unten gebogenen Spitze verschmälernd. Der Dorsalrand stark gebogen, selbst etwas winkelig; der Ventralrand nur wenig gekrümmt, aber im Grade der Biegung wechselnd, mitunter der geraden Richtung sich nähernd. Die grösste Wölbung fällt beiläufig in die Mitte der Schalenlänge, nach unten sich steiler, als nach oben abdachend. Beide vereinigte Klappen, von der Bauchseite angesehen, erscheinen etwas zusammengedrückt-oval. Die Schalenoberfläche glänzend, mit sehr feinen, nur bei starker Vergrösserung sichtbaren, unregelmässigen Grübchen.

Die Species ist nach Brady [1] nicht mit der *Cytheridea Harrisiana* Bosq. [2]), welche von Bosquet damit vereinigt wird, identisch. Diese unterscheidet sich schon bei flüchtiger Betrachtung durch den viel stärker gebogenen Ventralrand.

Nicht selten im Pläner von Weinböhla, sehr selten in jenem von Strehlen. Ueberdies in der Kreide und im Gault Englands. Jones führt sie sogar aus dem Kohlenkalkstein von East Kilbride an, was wohl wiederholter Bestätigung bedarf.

3. B. arcuata var. faba Rss. — Taf. II. 26. Fig. 8, 9.

1830. *Cythere arcuata* v. M. in Leonhard u. Bronn's Jahrb. pag. 63.
1838. *Cytherina arcuata* Römer. ebendas. pag. 517. Taf. 6. fig. 17.
1849. *Cytherina arcuata* Reuss, die foss. Entomostr. d. österr. Tertiärbeckens pag. 11. Taf. 8. fig. 7.
1849. *Bairdia siliqua* Jones Var., a. Monogr. of the cret. Entomostr. of England pag. 25. Taf. 5. fig. 16 e, f, g.
1850. Bosquet, Descr. des entom. foss. des terr. tert. de la France et de la Belg. pag. 32. Taf. 1. fig. 14.
1851. *Cytherina acuminata* (Alth) Reuss, Foram. u. Entomostr. des Kreidem. v. Lemberg pag. 49. Taf. 5. fig. 7. 8.
1854. Bosquet, Monogr. des crust. foss. du terr. crét. du duché de Limbourg pag. 59. Taf. 5. fig. 3.
1855. *Bairdia faba* Reuss, Zeitschr. d. deutsch. geol. Ges. pag. 278. Taf. 10. fig. 2.
1870. *Macrocypris* (?) *arcuata* Jones, in Geol. magaz. Febr. pag. 3. 4.

Jones hat, wenngleich mit Zweifel, die in Rede stehende Species der Gattung *Macrocypris* Brady [3]) zugewiesen. Doch, wenn es überhaupt schon misslich ist, solche Identificationen bei Fossilresten vorzunehmen, die keine Spur des Thieres erkennen lassen, treten diese Schwierigkeiten noch in erhöhtem Maasse ein, wenn die generischen Unterschiede beinahe ausschliesslich auf Merkmalen beruhen, die dem Thierkörper entnommen sind, die im fossilen Zustande erhaltenen Schalen aber nur in minutiösen Kennzeichen abweichen, wie dies bei den zahlreichen Gattungen stattfindet, welche die neuere Systematik der Ostracoden aufgestellt hat. Wenn wir die von Brady gegebene Diagnose der neuen Gattung *Macrocypris* in das Auge fassen, so gilt von derselben der gethane Ausspruch im hohen Grade. Der einzige hervorragende Unterschied von anderen Gattungen besteht darin, dass, wie bei *Cytherella*, nicht die linke, sondern die rechte Klappe die grössere ist und die andere mit ihrem Rande theilweise umfasst. Dieses Kennzeichen fehlt aber gerade bei *B. arcuata*.

---

[1]) Transactions of the zool. society. 1866. pag. 363.
[2]) Bosquet. Monogr. des crust. foss. du terr. crét. de Limbourg pag. 63. Taf. 5. fig. 5.
[3]) G. St. Brady, a Monogr. of the recent british Ostracoda. Transact. of the Linnean Soc. Vol. 26. pag. 391.

deren linke Klappe, gleich wie bei den übrigen Bairdia-Arten, grösser ist, als die rechte. Dies hat mich bewogen, die Species, wie früher, bei der Gattung *Bairdia* zu belassen. Was Jones als *Macrocypris arcuata* betrachtet, scheint daher von *B. arcuata* verschieden zu sein.

Die Klappen sind verlängert-bohnenförmig, fast gerade, etwa 2½ mal so lang als breit, etwas schief abgerundet am hinteren Ende, mit stumpfer Spitze am vorderen. Fast niemals sind sie gebogen, von annähernd verlängert-triangulärer Gestalt, wie sie Bosquet beschreibt und abbildet, und auch sehr selten erscheint das Hinterende schärfer zugespitzt, obwohl es in dieser Beziehung mancherlei Abstufungen gibt. Diese Merkmale findet man fast nur bei den tertiären Formen, die auch eine etwas beträchtlichere Grösse besitzen, als die Schalen aus den Kreidegebilden.

Der Rückenrand ist gleichmässig gebogen, nie sah ich denselben aber in der Mitte winkelig vorgezogen. Der Ventralrand ist dagegen fast gerade, nur im Mitteltheile seicht eingebogen. Die Klappen sind mässig gewölbt, am stärksten in der Mitte, so, dass der Längsschnitt verlängert schmal-oval erscheint. Der Querschnitt ist gerundet-elliptisch. Die Schalenoberfläche zeigt keine Grübchen.

Im Allgemeinen stimmen die sächsischen gleich den böhmischen Exemplaren am meisten mit den von mir als *B. faba* beschriebenen und l. c. Taf. 10 Fig. 2 abgebildeten Formen aus der Kreide von Basdorf in Mecklenburg überein, nur ist das hintere Ende fast stets etwas stumpfer. Wenn man den Formenkreis der *B. arcuata* sehr weit ausdehnt, so wird man trotz den genannten Abweichungen die beschriebenen Kreideformen nur als eine Varietät derselben betrachten, wie ich es vorläufig gethan habe. Will man dagegen, wie ich geneigt bin, sie davon trennen, so müssen sie den Namen *B. faba* Rss. führen. *Cythere faba* Rss.[1]) ist davon verschieden und von Jones[2]) mit dem Namen *Cythere simulata* belegt worden.

Cythere laevigata (Röm.) Rss.[3]) gehört ebenfalls hierher und ist nur eine Form mit beinahe gleichmässig gebildeten beiden Enden.

Die Species kömmt nicht selten im oberen Pläner von Strehlen vor, sehr selten ist sie im Cenoman von Plauen. Ebenso im Pläner und Baculitenthon Böhmens.

Die typischen Formen der *B. arcuata* sind bekannt aus dem Kreidetuff und Senon Belgiens, viel verbreiteter aber im Eocaen, Oligocaen, Miocaen und Pliocaen.

4. B. modesta Rss. — Taf. II. 26. Fig. 10, 11.

1851. *Cytherina modesta* Reuss, Foram. u. Entomostr. v. Lemberg pag. 49. Taf. 5. fig. 9.
1851. *Cytherina acuminata* Reuss, ebendas. pag. 49. Taf. 5. fig. 7. 8.
1854. *Bairdia arcuata* v. M. var. *gracilis* Bosquet, crust. foss. du terr. crét. de Limbourg pag. 60. Taf. 5. fig. 4.

Von dieser Form gilt in noch höherem Grade dasselbe, was ich über *B. faba* bemerkt habe. Nur einzelne Exemplare nähern sich einigermassen der *B. arcuata*, so dass man sich versucht fühlt, sie damit zu verbinden, während sich die meisten weit davon entfernen.

Die Schale ist verlängert, schmal, 3—3½ mal so lang als breit, mitunter fast gerade, häufiger im hinteren Theile schwach gebogen. So lange und schmale Formen, wie sie Bosquet abbildet, habe ich weder in der sächsischen, noch in der böhmischen Kreide gesehen. Das vordere, breite Ende ist schief zugerundet, das hintere verschmälert sich zur deutlich ausgesprochenen, wenngleich meistens wenig scharfen Spitze. Der

---

[1]) Reuss, Verstein. d. böhm. Kreideform. II. pag. 104. T. 24. fig. 13.
[2]) Geol. Magaz. 1570. Febr. pag. 2. 4.
[3]) Foraminif. u. Entomostr. v. Lemberg pag. 49. Taf. 5. fig. 6.

Dorsalrand ist flach bogenförmig, der Ventralrand fast gerade, nur in der Mitte sehr seicht eingebogen. Die Schalen sind mässig gewölbt, am stärksten beiläufig in der Mitte ihrer Länge. Ihre Oberfläche ist glatt. *C. acuminata* Rss. umfasst etwas breitere Formen, die wohl kaum specifisch verschieden sind. Ob sie wirklich mit *C. acuminata* Alth [1]) übereinstimmen, ist mir sehr zweifelhaft, da weder Alth's Beschreibung, noch die sehr ungenügende Abbildung damit übereinstimmt.

Selten im Pläner von Strehlen. Sehr selten im Kreidemergel von Lemberg.

B. Cytheridea.

Die Schale kalkig, compact, meist mehr oder weniger rauh und uneben, selten beinahe glatt. Schloss gewöhnlich gezähnt. Drei Paare von Füssen, sämmtlich zum Kriechen eingerichtet, von vorne nach hinten an Grösse zunehmend und vorwärts gerichtet. Das Postabdomen rudimentär, zwei sehr kleine Lappen bildend. Antennen sehr klein, nicht zum Schwimmen geeignet. Augen meistens getrennt, selten zusammenfliessend, noch seltener fehlend.

Cythere Müller.

Beide Klappen ungleich, kalkig, meistens dick und compact, eiförmig, elliptisch, rhomboidal oder oft etwas vierseitig. Ihre Oberfläche ist bei den einfachen Formen fast glatt oder nur mit feinen Grübchen oder Höckerchen besetzt, bei den meisten aber mit tiefen Gruben und beträchtlichen Erhöhungen in Gestalt von Höckern, Dornen, Rippen oder Kielen versehen. Die linke Klappe ist immer etwas grösser als die rechte und umfasst diese in ihrem ganzen Umfange, wenngleich oft sehr wenig.

Der Dorsalrand besteht aus einer Längsleiste und einer daneben befindlichen Furche. An der rechten Klappe liegt erstere nach aussen, letztere nach innen, während an der linken Klappe das umgekehrte Verhältniss stattfindet. Bei der Vereinigung beider Klappen legt sich die äussere Seite der rechten Klappe auf den äusseren deprimirten Theil des Dorsalrandes der linken Klappe.

Das Schloss der rechten Klappe besteht aus zwei Zähnen, die an den Enden der inneren Längsdepression stehen und von denen der vordere grösser und stärker ist. Sie passen in zwei am Dorsalrande der linken Klappe befindliche Gruben. Diese Klappe besitzt nach Bosquet zwei vordere Schlosszähne, einen unmittelbar vor, den anderen hinter der vorderen Zahngrube gelegen. Dazu kömmt bisweilen noch direct vor der hinteren Zahngrube ein sehr kleiner dritter Zahn, der jedoch oft ganz rudimentär ist.

Der Lage der Schlosszähne entsprechen an dem Dorsalrande zwei ohrförmige Erweiterungen desselben. Die grössere vordere, mit einer Verdickung der Schale verbunden, trägt auf der Aussenseite einen sehr deutlichen halbkugeligen, glasig-glänzenden Höcker, den vorderen Schlosshöcker. Das hintere Schlossohr ist zwar stets beträchtlich kleiner, tritt aber doch recht deutlich hervor.

Das vordere Ende ist breit und schief gerundet, das hintere schmälere dehnt sich in einen oft dreiseitigen zusammengedrückten Lappen aus, der gewöhnlich, aus der Mittellinie hinaustretend, nach unten gerichtet ist. Das vordere Ende ist oft an seinem ganzen Rande, das hintere nur am unteren Rande des Lappens fein gezähnt. Das Vorderende erscheint sehr oft von einem mehr weniger verdickten Saum um-

---

[1]) Haidinger's naturwissenschaftl. Abhdl. III. 2. pag. 198. Taf. 10. fig. 16.

geben; nicht selten verdickt sich aber auch der obere und untere Rand, so dass beide Klappen beinahe ringsum eine solche Randverdickung zeigen.

In der steilsten Wölbung erheben sich die Schalen stets am hinteren Ende unmittelbar vor dem zusammengedrückten Lappen, zu welchem der Schalenrücken auch steil abfällt. Gegen das vordere Ende hin und gegen den Dorsalrand findet fast immer ein weit sanfteres Verflachen statt. Dagegen senkt sich die Schale wieder zum Bauchrande hinab meistens steil, ja selbst senkrecht und die Ventralseite beider vereinigter Klappen stellt daher sehr oft eine ziemlich breite eiförmige, herzförmige, dreiseitige oder pfeilförmige Fläche dar, welche von der Oberseite der Klappen in vielen Fällen durch einen hohen, scharfen Kiel gesondert wird. Vor der Mitte der Schalenlänge tritt bei manchen Arten deutlich abgegrenzt ein flacher Höcker in verschiedenem Grade hervor (Bosquet's Subcentralhöcker), der in manchen anderen Fällen mit der Umgebung vollkommen verschmilzt.

Da die Ventralränder in der Mitte etwas eingebogen und zugleich am dünnsten sind, schliessen sie eine Art von schmalem Sinus, eine mehr weniger ausgesprochene Lunula ein. Jones hat die mehr weniger vierseitigen, mit starken Kielen oder anderweitigen Erhöhungen besetzten Arten als Subgenus unter dem Namen *Cythereis* getrennt. Sars hat diese Trennung auch auf lebende Arten ausgedehnt. Diese Trennung ist aber, wie Brady bemerkt[1]), in keiner der beiden Richtungen durchführbar wegen der zahlreichen vermittelnden Zwischenformen. Man darf höchstens die *Cytherae propriae* und *Cythereis* als untergeordnete Gruppen zum Behufe der leichteren Uebersicht der zahlreichen Arten benützen.

1. C. concentrica Rss. — Taf. II. 27. Fig. 1.

1846. *Cytherina concentrica* Reuss, Verst. d. böhm. Kreideform. II. pag. 105. Taf. 24. fig. 22.
1846. *Cythere sculpta* Cornuel, Mem. d. l. soc. géol. d. France. 2de sér. I. 2. pag. 201. Taf. 8. fig. 20—23.
1847. *Cytherina concentrica* Williamson, Transact. of the Manchester lit. and phil. soc. VIII. pag. 42. Taf. 4. fig. 77.
1847. *Cypridina Roemeriana* Bosquet, Descr. des entomostr. foss. de la craie de Maestr. pag. 12. Taf. 2. fig. 2.
1849. *Cythere punctatula* Jones. Monogr. of the Entomostr. of the cret. form. of Engl. pag. 11. Taf. 1. fig. 2 (non Römer).
1855. *Cypridina concentrica* Geinitz, Das Quadersandsteingeb. in Deutschl. pag. 98.
1870. Jones in Geol. magaz. Febr. pag. 2. 4.

Die sehr stark gewölbten Klappen oval, an beiden Enden fast gleichmässig abgerundet, am hinteren Ende nur sehr wenig schmäler, mit einem sehr engen, zusammengedrückten Saum umgeben. Die drei Zähne, welche Bosquet am Hinterende angibt, habe ich an den sächsischen und böhmischen Exemplaren nie wahrgenommen, sowie ich überhaupt den Saum des hinteren Endes mehr gerundet, nie in einen deutlich ausgesprochenen Lappen vorgezogen gefunden habe. Der Dorsalrand ist stark gebogen, der Ventralrand fast gerade, die Wölbung der Klappen auf der Ventralseite am stärksten und nach Art der Buckeln einer Muschelschale über den Bauchrand weit hervorragend, wodurch die Ventralseite der Klappen stark gebogen erscheint. Dieselbe fällt steil ab, während die Schalen sich nach den anderen Richtungen hin mehr allmählich senken. Die Oberfläche der Schalen ist mit concentrischen Furchen bedeckt, auf deren Grunde feine Grübchen stehen. Auf der Ventralseite sind diese Furchen am deutlichsten ausgesprochen, nach der Schalenmitte hin werden sie oft unregelmässig, gegen den Dorsalrand verwischen sie sich nicht selten. Stellenweise ragen aus den die Furchen trennenden Rippen kurze, feine Spitzen hervor. Beide vereinigte Klappen bieten eine breitelliptische Ventralansicht dar.

---

[1]) G. St. Brady, Monogr. of the recent brit. Ostracoda in the transact. of the Linnean Soc. Vol. 26. pag. 394 s.

— 145 —

C. *Althi* Rss.[1]) ist nichts als eine Varietät der *C. concentrica,* wie schon Bosquet anführt, an welcher die concentrischen Furchen und Grübchen beinahe völlig verschwunden sind, so dass nur auf der Bauchseite einige seichte Längsfurchen bemerkbar sind. Sie gehört zur *Var. virginea* Jones (l. c. Fig. 2a) aus der englischen Kreide von Gravesend und dem Kreidedetritus von Charing.

Die starken, mit Dornen besetzten und ein Netzwerk bildenden concentrischen Rücken, welche Jones an den Exemplaren aus dem englischen Gault beschreibt, sind an den Schalen aus Sachsen und Böhmen nie vorhanden.

Sehr selten im Pläner von Strehlen und von Zschertnitz bei Dresden. Selten im böhmischen Baculitenthon und im Kreidemergel von Lemberg. Ueberdies im Kreidetuff und Senon Belgiens und Limburgs, in der Kreide von England, im Kreidetuff von Schoonen. Nach Jones auch im englischen Gault und nach Cornuel im französischen Neocom.

2. C. Karsteni Rss. — Taf. II. 27. Fig. 2.

1846. *Cytherina Karsteni* Reuss, Verst. d. böhm. Kreideform. II. pag. 104. Taf. 24. fig. 19.

Die Schalen eiförmig, gewölbt, an beiden Enden zusammengedrückt, am vorderen breit, mehr als halbkreisförmig gerundet, am hinteren schmäleren einen kurzen sehr stumpfwinkeligen und undeutlich dreiseitigen Lappen bildend. Der Schalenrücken ist gewölbt, am stärksten gegen das hintere Ende und den Ventralrand hin und nach diesen Richtungen steil abfallend. Mitunter unterscheidet man im vorderen Theile der Wölbung den Centraltuberkel, indem derselbe durch eine, wenngleich undeutliche Depression von dem hinteren höheren Theile der Schalenwölbung abgegrenzt wird. Der zusammengedrückte, ziemlich breite vordere Randsaum zeigt bei stärkerer Vergrösserung eine sehr feine radiale Streifung. Unter denselben Verhältnissen bietet die glasig-glänzende Schalenoberfläche sehr zarte Grübchen dar. Am hinteren Schlossohre ragt der Schlosshöcker perlenartig und glasig-glänzend hervor. Beide Ränder divergiren nach vorne nicht unbedeutend, der ventrale ist beinahe gerade, der dorsale in der Mitte schwach eingebogen.

Sehr selten im Pläner von Strehlen, selten im böhmischen Baculitenthon.

3. C. semiplicata Rss. — Taf. II. 27. Fig. 3.

1846. *Cytherina semiplicata* Reuss, Verst. d. böhm. Kreideform. II. pag. 104. Taf. 24. fig. 16.

Der Umriss schief-eiförmig, bisweilen etwas verlängert. Vorne breit und schief-bogenförmig, von einem erhöhten Saum umgeben, am hinteren Ende schmäler, einen kleinen, zusammengedrückten, undeutlich dreiseitigen Lappen bildend. Die kleinen Klappen sind am stärksten im hinteren Theile des Rückens gewölbt und fallen gegen den hinteren Lappen und gegen die Ventralseite steil ab, während sie nach vorne und gegen die Rückenseite hin sich sanfter abdachen. Der Dorsalrand ist nur wenig gebogen, der Ventralrand fast gerade; beide divergiren nach vorne hin bald mehr, bald weniger. Der hintere gewölbteste Theil der Schalen trägt drei feine, niedrige Längsrippchen, die nur bis zur Mitte der Schalenlänge oder nur wenig darüber hinaus reichen. Das eine liegt hart am oberen Rande, das zweite etwa in der Mittellinie, das dritte etwas über dem Ventralrande der Schale. Auf der geringeren Wölbung vor den erwähnten Rippen erkennt man mitunter ziemlich deutlich den sehr flachen Centralhöcker, der von einer seichten Depression umgeben wird. Doch ist dies nicht immer der Fall.

[1]) Foraminif. u. Eutomostr. d. Kreidemerg. v. Lemberg, pag. 49. Taf. 5. fig. 10.

Die verwandte *C. triplicata* Röm. sp.[1] unterscheidet sich durch die viel dickeren Längsrippen, die über die Mitte der Schalenlänge hinausreichen und nach hinten convergiren.

Ebenso sind die dreirippigen *C. elegans* Bosq.[2] und *C. pulchella* Bosq.[3] davon verschieden. Sehr selten im Pläner der Rathsweinberge bei Meissen und im böhmischen Baculitenthon.

4. C. Geinitzi n. sp. — Taf. II. 27. Fig. 4.

Kleiner, etwas schlanker und viel weniger gewölbt, als *C. ornatissima*. Ihr Umriss ist verlängert, vierseitig, mit fast geraden, nach vorne etwas divergirenden Rändern. Das vordere, breite, flach gerundete Ende ist mit einem schmalen, verdickten Saum umgeben, dessen Rand sehr fein gezähnt ist. Das hintere Ende bildet einen zusammengedrückten dreieckigen, ziemlich spitzwinkeligen Lappen, der ebenfalls feine Zähnchen trägt. Längs des Ventralrandes verläuft ein mit dem vorderen Randsaum zusammenhängender, schmaler, gezähnter Kiel, der nach hinten sich allmählich etwas mehr erhebt und am Anfange des hinteren Lappens plötzlich spitzig abbricht. Ein ähnlicher, aber niedrigerer Kiel begleitet den Dorsalrand bis zu dem hinteren Schlosshöcker. Zunächst auf der Innenseite dieser Kiele und des vorderen Randsaumes erscheint die Schale niedergedrückt, erhebt sich aber bald zur flachen Wölbung, die im hinteren Schalentheil am stärksten vorragt. Zuweilen ist dieselbe ungetheilt, öfters aber zerfällt sie in zwei, ja selbst in drei sehr flache höckerartige Hervorragungen. Die Schalenoberfläche ist mit eckigen Grübchen dicht bedeckt, die durch schmale Zwischenwände geschieden werden und ein fein netzförmiges Ansehen der Schale bedingen.

Die Ventralseite beider vereinigter Klappen erscheint sehr schmal pfeil- oder lanzettförmig.

Sehr selten im Pläner von Strehlen.

C. pertusa Rss.[4] dürfte vielleicht hierher gehören, doch sind die Schalen zu mangelhaft erhalten.

5. C. ornatissima Rss. — Taf. II. 27. Fig. 5, 6.

1846. *Cytherina ornatissima*, Verstein. d. böhm. Kreideform. II. pag. 104. Taf. 24. fig. 12, 18. (icon mala).
1846. *Cytherina ciliata* Reuss, ebendas. II. pag. 104. Taf. 24. fig. 17.
1849. *Cythereis ciliata* Jones, Monogr. of the Entomostr. of the cret. form. of England pag. 19. Taf. 4. fig. 11.
1851. *Cypridina muricata* Reuss, Foram. u. Entomostr. d. Kreidem. v. Lemberg pag. 50. Taf. 5. fig. 12.
1854. Bosquet, Monogr. des crust. foss. du terr. crét. de Limbourg pag. 97. Taf. 9. fig. 6; Taf. 7. fig. 7.
1870. Jones, in Geol. magaz. Febr. pag. 2, 4.

Die sächsischen und böhmischen Exemplare stimmen vollkommen mit den von Bosquet beschriebenen überein. *C. ciliata* Jon. scheint ein sehr altes Exemplar darzustellen, an welchem die schärfere Begrenzung der einzelnen Höcker verschwunden ist und durch die reichlichere Entwickelung der Dornen und Spitzen maskirt wird. Was Jones als *C. quadrilatera* Röm. abbildet und früher mit *C. ornatissima* identificirt hat, scheint von dieser verschieden zu sein, wie Jones selbst in neuester Zeit anerkennt (1870 l. c.). Die Klappen sind verlängert-vierseitig, eiförmig, am vorderen Ende breit, schief-halbkreisförmig und mit einem ziemlich breiten verdickten Saume eingefasst, welcher mit kleinen Höckern besetzt und am Rande fein gezähnt ist, wobei die Zähne der unteren Hälfte länger zu sein pflegen, als jene der oberen. Das hintere Ende ist stark zusammengedrückt und bildet einen dreiseitigen, öfters gezähnelten Lappen, dessen unterer Rand etwa vier

---

[1] *Cytherina triplicata* Römer, Verstein. d. norddeutsch. Kreidegeb. pag. 104. Taf. 16. fig. 16. — Jones, Monogr. of the Entomostr. of the cret. form. of England, pag. 18. Taf. 3. fig. 9.
[2] Bosquet, Monogr. des crust. foss. du terr. crét. de Limbourg. pag. 78. Taf. 9. fig. 3.
[3] L. c. pag. 76. Taf. 9. fig. 1.
[4] Reuss, Denkschr. d. k. Akad. d. Wiss. VII. pag. 142. Taf. 27. fig. 5.

besonders lange Zähne trägt. Der Dorsal- und Ventralrand sind fast gerade und schwach divergirend, überdies mit unregelmässigen Zähnen und Höckerchen besetzt. Die Schlossohren sind deutlich entwickelt, das vordere trägt einen kugeligen, glasig-glänzenden Schlosshöcker.

Die Wölbung des Rückens ist in der hinteren Schalenhälfte am stärksten und steigt von dem zusammengedrückten Lappen fast senkrecht empor. Nach vorne dachen sich die Schalen langsam ab.

Längs des Ventralrandes verläuft ein hoher Kiel, der in mehr weniger zahlreiche und grosse Höcker und Dornen zerschnitten ist, welche im hinteren Theile gewöhnlich in kurze Querreihen angeordnet sind. Nach vorne geht dieser Kiel in den erwähnten dicken vorderen Randsaum über, nach hinten endigt er plötzlich in einen schiefen Höcker, der bisweilen in einen ziemlich starken Dorn ausläuft.

Der grosse Centraltuberkel liegt etwas vor der Schalenmitte, ist in verschiedenem Grade entwickelt und endigt stumpf. Auch er ist an älteren Exemplaren mit kleinen Höckern und Dornen besetzt. In der hinteren Schalenhälfte liegt ein zweiter Höcker, der fast immer verlängert ist und oft in einen hohen, mit Höckerchen und Spitzen besetzten Wulst übergeht, welcher von dem vorderen Tuberkel entweder durch eine tiefe Depression gesondert ist oder unmittelbar mit ihm zusammenhängt.

Auch den Dorsalrand begleitet ein etwas schwächerer, dorniger Kiel, der an dem hinteren Schlosshöcker plötzlich abbricht. Die Ventralseite beider vereinigter Klappen besitzt einen fast birnförmigen Umriss. Je älter die Exemplare werden, desto mehr nimmt die Zahl und Grösse der Dornen und Höcker zu, während die scharfe Begrenzung der einzelnen Kiele und des Centraltuberkels sich allmählich verwischt. An jüngeren Schalen nimmt man wegen der geringeren Zahl der dornigen Hervorragungen wahr, dass die Schalenoberfläche bisweilen mit sehr seichten Grübchen bedeckt ist, welche durch dünne Zwischenwände geschieden sind und der Schale ein fein netzförmiges Ansehen ertheilen, eine Beschaffenheit, die an älteren Klappen durch die überwiegende Entwickelung der Spitzen und Höcker verdeckt wird. Die breite, etwas vierseitige Ventralfläche zeigt einige mehr weniger deutliche, mit der schwachen Convexität nach aussen gerichtete Furchen.

Häufig im Pläner von Strehlen, sehr selten in jenem von Weinböhla und von Zschertnitz bei Dresden. Im böhmischen Pläner und Baculitenthon, im Kreidemergel von Lemberg, im Kreidetuff und im Senon Belgiens und Limburgs, im Senon, Grünsand und Gault Englands.

G. C. sphenoides Rss. — Taf. II. 27. Fig. 7.

1854. Reuss, in Denkschr. d. k. Akad. d. Wiss. VII. pag. 141. Taf. 27. fig. 2.

Klappen schief-eiförmig, vorne breit und schief abgerundet, nach hinten sich allmählich zur stumpfen Spitze verschmälernd. Der obere Rand schwach bogenförmig, der untere fast gerade, beide nach vorne hin stark divergirend. Das vordere Ende ist mit einem schmalen, zusammengedrückten, ungezählten Saume eingefasst, das hintere läuft in einen ziemlich grossen, ebenfalls zusammengedrückten Lappen aus. Den Ventralrand begleitet ein scharfer, gerade nach hinten ansteigender Kiel, der vor dem Beginn des hinteren Endlappens entweder abgerundet oder in kurzer, stumpfer Spitze endigt. Von diesem Kiel fällt die Ventralseite senkrecht ab, so dass dieselbe bei Vereinigung beider Klappen eine ebene, elliptische oder eiförmige Fläche darstellt. Neben dem hinteren Ende des Kieles ist der Schalenrücken am stärksten gewölbt und fällt nach hinten steil, nach vorne und oben allmählich ab. Die Schalenoberfläche ist glatt und glänzend.

Sehr selten im Pläner von Strehlen, sowie in den Kreidemergeln der Gosau.

7. C. serrulata Bosq. — Taf. II. 27. Fig. 8.

1840. *Cytherina cornuta* Reuss. Verstein. d. böhm. Kreideform. II. pag. 105. Taf. 24. fig. 20 (icon mala).
1846. *Cytherina spinosa* Reuss. ebendas. II. pag. 105. Taf. 24. fig. 21 (icon mala).
1847. Bosquet, Descr. des entomostr. foss. de la craie de Maestr. pag. 20. Taf. 4. fig. 2.
1854. Bosquet, Monogr. des entomostr. ioss. des terr. crét. de Limbourg. pag. 104. Taf. 9. fig. 9.

In der Gruppe der *C. cornuta* herrscht noch grosse Verwirrung und die zahlreichen ihr angehörigen Formen sind noch keineswegs scharf von einander gesondert. Die Exemplare der sächsischen und böhmischen Kreide stimmen mit *C. serrulata* Bosq. nicht völlig überein; ich habe sie aber damit vereinigt, weil sie sich derselben am meisten nähern.

Die Klappen sind vierseitig-eiförmig, etwas breiter als jene von Maastricht, am vorderen Ende breit und schief-halbkreisförmig, am hinteren in einen breiten, zusammengedrückten, nicht vierseitigen, sondern abgerundeten oder undeutlich dreiseitigen Lappen mit fein gezähntem Rande ausgezogen. Besonders gross sind die 4—5. auf der unteren Hälfte desselben stehenden Zähne. Der obere und untere Rand sind beinahe gerade und divergiren nach vorne nur wenig. Das vordere Ende ist von einem verdickten Saume eingefasst, der in seinem oberen Theile sich verschmälert und im unteren am Rande mit wenigen Zähnen besetzt ist. Hinter seinem oberen Ende steht auf einem kleinen, ohrförmigen Vorsprung der runde perlenartige vordere Schlosshöcker. Der hintere Schlosshöcker springt als ein kleiner Dorn über den Dorsalrand vor. Der vordere Randsaum setzt sich längs des Ventralrandes in einen starken Kiel fort, der sich nach hinten mehr und mehr erhebt und am Anfange des hinteren zusammengedrückten Lappens fast senkrecht abgeschnitten in einen spitzigen Dorn endigt. Der Kiel zeigt die von Bosquet angegebene Kerbung des Randes, von welcher der Name der Species abgeleitet ist, nur selten und schwach; gewöhnlich ist sein freier Rand ganz und unzerschnitten. Ebenso sind die auf beiden Seiten des Kieles angegebenen Grübchen nur selten und dann nur im vorderen Theile undeutlich sichtbar. Zunächst dem Kiele sind die Schalen, besonders im hinteren Theile, am stärksten gewölbt und dachen sich nach vorne und oben allmählich ab. Gegen das hintere Ende fällt die Wölbung steil ab. Die senkrecht abgestutzte Ventralseite beider Klappen bildet in ihrer Vereinigung eine pfeilförmige Fläche. Die Schalenoberfläche ist glatt und glänzend.

Ziemlich häufig im Pläner von Strehlen, nicht selten in jenem von Weinböhla. Im böhmischen Baculitenthon, im Kreidetuff und im Senon Belgiens.

Die eocaene *C. cornuta* Röm. [1]) ist von unserer Species, wie Bosquet gezeigt hat, verschieden. Von beiden weicht *C. cornuta* Jones [2]) ab. Wie Jones dieselbe neuerlichst als eine Varietät der *C. ornatissima* Rss., mit welcher sie nicht die geringste Aehnlichkeit besitzt, betrachten kann, ist nicht wohl einzusehen [3]).

Bei Weinböhla kömmt noch eine Species vor, welche mit *C. phylloptera* Bosq. [4]) Aehnlichkeit verräth. Da mir aber nur ein überdies noch etwas mangelhaftes Exemplar vorliegt, musste ich von einer bestimmten Entscheidung abstehen.

Cytheridea Bosquet.

Die Arten dieser kleinen Gattung ähneln im Umrisse sehr den Bairdien oder manchen einfachen Cythere-Arten. Die dicken und compacten Schalen sind schief-eiförmig oder etwas dreiseitig-eiförmig, glatt,

---

[1]) Jahrb. f. Min. u. Geol. 1838 pag. 518. Taf. 6. fig. 31.
[2]) Monogr. of the Entomostr. of the cret. form. of England pag. 21. Taf. 5. fig. 13.
[3]) Geolog. magaz. Febr. pag. 2. 4.
[4]) Monogr. des crust. du terr. crét. de Limbourg pag. 106. Taf. 7. fig. 10.

mit seichten Grübchen, schwach papillös oder seicht concentrisch gefurcht. Den wesentlichsten Charakter der Gattung bildet das Schloss, welches dem Schlosse einer *Nucula* einigermaassen ähnlich ist. Die äussere Leiste des Schlossrandes der rechten Klappe trägt eine Reihe kleiner zahnartiger Höcker, welche von entsprechenden Grübchen des Randes der linken Klappe aufgenommen werden. Gewöhnlich ist dieselbe durch eine mittlere Unterbrechung in zwei terminale Gruppen zu je 6—8 Zähnchen getheilt. Die mittlere Lücke ist entweder ganz glatt oder zeigt seichte Grübchen, welchen in diesem Falle kleine Erhöhungen auf dem linken Schlossrande entsprechen.

Manche Species sind gleich den meisten Cythere-Arten am vorderen Ende nach oben hin mit einem kleinen glasigen halbkugeligen Höcker besetzt. Der Ventralrand ist fast gerade mit einem leichten mittleren Sinus.

Das Subgenus *Cyprideis* Jones [1]) fällt mit der Bosquet'schen Gattung völlig zusammen. Auch die lebenden Formen der durch Sars modificirten Gruppe *Cyprideis* sind nach G. Brady (l. c. pag. 421) davon nicht wohl zu trennen.

I. **C. perforata** Röm. sp. — Taf. II. 27. Fig. 9. 10.

1838. *Cytherina perforata*, Jahrb. f. Min. u. Geol. pag. 516. Taf. 6. fig. 11.
1848. *Cythere Hilseana* Jones, Monogr. of the Entom. of the cret. form. of England pag. 10. Taf. 1. fig. 1.
1850. *Cytheridea Jonesiana* Bosquet, Descr. des entom. foss. des terr. tert. de la France et de la Belg. pag. 38.
1850. *Bairdia perforata* Bosquet, Descr. des entom. foss. des terr. tert. de la France et de la Belg. pag. 24. Taf. 1. fig. 8.
1851. *Cytheridea Jonesiana* Bosquet, Crust. foss. des terr. crét. de Limbourg pag. 64. Taf. 8. fig. 5.
1854. *Cytheridea Jonesiana* Reuss, in Denkschr. d. k. Akad. d. Wiss. VII. pag. 141.
1856. R. Jones, Monogr. of the tert. Entom. of England pag. 44. Taf. 4. fig. 14.
1870. R. Jones, in Geol. magaz. Febr. pag. 1. 4.

Klappen schief-eiförmig, mitunter dem gerundet-Dreiseitigen sich nähernd, stark gewölbt, am meisten in oder unmittelbar hinter der Mitte der Schalenlänge. Die rechte Klappe viel schmäler als die linke. Das vordere Ende breit und schief gerundet, das hintere sich zur stumpfen, an der Ventralseite gelegenen Spitze verschmälerud. Der Ventralrand wenig gebogen, fast gerade, der Dorsalrand dagegen stark gekrümmt, schief-halb-kreisförmig. Selten sah ich jedoch denselben in so hohem Grade winkelig, wie ihn Jones und Bosquet abbilden. Die glänzende Schalenoberfläche zeigt bei stärkerer Vergrösserung zahlreiche, sehr feine, vertiefte Punkte, wohl die Ansatzstellen zarter Haare. An manchen Schalen, wenngleich sehr selten, beobachtete ich, sowie Bosquet, am Vorderende zarte, kurze Zähne.

Häufig im Pläner von Strehlen, selten in jenem von Weinböhla. Uebrigens in den Kreideschichten der Gosau, in dem Maastrichter Kreidetuff, in dem Senon Schwedens und Englands, im Grünsand von Blackdown, im Gault von Kent. Tertiär im Eocän Englands und Frankreichs.

Cytherideis Jones.

Diese kleine Gruppe, welche sich an die übrigen Cytherideen anschliesst, zeichnet sich durch schlanke, schief-eiförmige oder etwas dreiseitige, glatte oder feingrubige Schalen aus. Der Schlossbau ist sehr einfach. Der Mitteltheil des Schlossrandes der linken Klappe krümmt sich im geschlossenen Zustande der Schalen etwas unter jenen der rechten Klappe. Sein Vorder- und Hinterende tragen eine schmale Furche für die Aufnahme der entsprechenden Enden der linken Schale. Der Ventralrand der rechten Klappe legt sich in der Mitte etwas über jenen der linken. Das Thier ist unbekannt.

---

[1]) Monogr. of tert. Entomostr. of England. 1856. pag. 20.

Die verwandte Gattung *Paradoxostoma* Fischer unterscheidet sich dadurch, dass die Ventralränder beider Klappen in der Mitte etwas eingebogen sind und bei ihrer Vereinigung eine Spalte offen lassen, durch welche die saugenden Mundtheile hervortreten können.

1. C. laevigata Röm. sp. — Taf. II. 28. Fig. 1—3.

1841. *Cytherina laevigata* Römer. Verstein. d. nordd. Kreidegeb. pag. 104. Taf. 16. fig. 20.
1846 *Cytherina attenuata* Reuss, Verstein. d. böhm. Kreideform. II. pag. 104. Taf. 24. fig. 15.
1849. *Bairdia angusta* Jones, Monogr. of the Entom. of the cret. form. of England pag. 26 (z. Theil).
1870. Jones. in Geol. magaz. Febr. pag. 3. 4.

Die sächsischen Schalen sind völlig identisch mit jenen, welche ich aus Böhmen unter dem Namen *C. attenuata* beschrieben habe. Römer's *C. laevigata* stimmt ebenfalls damit überein. Ob *C. angusta* v. M. dieselbe sei, wie Jones will, kann ich nicht mit Gewissheit behaupten, da die unzureichende Münster'sche Beschreibung sich ebensowohl auf andere Arten von *Cytherideis* und *Bairdia* beziehen lässt. Was jedoch Jones l. c. Taf. 6. Fig. 18 als *C. angusta* v. M. abbildet, scheint wohl mehr auf eine andere, als die in Rede stehende Species bezogen werden zu müssen. Ich habe daher, um alle Missverständnisse zu vermeiden, den Römer'schen Namen *C. laevigata* als den älteren beibehalten. Die kleinen, schwach gebogenen Klappen sind schmal und etwas schief-eiförmig, bald breiter, bald schmäler, ja sich bis zum Schief-lanzettförmigen verschmälernd, im Umrisse einem winzigen *Mytilus* täuschend ähnlich, gewölbt, glatt und glänzend, am vorderen Ende gerundet, am hinteren zugespitzt. Die grösste Höhe liegt hinter der Mitte der Schalenlänge. Der Dorsalrand ist bogenförmig, der Ventralrand nur seicht eingebogen. Die Wölbung der Schale ist mässig und ziemlich gleichförmig, gegen den Ventralrand steiler, in den übrigen Richtungen allmählich abfallend. Der Ventralrand der rechten Klappe bildet in der Mitte eine deutliche Platte, welche über den Ventralrand der linken Klappe hinübergreift.

Ziemlich häufig im Pläner von Strehlen, sehr selten in jenem von Weinböhla. Im böhmischen Baculitenthon und in der norddeutschen Kreide. Ob die tertiären und lebenden Formen wirklich hierher gehören, ist sehr zweifelhaft.

C. Cytherellidae.

Schalenklappen dick, kalkig, ungleich. Die oberen Antennen vielgliederig, an der Basis geknieet; die unteren breit und flach. Drei Paare von hinteren Gliedern, kaum fussförmig, die zwei vorderen Paare branchial, die hinteren rudimentär. Der Abdomen läuft in zwei kleine, schmale, am Ende Dornen tragende Lamellen aus.

Cytherella Bosquet.

Die ungleichen dicken Schalenklappen flach; die rechte viel grössere umfasst die linke im ganzen Umfange und trägt am gesammten inneren Rande eine Furche, welche den Rand der entgegengesetzten Klappe aufnimmt. Im Inneren der Schalen zwischen dem Centrum und dem oberen Rande befindet sich ein kleiner länglicher, wenig hervorragender Höcker, dessen Richtung zu der Längsaxe der Schale stets schief gestellt ist und sich trotz dem geringen Grade seiner Erhebung durch die mattweisse Färbung leicht zu erkennen giebt. Aeusserlich entspricht denselben eine kleine Vertiefung, die aber nur bei wenigen Arten etwas deutlicher wird.

Die Gattung nähert sich den Copepoden, ist jedoch im Leben noch nicht beobachtet worden, die Art ihrer Bewegung ist daher noch unbekannt.

1. C. ovata Röm. sp. — Taf. II. 28. Fig. 4. 5.

1840. *Cytherina ovata* Römer, Verstein. d. nordd. Kreidegeb. pag. 104. Taf. 16. fig. 21.
1845. *Cytherina complanata* Reuss, Verstein. d. böhm. Kreideform. I. pag. 16. Taf. 5. fig. 34 (icon mala).
1845. *Cytherina ovata* Reuss, ebendas. I. pag. 16. Taf. 6. fig. 35.
1847. *Cythere reniformis* Bosquet, Descr. des entom. foss. de la craie de Maestr. pag. 6, 7. Taf. 1. fig. 1 a—f.
1847. *Cytherina laevis* Williamson, Transact. of the Manchester philos. soc. Taf. 4. fig. 80.
1849. Jones, Monogr. of the Entom. of the cret. form. of England. pag. 28. Taf. 7. fig. 24. a—i.
1849. *Cytherina ovata* u. *complanata* Geinitz, Quadersandsteingb. in Deutschl. pag. 98.
1851. *Cythere ovata* Reuss, Foram. u. Entom. d. Kreidem. v. Lemberg. pag. 48. Taf. 5. fig. 2.
1854. *Cytherella complanata* Reuss. Denkschr. d. k. Akad. d. Wiss. VII. pag. 140. Taf. 28. fig. 9.
1854. Bosquet, Monogr. des crust. foss. du terr. crét. du duché de Limbourg, pag. 45. Taf. 8. fig. 1 a—f.
1855. *Cytherella complanata* Reuss, in Zeitschr. d. deutsch. geol. Ges. pag. 277.
1870. R. Jones, in Geol. magaz. Febr. pag. 3, 4.

Ebenfalls eine sehr verbreitete Species der Kreideostracoden, die aber hauptsächlich den senonen und turonen Schichten angehört. In tieferen Kreideschichten scheint sie selten zu sein. R. Jones führt sie aus dem Gault an. Ob die von demselben angegebenen tertiären Formen von Bracklesham wirklich hierher gehören, will ich unentschieden lassen.

Die Species ist aber zugleich in ihrer Form sehr veränderlich. Man kann hauptsächlich zwei Formengruppen unterscheiden, die eine mit eiförmigen, beinahe gleichseitigen Klappen, die echte *C. ovata*, und die andere mit mehr weniger eingebogenem Ventralrand, wodurch die Schalen einen mehr nierenförmigen Umriss annehmen, Bosquet's *C. reniformis*. Zwischen beiden gibt es aber zahlreiche Zwischenformen, so dass eine Trennung derselben nicht wohl vorgenommen werden kann. In der sächsischen und böhmischen Kreide kommen zwar beide Formentypen vor, die meisten Schalen, besonders aus dem sächsischen Pläner, gehören jedoch der *Var. reniformis* an.

Der Umriss der Schalen ist daher, insbesondere bei erwachsenen Individuen, mehr weniger bohnenförmig oder eiförmig, bald breiter, bald schmäler. Die linke Klappe ist im Gegensatze zu den übrigen Ostracodengattungen schmäler als die rechte. Beide Enden sind zugerundet, fast gleich breit; an jungen Exemplaren pflegt jedoch das vordere Ende breiter su sein, als das entgegengesetzte. Der Dorsalrand ist gleichmässig bogenförmig und stellt die Hälfte einer Ellipse dar. Je älter das Individuum wird, in desto stärkerem Bogen tritt die Mitte dieses Randes hervor. An der linken Klappe ist die Biegung des Dorsalrandes stets geringer. Zugleich biegt sich der Ventralrand, der im Ganzen mehr gerade ist, mit zunehmendem Alter stärker ein, was der Klappe die Bohnen- oder Nierenform ertheilt. Auch die Convexität des Gehäuses nimmt mit dem Alter zu. Stets ist aber der hintere Theil der Schalen stärker gewölbt und fällt gegen das Hinterende steil ab, während die Wölbung sich nach vorne hin allmählich abdacht. Die Schalenoberfläche ist glatt und glänzend. Von Dornen, welche Jones bei jungen Exemplaren erwähnt, habe ich nie eine Spur wahrgenommen.

Ziemlich häufig im Pläner von Strehlen, nicht selten in jenem von Weinböhla, sehr selten im Pläner von Zschertnitz bei Dresden und im Cenoman von Plauen. Im böhmischen Pläner und Baculitenthon. Zahlreiche Fundorte in anderen Ländern findet man bei Bosquet (Monogr. pag. 47) angeführt. Jones erwähnt die Species auch im Gault von Folkestone in England.

2. C. Muensteri Röm. sp. — Taf. II. 28. Fig. 6. 7.

1858. *Cytherina Muensteri* Römer, in Leonh. u. Bronn's Jahrb. f. Min. u. Geol. pag. 516. Taf. 6. fig. 13.
1845. *Cytherina parallela* Reuss, Verstein. d. böhm. Kreideform. I. pag. 16. Taf. 5. fig. 33.
1847. *Cythere truncata* Bosquet, Descr. des entom. foss. de la craie de Maestr. pag. 7. Taf. 1. fig. 2 a—c.
1849. *Cytherella truncata* Jones, Monogr. of the Entom. of the cret. form. of England pag. 30. Taf. 7. fig. 25 a—c.
1850. *Cytherina parallela* Geinitz, Quadersandsteingeb. in Deutschl. pag. 98.
1852. Bosquet, descr. des entom. foss. des terr. tert. de la France et de la Belg. pag. 13. Taf. 1. fig. 2. a—d.
1851. *Cytherina parallela* Reuss. Foram. u. Entom. d. Kreidem. von Lemberg. pag. 47. Taf. 5. fig. 1.
1854. Bosquet. Monogr. des crust. fess. du terr. cret. du duché de Limbourg. pag. 48. Taf 8. fig. 2. a—d.
1854. *Cytherella parallela* Reuss, Denkschr. d. k. Akad. d. Wiss. VII. pag. 40.
1855. *Cytherella parallela* Reuss, Zeitschr. d. deutsch. geol. Ges. pag. 18.
1856. R. Jones, Monogr. of the tert. Entom. of England, pag. 56. Taf. 15. fig. 12, 13.
1870. R. Jones, Geol. magaz. Febr. pag. 3, 4.

Auch diese Species scheint eine beträchtliche Formenmannigfaltigkeit zu entwickeln. Wenigstens weichen die Abbildungen der Schalenumrisse nicht wenig von einander ab, indem ihre Breite, die Biegung des Dorsalrandes und die Beschaffenheit des Hinterendes grossen Schwankungen unterworfen sind.

Das eine Extrem mit starker Krümmung des Rückenrandes und dem auffallend schrägen Abgestutztsein des Hinterendes bilden die Exemplare von Maastricht, wie sie Bosquet l. c. Fig. 2 abbildet. Ich habe so ausgesprochene Formen nie beobachtet. Weniger auffallend treten diese Merkmale in den Abbildungen von Bosquet's Monographie der Kreideostracoden des Herzogthums Limburg (l. c. Taf. 8. Fig. 2) hervor. Noch weniger ausgesprochen sind sie in den Abbildungen in Jones Monographie der englischen Kreideentomostraceen. Das entgegengesetzte Extrem bilden endlich die böhmischen und die ihnen völlig gleichen Schalen aus dem sächsischen Pläner, welche ich wegen des beinahe vollständigen Parallelismus der beiden Ränder der schmalen Schalen, verbunden mit einer kaum angedeuteten Abstutzung des hinteren Endes von *C. truncata* Bosq. für verschieden hielt und als *C. parallela* beschrieb. Jedenfalls werden sie als *Var. parallela* der *C. Muensteri* unterschieden werden können.

Die sächsischen Exemplare sind verlängert und gewöhnlich auffallend schmal. Der Rückenrand kaum gebogen und dem ebenfalls beinahe geraden, nur in der Mitte sehr schwach eingebogenen Ventralrande fast parallel. Der Dorsalrand der grösseren rechten Klappe ist etwas mehr gekrümmt, als jener der kleineren linken Klappe. Beide Enden sind zugerundet, am vorderen ist die Rundung regelmässig, am hinteren etwas schief. Nur sehr selten zeigt letzteres eine Andeutung von Abstutzung. Am hinteren Ende sind die Schalen am gewölbtesten und fallen steil ab, während sie sich gegen das vordere niedergedrückte Ende allmählich abdachen.

Die Schalenoberfläche fand ich immer selbst unter dem Mikroskope glatt, gleichförmig weiss, meistens matt, selten glänzend und stets ohne die reihenförmigen Grübchen, welche Jones an Exemplaren aus dem Gault beobachtete.

Die Species ist weit weniger verbreitet, als die vorhergehende, und besonders im Senon und Turon zu Hause. In Sachsen liegt sie ziemlich häufig im Pläner von Strehlen und Weinböhla, sehr selten in den Mergeln von Zschertnitz bei Dresden und von den Rathsweinbergen von Meissen, sowie im Cenoman von Plauen. In Böhmen fand ich sie im Pläner und im Baculitenthon. Jones führt sie aus dem Gault von Folkestone und Leacon-Hill an. Endlich wird sie noch aus dem Eocän Englands, Nordamerikas und von Paris, sowie aus dem Miocän von Bordeaux angegeben.

C. solenoides Rss. [1]) stellt nur eine Abänderung der *C. Muensteri* dar, welche stärker verlängert, etwa dreimal so lang als hoch ist, mit fast parallelen Rändern und abgestutzten, sehr flach bogenförmigen Enden.

3. C. Williamsoniana Jon. — Taf. II. 28. Fig. 9. 10.

1843? *Cytherina pedata* Geinitz, Kieslingswalde, pag. 6. Taf. 5. fig. 13.
1849.   Jones, Monogr. of the Entom. of the cret. form. of England. pag. 31. Taf. 7. fig. 26.
1851.   *Cypridina leioptycha* Reuss, Foram. u. Eutom. d. Kreidem. v. Lemberg. pag. 49. Taf. 5. fig. 11.
1854.   Bosquet, Monogr. des crust. foss. du terr. crét. de Limbourg, pag. 52. Taf. 5. fig. 2.

Klappen niedergedrückt, verlängert elliptisch, an beiden Enden beinahe gleich breit, etwas schief gerundet. Das vordere Ende wird von einem glatten bogenförmigen, erhabenen Saume eingefasst, der entweder hart am Rande liegt oder von demselben durch eine schmale Depression getrennt wird. Eine ähnliche, aber stärkere Erhöhung begleitet das hintere Ende. An alten Individuen erhebt sie sich am oberen und unteren Ende zu einem grossen, rundlichen Höcker. Beide Ränder der Klappen sind beinahe gerade, nur an den Enden gebogen und divergiren nach vorne in sehr geringem Grade. Der wenig gewölbte Schalenrücken verhält sich in Beziehung auf seine Skulpturverhältnisse sehr verschieden. Den Ventralrand begleitet ein schmaler Kiel, der vor dem unteren Ende des Randsaumes abbricht oder mit demselben verschmilzt. In der Mittellinie der Schale oder etwas unterhalb derselben verläuft ein zweiter schwacher Kiel, der entweder schon in der Mitte der Schalenlänge endigt oder über dieselbe hinaus fortsetzt. Er ist bald gerade, bald krümmt er sich etwas nach unten, bald ist er selbst knieförmig umgebogen. Ein dritter Kiel befindet sich am Dorsalrande, der aber nur kurz und gewöhnlich auf die hintere Schalenhälfte beschränkt ist.

An vielen Klappen verflachen sich die Kiele mehr und mehr und sinken zu sehr niedrigen Längswulsten herab oder die sehr flachen Erhöhungen und seichten Vertiefungen werden ganz unregelmässig. Solche Formen ähneln dann den von Jones l. c. abgebildeten Exemplaren.

Die von Bosquet gezeichneten kleinen Tuberkeln beobachtete ich an den sächsischen Schalen ebensowenig, als an jenen von Lemberg.

Die Ventralansicht beider vereinigter Klappen ist schmal-oblong, am hinteren Ende wenig breiter als an dem vorderen.

Nicht selten in dem Pläner von Strehlen, sehr selten im Cenoman von Plauen. Im Kreidemergel von Lemberg, in der Kreide, dem Kreidemergel und Gault von England, im Senon von Limburg.

Unter den mir zur Untersuchung mitgetheilten, von Herrn Kirsten gesammelten sächsischen Kreideostracoden befand sich auch eine Anzahl derselben aus dem cenomanen Pläner von Plauen, welche ich zur Vervollständigung seines paläontologischen Charakters hier nachträglich anführen zu müssen glaube. Es sind folgende Species:

1. Bairdia subdeltoidea v. M. gemein.

2. Bairdia arcuata v. M. *Var. faba* Rss. sehr selten.

----

[1]) Verstein. d. böhm. Kreideform. II. pag. 104. Taf. 24. fig. 14.

3. **Cythere elongata** n. sp. — Taf. II. 28. Fig. 11.

Schale verlängert-eiförmig, verhältnissmässig schmal, vorne schief gerundet, nach hinten sich wenig verschmälernd und in einem zusammengedrückten, schief-dreieckigen Lappen endigend, dessen Unterrand mit vier spitzigen Zähnen besetzt ist. Beide Ränder sind beinahe gerade und divergiren nach vorne nur sehr wenig. Die niedergedrückten Klappen sind mit Ausnahme des Hinterendes ringsum von einem verdickten Saume umgeben. Sein Rand ist am vorderen Schalenende sehr fein gezähnt. Der Kiel, welcher den Ventral-rand begleitet, erhebt sich nach hinten nur wenig und endigt dort in einer kurzen Spitze, welche sich mitunter zu einem kleinen Höcker verdickt. Ein ähnlicher Höcker bildet bisweilen das hintere Ende des oberen Randsaumes, während am vorderen nach innen hin ein sehr kleiner, runder Schlosshöcker liegt. Die Schale ist dem Randsaume zunächst überall niedergedrückt, erhebt sich jedoch gegen die Mittel-linie zu einem Längswulst oder einer stumpfen Längsrippe, welche den Randsaum nur wenig überragt. Die Schalenoberfläche ist überall mit feinen Erhabenheiten, Spitzen und Grübchen bedeckt.

Sehr selten im unteren Pläner von Plauen.

4. **Cytheridea ovata** Bosq. — Taf. II. 28. Fig. 8.

1854. Bosquet, Monogr. des crust. foss. des terr. crét. de Limbourg pag. 63. Taf. 5. fig. 6.

Die Klappen breit- und schief-eiförmig, sehr stark gewölbt, am vorderen Ende breit gerundet, am hinteren verschmälert, stumpf. Die stärkste Wölbung liegt beiläufig in der Mitte der Schalenlänge und fällt gegen den Bauchrand steil, gegen die anderen Seiten sanfter ab. Der Dorsalrand ist stark bogenförmig, der ventrale im mittleren Theile fast gerade, an der linken Klappe sehr seicht eingebogen. Die Schalenober-fläche glatt.

Nicht selten im unteren Pläner von Plauen.

5. **Cytherella ovata** Röm. sp. sehr selten.

6. **Cytherella Muensteri** Röm. sp. sehr selten, sowie auch die zugleich vorkommende *Var. solenoides*.

7. **Cytherella Williamsoniana** Jon. sehr selten.

Index generum et specierum.

Das

ELBTHALGEBIRGE

in

SACHSEN

von

Dr. Hanns Bruno Geinitz,

Ritter des Königl. Sächs. Verdienstordens und des Kais. Brasilianischen Rosenordens, Königl. Sächs. Hofrath, Director des Königl. Mineralogischen Museums, Prof. an der Königl. polytechnischen Schule in Dresden, Ehrenmitglied des Doctoren-Collegiums der K. K. Universität
zu Wien, etc.

Zweiter Theil.

Der mittlere und obere Quader.

V. Gasteropoden und Cephalopoden.

CASSEL.

Verlag von Theodor Fischer.

1874.

IV. Classe. Mollusca (Weichthiere).

III. Ordn. Gasteropoda, Bauchfüsser, Schnecken. (Vgl. I. p. 239.)

A. Prosobranchiata. Kammkiemer, Schildkiemer und Kreiskiemer.

a. **Holostomata** etc. Mündung ohne Canal oder Ausschnitt. Phytophaga vorzugsweise.

1. Fam. *Turritellidae.*

Turritella Lam., 1799—1801. — I. S. 239.

1. **T. multistriata** Reuss. — II. Taf. 29. Fig. 1—3; Taf. 30. Fig. 18.

1840. *T. granulata* Gein. Char. II. p. 44 z. Th. Taf. 15. fig. 9, und *T. propinqua* Gein. eb. p. 45. Taf. 15 fig. 12.
(nicht *T. granulata* Sow.).
1843. *T. granulata* Gein. Kiesl. Taf. 1. fig. 18.
1843. *T. multistriata* Reuss, die Kreidegebilde des westlichen Böhmens, p. 207.
1844. *T. quadricincta* Goldfuss, Petr. Germ. III. p. 106. Taf. 196. fig. 16 u. 17. c.
1845. Reuss, Verst. d. böhm. Kreidef. I. p. 51. Taf. 10. fig. 17; Taf. 11. fig. 16.
1846. Gein. Grundr. p. 326.
1849. Gein. Quad. Deutschl. p. 124.
1850. *T. Geinitzi* d'Orbigny, Prodr. de Pal. II. p. 148.
1852. *T. difficilis* Zekeli, Abh. d. Geol. Reichs-Anst. Vol. I. 2. p. 23. Taf. 1. fig. 3.
1868. *T. multistriata* Stoliczka, Cret. Gastr. of South. India, p. 224. Pl. 17. fig. 8—14. 16.

Die kegelförmige Schale besteht aus etwa 10 mässig gewölbten Umgängen, welche durch eine tiefe Naht geschieden sind und 6 bis 7 schmale emporstehende Längslinien tragen, welche weit von einander entfernt liegen. Die breiten sie trennenden Zwischenräume sind mit sehr feinen Längslinien erfüllt, von denen nur die mittleren mit blossen Augen erkennbar sind.

An der Oberfläche der Steinkerne tritt oft nur eine meist von einer Furche begrenzte Spirallinie hervor, die nahezu in das obere Drittheil der Höhe eines Umganges fällt (Fig. 3).

Bei der nahe verwandten *T. sexcincta* Goldf. (Petr. Germ. III. Taf. 97. fig. 2) zählt man auf den Windungen 6 stärkere und regelmässiger von einander entfernte Längsrippen und dieser Art entspricht am nächsten *T. difficilis* d'Orb. (Pal. fr. t. crét. III. Pl. 151. fig. 19), während *T. sexlineata* A. Römer[1] länger gestreckt ist als *T. multistriata.*

Vorkommen: Nicht selten im Mittelpläner von Priessnitz und Niederwartha an der Elbe, an der Walkmühle bei Pirna und in dem Plänerkalke von Strehlen und Weinböhla. In dem Mittelpläner von Laun,

---

[1] A. Römer, Nordd. Kreideg. 1841. p. 80. Taf. 11. fig. 22.

dem Baculitenmergel von Priesen, Böhmisch-Kamnitz und Kreibitz in Böhmen, vom Marterberg bei Passau, im Grünsande von Kieslingswalde im Glatzischen, am Salzberge bei Quedlinburg, im senonen Kreidemergel von Lemförde, Haldem und Osterfeld in Westphalen, also von unterturonen Schichten an bis in die untersenonen hinauf.

2. T. lineolata A. Röm.

1841. A. Römer, nordd. Kreideg. p. 80. Taf. 11. fig. 24.
1849. Gein. Quad. Deutschl. p. 124.

Ihre lang-kegelförmige Schale besteht aus zahlreichen, fast flachen Umgängen, die aber dennoch durch eine vertiefte Naht deutlich geschieden sind. Sie werden von sehr feinen Längslinien dicht bedeckt, die an Exemplaren von Strehlen noch undeutlicher sind als an jenen von Lemförde.

Vorkommen: Selten im Plänerkalk von Strehlen. — Im senonen Mergel von Lemförde.

Scala Klein, 1753. (Scalaria Lam. 1801.) — I. S. 241.

Sc. decorata Röm. sp. — II. Taf. 29. Fig. 4.

1841. Melania decorata A. Römer, nordd. Kreideg. p. 82. Taf. 12. fig. 11.
1848. Fusus costato-striatus, Münster, in Goldfuss. Petr. Germ. III. p. 23. Taf. 171. fig. 18.
1845. Turrilites undulatus Reuss, böhm. Kreidef. 1. p. 24. Taf. 7. fig. 8. 9.
1849. Scalaria decorata Gein. Quad. Deutschl. p. 124.
1850. Sc. decorata, Sc. subundulata und Sc. costato-striata d'Orbigny, Prodr. de Pal. II. p. 217.

Mit einem Spira-Winkel von ca. 32 Grad bilden die zahlreichen regelmässig gewölbten Umgänge ein lang-kegelförmiges Gehäuse, das 10 Cm. und mehr Länge erreicht hat. Jeder Umgang ist an seiner Basis gekantet und trägt etwa 16 gerade, stark entwickelte Querrippen, welche durch breitere concave Zwischenräume getrennt sind. Ueber beide laufen sehr zahlreiche stärkere und schwächere Längslinien hin, die auf der Höhe der Querrippen oft zu kleinen Höckerchen anschwellen. Gewöhnlich fassen stärkere Linien eine schwächere ein, und zwischen dieser und jenen zeigen sich hie und da noch feinere Linien.

Vorkommen: Im Plänerkalke von Strehlen. — Nach Reuss in dem turonen Gräusande von Czenczig und Malnitz in Böhmen, nach Römer und Goldfuss in dem untersenonen Kreidemergel von Haldem, Rorup bei Coesfeld in Westphalen und Osterfeld bei Essen an der Ruhr.

2. Fam. Naticidae.

Natica Adanson, 1757. — I. S. 242.

1. N. lamellosa A. Römer. — I. S. 243. Taf. 54. Fig. 17.

2. N. Gentii Sow. sp. — I. S. 244. Taf. 54. Fig. 16; II. Taf. 29. Fig. 12—14.

3. N. dichotoma Gein. — I. S. 245. Taf. 54. Fig. 18.

3. Fam. Rissoidae.

Rissoa Frémenville. 1814.

1. R. concinna A. Röm. sp. — II. Taf. 29. Fig. 6.

1841. Trochus concinnus A. Römer, norddeutsch. Kreideg. p. 81. Taf. 12. fig. 9.
1842. Desgl. Gein. Char. III. p. 72. Taf. 18. fig. 20.
1849. Desgl. Gein. Quad. Deutschl. p. 130. (excl. Tr. concinnus Rss.)
1850. Desgl. d'Orbigny, Prodr. de Pal. II. p. 223.

Die kegelförmige Schale, welche bei 12 Mm. Höhe gegen 10 Mm. Breite erreicht, bildet 6—8 niedrige, mässig gewölbte Umgänge, die nur mit Spirallinien besetzt sind. Letztere sind durch wenig breitere Zwischenräume von einander geschieden, in welchen sich dann und wann eine schwächere Linie erhebt. Dem blossen Auge erscheinen dieselben fast glatt, da die Anwachslinien der Schale höchst zart sind.

Der untere Rand der Umgänge ist gerundet, die ganzrandige Mündung, welche diese Art zu *Rissoa* [1] verweist, schief-eiförmig, äusserlich wulstförmig verdickt, jedoch mit scharfer Aussenlippe.

Vorkommen: Selten im Plänerkalke von Strehlen, aus welchem auch A. Römer diese Art zuerst beschrieben hat.

2. R. Reussi Gein. — II. Taf. 31. Fig. 6.

1845. *Turbo concinnus* Reuss, böhm. Kreidef. I. p. 48. Taf. 10. fig. 13. (nicht Römer.)

Reuss beschreibt diese Art als: lang-kegelförmig, 0·4—1 Zoll lang, 0·25—0·33 Zoll breit, mit 7 niedrigen, gewölbten, runden Umgängen, die durch sehr tiefe Nähte getrennt sind. Basis stark gewölbt, mit sehr kleinem Nabel. Jede Windung mit 10—12 Spirallinien, die durch feine Anwachslinien fein gekörnt sind. Mündung fast kreisrund. Exemplare von Strehlen sind dieser Art genau entsprechend. An ihren ersten Umgängen gruppiren sich die Anwachsstreifen zu mehr oder weniger deutlichen Rippen zusammen.

Unter den südindischen Arten ist ihr *R. Oldhamiana* Stol. [2] aus der Trichonopolygruppe von Garudamungalum am nächsten verwandt, die sich jedoch durch eine länger gestreckte ovale Mündung unterscheidet.

Vorkommen: Selten im Plänerkalke von Strehlen; ziemlich häufig im Baculitenmergel von Zatzschke und nach Reuss in dem Baculitenmergel von Luschitz, Priesen und Postelberg in Böhmen, sowie in dem Pyropen führenden Conglomerate von Meronitz.

4. Fam. *Turbinidae an Trochidae.*

Trochus L. 1758. — I. 250.

1. Tr. Engelhardti Gein. — II. Taf. 29. Fig. 5.

Eine mit *Tr. Geinitzi* Rss. (l. p. 250) und *Tr. Baneli* d'Arch. (I. p. 251) nahe verwandte Art, die sich jedoch von beiden durch die Beschaffenheit ihrer Spirallinien unterscheidet.

Die kegelförmige Schale bildet gegen 7 ebene oder fast concave Umgänge mit einer Spira von nahe 51 Grad und es sind die Umgänge von einem vorspringenden höckerigen Gürtel begrenzt, zwischen welchen in der Regel 3 schwächere, gekörnte Spirallinien liegen. Mehrere ihnen ähnliche treten auch noch an der flach gewölbten Basis hervor. Die Mündung ist rundlich. Bei 12 Mm. Höhe nur 9 Mm. breit.

Vorkommen: Selten im Plänerkalke von Strehlen.

---

[1] Vgl. auch G. Schwarz v. Mohrenstern, über die Familie der Rissoiden. II. *Rissoa.* Wien, 1864.

[2] Stoliczka. Cretac. Gastropoda of Southern India, p. 278. Pl. 16. fig. 9.

2. Tr. amatus d'Orb. — II. Taf. 29. Fig. 7.

1810. *Trochus Basteroti* Gein. Char. II. p. 46. Taf. 13, fig. 9 (nicht Brongniart).
1841. Desgleichen A. Römer, norddl. Kreidef. p. 81.
1841—1844. Desgl. Goldfuss, Petr. Germ. III. p. 59. Taf. 181. fig. 7.
1845. Desgl. Reuss, böhm. Kreidef. I. p. 48.
1846. Desgl. Gein. Grundr. p. 347.
1849. Desgl. Gein. Quad. Deutschl. p. 130.
1850 *Tr. amatus* d'Orbigny, Prodr. de Pal. II. p. 224.

Ihre kegelförmige Schale bildet 5 schwachgewölbte, durch eine tiefe Naht getrennte Umgänge mit einer Spira von ca. 60 Grad. Auf ihnen zählt man zumeist 5 gürtelförmige Streifen, welche durch schiefe rückwärts laufende Querlinien deutlich gekörnt sind.

Es ist diese Art fast stets für *Tr. Basteroti* Brongn. [1]) gehalten worden, von der nur ein Abdruck aus der oberen Kreide von Meudon beschrieben worden ist. d'Orbigny hat sie zuerst davon geschieden, ob mit Recht, lässt sich nur nach neuen dort gefundenen Exemplaren unterscheiden. Jedenfalls weicht die von Brongniart gegebene Abbildung nicht nur durch ebene Umgänge, sondern auch dadurch wesentlich ab, dass hier und da auch feinere Längslinien zwischen den stärkeren Gürtellinien eingelagert sind. Deshalb hat d'Orbigny den *Tr. Basteroti* Brongn. mit *Tr. Roxeti* d'Arch. (I. p. 250) vereinigt, auf welcher Art jedoch die schiefen Querlinien kaum hervortreten.

Nilsson's *Tr. Basteroti* [2]) ist schlanker als *Tr. amatus* und nähert sich hierdurch etwas mehr der Abbildung Brongniart's.

Vorkommen: Bis 25 Mm. gross in dem Plänerkalke von Strehlen, Quedlinburg, Alfeld und Peine, in dem Baculitenmergel von Böhmisch-Kamnitz, Luschitz und Priesen in Böhmen, in dem senonen Kreidemergel von Ilseburg im Harz, Haldem und Osterfeld in Westphalen.

Turbo L. 1758. — S. 252.

1. T. Buchi Goldf. — II. Taf. 29. Fig. 8.

1841—1844. *Trochus Buchii* Goldf. Petr. Germ. III. p. 60. Taf. 82. fig. 1.
1849. Desgl. Gein. Quad. Deutschl. p. 132.
1850. *Turbo Buchii* d'Orbigny, Prodr. de Pal. p. 224.

Die kleine kegelförmige Schale bildet nur 5 gewölbte Umgänge, welche mit zahlreichen, fein granulirten Längslinien bedeckt sind, auf welchen die Anwachslinien weit schwächer als bei *Tr. amatus* hervortreten. Man zählt auf dem letzten Umgange über 10, auf dem vorletzten gegen 7 solcher Längsgürtel. Nach Goldfuss ist ein enger Nabel vorhanden.

Vorkommen: Bis 10 Mm. lang und kaum 9 Mm. breit selten im Plänerkalke von Strehlen; nach Goldfuss im Kreidemergel von Lemförde.

2. T. Steinlai Gein. — II. Taf. 29. Fig. 9.

1842. *Delphinula carinata* Gein. Char. III. p. 73.
1843. *Trochus Steinlai* Gein. Nachtr. z. Char. Taf. 6. Fig. 1.
1849. Desgl. Gein. Quad. Deutschl. p. 132.

---

[1]) A. Brongniart, descr. géol. des env. de Paris. 3. éd. 1835. p. 95. 622. Pl. K. fig. 3.
[2]) Nilsson, Petr. Suec. p. 12. Taf. 3. fig. 1.

5—6 stark gewölbte Umgänge bilden zuerst eine Gewinde von ca. 60 Grad, bis die späteren Umgänge sich oft weit darüber hinaus erstrecken. Die sehr deutlich von einander geschiedenen Umgänge sind durch das Hervortreten eines stärkeren knotigen Gürtels oberhalb ihrer Mitte mehr oder minder gekantet. Die darüber befindliche Fläche ist mit 3—4, durch Anwachsstreifen deutlich gekörnten Gürtellinien versehen, die sich jedoch nicht bis an die Naht erstrecken; unterhalb jenes stärkeren knotigen Gürtels treten an dem Umfange der Windungen noch einige ähnliche Gürtellinien auf, bis sie an der gewölbten Basis weit schwächer werden und ihre Granulirung fast ganz verlieren; doch sind sie sämmtlich von deutlichen Anwachslinien bis an den Nabel durchschnitten. Die Mündung ist rundlich-oval.

Bei aller Aehnlichkeit dieser Art mit *Turbo plicato-carinatus* Goldf. sp. (Petr. Germ. III. p. 59. Taf. 181. Fig. 11. a. b) lässt sie sich nicht hiermit vereinen. Als wesentliche Unterschiede sind für jene Art hervorzuheben ein weit stärkeres, kielartiges Hervortreten einer Kante an dem Umfange, sowie einer Kante an der Basis der Umgänge (Goldf. Taf. 181. fig. 11. f), welche dem *Turbo Steinlai* stets fehlt. (Fig 9. b).

Vorkommen: In stattlichen Exemplaren nicht selten im Plänerkalke von Strehlen.

5. Fam. *Haliotidae.*

Pleurotomaria Defrance, 1825—1826. — 1. S. 258.

1. Pl. linearis Mant. — II. Taf. 29. Fig. 10.

1822.   *Trochus linearis* Mantell, Geology of Sussex, p. 110. Pl. 18. Fig. 16. 17.
1840.   *Pl. distincta* Gein. Char. II. p. 46. Taf. 13. fig. 8; Taf. 15. fig. 18. 19.
1841.   Desgl. A. Römer, norddl. Kreideg. p. 82 z. Th.
1841—1844.   Desgl. Goldfuss, Petr. Germ. III. p. 75. Taf. 187. fig. 1.
  Pl. relata Goldf. ib. p. 76. Taf. 187. fig. 2.
  Pl. granulifera Mün., Goldf. ib. p. 76. Taf. 187. fig. 3.
1845—1846.   *Pl. linearis* Gein. Grundr. p. 355. Taf. 15. fig. 1.
1845—1846.   Desgl. Reuss, böhm. Kreidef. I. p. 47.
1849.   Desgl. Gein. Quad. Deutschl. p. 134 z. Th.
1850.   *Pl. perspectiva* Dixon, Geol. a. Fossils of Sussex. p. 358. Tab. 27. fig. 27.

Ihre niedrig-kreiselförmige Schale besteht aus 5—6 treppenförmig abgesetzten Umgängen, deren schmale Spaltdecke mit einer Mittelkante der Umgänge zusammenfällt. Von hier aus dacht sich die Schale sowohl nach der Naht hin, als auch nach dem gekielten Unterrande hin fast eben ab.

Die Basis der Schale ist flach gewölbt, der Nabel tief, enger als bei *Pl. Plauensis* Gein. und bei *Pl. seriato-granulata* Goldf.

Ihre ganze Oberfläche ist mit feinen Spirallinien dicht besetzt, von denen oft stärkere und schwächere mit einander abwechseln. Diese werden von mehr oder weniger deutlichen Anwachslinien durchschnitten, um eine körnige Beschaffenheit der Spirallinien hervorzurufen.

Vorkommen: Häufig im Plänerkalke von Strehlen und Weinböhla, sehr selten in älteren Schichten des Pläners. Im turonen Pläner von Oppeln in Oberschlesien, Hundorf u. a. O. in Böhmen, von Quedlinburg, Ahlten in Hannover, Bochum in Westphalen; in dem senonen Kreidemergel von Haldem, Coesfeld und Lemförde in Westphalen; in der grauen Mergelkreide von Hamsey, dem chloritischen Mergel der Insel Wight u. a. O. Englands.

Die in dem senonen Kreidemergel von Ilseburg im Harze und Nagoržany bei Lemberg vorkommende *Pleurotomaria* unterscheidet sich von *Pl. linearis* durch den Mangel einer Kante in der Mitte der Umgänge und nähert sich mehr der *Pl. plana* Mün. [1]) von Haldem. Kner hat sie in den Versteinerungen des Kreidemergels von Lemberg [2]) als *Pl. Mailleana* d'Orb. [3]) abgebildet, welche cenomane Art sich indess durch die höhere Lage ihrer Spaltdecke davon unterscheidet.

2. Pl. perspectiva Mant. sp. — II. Taf. 29. Fig. 11.

1822. *Cirrus perspectivus* Mantell. Geology of Sussex, p. 194. Taf. 18. fig. 12. 21.
1823. Desgl. Sowerby, Min. Conch. Pl. 428. fig. 1. 2.
1842. *Pleurotomaria perspectiva* d'Orbigny, Pal. franç. terr. crét. II. p. 255 z. Th.
1846. Desgl. Gein. Grundr. d. Verst. p. 355.
1849. *Pl. linearis* Gein. Quad. Deutschl. p. 134. z. Th.
1870. *Pl. linearis* F. Römer. Geologie von Oberschlesien, p. 318 z. Th. Taf. 35. fig. 1.

Diese bisher meist mit *Pl. linearis* vereinigte Art unterscheidet sich durch ein weit höheres Gewinde, ferner entbehren ihre stärker gewölbten Umgänge jene für *Pl. linearis* bezeichnende mittlere Kante, auf welche die Spaltdecke fällt, sind an ihrem Unterrande bis in die Nähe der Mündung hin scharf gekantet und schliessen mit einer weniger breiten, quer-ovalen Mündung. Diesem entspricht eine fast ebene Basis, die nur in der Nähe der Mündung deutlicher gewölbt erscheint. Ihre Oberfläche ist nur mit feinen Spirallinien bedeckt, an denen eine Granulirung nicht hervortritt.

Der Nabel ist, nach den Abbildungen von Mantell und Sowerby, gross, wie bei *Pl. Plauensis* Gein., deren Steinkerne sich jedoch leicht durch die weit stärkere Wölbung an der Basis unterscheiden.

Sie erreicht bei 8·5 Cm. Durchmesser an der Basis, gegen 6·5 Cm. Höhe.

Es lassen sich die als *Cirrus depressus* Mant. [4]) unterschiedenen niedrigen Formen vielleicht besser auf Steinkerne der *Pl. linearis*, als auf *Pl. perspectiva* zurückführen.

Vorkommen: Mit *Pl. linearis* zusammen im Plänerkalke von Strehlen und Weinböhla; bei Oppeln in Oberschlesien, in der Kreide von Sussex, Kent, Wiltshire etc.

3. Pl. seriato-granulata Goldf.

1841—1844. Goldfuss, Petr. Germ. III. p. 75. Taf. 186. fig. 10.
1845—1846. *Pl. secans* Reuss, böhm. Kreidef. I. p. 47. Taf. 10. fig. 8; II. p. 111.
1846. Gein. Grundr. d. Verst. p. 356. Taf. 15. fig. 2.
1849. Gein. Quad. Deutschl. p. 134, z. Th.

Diese Art unterscheidet sich von *Pl. linearis* durch ein stumpferes, niedrigeres Gewind, durch einen weiteren, deutlicher treppenförmig abgesetzten Nabel, durch dickere, rippenartige Spirallinien und kräftigere Anwachsstreifen, durch welche die ersteren weit gröber gekörnt erscheinen.

Die Umgänge sind an der Basis stärker gewölbt und zeigen hier oft nur spirale Streifen, wie dies bei der nahe verwandten *Pl. secans* d'Orb. [5]) aus senonen Schichten von Cognac der Fall ist. Die letztere

---

[1]) Goldfuss, Petr. Germ. III. p. 76. Taf. 187. fig. 4.
[2]) Naturwiss. Abhandl. von Haidinger, III. p. 18. Taf. 3. fig. 11; Taf. 4. fig. 2.
[3]) Palaeont. franç. terr. crét. II. p. 253. Pl. 195
[4]) Geol. of Sussex, 1822. p. 195. Pl. 18. fig. 18. 20, und Sowerby, Min. Conch. Pl. 428. fig. 3.
[5]) Pal. franç. terr. crét. II. p. 261. Pl. 200. fig. 1—4.

ist von ihr durch einen weit schärferen Unterrand, ein spitzeres Gewinde und durch die tiefere Lage ihrer Spaltdecke unterschieden.

Vorkommen: Selten im Mittelquader von Cotta bei Pirna; in Schichten von gleichem, unterturonem Alter bei Laun, Czencziz, Malnitz und Neuschloss in Böhmen. Diesen Fundorten entspricht auch der von Goldfuss für diese Art angegebene Postelberg (irrthümlich: Bostelberg).

4. Pl. Baculitarum Gein. — II. Taf. 31. Fig. 9.

1842. *Trochus sublaevis* Gein. Char. III. p. 73. Taf. 18. fig. 19.
1845. *Pleurotomaria sublaevis* Reuss, böhm. Kreidef. I. p. 47. Taf. 10. fig. 9; Taf. 12. fig. 10. (Nicht *Pl. sublaevis* A. Römer. 1841.)
1846. Desgl. Gein. Grundr. p. 357. Taf. 14. fig. 19.
1849. Desgl. Gein. Quad. Deutschl. p. 134.

Eine niedrig-kreiselförmige Art, welche bei 7 Mm. Breite eine geringere Höhe erreicht. Sie besteht aus 4—5 dachförmig-abschüssigen, an der Basis gekanteten Umgängen. Die Spaltlinie liegt in der Nähe der seichten Nahtfurche.

Basis flach abschüssig; Mündung eiförmig-rhomboidal; Nabel tief. Die Oberfläche ist mit 6—8 Längslinien bedeckt, welche nur selten deutlicher sind. Sie werden von feinen schrägen Querfurchen durchschnitten.

Steinkerne glatt, mit mehr gerundeten Umgängen, welche durch tiefe Nähte getrennt sind.

Vorkommen: Nicht selten im untersenonen Baculitenmergel bei Zatzschke, ganz ähnlich wie bei Luschitz, Priesen, Wollemitz und Böhmisch-Kamnitz in Böhmen.

5. Pl. funata Reuss. — II. Taf. 31. Fig. 7.

1845. Reuss, böhm. Kreidef. I. p. 47. Taf. 10.
1849. Gein. Quad. Deutschl. p. 134.
1850. d'Orbigny, Prodr. de Pal. II. p. 225.

Mit der vorigen Art zusammen kommen auch in dem Baculitenmergel bei Zatzschke Exemplare vor, die sich am besten an *Pl. funata* anschliessen. Auf jedem ihrer 4—5 fast ebenen und an ihrer Basis scharfkantigen Umgängen erheben sich 4—5 gekörnte flache Längsrippen, die durch etwas schmälere Furchen geschieden werden. Die flachgewölbte Basis ist dagegen dicht mit feinen, zum Theil etwas wellenförmigen Spirallinien bedeckt.

Vorkommen: Selten im Baculitenmergel von Zatzschke bei Pirna und bei Priesen in Böhmen. sowie in dem Pyropen führenden Conglomerat von Meronitz in Böhmen.

6. Fam. *Patellidae.*

Patella L. 1758. (*Helcion*, *Acmaea* und *Scurria* Aut.) — I. S. 260.

1. P. inconstans Gein. — II. Taf. 30. Fig. 1. 2.

1846. *Patella laevis* Gein. Grundr. d. Verst. p. 388. Taf. 16. Fig. 13 (nicht Sowerby).
1849. *Acmaea laevis* Gein. Quad. Deutschl. p. 142. (excl. Syn.)

Bei rundlich ovalem Umriss und nicht selten verbogen, erhebt sich die grosse dünne Schale zu einem ziemlich spitzen Wirbel, welcher etwas hinter der Mitte liegt und deutlich nach hinten gebogen ist. Sie steigt in der Nähe des Wirbels steiler an als an ihrem unteren Rande und ist mit unregelmässigen concentrischen Anwachsringen bedeckt.

Ein unterscheidendes Merkmal für diese Art liegt in zwei von dem Wirbel nach dem Vorderrande ausstrahlenden Rippen. Uebrigens ist sie sehr veränderlich in Bezug auf ihren Umfang und die Lage des Wirbels.

Der Mangel an ausstrahlenden Linien unterscheidet sie von dem ihr nicht unähnlichen *Helcion corrugatum* Forbes [1]) aus der Arrialoor-Gruppe Süd-Indiens.

Die früheren Abbildungen von Steinkernen aus dem Quadermergel von Kreibitz liessen die Charaktere der Art nicht deutlich hervortreten, später wurden auch dort Exemplare mit zwei deutlichen ausstrahlenden Rippen getroffen, so dass eine Verwechselung mit *Patella laevis* Sow. (Min. Conch. Pl. 139, fig. 3, 4) und *Patella oralis* Nilss. (Petr. Suec. p. 14, Tab. 3, fig. 8) beseitigt werden konnte.

Vorkommen: Bis 33 Mm. gross und 10—20 Mm. hoch nicht selten im Baculitenmergel der Eisenbahneinschnitte bei Zatzschke und in dem, wahrscheinlich oberen, Quadermergel von Kreibitz in Böhmen.

2. P. angulosum Gein.

1843. *Patella angulosa* Gein. Char. Nachtr. p. 11, Taf. 6, fig. 2—4.

Bis 5 Mm. gross, mit rundlichen, 4- bis 6-seitigem Umfang, niedrig kegelförmig, mit einem fast mittelständigen Scheitel, von welchem 3—6 schmale kantenartige Rippen nach dem unteren Rande laufen. Auf den dazwischen liegenden Flächen nimmt man theilweise feine Längsstreifen wahr.

Vorkommen: Auf Hamiten oder anderen Schalen aufsitzend im Plänerkalke von Strehlen. —

Es sind ausserdem als *Patella* oder *Acmaea* mehrere Dinge beschrieben worden, die sich später als Theile oder Abdrücke von Fischwirbeln erwiesen haben. Bei einem meist kreisrunden Umriss befindet sich ihr Scheitel genau in der Mitte. Nicht selten zeigen sich ausser concentrischen Streifen auch ausstrahlende Linien darauf.

Als solche sind anfzuführen:

Patella orbis A. Roemer, 1841, norddeutsche Kreideg. Taf. 11, fig. 1, aus dem Plänerkalke von Strehlen und Teplitz;

Patella sp. Geinitz, 1840, Char. II, p. 48, Taf. 9, fig. 6 und Taf. 16, fig. 4, aus dem unteren Quader von Goppeln und dem Plänerkalke von Hundorf;

Patella Reussi und *Acmaea orbis* Reuss, 1845, böhm. Kreidef. I. p. 41, Taf. 7, fig. 22, 27, aus dem Plänerkalke von Hundorf.

b. Siphonostomata. Mündung mit einem Ausschnitte oder Canale. Zoophaga vorzugsweise.

7. Fam. *Strombidae* — I. S. 261.

Rostellaria Lam. 1801.

1. R. Parkinsoni Mant. II. Taf. 30, Fig. 7, 8 (Copien nach Parkinson und Sowerby).

1811. *Rostellarite.* Parkinson, Organic Remains, III. Pl. 5, fig. 11.

1822. *R. Parkinsoni* Mantell, Geol. of Sussex, p. 72, 108 (?).

1823. Desgl. Sowerby, Mineral Conch. Pl. 558, fig. 6. (Die Originale von Parkinson).

1837. *R. Sowerbyi* Agassiz, in Grossbritanniens Mineral-Conchologie von J. Sowerby, p. 381.

---

[1]) Stoliczka, Cret. Gasteropoda of South. India p. 323. Pl. 28. fig. 7.

Zu einem leichteren Vergleich dieser Art, für welche der Name »*R. Parkinsoni*« zuerst angewandt worden ist, sind die Abbildungen von Parkinson's Exemplaren hier wiedergegeben worden. Das Auszeichnende liegt in der Form des Flügels, der bei mässiger Höhe und Breite nur in einer einzigen Spitze endet, in welche ein Längskiel verläuft. Sie stammen aus dem Grünsande von Devonshire. Wir können bei Feststellung dieser Art ebenso wenig auf Sowerby's Abbildung eines Exemplars von Blackdown, Tab. 558, fig. 5, als auf Mantell's Abbildungen von Exemplaren aus dem Grey Chalk marl l. c. p. 108, Pl. 18, fig. 1, 2, 4, 5, 6, 10, Rücksicht nehmen, da bei diesen der charakteristische Flügel fehlt.

Die von Sowerby Pl. 349, fig. 1—7 abgebildeten Exemplare beziehen sich auf eine in dem Londonthon vorkommende Art mit einem ähnlichen Flügel, wie bei *R. Parkinsoni*, unterscheiden sich von der letzteren aber durch 2—3 kielartige Längsrippen auf dem letzten Umgange und dem Flügel. Für diese gerade erscheint der Name *R. Sowerbyi* Ag. weit geeigneter, als für die cretacische Art und ist auch von Bronn dafür angewandt worden.

Der wahren *R. Parkinsoni* nach Parkinson's erster Abbildung steht wohl *R. simplex* d'Orb. (Pal. franç. terr. crét. p. 290, Pl. 208, fig. 6, 7) aus Turon von Uchaux am nächsten, während die von d'Orbigny (l. c. p. 288, Pl. 208, fig. 1, 2), als *R. Parkinsoni* bezeichnete Art aus dem Gault von Frankreich zu *R. costata* Mich., 1836 [1]) gehört.

Pictet und Roux haben dagegen als *R. Parkinsoni* Sow. l. c. p. 251, Pl. 24, fig. 5 wiederum eine ganz andere Art beschrieben, bei welcher der Flügel an seinem oberen Rande schmal ausgebuchtet ist. Sie vereinigen damit auch *R. Reussi* Gein., wiewohl an ihrer Abbildung von einem langen schnabelartigen Fortsatze hinter der Bucht an dem oberen Rande des Flügels nichts zu bemerken ist.

Es empfiehlt sich für diese Art der Name *R. Picteti* Gein. und zwar schon aus Dankbarkeit gegenüber Pictet's wenn auch nicht freundlichen Bemerkungen S. 253 über deutsche Autoren.

In dem Prodrome de Paléontologie II. p. 132 hat d'Orbigny diese Art irrthümlich gleichfalls als *R. Parkinsoni* bezeichnet, mit allem Rechte aber die von Pictet und Roux dazu gestellten Synonyme ausgeschlossen.

Uns liegt nur ein einziges Exemplar aus dem unteren Quader von Tyssa in Böhmen vor, das man auf *R. Parkinsoni* Mant. zurückführen könnte, wenn es nicht ein verstümmeltes Exemplar von *R. Burmeisteri* Gein. [2]) ist, die sich durch einen breiteren Flügel und ihren langen pfriemenförmigen Fortsatz unterscheidet, welcher am Anfange des Flügels sich senkrecht bis an die Spitze des Gewindes erhebt. Derselbe müsste dann an dem fraglichen Exemplare abgebrochen sein.

2. R. Reussi Gein. — II. Taf. 30. Fig. 9—11.

1837. *R. Parkinsoni* Sow. b. Fitton, Observations on the Strata below the Chalk, p. 344, Pl. 18, fig. 24.
1841. *Buccinum turritum* A. Römer, nordd. Kreidegb., p. 79, Taf. 11, fig. 19.
1842. *R. Reussi* Gein. Char. III. p. 71, Taf. 18, fig. 1.
1845. *R. megaloptera* und *R. Reussi* Reuss, böhm. Kreidef. I. p. 45, Taf. 9, fig. 3, 9.
1849. *R. Reussi* Gein., Quad. Deutschl. p. 136.
1850. *R. Megaera*, *R. Reussi* und *R. megaloptera* d'Orbigny, Prodr. de Pal. II., p. 155, 227.
1851—52. *R. Parkinsoni* Bronn, Leth. geogn. 3. Aufl. V., p. 314, Taf. XXXII[1], fig. 7.

---

[1]) d'Orbigny, Prodr. de Pal. II. p. 132 = *R. Orbignyana* Pictet et Roux, 1849, descr. des Mollusques foss. dans les grès verts des env. de Genève, p. 249, Pl. 24, fig. 4.

[2]) 1845;46. Grundriss der Versteinerungskunde p. 363. Taf. 13, fig. 16.

Die spindelförmige Schale bildet 7—8 gewölbte Umgänge, welche mit kräftigen entfernt liegenden Querrippen bedeckt sind. Spirallinien fehlen dagegen zumeist und sind hier und da nur auf dem letzten Umgange vorhanden, was einen wesentlichen Unterschied von *R. Picteti*, *R. calcarata* u. a. bildet. Der letzte ziemlich bauchige Umgang verlängert sich in einen mehr oder weniger breiten und hohen, oft schief abstehenden Flügel, der an seinem äusseren Rande stets eine Einbuchtung zeigt, die bei *R. Parkinsoni* fehlt. Hinter dieser meist schmalen und gerundeten Bucht erhebt sich der obere Theil des Flügels in einem schmäleren oder breiteren schnabelartigen Vorsprung, der ziemlich veränderlich ist; bei schmälerer Ausbildung dieses Fortsatzes (Fig. 9) entspricht seine Form der Abbildung von Sowerby bei Fitton, und der *R. Reussi* im engeren Sinne, bei kräftigerer Entwickelung aber der *R. megaloptera*, die man aber doch nur als eine Varietät davon betrachten kann. In einer ähnlichen Weise verkümmert, wie dieser obere Fortsatz bei *R. Picteti* Gein. (*R. Parkinsoni* Pict.) erscheint, ist er uns niemals an Rostellarien des Elbthales begegnet.

Vorkommen: Im Plänerkalke von Strehlen und Weinböhla häufig und oft mit erhaltenem Flügel, seltener in dem Baculitenmergel bei Zatzschke. Nach Reuss in dem unteren Pläner von Laun, im Plänerkalke von Bilin, in dem Baculitenmergel von Priesen, Luschitz etc. in Böhmen; am Marterberge bei Passau, nach Sowerby im cenomanen Grünsande von Blackdown.

3. R. coarctata Gein. — Taf. II. 30, Fig. 12.

1842. Gein. Char. III, p. 71. Taf. 18, fig. 10.
1845. Reuss, böhm. Kreidef. I. p. 44. Taf. 9, fig. 1.
1850. Gein. Quad. Deutschl. p. 136.
1850. d'Orbigny, Prodr. de Pal. II. p. 227.

Die spindelförmige Schale besteht aus 7 Umgängen, die mit zahlreichen schmalen Querrippen bedeckt sind. Der letzte Umgang verläuft in einen kurzen Schnabel und breitet sich in einen ziemlich hohen, einfachen Flügel aus, der an seinem Aussenrande fast gerade abgeschnitten, an seinem oberen und unteren Rande aber sanft eingebogen ist.

Die ganze Oberfläche der Schale ist mit sehr feinen Spirallinien dicht bedeckt, die jedoch nur auf dem letzteren Umgange und dem Flügel deutlicher hervortreten.

Durch die Form ihres Flügels der *R. Parkinsoni vera* nahe tretend, unterscheidet sie sich von dieser durch den Mangel eines dort stark hervortretenden Längskieles auf dem spitzer ausgezogenen Flügel und dem letzten Umgange, ferner durch niedrigere Umgänge und ihre gedrängt liegenden Spirallinien. Sie wird gegen 3 Cm. gross.

Vorkommen: Sehr selten im Plänerkalke von Strehlen, vereinzelt im Baculitenmergel der Eisenbahneinschnitte bei Zatzschke und bei Luschitz in Böhmen.

4. R. calcarata Sow. — Taf. II. 30. Fig. 13.

1822. Sowerby, Min. Conch. P1. 349, fig. 8—12.
1841. *R. stenoptera* Goldfuss. Petr. Germ. III. p. 18. Taf. 170, fig. 6.
1842. *R. calcarata* Gein. Char. III. p. 70. Taf. 18. fig. 2.
1845. Reuss, böhm. Kreidef. I. p. 45. Taf. 9, fig. 5.
1846. Gein., Grundr. d. Verstein. p. 364.
1849. Gein., Quad. Deutschl. p. 136 (excl. d'Orbigny).
1850. *R. calcarata* und *R. mucronata* d'Orbigny, Prodr. de Pal. II. p. 155.

Die thurmförmige Schale wird aus 8 und mehr gewölbten Umgängen gebildet, die mit schmalen aber kräftigen Rippen besetzt sind und über welche gedrängt liegende Spirallinien hinweglaufen. Die Zwischenräume, welche die Querrippen trennen, sind in der Regel breiter als diese, nur auf dem letzten Umgange stehen sie näher beisammen und werden sehr zahlreich. Die Windungen der Schale sind relativ schmäler und höher als bei den vorher beschriebenen Arten, der letzte Umgang jedoch dagegen niedriger. Das Auszeichnende für die Art liegt aber in ihrem schmalen, säbelartigen Flügel, der von einem scharfen, auf dem letzten Umgange beginnenden Kiele durchzogen wird. Die Länge und Breite dieses Flügels sind wieder manchen Schwankungen unterworfen, die aber keinenfalls berechtigen, *R. calcarata* in verschiedenen Arten, wie *stenoptera* und *mucronata*, zu zerlegen.

Vorkommen: Nicht selten im obertnronen Plänerkalke von Strehlen und in dem senonen Baculitenmergel der Eisenbahneinschnitte bei Zatzschke. Ebenso häufig in den böhmischen Baculitenmergeln bei Luschitz, Priesen, Böhmisch-Kamnitz etc. Nach Goldfuss in dem untersenonen Grünsande von Aachen und in der chloritischen Kreide von Bochum in Westphalen, von welchem Vorkommen noch Originale von Goldfuss im Dresdener Museum bewahrt werden; sehr wohl erhalten auch in dem Kreidemergel von Nagorżany bei Lemberg. Sowerby beschrieb sie zuerst aus dem cenomanen Grünsande von Blackdown, d'Orbigny fand sie in Schichten von gleichem Alter bei le Mans.

Das angebliche Vorkommen von *R. calcarata* in dem unteren Quader von Tyssa ist nicht sichergestellt und dürfte auf verstümmelte Exemplare der *R. Burmeisteri* Gein. zurückzuführen sein.

5. R. Buchi Mün. sp. — Taf. II. 30. Fig. 14.

1839. *Chenopus Buchii* Münster, Beiträge zur Petrefactenkunde, 1. Taf. 12, fig. 1.
1841. *Rost. Buchii* Goldfuss, Petr. Germ. III. p. 17. Taf. 170, fig. 4.
1842. Gein., Char. III. p. 70. Taf. 18, fig. 4, 6.
1845. *R. Buchii* und *R. divaricata* Reuss, böhm. Kreidef. I. p. 45. 46. Taf. 9, fig. 2; Taf. 7, fig. 23.
1846. *R. Buchii* Gein., Grundr. d. Verst. p. 364.
1849. Gein., Quad. Deutschl. p. 136.
1850. *R. Geinitzii* und *R. Buchii* d'Orbigny, Prodr. de Pal. II. 155 u. 227.

Die spindelförmige Schale bildet circa 8 gewölbte Umgänge, welche mit stärkeren und schwächeren Spirallinien dicht bedeckt sind. Zwischen 2 stärkeren Linien sind meist 3 feinere eingelagert. Querrippen fehlen. Der letzte scharf gekielte Umgang endet nach unten in einen langen spitzen Canal [1]) und breitet sich seitwärts in einen grossen, weit abstehenden gekielten Flügel aus, an dessen Ursprung ein langer fingerartiger Fortsatz längs des Gewindes der Schale bis über die Spitze desselben reicht. Beide Theile des Flügels sind durch einen weiten Bogen mit einander verbunden, während der Haupttheil des Flügels nach unten hin an seinem Anfange eine schmale Einbuchtung zeigt. *R. divaricata* Rss. umfasst ältere Exemplare mit grösserem Flügel.

Vorkommen: Selten im Plänerkalke von Strehlen; vereinzelt im unteren Quadersandsteine von Tyssa und Laun, so wie auch nach Reuss in dem Baculitenmergel von Priesen in Böhmen. Münster beschrieb sie zuerst aus senonen Ablagerungen vom Stemmersberge bei Haldem in Westphalen.

---

[1]) An den von Goldfuss und Reuss abgebildeten Exemplaren ist er nicht ganz erhalten.

S. Fam. Volutidae.

Voluta L.

1. **V. elongata Sow. sp.** — II. Taf. 31. Fig. 1.

1835. *Fasciolaria elongata* Sow. aus der Gosau.
1842. *Vol. elongata* d'Orbigny, Pal. franç. terr. crét. II. p. 323. Pl. 220. fig. 2.
1842—1843. *Pleurotoma remote-lineata* Gein., Char. III. p. 70. Taf. 18, fig. 5 und Nachtrag zur Char. Taf. 5, fig. 6.
Pyrula fenestrata Gein. Char. p. 72. Taf. 18, fig. 13.
1846. Reuss, böhm. Kreidef. II. p. 111.
1849. Gein., Quad. Deutschl. p. 138.
1850. d'Orbigny, Prodr. de Pal. II. p. 193.

Die verlängert-spindelförmige Schale bildet 6—7 gewölbte und gekielte Umgänge, deren letzter stets länger gestreckt ist, als die übrigen zusammen. Ihre Oberfläche ist mit dicken gerundeten Querrippen bedeckt, über welche regelmässig entfernte schmale Längsrippen laufen, die durch flache breitere Zwischenräume von einander geschieden werden. Die Spindel ist nach d'Orbigny mit 3 Falten versehen.

Vorkommen: Selten im Plänerkalke von Strehlen; häufiger im unteren Quadersandstein von Tyssa in Böhmen, nach Reuss in dem cenomanen Hippuritenkalke von Koriczan und in dem turonen Plänersandstein von Trziblitz in Böhmen; nach d'Orbigny in turonen Schichten von Uchaux in Frankreich und in der Gosau.

2. **V. suturalis Goldf. sp.** — II. Taf. 31. Fig. 2.

1841. *Pleurotoma suturalis* Goldfuss, Petr. Germ. III. p. 19. Taf. 70, fig. 12.
1842. ? *Voluta Renauxiana* d'Orbigny, Pal. franç. terr. crét. II. p. 326. Pl. 221, fig. 3.
1849. *Fusus suturalis* d'Orbigny, Prodr. de Pal. II. p. 229.

Spindelförmig mit 6—7 gewölbten und stumpf gekielten Umgängen, von welchen der letzte die übrigen überragt. Ein jeder trägt, wie bei *V. elongata*, eine geringe Anzahl kräftiger Querrippen, die jedoch schiefer sind als bei jener und von gedrängt liegenden feinen und etwas welligen Spirallinien überschritten werden. In den Abbildungen bei Goldfuss und d'Orbigny fehlen die letzteren, wie sie auch an Strehlener Exemplaren zuweilen nur auf dem letzten Umgange deutlicher hervortreten. An der Naht bildet sich ein mehr oder weniger deutlich gefalteter Saum aus, worauf sich der Artname bezieht.

Unsere Exemplare nähern sich durch ihre Längsstreifung auch der *Pleurotoma semiplicata* Mün. [1]) von Haldem, bei welcher indess der letzte Umgang viel länger gestreckt ist.

Vorkommen: Selten im Plänerkalke von Strehlen; nach Goldfuss im unteren senonen Kreidemergel von Coesfeld. *Voluta Renauxiana* gehört nach d'Orbigny den turonen Schichten von Uchaux an; die ihr am nächsten stehende Form in Südindien dürfte *Scapha attenuata* Stoliczka [2]), aus der Trichonopoly-Gruppe von Konakonulton sein.

3. **V. Roemeri Gein.** — II. Taf. 30, Fig. 15.

1841. *Rostellaria elongata* A. Römer, norddeutsche Kreideg. p. 78. Taf. 11, fig. 5.
1849. *V. Roemeri* Gein., Quad. Deutschl. p. 138.
1850. *Rost. subelongata* d'Orbigny, Prodr. de Pal. II. p. 227.

---

[1]) Goldfuss, Petr. Germ. III. p. 19. Taf. 170, fig. 11.
[2]) Cret. Gast. of South. India, p. 82. Tab. 6, fig. 4, 5.

Die lang-spindelförmige Schale liegt mit 10 gewölbten Umgängen vor, deren letzter die gesammten übrigen an Länge überragt. Die Oberfläche ist mit scharfrippigen Querfalten bedeckt, welche fast doppelt so zahlreich sind als bei den beiden vorher beschriebenen Arten, und deren Zahl auf dem letzten Umgange hier eher ab- als zunimmt. Ueber dieselben laufen meist abwechselnd stärkere und schwächere Längslinien hinweg, die in der Nähe des Canals wohl auch rippenartig hervortreten.

Vorkommen: Nicht selten im Plänerkalke von Strehlen, im unteren senonen Mergel vom Luisberg bei Aachen, bei Kreibitz in Böhmen, am Marterberge bei Passau und in den Schichten von Kieslingswalda im Glatzischen. — Unter den indischen Formen verdient *Fasciolaria assimilis* Stoliczka [1]) aus der Trichonopoly-Gruppe von Olápaudy und Mulloor näher damit verglichen zu werden.

Mitra Lam. 1801.

M. Roemeri d'Orb.

1840—1842. *Rostellaria acutirostris* Gein., Char. II. p. 44. Taf. 15, fig. 3.
Rost. elongata Gein., Char. III. p. 71. Taf. 18, fig. 7.
1841. *Cerithium reticulatum* A. Römer, norddeutsch. Kreideg. p. 79. Taf. 11, fig. 18 (von Strehlen!).
1845—1846. *Pleurotoma Roemeri* Reuss, böhm. Kreidef. I. p. 43 z. Th. Taf. 9, fig. 10. a, b, d; II. p. 111, Taf. 44, fig. 17.
1850. *Mitra reticulata* und *M. Roemeri* d'Orbigny, Prodr. d. Pal. II, p. 226.

Eine mit *Voluta Roemeri* leicht zu verwechselnde Art, mit 7 hohen, wenig gewölbten Umgängen, deren letzter nahezu gleiche Höhe mit den übrigen besitzt. Man unterscheidet sie von *Voluta Roemeri* durch eine grössere Anzahl scharfer Querrippen auf allen Umgängen, die von feinen Längslinien überschritten werden. An Exemplaren von Luschitz nimmt man 3 deutliche Spindelfalten wahr.

Unter den von Reuss hierzu gezogenen Exemplaren tritt die Abbildung auf Taf. 9, fig. 10 c. der *Voluta Römeri* näher, während *Pleurotoma induta* Goldfuss Petr. Germ. III. (p. 19. Taf. 170, fig. 10) von Haldem mit *Mitra Roemeri* nahe verwandt sein mag.

Vorkommen: Selten im Plänerkalke von Strehlen, häufiger im Baculitenmergel von Luschitz und Priesen in Böhmen.

9. Fam. *Fusidae et Muricidae.*

Neptunea Bolten, 1798. — I. S. 261.

1. N. modesta Gein. II. Taf. 31, Fig. 8.

Die kleine fast ovale Schale bildet ein stumpfes kegelförmiges Gewinde mit 4 schwach gewölbten, glatten Umgängen, die durch eine tiefe Naht von einander geschieden sind, während der letzte Umgang sie an Höhe nicht sehr überragt. Die an ihn anschliessende Innenlippe ist von der Spindel durch eine Rinne geschieden, welche an der Basis bis in die Nabelgegend reicht. Aussenlippe scharf.

Vorkommen: 4 Mm. gross selten im Baculitenmergel der Eisenbahneinschnitte bei Zatzschke zwischen Pirna und Lohmen.

Rapa Klein, 1753. (*Fusus* et *Pyrula* Auct.) — I. S. 262.

1. R. costata A. Röm. — II. Taf. 30, Fig. 19—21 (*Fusus subcostatus*) d'Orb.

1840—1843. *Pyrula costata* Gein., Char. II. p. 40. Taf. 15, fig. 4, 5; III. p. 72; Kiesl. p. 9. Taf. 1, fig. 12, 13.
1841. *Pyrula costata* A. Römer, norddeutsche Kreidegeb. p. 79. Taf. 11, fig. 10 (nicht Montagu, 1843).
1849. *Fusus clathratus* Gein., Quad. Deutschl. p. 140 z. Th.
1850. *Fusus subcostatus* d'Orbigny, Prodr. de Pal. II. p. 228.

_____

[1]) Cret. Gast. of South. India, p. 110. Pl. X. fig. 5—7.

Schale kurz-birnförmig mit einem niedrigen Gewinde, das in der Römer'schen Abbildung eines Strehlener Exemplares zu hoch erscheint. Der letzte der 3—4 gewölbten Umgänge erweitert sich sehr rasch, ist bauchig gewölbt und verengt sich wiederum an seiner Basis sehr schnell. Er trägt 4 von einander entfernte Längsrippen, die durch breite concave Zwischenräume getrennt sind und an die sich nach unten hin noch mehrere ähnliche Rippen anschliessen.

Vorkommen: Selten im Plänerkalke von Strehlen, sowie in den untersenonen Schichten am Salzberg bei Quedlinburg, bei Kreibitz in Böhmen und bei Kieslingswalda im Glatzischen. Von Kreibitz liegen Exemplare vor, die durch etwas höheres Gewinde der Römer'schen Abbildung weit mehr entsprechen, als die Exemplare von Strehlen und Kieslingswalda.

2. R. cancellata Sow. sp. — II. Taf. 31, Fig. 10.

1846. *Pyrula cancellata* Sow.
1850. *Fusus Forbesianus* d'Orbigny, Prodr. de Pal. II. p. 229.
1868. *Rapa cancellata* Stoliczka, Cret. Gast. of South. India, p. 154. Pl. 12, fig. 12 –16; Pl. 13. fig. 1—4.

An das kurze, treppenförmig abgesetzte Gewinde schliesst sich der bauchig erweiterte letzte Umgang an, von seiner Naht an nach einer oberen Kante hin abgedacht, von hier aus fast senkrecht abfallend und an der Basis sich schnell verengend. Die ganze Oberfläche der Schale ist mit ungleichen Längsrippen bedeckt, welche in der Nähe der Naht mehr als schmale, ziemlich gleich starke Linien erscheinen, an dem Umfange der Windung aber breiter und unregelmässiger werden, wobei sie theilweise mit schwächeren Linien wechseln, theilweise auch in solche zerspalten sind. Diese werden von senkrecht herablaufenden Anwachsstreifen durchsetzt, die sich zu flachen Querrippen vereinen und jenen Längsrippen eine stumpfhöckerige Beschaffenheit ertheilen.

Vorkommen: Hier nur in einem Exemplare aus dem unterturonen Mittelpläner von Priesnitz an der Elbe bekannt; nach Stoliczka in der Trichonopoly-Gruppe bei Anapandy, Andoor u. s. w. in Süd-Indien.

3. R. quadrata Sow. sp. — II. Taf. 30, Fig. 16, 17 (*Fusus quadratus* Sow. sp.)

1823. *Murex quadratus* Sowerby, Min. Conch. Pl. 410. fig. 1.
1837. *Fusus quadratus* Sow. b. Fitton, on the Strata below the Chalk, p. 343. Pl. 18, fig. 17.
1841. *Pyrula Cottae* A. Römer, nordd. Kreideg. p. 79. Taf. 11, fig. 9. — *P. carinata* A. Röm. p. 78. Taf. 11, fig. 12. *Pyrula Cottae* Goldfuss, Petr. Germ. III. p. 27. Taf. 172, fig. 13.
1843. *Pyrula carinata* und *P. angulata* Gein., Kiesl. p. 9, 10. Taf. 1, fig. 14, 15.
1846. *P. carinata* und *P. quadrata* Gein., Grundr. p. 373. Taf. 13, fig. 18, 19.
1849. *Fusus quadratus* Gein., Quad. Deutschl. p. 140.
1850. Desgl. d'Orbigny, Prodr. de Pal. II. p. 155. — *Fusus Cottae* d'Orb. eb. II. p. 229.

Die birnförmige Schale, welche aus 3—4 eckigen Umgängen besteht, bildet ein kurzes, kegelförmiges Gewinde und einen grossen, durch 2 kielartig vorstehende Kanten ausgezeichneten letzten Umgang, der in einen mehr oder weniger langen Canal ausläuft. Die Länge des letzteren ist in der Jugend gering (Sowerby, Min. Conch. Pl. 410, fig. 1), nimmt allmählich zu (Abbildung bei Fitton), bis sie endlich die Ausdehnung unserer Abbildung Taf. 30, Fig. 17 erreicht und zu *Pyrula Cottae* Röm. wird.

Die an dem Umfange des letzten Umganges befindlichen Längskiele begrenzen ein breites concaves Mittelfeld, über welchem die Schale sich nach der Naht hin mehr oder minder schnell abdacht. Dies entspricht einem schwächer oder stärker hervortretenden Gewinde. Die ganze Oberfläche ist mit abwechselnd stärkeren und schwächeren Spirallinien dicht besetzt, welche von Anwachslinien durchschnitten werden. Durch letztere wird jenen kielartigen Längsrippen oft eine knotige Beschaffenheit ertheilt (Taf. 30, Fig. 16), die schon in Sowerby's Abbildungen angezeigt ist.

Vorkommen: Vereinzelt im Plänerkalke von Strehlen, sowie in dem oberen Quadermergel von Kreibitz in Böhmen und bei Kieslingswalda; Sowerby beschrieb sie zuerst aus dem cenomanen Grünsande von Blackdown in England, welchem Vorkommen das bei le Mans nach d'Orbigny entspricht.

10. Fam. *Cancellariidae.*

Cancellaria Lam., 1799. — I. S. 265.

C. Thiemeana Gein. — II. Taf. 31. Fig. 11.

Schale spindelförmig-oval, mit 4—5 stark gewölbten Umgängen, die mit einfachen Querrippen bedeckt sind, über welche weit schwächere Längsrippen oder Längslinien laufen, deren Anwesenheit sich besonders an der zu einem Wulste verdickten Aussenlippe geltend macht. Der letzte Umgang übertrifft das Gewinde an Höhe und verläuft an seiner Basis in eine schwach ausgerandete spitze Ecke; an der kräftigen Spindel treten 2—3 schiefe Falten hervor.

Die Art ist Herrn Ingenieur Thieme gewidmet, dessen Aufmerksamkeit man einen grossen Theil der aus den Baculitenmergeln bei Zatzschke für die Wissenschaft geretteten Vorkommnisse zu danken hat.

Vorkommen: Selten in den Baculitenmergeln der Eisenbahneinschnitte zwischen Pirna und Lohmen, meist nur 4—5 Mm. gross.

11. Fam. *Cerithiidae.*

Cerithium Adanson, 1757. — I. S. 266.

1. C. pseudoclathratum d'Orb. — II. Taf. 31. Fig. 5.

1841. *C. clathratum* A. Römer, nordd. Kreideg. p. 79. Taf. 11. fig. 17 (nicht Deshayes).
1846. Desgl. Gein., Grundr. p. 380. Taf. 14. fig. 4.
1849. Desgl. Gein. Quad. Deutschl. p. 140.
1850. *C. pseudoclathratum* d'Orbigny, Prodr. de Pal. II. p. 231.

Mit einem Winkel des Gewindes von 18 Grad bildet die spitz-thurmförmige Schale ca. 12 schwach-gewölbte, an ihrer Basis stumpfkantige Umgänge, mit feinen, gedrängt liegenden Längslinien, die auf den schwach gebogenen Querrippen 4 rundliche Knötchen erzeugen. Zwischen einem knotentragenden Gürtel ist eine knotenfreie Linie eingelagert und öfters fällt auf die Naht selbst eine fein granulirte Linie. Die ovale Mündung verläuft in einen kurzen Canal.

Vorkommen: Bis 3 Cm. gross im Plänerkalke von Strehlen.

2. C. subfasciatum d'Orb. — II. Taf. 31. Fig. 3.

1845. *C. fasciatum* Reuss, böhm. Kreidef. I. p. 42. Taf. 10. fig. 4.
1849. *C. Luschitzianum* Gein., Quad. Deutschl. p. 140 von Strehlen.
1850. d'Orbigny, Prodr. de Pal. II. p. 231.

Der wesentliche Unterschied von der vorigen Art liegt darin, dass auf jedem Umgange nur 3 granu-lirte Gürtellinien zur Entwickelung gelangen, von welchen die obere in der unmittelbaren Nähe der Naht die feinsten Körner trägt.

Die zwischen den Gürtellinien liegenden Zwischenräume sind mit zahlreichen feinen Längslinien erfüllt, welche auf der Abbildung nicht hervortreten. Der Spirawinkel der Schale ist stumpfer als bei C. subclathratum und beträgt etwa 25 Grad, und ihre 12 schwach gewölbten Umgänge, welche durch eine vertiefte Nahtlinie deutlich geschieden sind, erscheinen relativ niedriger.

Vorkommen: Selten im Pläuerkalke von Strehlen. Nach Reuss im Baculitenmergel von Priesen und in den Pyropenlagern von Meronitz und Trziblitz in Böhmen.

3. C. Luschitzianum Gein.

1842. Gein., Char. p. 72. Taf. 18. fig. 21.
1845. C. trimonile Reuss. böhm. Kreidef. I. p. 42. Taf. 10. fig. 2 (nicht Michelin).
1846. Gein., Grundr. p. 381.
1849. Gein., Quad. Deutschl. p. 140 (excl. Strehlen).
1850. d'Orbigny, Prodr. de Pal. II. p. 231.

Spitz-thurmförmig, mit 12—15 niedrigen, fast ebenen Umgängen, die durch eine nur wenig vertiefte Naht geschieden werden. Auf jedem Umgange ordnen sich rundliche Knötchen zu 3 Längsreihen und ziemlich nahe beisammen stehenden Querreihen an, welche ausserdem mit feinen Spirallinien verziert sind. An der Basis treten nur noch diese letzteren hervor.

Vorkommen: Vereinzelt im Baculitenmergel bei Zatzschke bis 12 Mm. lang, nach Reuss in denselben Schichten von Luschitz, Priesen etc. und in dem Conglomerate von Meronitz.

4. C. binodosum A. Römer. — II. Taf. 31. Fig. 4.

1841. A. Roemer, norddeutsch. Kreidegeb. p. 79. Taf. 11, fig. 16.
1849. Gein., Quad. Deutschl. p. 142.

Bei einer fast pfriemenförmigen Gestalt bildet die langgestreckte Schale mindestens 12 schwachgewölbte Umgänge, deren Nahtlinie von einem schmalen Bande bedeckt ist. Dieses Band trägt 2 fein granulirte Linien, wie schon Römer annimmt. An der Oberfläche der Umgänge nimmt man Spirallinien wahr, von welchen mindestens 2, nicht selten auch mehr höckerig anschwellen, so dass einige gleich starke Gürtel entstehen.

Vorkommen: Bis 2 Cm. gross im Plänerkalke von Strehlen und nach Römer im oberen Kreidemergel von Aachen.

B. Opisthobranchiata.

12. Fam. Actaeonidae.

Actaeon Montfort, 1810. — I. S. 275.

1. A. ovum Dujardin. 1835. — II. Taf. 29, Fig. 16. 17.

1810. Pedipes glabratus Gein., Char. II. p. 48. Taf. 16. fig. 1—3.
1841. Auricula ovum (früher Pedipes glabratus) A. Römer, norddeutsch. Kreideg. p. 77. Taf. 11, fig. 3.
1842. Acteon ovum d'Orbigny, Pal. franç. terr. crét. II. p. 123. Pl. 167. fig. 19. 20.
1845. Desgl. Reuss, böhm. Kreidef. I. p. 50.
1849. Desgl. Gein., Quad. Deutschl. p. 126.
1850. Desgl. d'Orbigny, Prodr. de Pal. II. p. 74.

Die eirunde, glatte Schale, aus welcher das niedrige Gewinde nur wenig hervortritt, lässt 4 deutlich geschiedene Umgänge unterscheiden, die in einer vertieften Naht an einander grenzen. Die langgezogene Mündung ist schmal und besitzt eine scharfe Aussenlippe, während die Spindel an ihrer Basis mit einer grossen Falte versehen ist. Letztere konnte indess an Strehlener Exemplaren nicht deutlich erkannt werden. Nahe verwandt mag *Cylindrites brevis* Gabb., Pal. of California I. p. 115, Pl. 29, fig. 223, aus der Kreideformation von Martinez in Californien sein, wiewohl sich diese Art durch eine viel weitere Mündung unterscheidet.

Vorkommen: Gegen 25 Mm. hoch und 20 Mm. breit nicht selten im Plänerkalke von Strehlen. — Nach Reuss im Plänerkalke von Hundorf, Kutschlin und Bilin, im Baculitenmergel von Luschitz etc. und in den pyropenführenden Schichten von Meronitz in Böhmen; d'Orbigny hat *Act. ovum* aus cenomanen Schichten von Cassis in Frankreich aufgeführt.

Avellana d'Orbigny, 1842.

Bei Revision der in Quad. Deutschl. 1849, p. 126 und 127 aufgeführten Ringiculinen hat sich Folgendes ergeben:

1. **A. cassis** d'Orb.

1822. *Cassis avellana* Brongniart, environs de Paris, Pl. 6, fig. 10.
1835. Desgl. ib. 3. éd. p. 150. 172. 178. 689. Pl. N. fig. 10.
1842. *Auricula incrassata* Gein., Char. III. p. 74. (excl. Strehlen). nicht Sowerby.
1842. *Avellana cassis* d'Orbigny, Pal. franç. terr. crét. II. p. 138. Pl. 169. fig. 10 13.
1846. *Ringicula incrassata* und *Avellana cassis* Gein., Grundr. p. 337 z. Th. mit Ausschluss der Abbildung Taf. 16. fig. 3).
1849. Desgl. Quad. Deutschl. p. 126. 127.
1850. *Avellana cassis* d'Orbigny, Prodr. de Pal. II. p. 149.

Die kugelig-eiförmige Schale bildet 4 gewölbte Umgänge, von denen die 3 ersten ein kurzes, stumpfes Gewinde darstellen, welches wenig hervortritt, während der letzte bauchig ist. Ihre ganze Oberfläche ist mit schmalen, gleichförmigen Spirallinien dicht besetzt, deren meist breiteren und flachen Zwischenräume senkrecht gestreift sind. Mündung hoch und weit, Aussenlippe verdickt und innerlich gekerbt, Spindel mit 5 Falten, welche letzteren Charaktere an keinem unserer Exemplare deutlich sind.

Vorkommen: Hierzu gehören von den früher aufgeführten Exemplaren nur die aus dem unteren Quader von Tyssa in Böhmen und vielleicht die aus dem Pläner an der Walkmühle bei Pirna, nicht die aus dem Plänerkalke von Strehlen. Für letztere kommt wohl zunächst in Frage:

2. **A. Archiaciana** d'Orb.

1842. d'Orbigny, Pal. franç. terr. crét. II. p. 137. Pl. 169, fig. 7—9.
1850. Desgl. d'Orbigny, Prodr. de Pal. II. p. 220.

Ihre eiförmige Schale, die nur ein wenig höher wird als bei der vorigen, unterscheidet sich wesentlich durch die ihre Oberfläche bedeckenden flacheren und breiteren Spiralrippen, die nur durch enge, punktirte Furchen von einander geschieden werden. Insbesondere stimmen mit d'Orbigny's Abbildung aus den senonen Schichten des Aachener Waldes Exemplare aus dem Kreidemergel von Nagorżany bei Lemberg überein.

Die im Plänerkalke von Strehlen sowie in dem oberen Quadermergel von Kreibitz in Böhmen und von Kieslingswalda im Glatzischen vorkommende Art nähert sich durch die Art ihrer Streifung der *A. Ar-*

chuciuna jedenfalls weit mehr, als der *A. cassis*, unterscheidet sich aber durch ein stärker hervortretendes Gewinde und die etwas geringere Höhe des letzten Umganges. In beiden Beziehungen schliesst sie sich am nächsten an die folgende Art an:

3. A. sculptilis? Stol. — II. Taf. 29, Fig. 15.

1843. *Auricula incrassata* Gein. Kieslingsw. p. 11. Taf. 1, fig. 26.
1846. Desgl. Gein., Grundr. d. Verst. p. 337, Taf. 16, fig. 3. 4.
1868. *A. sculptilis* Stoliczka, Cretaceous Gastropoda of Southern India, p. 422. Pl. 27, fig. 1; Pl. 28, fig. 22.

Ihre Gestalt ist eiförmig, ähnlich wie *A. Archiacana*, doch erreicht der letzte Umgang eine geringere Höhe. Ihre Oberfläche zeigt, wie bei jener, breite flache spiralförmige Streifen oder Rippen, deren schmale trennende Furchen ganz der Abbildung bei Stoliczka, Pl. 28, fig. 22, entsprechen. Leider lassen unsere sämmtlichen Exemplare in Bezug auf die Mündung sehr viel zu wünschen übrig, so dass nur die wulstförmige Verdickung der Aussenlippe an den früher gegebenen Abbildungen von Kreibitz und Kieslingswalda hervorgehoben werden konnte, bei dem hier abgebildeten Exemplare von Strehlen ist auch diese nicht sehr deutlich.

Vorkommen: Selten im Plänerkalke von Strehlen und im Baculitenmergel von Zatzschke, im oberen Quadermergel von Kreibitz in Böhmen und von Kieslingswalda im Glatzischen; nach Stoliczka in der Arrialoor-Gruppe von Karapandy und Arrialoor in Süd-Indien.

13. Fam. *Bullidae*.

Cylichna Lovèn, 1846, Stoliczka, 1868.

1. C. cylindracea Gein. — II. Taf. 31, Fig. 12.

1842. *Conus cylindraceus* Gein., Char. III. p. 72. Taf. 16, fig. 18.
1845. Desgl. Reuss, böhm. Kreidef. I. p. 47. Taf. 11, fig. 11. 19.

Bei 6 Mm. Höhe und 3 Mm. Dicke ist die etwas bauchig-cylindrische Schale an ihrem oberen abgestutzten Ende nur wenig, an ihrem unteren etwas mehr verengt. Das kleine Gewinde ragt kaum über den letzten hohen Umgang hervor, dessen ganze Höhe die schmale Mündung einnimmt. An der Basis der letzteren zeigt sich die deutlich gewundene Spindel. Oberfläche meist glatt, jedoch in der Nähe der Basis mit einigen Spirallinien versehen.

Vorkommen: Selten in dem Baculitenmergel von Zatzschke bei Pirna, von Luschitz in Böhmen und dem pyropenführenden Conglomerate von Merowitz.

C. Prosopocephala.

14. Fam. *Dentaliidae*.

Dentalium L.

1. D. medium Sow. — II. Taf. 30. Fig. 3. 4.

1814. Sowerby, Min. Conch. Pl. 79. fig. 5. 6.
1837. Sowerby bei Fitton, Observations on the strata below the Chalk, p. 343. Tab. 18. Fig. 4.
1842. Gein., Char. III. p. 70, Taf. 18. fig. 25. 26.
1845. Reuss, böhm. Kreidef. I. p. 40. Taf. 11. fig. 4.
1846. Gein., Grundr. d. Verstein. p. 390.
1849. *D. decussatum* Gein., Quad. Deutschl. p. 144 z, Th.
1850. d'Orbigny, Prodr. de Pal. II. p. 156.

Die nur sanft gebogene Röhre ist dicht mit Längslinien bedeckt, die sich durch Einsetzung neuer Linien vermehren, und daher theilweise abwechselnd stärker und schwächer, oder auch gleich stark erscheinen. Sie treten noch bis an das weitere vordere Ende der Schale deutlich hervor.

Bei 50 Mm. Länge der etwas zusammengedrückten Röhre erreicht ihr Durchmesser zuletzt oft über 6 Mm. Dicke.

Vorkommen: Exemplare aus dem Plänerkalke von Strehlen und dem Baculitenmergel von Zatzschke stimmen mit jenen aus dem cenomanen Grünsande von Blackdown, welche Sowerby beschrieben hat, und jenen durch Reuss in dem Baculitenmergel von Priesen und Luschitz in Böhmen entdeckten genau überein.

D. *decussatum* Sow. (Min. Conch. Pl. 70. fig. 7. — d'Orbigny, Pal. fr. t. cr. II. p. 400. Pl. 236. fig. 1—6) aus dem Gault bildet eine selbstständige Art, die wir am besten aus d'Orbigny's Beschreibung und Abbildungen kennen lernen. Sie unterscheidet sich von D. *medium* durch eine stärkere Biegung ihrer Röhre, durch das stärkere Hervortreten einer geringeren Anzahl von Längsrippen, zwischen welchen mehrere feinere Linien eingelagert sind, und das Verschwinden von Rippen und Linien in der Nähe der Mündung.

2. D. Rotomagense? d'Orb. — II. Taf. 30. Fig. 5.

1850. ? *D. Rhotomagense* d'Orbigny, Prodr. de Pal. II. p. 156.
1870. ? *D. decussatum* F. Römer, Geol. von Oberschlesien, p. 342. Taf. 29. fig. 14.

d'Orbigny stellt dafür nur die kurze Diagnose auf: »Schale mehr gerade als bei D. *decussatum.*«

Die Röhre der uns bekannten Exemplare ist schmäler als die von D. *medium*, mit welcher Art sie die geringe Biegung theilt. Ihre stärkeren Längsrippen, die mit schwächeren abwechseln, entsprechen der Oberfläche an jüngeren Exemplaren des D. *decussatum*, wovon sich D. *Rotomagense* durch geringe Biegung unterscheiden soll.

Vorkommen: Selten im Plänerkalke von Strehlen; nach F. Römer im cenomanen Kalkmergel am Wehr der rothen Mühle bei Bladen in Ober-Schlesien.

3. D. Strehlense Gein. — II. Taf. 30. Fig. 6.

1845. *D. ellipticum* Reuss, böhm. Kreidef. I. p. 41. Taf. 11. fig. 20 (nicht Sowerby).
1849. Desgl. Gein., Quad. Deutschl. p. 144. z. Th.

Bei einer ansehnlichen Grösse, welche die Schale erreicht, ist sie gerade gestreckt und hat einen drehrunden Querschnitt. Oberfläche nach Reuss ohne Längsrippen, mit gedrängten feineren und gröberen concentrischen Anwachsringen.

Auf dem abgebildeten Steinkerne von Strehlen macht sich eine schmale Längsfurche und eine dieselbe zum Theil begleitende Längsrippe bemerkbar, die ziemlich weit nach bis der Mündung reicht. Dies erinnert an die Beschaffenheit der Steinkerne von D. *Rhodani* Pictet,[1] die bei glatter Beschaffenheit ihr ähnlich werden.

Vorkommen: Selten im Plänerkalke von Strehlen und in dem Baculitenmergel von Luschitz und Priesen in Böhmen.

Dent. *ellipticum* Sow.[2] aus dem Gault unterscheidet sich von D. *Strehlense* durch eine, wenn auch nur geringe Biegung und durch etwas schnellere Stärkezunahme der Schale.

----

[1] Pictet et Roux, descr. des Moll. foss. des grès verts, p. 286. Pl. 27. fig. 12.
[2] Sowerby, Min. Conch. Tab. 70. fig. 9. 10. Mantell, Geol. of Sussex, p. 87. Pl. 87. fig. 21. 25.

1. D. Cidaris Gein.

1842.   *D. striatum* Gein. Char. Ill. p. 74. Taf. 18. fig. 27 (nicht Sowerby).
1845.   Desgl. Reuss, böhm. Kreidef. I. p. 41. Taf. 11. fig. 18.
1849.   *D. Cidaris* Gein.. Quad. Deutsche. p. 144.

Zusammengedrückt und fast so gerade, wie ein Cidaritenstachel, nimmt die Schale sehr wenig an Stärke zu. Zwischen 2 Längslinien liegt oft eine feinere.

Möglich, dass man hier nur mit einem comprimirten Stachel von Cidaris zu thun hat.

Vorkommen: Vereinzelt im Mittelpläner von Niederwartha und im Plänerkalk von Strehlen; nach Reuss in den Plänern von Laun, Bilin und Czenczig in Böhmen.

IV. Ordn. Cephalopoda. Kopffüsser.

Belemnitella d'Orbigny, 1840. (*Belemnites* und *Actinocamax* Auct.)

1. D. plena Blainv. — I. Taf. 61. Fig 11—13. 14; II. Taf. 31. Fig. 13—15.

1827.   *Belemnites plenus* Bainville, Mém. sur les Bélemnites p. 59 (nicht A. Römer, 1841).
1829.   *Bel. lanceolatus* Sowerby. Min. Conch. Pl. 600. fig. 8. 9 (nicht Schlotheim).
1837.   *Bel. lanceolatus* Agassiz in Sowerby's Grossbritanniens Min. Conch. p. 634.
1840 -1842.   *B. mucronatus, minimus* und *subquadratus* Gein.. Char. II. Ill. p. 42. 68. Taf. 17. fig. 30—34.
1845.   *Bel. minimus* Reuss. böhm. Kreidef. I. p. 21.
1846.   Desgl. Gein., Grundr. p. 266 z. Th. Taf. 12. fig. 17. 18.
1847.   *Belemnitella vera* d'Orbigny. Pal. fr. terr. crét. I. Suppl. p. 4. Pl. 2 (nicht Müller).
1849.   *B. lanceolatus* Gein., Quad. Deutschl. p. 108. z. Th.
1850.   *Bel. vera* d'Orbigny. Prodr. de Pal. II. p. 145.
         Actinocamax verus L. Saemann, Bull. de la Soc. géol. de France, XIX. p. 1025. Pl. 20. fig. 2. 3.
1851—1852.   *Bel. vera* Bronn. Leth. geogn. V. p. 348. Taf. 33. fig. 14.
1853.   *Bel. plena* Sharpe. description of the Fossil Remains of Mollusca found in the Chalk of England. P. I. Cephalopoda, p. 9. Pl. 1. fig. 12—16.
1865.   *Bel. lanceolatus* Gümbel. Geogn. Beschr. d. Königr. Bayern, p. 752.
1872.   *Bel. lanceolatus* und *B. Strehlensis* Fritsch & Schloenbach, Cephalopoden der böhmischen Kreideformation, p. 48. Taf. 11. fig. 6. 7; Taf. 16. fig. 10—12.

Die verlängert-lanzettförmige Scheide, welche an ihrem unteren oder hinteren Ende in eine Spitze ausgezogen ist, hat im Allgemeinen einen dreiseitig-ovalen Querschnitt, ist jedoch bald höher, bald breiter gebaut, da ihre stark gewölbte Rückenseite jederseits von einem flachen Streifen begrenzt wird, welcher sich von der Alveole aus mehr oder weniger weit nach dem Ende der Scheide hinwendet. An der flacher gewölbten Bauchseite läuft eine tief eingeschnittene Furche von der Spitze der Alveole an nur eine kurze Strecke nach unten hin. An jungen Exemplaren treten diese Charaktere schwächer hervor (*B. Strehlensis* A. Fritsch). Sie entsprechen den Abbildungen von d'Orbigny, l. c. Pl. 2. fig. 6, von Sharpe, l. c. Pl. 1. fig. 13 und anderen Exemplaren von Strehlen, II. Taf. 31. fig. 13. 14, an welchen die Scheide nach der Spitze hin weniger lanzettförmig oder spindelförmig erweitert ist. Die Scheide ist am Anfange der Alveole schild- oder kegelförmig erhoben und zeigt hier ausser mehreren ausstrahlenden Falten und Furchen eine kleine rundliche Scheitelöffnung, wo die Alveole beginnt. Letztere ist kurz und ihre Ausfüllung, oder der mit niedrigen Kammern versehene Alveolit, bildet einen Kegel mit einem Scheitelwinkel von 35 Grad (vgl. II. Taf. 31. Fig. 15).

Sharpe hat den Nachweis geführt, dass der von Blainville gegebene Speciesname »*plenus*« die Priorität verdient, da Sowerby's Name »*lanceolatus*« schon von Schlotheim einer anderen Art ertheilt worden war, Miller's *Actinocamax verus* [1]) aber auf abgeriebene Exemplare der *Belemnitella mucronata* begründet ist.

Zu *B. plena* gehört vielleicht der Taf. 61. Fig. 14 abgebildete kleine Körper von Plauen, welcher dem hornigen Schnabel des Thieres entsprechen könnte. Er bildet einen stark comprimirten, nach vorn gebogenen Haken, der an seiner schmalen concaven vorderen Seite ganz ähnlich ausgehölt ist wie der Schnabel einer lebenden Sepie.

Vorkommen: Scheiden von mehr als 10 Cm. Länge nicht selten im unteren Pläner von Plauen, Koschütz, Gamighügel und Tunnel von Oberau, selten im Plänerkalke von Strehlen. Von den dazu gehörenden Alveoliten ist mir von Plauen nur das II. Taf. 31 abgebildete Stück bekannt. Ebenso in cenomanen und turonen Schichten Böhmens; gemein in der grauen Kreide des südlichen Englands, von Hamsey, Heyning, Chute Farn etc.; in cenomanen Schichten von Tournay, Lathinne und Tirlemont in Belgien, Sainte Cérotte (Sarthe-Dept.) in Frankreich; nach Saemann in der unteren weissen Kreide von Visé in Belgien und Tartigny (Oise-Dept.) etc.

Rhyncholithus Faure-Biquet.

Rh. simplex Fr. & Schl. — II. Taf. 35, Fig. 9.

1872. Fritsch & Schloenbach, Cephalopoden der böhmischen Kreideformation, p. 25. Taf. 11, fig. 4. 5.

Bei 11 Mm. Länge, 9 Mm. Breite und nahe 6 Mm. Höhe bildet dieser Sepienschnabel auf seiner breiteren Seite ein rhomboidisches nach zwei Seiten unter ca. 75 Grad abfallendes Dach, auf seiner schmälern Seite einen von der Spitze dieses Daches herablaufenden gerundeten Wulst, welcher jederseits von einer breiten tiefen Bucht begrenzt wird. Die scharfrandige, concave Basalfläche nimmt eine pfeilförmige Gestalt an und ist längs ihrer Mitte stumpf gekielt. Die schwachen Anwachsstreifen der Oberfläche folgen im Allgemeinen dem Rande der Basis. Mit hoher Wahrscheinlichkeit lässt sich diese Art auf *Belemnitella plena* zurückführen.

Vorkommen: Selten im Plänerkalke von Strehlen, nach Fritsch in den Korycaner kalkigen Schichten von Kamack bei Kolin und von Zbislav in Böhmen. Die Identität der böhmischen Exemplare mit unserem Strehlener, das an seinem schmalen Ende nur wenig verbrochen erscheint, ist nicht zweifelhaft und entspricht dem gleichzeitigen Vorkommen der *Belemnitella plena* in cenomanen und turonen Schichten in Sachsen und Böhmen.

Nautilus Aristoteles.

1. N. elegans Sow. — 1. Taf. 61. Fig. 9. 10; II. Taf. 32. Fig. 6.

2. N. rugatus Fr. & Schloenb. — II. Taf. 31. Fig. 16.

1822. *N. elegans* Mantell, Geol. of Suss. p. 113. Tab. 21. fig. 8 (nicht Sowerby).

1840. *N. elegans* Gein., Char. II. p. 42 z. Th.

1849. *N. radiatus* Gein., Quad. Deutschl. p. 111 z. Th.

1870. *N. elegans?* F. Römer, Geologie von Oberschlesien. p. 319. Taf. 35. fig. 4.

1871. *N. pseudo-elegans* Blanford, Cretac. Cephalopoda of South. India, p. 33. Pl. 17. fig. 3; Pl. 18. fig. 3; Pl. 19 Pl. 20. fig. 1 (nicht d'Orbigny).

1872. Fritsch & Schloenbach, Cephalopoden der böhm. Kreidef. p. 23. Taf. 12. fig. 2; Taf. 15. fig. 2.

---

[1]) Trans. Geol. Soc. 2. sér. T. II. P. 1. p. 64. Tab. 9. fig. 17. 18; Sowerby, Grossbritanniens Min. Conch., von Agassiz, p. 633. Pl. 600. fig. 5.

Diese mit *N. elegans* Sow. nahe verwandte Art unterscheidet sich durch ihre dickeren flach gerundeten Rippen, welche im Nabel beginnen, unter einem weiten Bogen sich nach vorn wenden und in der Mitte des Rückens wiederum einen flachen rückwärts gebogenen Sinus bilden. Sie bedecken öfters fast den ganzen letzten Umgang der Schale, häufiger sind sie aber nur auf einen Theil der letzten Kammern beschränkt. Die Scheidewände bilden vom Nabel aus eine schwache und kurze S-förmige Biegung und laufen dann ziemlich einfach über den Rücken hinweg; die Lage des Sipho ist an unseren Exemplaren nicht zu unterscheiden. Es kommen sowohl breitrückige als auf dem Rücken gekielte Abänderungen vor.

Von *Nautilus radiatus* Sow., aus cenomanen Schichten, der einen weiteren Nabel besitzt, und *Nautilus pseudo-elegans* d'Orb. [1]), aus dem unteren Neokom unterscheidet sich *N. rugatus* durch die schon im Nabel beginnenden stärkeren Rippen, die auch von Mantell gut hervorgehoben worden sind, während ein grosser Theil der übrigen Schalenfläche mitunter auch glatt erscheint.

Vorkommen: Im Plänerkalke von Strehlen und Weinböhla in Sachsen, Oppeln in Oberschlesien, nach Fritsch in den Iserschichten von Jungbunzlau, den Scaphitenschichten von Kostic und den Chlomeker Schichten von Tannenberg bei Falkenau in Böhmen; nach Mantell im Kreidemergel von Middleham in England; nach Blanford (*N. pseudo-elegans*) in der Ootatoor-Gruppe Süd-Indiens bei Ootatoor und Odium im Trichonopoly-Districte.

3. **N. sublaevigatus** d'Orb. — II. Taf. 32. Fig. 1—3.

1840. *N. laevigatus* d'Orbigny, Pal. franç. terr. crét. I. p. 81. Pl. 17 (nicht Montagu, 1803).
1842. *N. simplex* Gein. Char. III. p. 66.
1845. *N. simplex* und *N. elegans* z. Th. Reuss, böhm. Kreidef. I. p. 21.
1846. Desgl. Gein.. Grundr. p. 281.
1849. *N. elegans* und *N. laevigatus* Gein., Quad. Deutschl. p. 110 z. Th. Taf. 3. fig. 2.
1850. *N. sublaevigatus* d'Orbigny. Prodr. de Pal. II. p. 189.
1853. *N. laevigatus* Sharpe, Descr. of the Foss. Rem. of Mollusca found in the Chalk of England. I. Cephalopoda p. 11. Pl. 2. fig. 1. 2. (Schriften der Palaeontographical Society, 1853.)
1861. *N. Bouchardianus* Blanford, Cret. Cephal. of South India, p. 13 z. Th. Pl. 5. fig. 1. 3.
1865. *N. sublaevigatus* Stoliczka, ebend. p. 204.
1872. *N. sublaevigatus* Fritsch & Schloenbach, Chephalopoden d. böhm. Kreidef. p. 21. Taf. 12. fig. 1.
        N. galea Fritsch & Schloenbach, eb. p. 23. Taf. 12. fig. 8; Taf. 15. fig. 3. 4.
1873. *N. sublaevigatus* A. Redtenbacher, die Cephalopoden der Gosauformation (Abh. d. k. k. geol. Reichsanst. V. 5), p. 95. Taf. 22. fig. 1.

Die fast kugelig aufgetriebene Schale ist glatt und so involut, dass der Nabel an älteren Exemplaren kaum bemerkbar wird. Mündung gross und halbkreisartig. Normale Exemplare haben demnach einen breiten gerundeten Rücken, der ganz allmählich in die Seiten verläuft. (II. Taf. 32. Fig. 1.) Wie bei *N. elegans* und anderen Arten kommen nicht selten auch schmalrückige Abänderungen vor (Fig. 2), welche diese Gestalt nicht immer einem zufälligen Seitendrucke zu verdanken scheinen; sie verhalten sich vielmehr zu den normalen breitrückigen Exemplaren ganz ähnlich wie die schmalrückigen Exemplare des *Ceratites nodosus* im Muschelkalke zu den breitrückigen Varietäten, deren erstere L. v. Buch mit dem Männchen, letztere mit dem Weibchen des Thieres verglich. Die Scheidewände bilden an ihrem Anfange eine kurze S-förmige Biegung nach vorn und laufen dann ziemlich gerade über den Rücken hinweg. Der Sipho liegt nahe der Mitte, an

---

[1]) 1840. Pal. franç. terr. crét. I. p. 70. Pl. 8. 9.

jüngeren Exemplaren jedoch stets mehr der inneren Seite des Umganges, oder Bauchseite genähert. (Taf. 32. Fig. 3.)

Die glatte Beschaffenheit der Schale und die Lage des Sipho unterscheiden diese Art von *N. elegans* (II. Taf. 32. Fig. 6), mit dem sie hier und da zusammen vorkommt und dem sie in manchen Zuständen ziemlich ähnlich wird. *N. galea* scheint nur eine gekielte Varietät des *N. sublaevigatus* zu sein, wie sie in ähnlicher Weise auch bei anderen Arten gefunden werden. Schwieriger ist es, *N. sublaevigatus* d'Orb. von *N. Dekayi* Morton zu unterscheiden, über welchen weitere Mittheilungen unten folgen.

Vorkommen: Häufig in turonen Ablagerungen, wie im mittleren Pläner bei Priessnitz an der Elbe (bis 21 Cm. gross), in dem Zwickpläner von Leutewitz und im Plänerkalke von Strehlen und Weinböhla, sowie auch im Baculitenmergel von Zatzschke. In Böhmen besonders häufig nach Fritsch in dem Plänerbausteine des weissen Berges, von ähnlicher Grösse wie bei Priessnitz und Weinböhla in Sachsen, im Niveau der Grünsandsteine von Malnitz, Laun etc., im Isersandsteine bei Jungbunzlau, Turnau u. s. w., in den Scaphitenschichten von Teplitz, Hundorf u. s. w.; nach Redtenbacher in den Gosauschichten der nordöstlichen Alpen bei Neuberg.

Sharpe hat sein Vorkommen in dem turonen chloritischen Mergel von Bonchurch, Insel Wight, nachgewiesen, von wo auch das Dresdener Museum Exemplare besitzt, in dem grauen Kreidemergel von Dover und Lewes und in der Kreide von Maidstone; nach d'Orbigny kommt diese Art namentlich in turonen Bildungen von Rochefort (Charente-Inf.), Montrichard und Uchaux (Vaucluse) vor; die von Blanford beschriebenen Exemplare gehören der Arrialoor-Gruppe von Arrialoor und Schillagoody im Trichonopoly-Districte an.

4. N. Dekayi Morton. — II. Taf. 32. Fig. 4. 5.

1799. Faujas-Saint-Fond, hist. nat. de la montagne de Saint-Pierre de Maestricht, p. 139. Pl. 21. fig. 1.

1834. *N. Dekayi* Morton, Synopsis of the Organic Remains of the Cretaceous Group of the Un. States, p. 33. Pl. 8. fig. 4; Pl. 13. fig. 1.

1846. *N. laevigatus* d'Orbigny, Voyage de l'Astrolabe. Pl. 6. fig. 1.

1846. *N. sphaericus* Forbes seq. Blanford et Stoliczka.

1850. *N. Dekayi* d'Orbigny. Prodr. de Pal. II. p. 211.

1861. *N. Bouchardianus* Blanford, Cret. Cephalop. of South. India, p. 13 z. Th. Pl. 3. 4. namentlich 7. 8.

1865. *N. sphaericus* Stoliczka, eb. p. 203. Pl. 92. fig. 3.

Trotz der nahen Verwandtschaft dieser Art mit *N. sublaevigatus* lassen sich nach zahlreichen hier vorliegenden Exemplaren aus senonen Bildungen wohl folgende Unterschiede festhalten: Die sehr regelmässig gerundete Schale nimmt schneller an Breite zu als bei jener, so dass ihre fast halbkreisförmige Mündung breiter und niedriger wird.

Die untere Seite der Umgänge fällt von einer gerundeten Kante schneller nach dem tief eingesenkten Nabel ab, wodurch die Scheidewände der Kammern hier eine fast knieförmige Biegung (Fig. 4.b) erhalten, während sie fast gerade über den Rücken hinweglaufen (Fig. 4.a). Der Sipho liegt stets unter der Mitte der Kammer und nähert sich auch bei allen Exemplaren mehr der Bauchseite der Schale (Fig. 5).

Vorkommen: Bisher nur aus senonen Ablagerungen bekannt. In grossen Exemplaren in der Tuffkreide von Mastricht, kleinere Exemplare von ca. 5 Cm. Grösse in dem Kreidemergel von Kunraad in Limburg, am Luisberg bei Aachen, bei Osterfeld unweit Essen an der Ruhr, wahrscheinlich am Salzberg bei Quedlinburg und bei Ilseburg, ganz ausgezeichnet und häufig in der Korallenkreide von Faxe auf Seeland, von wo sie Beck früher als *N. fricator* bezeichnet hat, wahrscheinlich auch in der oberen Kreide von

Köpinge in Schonen. In dem Kreidemergel von Nagoržany bei Lemberg mit *N. sublaevigatus* zusammen.
Morton's Exemplare stammen aus dem Mergel von Monmouth und Burlington Counties in New-Jersey; d'Orbigny führt diese Art aus senonen Schichten von Coutuue-Néhou (Manche), Royan (Charente-Inf.), Tours
(Indre-et-Loire), von Haldem in Westphalen, von Mastricht, aus Chili und von Pondicherry in Süd-Indien an,
wo sie nach Blanford in der Arrialoorgruppe bei Trichonopoly vorkommt.

Ammonites Bruguière, 1789.

1. A. Woollgari Mant. — II. Taf. 33.

1822. Mantell, Geology of Sussex, p. 197. Tab. 21. fig. 16; Tab. 22. fig. 7.
1828. Sowerby, Mineral-Conchology. Tab. 587. fig. 1.
1837. Agassiz in Grossbritanniens Mineral-Conchologie, p. 613. Taf. 587. fig. 1.
1845. *A. rothomagensis* Reuss, böhm. Kreidef. 1. p. 112 z. Th.
1846. Desgl. Gein., Grundr. p. 298 z. Th.
1849. Desgl. Gein., Quad. Deutschl. p. 112. z. Th.
1850. *A. Woollgari* d'Orbigny, Prodr. de Pal. II. p. 189 (nicht Pal. franç. 1. Pl. 108).
1854. Desg. Sharpe, Descr. of the Foss. Rem. of Moll. found in the Chalk of England, Cephalopoda, p. 27.
    Pl. 11. fig. 1. 2.
1868. *A. Woollgari* Gümbel, Geogn. Beschr. d. Königr. Bayern, II. p. 753. 764.
1872. *A. Woolgari* Fritsch & Schloenbach, Cephalopoden d. böhm. Kreidef. p. 30. Taf. 2; Taf. 3. fig. 1—3; Taf. 4;
    Taf. 14. fig. 6.
1872. Desgl. Schlüter, Cephalopoden der oberen deutschen Kreide. (Palaeontographica, XXI.) p. 25. Taf. 9. fig. 1—5;
    Taf. 12. fig. 5. 6.

Wir haben früher die dazu gehörenden Formen als abnorme Zustände des *A. Rhotomagensis* Sow.
angesehen, der ja auch nicht ausschliesslich dem Cenoman angehört, sondern sehr häufig in der grauen
Kreide des südlichen Englands, in dem chloritischen Mergel der Insel Wight, ja sogar noch in jüngeren
Kreideschichten des westlichen Englands vorkommt. [1]) Auch liegen aus dem oberturonen Pläner von Quedlinburg und selbst von Strehlen hier Exemplare vor, die sich von *A. Rhotomagensis* nur durch die comprimirte
Form der Umgänge unterscheiden, was man auf zufälligen Seitendruck zurückführen kann.

In neuerer Zeit sind indess aus dem Mittelpläner von Leutewitz und Priessnitz an der Elbe mehrere
Exemplare gesammelt worden, welche eine Identität mit *A. Woollgari* nicht bezweifeln lassen und an die
man Strehlener Exemplare gut anschliessen kann.

Das Unterscheidende von *A. Rhotomagensis* liegt namentlich in der sehr unregelmässigen Entwickelung der Rippen und Knoten neben der mehr comprimirten Form der Umgänge, deren Rücken schmäler
und mehr oder weniger gekielt ist.

Bekanntlich zeichnet sich der normale *A. Rhotomagensis* [2]) Defr. durch seinen dicken, fast acht-

---

[1]) Vgl. Sharpe, Descr. of the Foss. Mollusca in the Chalk of England. Cephal. p. 33.
[2]) 1822. *A. Sussexiensis* Mantell. Geol. of Sussex p. 114. Tab. 21. fig. 10 (nicht Tab. 20, fig. 2).
1826. *A. Rhotomagensis* Sow. Min. Conch. Pl. 515.
1835. Desgl. Brongniart, environs de Paris. 3. éd. p. 152. 636.
1837. Desgl. Agassiz in Grossbritanniens Mineral-Conchologie, p. 537. Pl. 515.
1840. Desgl. d'Orbigny, Pal. fr. terr. crét. 1. p. 345. Pl. 105, 106.
1850. Desgl. d'Orbigny, Prodr. de Pal. II. p. 146.
1851—1852. Desgl. Bronn, Leth. geogn. V. p. 319. Taf. 23, fig. 1, 3.
1854. Desgl. Sharpe, Descr. of the Fossil Mollusca found in the Chalk of England, Cephalopoda. p. 33. Pl. 16. fig. 1—4.

kantigen Umgänge mit 7 Knotenreihen aus, woran die wechselständigen vier schiefen oder Abstutzungsseiten am schmälsten sind, und durch einfache dicke und fast gerade Rippen, welche in der Jugend rings um dieselben herumlaufen, bei zunehmender Grösse aber sich auf dem Rücken durch Verflächung verlieren. Die meisten derselben entspringen, oft mit einem schmalen Knoten unfern ihres Anfanges, am inneren Rande des Umganges (Broon a. a. O.).

Allen vorher citirten Abbildungen nach*, womit Exemplare von le Havre, die ich Herrn Professor Hébert in Paris verdanke, gut übereinstimmen, entwickeln sich bei *A. Rhotomagensis* die Knotenreihen sehr regelmässig, sowohl an dem unteren Rande der Seite, als in der Nähe des Rückens, während die Reihe in der Mitte des Rückens bei älteren Exemplaren mehr und mehr verschwindet, und der mittlere Theil des Rückens dann vertieft erscheint.

Die Umgänge des *A. Woollgari* sind allermeist comprimirt und haben eine ovale oder elliptische Mündung, selbst wenn sich einzelne Knoten der oberen Reihen ungewöhnlich lang zu dornenartigen Fortsätzen ausdehnen. Ihr Rücken ist gewölbter als bei *A. Rhotomagensis* und nicht selten gekielt. Die bei dem letzteren meist sehr regelmässigen Knoten erheben sich bei *A. Woollgari* bald hier bald dort ungewöhnlich stark und arten nicht selten zu dornenartigen Fortsätzen aus, der mittlere Rückenkiel ist an jüngeren Exemplaren durch Knoten fast hahnekammartig erhoben.

An älteren Exemplaren pflegt sich einer der höher liegenden Knoten besonders stark zu entwickeln, während der übrige Theil der Rippen mehr und mehr schwindet und selbst die mittlere Knotenreihe des Rückens zu einer schmalen und glatten kielartigen Fläche wird.

Vorkommen: Nicht selten im untern turonen Mittelplaner von Leutewitz und Priessnitz an der Elbe bis einige 20 Cm. gross, und im oberturonen Plänerkalke von Strehlen. In Böhmen nach Fritsch ziemlich häufig in den Malnitzer Schichten und den Weissenberger Schichten bei Prag, welche gleichfalls dem unterturonen Niveau angehören; nach Schlüter in dem mittleren Brongniarti-Pläner O. von Büren in Westphalen, nach Gümbel am Eisbuckel bei Regensburg; nach d'Orbigny in turonen Schichten von Martrous bei Rochefort (Charente-Inf.), Saumur (Maine-et-Loire), Montrichard in Frankreich; in der unteren Kreide von Lewes in England etc.

A. Woollgari verhält sich demnach zu *A. Rhotomagensis* ganz ähnlich wie *A. Hippocastanum* Sow.,[1] welcher letztere aber die breiteren oder deprimirten stachelknotigen Exemplare umfasst, die der Abbildung II Taf. 33, fig. 3 am nächsten stehen.

Ob man daher *A. Woollgari* und *A. Hippocastanum*, wie von sehr vielen Autoren bisher geschah, auch ferner als Varietäten des *A. Rhotomagensis*, oder als selbstständige Arten betrachten will, erscheint ziemlich unwesentlich.

2. A. Neptuni Gein. — I. Taf. 62. Fig. 4; II. Taf. 36. Fig. 4.

1842. *A. falcatus* Gein. Char. III. p. 67 (nicht Mantell).
1849. *N. Neptuni* Gein., Quad. Deutschl. p. 114. Taf. 3, fig. 3.
1872. Desgl. Fritsch u. Schloenbach, Cephalopoden d. böhm. Kreidef. p. 30. Taf. 3, fig. 4.
Desgl. Schlüter, Cephalop. d. ob. deutsch. Kreide, p. 36. Taf. 11, fig 1—9.

Die meist kleine halb-involute Schale hat flachgewölbte Seiten, die nach der Naht hin schnell abfallen, und eine bald schmäler bald breiter, ovale Mündung. In der Mitte des Rückens liegt ein knotiger

---

[1] Sowerby, Min. Conch. Tab. 514, fig. 4; Sharpe, Cephalopoda of the Chalk, p. 37. Pl. 17. fig. 2—4.

Kiel. in welchem die schwach sichelförmig nach vorn gebogenen Rippen zusammenstossen, nachdem sie vorher zu einem grösseren spitzen Knoten und in einiger Entfernung davon zu einem zweiten schwächeren Knoten erhoben wurden. Die Rippen sind sehr zahlreich und ziemlich gleichartig, da ihre Theilung schon von einer an dem Nabelrande befindlichen Knotenreihe beginnt. Am schärfsten ausgeprägt zeigen sie sich an dem Exemplare von Planen (I. Taf. 62, Fig. 4), stumpfer an Exemplaren von Strehlen.

Schon Fritsch hat a. a. O. auf die Aehnlichkeit des *A. Neptuni* mit *A. dentato-carinatus* F. Römer (Texas) aufmerksam gemacht und verweist sehr richtig das von Schloenbach früher zu *A. Neptuni* gezogene Exemplar aus den Priesener Schichten (Fritsch, Taf. 14, fig. 3) zu jener Art, die auch in dem Baculitenmergel des Marterberges bei Passau vorkömmt. Bei dieser Art beginnt die Theilung der Rippen weiter oben, auch besitzt sie nur eine Knotenreihe am Rande des Rückens, während sich hier bei *A. Neptuni* 2 Knotenreihen entwickeln.

Vorkommen: Nur 1 Exemplar ist aus dem unteren Pläner von Planen bekannt, 2 Exemplare liegen aus turonen Mergelschichten von der Walkmühle bei Pirna vor, mehrere aus dem Plänerkalke von Strehlen. Nach Fritsch in den Malnitzer Schichten bei Laun, nach Schlüter im Scaphiten-Pläner des Teutoburger Waldes bei Bielefeld, häufig im subhercynischen Pläner bei Salzgitter und Heiningen bei Börsum bei Neuwallmoden etc.

3. A. Austeni Sharpe. — II. Taf. 34. Fig. 1, 2.

1827. *A. planulatus* Sowerby, Min. Conch. Pl. 570, fig. 10 (nicht Schlotheim, 1820).
1840. *Scaphites Hillsii?* Gein., Char. II. p. 41. Taf. 13, fig. 2 (nicht Sowerby bei Fitton).
1842—1843. *A. noricus* Gein., Char. III. p. 67, Nachtr. p. 8 (nicht Schlotheim, 1820).
1842—1844. *A. planulatus* Agassiz in Sowerby's Mineral-Conchologie, p. 596. Taf. 570, fig. 10.
1849. *A. splendens* Gein., Quad. Deutschl. p. 114 z. Th. (nicht Sowerby).
1854. *A. Austeni* und *A. planulatus* Sharpe, Fossil Mollusca of the Chalk, Cephalopoda, p. 28, 29. Pl. 12.
1865. *A. planulatus* Stoliczka. Cret. Cephalopoda of South. India, p. 134. Pl. 67, 68.
1872. *A. Austeni* Schlüter, Cephalopoden der oberen deutschen Kreide, p. 38. Taf. 11, fig. 11. (Palaeontographica, Bd. XXI).

A. Hernensis Schlüter, eb. p. 40. Taf. 11. fig. 12—14.
1872. *A. Austeni* Fritsch u. Schloenbach, Cephalopoden der böhm. Kreideformation, p. 36, Taf. 6, fig. 1, 2.

Die stets comprimirte, oft scheibenförmige Schale, die eine riesige Grösse erreicht, umhüllt ungefähr die Hälfte der früheren Umgänge und besitzt eine mehr oder minder hohe, zusammengedrückt-ciförmige bis pfeilförmige Mündung. Ihre Oberfläche ist mit ungleichen, schwach sichelförmig gebogenen und am Rücken stark nach vorn gerichteten Rippen bedeckt, die bei jüngeren Exemplaren sehr zahlreich sind, an den älteren Exemplaren sehr undeutlich werden oder auch ganz verschwinden. Viele dieser Rippen beginnen am Nabelrande, wo man sie selbst bei den grössten Exemplaren noch zum Theil wenigstens angedeutet findet, andere drängen sich zwischen den grösseren Rippen an den Seiten noch ein. 5 oder mehr Rippen auf einem Umgange nehmen eine mundwulstartige Verdickung an, vor der sich in der Regel eine tiefere Furche zeigt. Auf dem zufällig stärkeren oder schwächeren Hervortreten solch einer Furche beruht der einzige Unterschied zwischen *A. planulatus* Sow., Sharpe und *A. Austeni* Sharpe. Die Gestalt der Mündung ist grossen Schwankungen unterworfen, sei es durch Seitendruck, oder sei es, dass auch bei dieser Art breitere und schmälere Formen ursprünglich vorkamen. Man trifft namentlich die grossen Exemplare dieser Art oft scharfrückig an.

Wir können nach zahlreichen uns jetzt vorliegenden Exemplaren die Ansicht von Sharpe, wonach *A. Mayorianus* d'Orb. eine verschiedene Art ist, nur bestätigen. Sie unterscheidet sich auch nach älteren

Exemplaren aus dem cenomanen Grünsande von Essen nicht allein durch ihren breiter gerundeten Rücken, sondern namentlich durch eine schon in der Nähe der Naht vorhandene stärker sichelförmige Krümmung der 4—5 grösseren Rippen und diese nach vorn begrenzenden Furchen. Diesem Charakter entsprechen:

A. Mayorianus d'Orbigny, Pal. franç. terr. crét. I. p. 267. Pl. 79 aus dem Gault und dem unteren neokomen Grünsande;

A. Mayorianus Pictet, descr. des Mollusques fossiles dans les grès verts des environs de Genève, 1847, p. 37. Pl. 2. fig. 5;

A. Mayorianus Goin., Qnad. Deutschl. p. 116; ferner sehr genau:

A. subplanulatus Schlüter, Cephalopoden der oberen deutschen Kreide, p. 4. Taf. 2. fig. 5—7, mit ausgezeichneten Exemplaren aus dem cenomanen Grünsande von Essen an der Ruhr, und höchst wahrscheinlich:

A. planulatus Fritsch & Schloenbach, Cephalopoden der böhmischen Kreideformation, p. 37. Taf. 11. fig. 1; Taf. 15. fig. 5, aus den cenomanen Korycaner Schichten bei Vodolka in Böhmen.

Vorkommen: *A. Mayorianus* d'Orb. (nicht *planulatus* Sow.) geht hiernach von neokomen Schichten an durch den Gault bis in die Cenomanbildungen hinauf.

A. Austeni Sharpe ist in Deutschland und England nur in den turonen Schichten bekannt, wozu wohl auch die Mehrzahl der von Stoliczka in Süd-Indien entdeckten Vorkommnisse dieser Art gehört.

Er hat sich im sächsischen Elbthale gleich in riesigen Exemplaren bis über 70 Cm. Durchmesser am Anfange des unteren Turon in den tiefsten Schichten des mittleren Pläners oder Zwickpläners eingestellt, wie namentlich in den Brüchen von Leutewitz bei Dresden, von Goppeln und Rippien, in dem mittleren Quadersandsteine oder Bildhauersandsteine von Cotta bei Pirna, und von Niederkirchleithen bei Königstein; meist nur in jüngeren Exemplaren von 6—7 Cm. Durchmesser findet er sich vereinzelt im Plänerkalke von Strehlen und Weinböhla.

Fritsch wies das Vorkommen dieses Ammoniten in den unterturonen Weissenberger und Malnitzer Schichten in Böhmen nach, und zwar von ähnlicher Grösse wie in Sachsen; Schlüter führt als Fundorte für *A. Austeni* aus dem turonen Grünsand Westphalens bei Soest an, für *A. Hernensis* aber den Cuvieri-Pläner bei Paderborn, Rothenfelde am Fusse des Teutoburger Waldes, den Windmühlenberg bei Salzgitter und den grauen Mergel bei Herne in Westphalen. Das Dresdener Museum besitzt auch ein Exemplar aus dem Pläner von Lüdenstein in Hannover aus der Jugler'schen Sammlung. In England wird *A. Austeni* nach Sharpe im oberen Grünsande bei Dorking und Cambridge (*A. planulatus* Sh.), und im Grey Chalk marl von Surrey, Kent und Sussex, sowie bei Bonchurch auf der Insel Wight (*A. planulatus*), also in gleichen Niveau's wie im sächsischen Elbthale gefunden. Die von Stoliczka beschriebenen Exemplare des *A. planulatus* entstammen sowohl der Ootatoor-Gruppe, als auch der Trichonopoly- und Arrialoor-Gruppe.

Der von *Sharpe* aufgestellte Name verdient den Vorzug vor *A. planulatus* Sow., da Schlotheim schon früher diesen Namen für eine ganze noch heute aufrecht erhaltene Gruppe jurassischer Ammoniten verwendet hat. (Petrefactenkunde, 1820. p. 59.)

4. **A. leptophyllus? Sharpe.**

1822. *A. Lewesiensis* Sowerby. Min. Conch. Pl. 358 (nicht Mantell).

1856. *A. leptophyllus* Sharpe. Fossil Mollusca of the Chalk (Palaeontogr. Soc.). p. 48. Pl. 21. fig. 2; Pl. 22. fig. 1.

Ein Exemplar von 22 Cm. Durchmesser aus dem Plänerkalke von Strehlen, dessen halb-involute Umgänge ziemlich flache Seiten und einen stumpf gerundeten Rücken bilden, was einer länglich-ovalen Mündung entspricht, nähert sich durch seine zahlreichen einfachen und fast geraden Querrippen, welche in der Nähe des Nabelrandes beginnen und bis in die Nähe des anscheinend glatten Rückens laufen, sehr dem *A. leptophyllus* aus der oberen Kreide von England. Vielleicht ist es aber doch nur eine Varietät des *A. Austeni*.

5. A. cf. bicurvatus Michelin, 1838. — II. Taf. 34. Fig. 3.

1840. d'Orbigny, Pal. franç. terr. crét. p. 286. Pl. 84. fig. 3.
1847. Pictet, descr. des mollusques foss. dans les grès verts des env. de Genéve, p. 32. Pl. 2. fig. 2.
1849. Gein., Quad. Deutschl. p. 112. Taf. 4. fig. 2.
1850. d'Orbigny, Prodr. de Pal. II. p. 113.

Die sehr involute Schale ist stark comprimirt und scharfrückig, ähnlich wie *A. clypeiformis* d'Orb. [1]) aus dem Neokom und *A. bicurvatus* Mich. aus dem Gault etc. Die ganze Oberfläche erscheint glatt, wie bei *A. clypeiformis*, von dem sich unser Exemplar durch schwächeres Abfallen der Umgänge nach dem Nabel unterscheidet, während *A. bicurvatus* wenigstens an seinen früheren Umgängen sichelförmige Rippen wahrnehmen lässt, die hier fehlen. Der ihm nahe verwandte *A. Requienianus* d'Orb. [2]) aus turonen Schichten von Uchaux gleicht ihm durch glatte Beschaffenheit und seinen scharfen Rücken, ist aber noch mehr involut, so dass sein Nabel noch kleiner wird. In dieser Beziehung bildet unser Ammonit eine Mittelstufe zwischen *A. Requienianus* und den grossen scharfrückigen Exemplaren des *A. Austeni* Sharpe.

Vorkommen: Das 20 Cm. grosse Exemplar, das hier von Neuem abgebildet ist, wurde in dem Plänerbruche von Goppeln am östlichen Ende des Dorfes gefunden, wo die oberen Schichten des cenomanen unteren Pläners und die unteren Schichten des turonen Mittelpläners nur durch eine Thonschicht von einigen Fuss Stärke getrennt sind. Es lässt sich nicht sicher entscheiden, welcher dieser beiden petrographisch sehr ähnlichen Schichtenreihen er angehört. Aehnliches gilt für ein zweites Exemplar aus dem Plänersandsteine zwischen Goppeln und Rippien.

6. A. Orbignyanus Gein. — II. Taf. 36. Fig. 5.

1843. *A. Vibrayeanus* Gein., Kiesl. p. 8. Taf. 1. fig. 8 (nicht d'Orbigny).
1849. *A. Orbignyanus* Gein., Quad. Deutschl. p. 114. Taf. 4. fig. 1.
1850. *A. Orbignyanus* u. *A. Geinitzi* d'Orb., Prodr. de Pal. II. p. 147. 213.
1865. *A. Orbignyanus* Stoliczka. Cret. Ceph. of South. India, p. 92. Pl. 48. fig. 2.
1872. Desgl. Fritsch u. Schloenbach. Ceph. d. böhm. Kreidef. p. 36. Taf. 10. fig. 4. 5; Taf. 11. fig. 2.
1872. *A. syrtalis* Schlüter, Cephal. d. ob. deutsch. Kreide. p. 46. Taf. 15. fig. 3. 4.

Schale stark involut und sehr comprimirt mit flach gewölbten Seiten, welche treppenförmig nach dem Nabel abfallen und mit flachen, sichelförmig gekrümmten Rippen bedeckt sind. Letztere beginnen mit kleinen Knoten, treten aber erst von der Mitte der Seiten an deutlicher hervor und laufen mit einigen undeutlicheren Zwischenrippen bis in die undeutlich gekerbte Kante des scharf begrenzten Rückens. Dieser ist schmal, an den ihn einfassenden Kanten ein wenig eingesenkt und in der Mitte durch den Sipho wieder schwach erhoben. Die Loben sind Quad. Deutschl. Taf. 4. fig. 1.[c] gezeichnet.

Schlüter hat diese Art mit *A. syrtalis* Morton [3]) vereinigt und gibt auch Taf. 15. fig. 2 eine treue Copie von Morton's Abbildung. Diese wie Schlüter's Abbildungen des *A. syrtalis* auf Taf. 14 unterscheiden

[1]) Pal. franç. terr. crét. I. p. 137. Pl. 42. fig. 1. 2.
[2]) Pal. franç. terr. crét. I. p. 315. Pl. 93.
[3]) *A. syrtalis* Morton. 1834. Synopsis of the Organic. Remains of the Cretac. group of the United States, Pl. 16. fig. 4.

sich aber nicht blos durch ihre breitere Mündung, sondern namentlich durch eine Knotenreihe an der Seite der Umgänge, die man nicht wohl mit den uns aus Böhmen und von Kieslingswalda vorliegenden Exemplaren des *A. Orbignyanus* in Verbindung bringen kann. Dagegen stimmen die Abbildungen bei Fritsch und Schloenbach, sowie bei Stoliczka sehr gut mit dem letzteren überein.

Vorkommen: Das hier abgebildete Exemplar stammt aus dem Baculitenmergel der Eisenbahneinschnitte bei Zatzschke.

Nach Fritsch ist *A. Orbignyanus* ein Leitfossil für die Priesener und Chlomeker Schichten in Böhmen, welchen letzteren die von Kieslingswalda parallel gestellt werden. Es zeigt sich in den Priesener Schichten (oder Baculitenmergeln) von Lenesic bei Laun, am Bahnhofe von Böhm. Kamnitz, in den Chlomeker Schichten (oder oberem Quadermergel) von Tannenberg bei Falkenau, bei Kieslingswalda im Glatzischen, in dem Baculitenmergel vom Marterberg bei Passau, bis 20 Cm. gross im oberen Quadersandsteine von Waldau bei Görlitz, und nach Stoliczka in der Ootatoor-Gruppe von Moraviatoor in Süd-Indien.

7. A. peramplus Mant. — II. Taf. 34. Fig. 4—7.

1822. Mantell, Geology of Sussex, p. 200.
1822. Sowerby, Min. Conch. Pl. 357.
1840. *A. Lewesiensis* Gein., Char. II. p. 39. Taf. 12. fig. 2.
1840. *A. peramplus* und *A. Prosperianus* d'Orbigny, Pal. franç. terr. crét. I. p. 333. 335. Pl. 100.
1841. *A. peramplus* A. Römer, nordd. Kreideg. p. 87 z. Th.
1842. *A. Decheni* und *A. peramplus* Gein., Char. III. p. 66. 67 z. Th.
1845. *A. peramplus* Reuss, böhm. Kreidef. I. p. 21 z. Th.
1846. *A. peramplus* und *A. Decheni* Gein., Grundr. d. Verst. p. 297 z. Th.
1849. *A. peramplus* Gein., Quad. Deutschl. p. 116 z. Th.
1850. *A. peramplus* und *A. Prosperianus* d'Orbigny, Prodrome de Paléontologie, II. p. 189.
1850. *A. Prosperianus* Dixon, Geol. of Sussex, Tab. 27. fig. 22.
1853. *A. peramplus* Sharpe, Fossil Mollusca of the Chalk, Chephalopoda, p. 26, Pl. 10. fig. 1—3.
1865. *A. peramplus* Stoliczka, Cretac. Cephalopoda of Southern India, p. 130. Pl. 65. fig. 1. 2.
1868. *A. peramplus* Gümbel, Geogn. Beschr. d. Kön. Bayern, II. p. 753.
1870. *A. Vaju* Stoliczka, ib. p. 132. Pl. 65. fig. 3.
F. Roemer, Geologie von Oberschlesien, p. 319. Taf. 35. fig. 5.
1872. Fritsch und Schloenbach. Cephalopoden d. böhm. Kreide. p. 38. Taf. 8. fig. 1—4.
1872. Schlüter. Cephalopoden der oberen deutsch. Kreide (Palaeontographica, XXI), p. 31, Taf. 10. fig. 7—13.

Die ½ bis ⅔ involuten Umgänge fallen am Nabel steil gewölbt ab und verlaufen mit schwachgewölbten Seiten in den gerundeten Rücken. In Folge von Druck zeigt sich der Rücken indess bald deprimirt, bald comprimirt, wodurch die normale ovale Mündung dieses Ammoniten bald breiter bald schmäler erscheint.

An dem Nabelrande entspringen entfernt liegende, stumpfe Querrippen mit einem stumpfen oder kräftigen Knoten, welche über den Rücken hinweglaufen und sich etwas nach vorn biegen. An jungen Exemplaren liegen 2—3 kürzere Rippen, welche ohne Knoten an der Seitenfläche entspringen, zwischen den längeren Rippen und nehmen wie diese ihren Weg über den Rücken (*A. Prosperianus* d'Orb.). An grösseren Exemplaren finden sich zuletzt nur noch einfache, gleich lange Querrippen vor, die in der Nähe ihres Ursprunges zu stumpfen Knoten verdickt sind und nach dem Rücken hin undeutlicher werden. In diesem Zustande wird *A. peramplus* dem *A. Lewesiensis* Mant.[1] sehr ähnlich, welchen auch viele Autoren damit

---

[1] 1822. Mantell, Geol. of Sussex, p. 200. Tab. 22. fig. 2.

vereiniget haben. Sharpe [1]) hat dagegen nachgewiesen, dass sich die Jugendzustände beider Arten ziemlich unähnlich sind, indem bei *A. Lewesiensis* ihre Schale fast glatt erscheint. Derselbe Autor bezeugt ferner, dass *A. Lewesiensis* Sowerby, Min. Conch. Pl. 358, von *A. Lewesiensis* Mant. als besondere Art getrennt werden müsse, die er a. a. O. p. 48. Pl. 21. fig. 2 und Pl. 22. fig. 1 als *A. leptophyllus* Sharpe beschrieb, während *A. Lewesiensis* d'Orbigny, Pal. franç. terr. crét. I. p. 336. Pl. 101 und 102. fig. 1. 2 von beiden Arten verschieden und schon von d'Orbigny, Prodrome de Pal., II. p. 212 als *A. Gollevillensis* d'Orb. bezeichnet worden ist.

Die Exemplare des sächsischen Elbthales gehören dem wahren *A. peramplus* an, von dem wir nach vorstehenden Erläuterungen *A. Lewesiensis* abscheiden müssen.

Vorkommen: Das Erscheinen des *A. peramplus* beginnt mit dem mittleren Quadersandsteine und mittleren Pläner. Dem ersteren gehören grosse Exemplare aus dem Bildhauersandsteine von Rottwernsdorf bei Pirna und aus dem Sandsteine der Tyssaer Wände in Böhmen an, dem letzteren kleinere Exemplare aus dem Mittelpläner am letzten Heller, dem Zwickpläner von Leutewitz bei Dresden und Priessnitz an der Elbe, sowie aus dem mittleren Plänermergel am Ladenberge bei Berggiesshübel. In dem Plänerkalke von Strehlen und Weinböhla gehört er zu den gewöhnlichsten Erscheinungen und hat hier bisweilen bedeutende Grösse erreicht. Ein sehr grosses Bruchstück dieses Ammoniten wurde in dem wahrscheinlich oberen Quadersandsteine des Liebethaler Grundes unweit und unterhalb der Lochmühle beobachtet.

Auch in Böhmen ist er nach Fritsch u. Schloenbach nur über den cenomanen Schichten getroffen worden, namentlich in dem unter turonen Baupläner des weissen Berges bei Prag, und an vielen anderen Stellen derselben Zone, ferner in den Malnitzer Schichten bei Malnitz, Laun u. s. w., in dem sogen. Isersandsteine und dem Scaphiten-Pläner oder oberturonen Plänerkalke von Hundorf, Teplitz u. s. w., ferner bei Greifendorf unweit Zwittau in Mähren. Ebenso gehört er bei Oppeln in Oberschlesien zu den gewöhnlicheren Erscheinungen.

Schlüter bezeichnet als das Hauptlager dieser Art den Scaphiten-Pläner mit *Scaphites Geinitzi*, welcher den Schichten von Strehlen und Hundorf entspricht. Er fand ihn in diesem Niveau bei Salzgitter, Heinigen bei Börsum, Dorstedt unweit Wolfenbüttel, Klein-Döhren bei Liebenburg, Neinstadt bei Thale am Harz und bei Rheine, woran sich die Fundorte Bochum, Westphalen, Quedlinburg, Halberstadt, Galgenberg bei Regensburg anschliessen lassen. Seltener zeigt sich nach Schlüter diese Art in dem nächst älteren Niveau, im sogen. Brongniarti-Pläner bei Büren in Westphalen, bei Wolfenbüttel u. s. w. Schlüter verfolgte sie ferner in dem jüngeren Niveau des Cuvieri-Pläners von Rothenfelde und Salzgitter.

In England findet sich *A. peramplus* gleichfalls am häufigsten in dem mittleren Theile der Kreide in den Grafschaften Kent, Sussex, Surrey, Hertfordshire und Wiltshire, auf der Insel Wight und namentlich in den South Downs. Er reicht dort von der feuersteinfreien oder unteren Kreide an aufwärts bis in die obere feuersteinführende Kreide hinauf. d'Orbigny beobachtete ihn in Frankreich nur in turonen Schichten, wie bei Uchaux, Montrichard, Tourtenay und Saumur. Das Vorkommen des *A. peramplus* und *A. Vajn* ist nach Stoliczka auf die Trichonopoly-Gruppe NW. von Anapaudy beschränkt. Der durch Herrn A. Dittmarsch-Floron aus Dresden in einem Plänerkalke von Colorado City im nördlichen Mexiko gesammelten und in dem Dresdener Museum befindlichen Exemplaren des *A. peramplus* ist schon I. S. 148 gedacht worden.

[1]) 1856. Sharpe. Foss. Mollusca of the Chalk, Cephalopoden, p. 46. Pl. 21. fig. 1.

Scaphites Parkinson, 1811.

1.   Sc. Geinitzi d'Orb. — II. Taf. 35. Fig. 1—4.

? 1813.   *Sc. obliquus* Sowerby, Min. Conch. Pl. 18. fig. 4—7.

1840.   *Sc. aequalis* Gein., Char. II. p. 40.

1811.   *Sc. costatus* Gein., Char. III. p. 67.

    Sc. aequalis. obliquus und *costatus* A. Römer. Norddeutsche Kreideg. p. 90.

    Ammonites Cottae A. Römer, eb. p. 86. Taf. 13. fig. 4.

1845.   *Sc. aequalis* Reuss, böhm. Kreidef. I. p. 23. — *Amm. Cottae* Reuss. eb. p. 21. Taf. 7. fig. 11.

1846.   Desgl. Gein., Grundr. p. 301 z. Th. Taf. 12. fig. 1.

1849.   Desgl. Gein., Quad. Deutschl. p. 116 z. Th.

1850.   *Sc. Geinitzii* d'Orbigny, Prodr. de Pal. II. p. 214.

1857.   Desgl. v. Strombeck, in Zeitschr. d. deutsch. geol. Ges. IX. p. 417.

1860.   Desgl. Schlüter, eb. XVIII. p. 73.

    Desgl. U. Schloenbach. neues Jahrb. f. Min. p. 811.

1868.   *Scaphites Cottai* u. *Sc. Geinitzi* Gümbel, Geogn. Beschr. d. Königr. Bayern, II. p. 764.

1870.   F. Römer. Geologie von Oberschlesien, p. 320. Taf. 35. fig. 6.

1872.   Desgl. Fritsch u. Schloenbach, Cephalopoden d. böhm. Kreidef. p. 42. Taf. 13. fig. 7. 10. 12; Taf. 14. fig. 11.

    Desgl. U. Schlüter. Cephalopoden der ob. deutsch. Kreide. p. 75. Taf. 23. fig. 12—22; Taf. 27. fig. 9.

Die Schale dieses Scaphiten ist stets comprimirt, wodurch er sich leicht von *Sc. obliquus* (Sow.) Bgt. der cenomanen Schichten unterscheidet, dessen Schale mehr deprimirt ist. Ihre hohen Seitenflächen sind mit zahlreichen Rippen bedeckt, die häufig schon in der Nähe ihres Anfanges zu einem länglichen Höcker anschwellen, was bei dem vorhergenannten nicht vorkommt, häufiger aber noch an der Grenze des Rückens zu einem spitzeren Knoten erhoben sind, von welchem sie in 2—3—4 feinere Rippen zerspalten den Rücken geradlinig überschreiten. Diese Knotenbildungen pflegen dem ersten ammonitenartigen Theile der Windungen zu fehlen, welcher früher als *Ammonites Cottae* beschrieben worden ist (Fig. 4), während sie an dem gerade ausgestreckten Theile der Schale bis in die Nähe ihrer Mündung mehr oder minder regelmässig und kräftig hervortreten.

Es pflegt übrigens die Schale dieses Scaphiten oft 6 Cm. Länge, also nahezu die doppelte Länge von *Sc. obliquus*, zu erreichen.

So abweichend *Sc. Geinitzi* auch von *Sc. obliquus* (vgl. I. Theil) aus cenomanen Bildungen Deutschlands und Frankreichs ist, so nähert er sich doch sehr manchen Exemplaren des *Sc. obliquus* und *Sc. aequalis* aus der Kreide von England, wie man bei einem Vergleiche der besseren Abbildungen von Dixon, Geol. and Fossils of Sussex, 1850. Tab. 27. fig. 37. 38 und Tab. 29. fig. 11, leicht findet, an welche Abbildungen sich einige Strehlener Exemplare ebenso nähern, wie dem *Sc. obliquus* Sow., nicht aber Brongniart. Unter den Abbildungen der Scaphiten aus dem grauen Kreidemergel von Hamsey u. a. O. in Mantell's Geology of Sussex schliessen sich *Sc. striatus* Mant., p. 119. Pl. 22. fig. 3. 4. 9. 11. 13—16, an *Sc. obliquus* Sow. an, während sich *Sc. costatus* Mant. p. 120. Pl. 22. fig. 8. 12 mit *Sc. aequalis* bei Dixon und den Exemplaren des *Sc. aequalis* aus dem chloritischen Mergel der Insel Wight übereinstimmt. Diesen Scaphiten ist *Sc. Geinitzi* jedenfalls am nächsten verwandt und man würde sie vielleicht nicht als besondere Species davon geschieden haben, wenn nicht Sowerby's ungenügende Abbildung des *Sc. aequalis* Min. Conch. Pl. 18. fig. 1—3 so manche Abweichungen von anderen englischen Exemplaren darzubieten schiene.

Vorkommen: Häufig im Plänerkalke von Strehlen und Weinböhla und in dem Baculitenmergel bei Zatzschke. In dem oberen Pläner von Oppeln in Oberschlesien, in dem Plänerkalke von Teplitz, Hundorf den Baculitenmergeln von Luschitz, Priesen, Böhmisch-Kamnitz etc. in Böhmen, dem Baculitenmergel des Marterberges bei Passau, im Plänerkalke von Quedlinburg, Heiningen bei Wolfenbüttel, Neinstedt bei Stecklenberg, in dem Kreidemergel von Charlottenlust bei Wernigerode, nach Schlüter in dem »Cuvieri-Pläner« bei Paderborn, bei Rothenfelde am Teutoburger Walde etc., überhaupt demnach in oberturonen und untersenonen Schichten. d'Orbigny führt als Fundorte in Frankreich senone Kreide von Villedieu (Loir-et-Cher) an, wahrscheinlich auch in dem grauen Kreidemergel und der oberen Kreide Englands, wo sie als *Scaphites aequalis, Sc. costatus, Sc. obliquus* und *Sc. striatus* bezeichnet worden sind.

2. **Sc. auritus** Schloenb. — II. Taf. 35. Fig. 10.

1872. Fritsch u. Schloenbach. Cephalopoden der böhm. Kreide. p. 44. Taf. 13. fig. 8. 9. 11. 14. 15; Taf. 14. fig. 12.
1872. *Amm. Blagdenensis* Schlüter. Cephalopoden der ob. deutsch. Kreide. p. 30. Taf. 10. fig. 5. 6.
    Scaphites auritus Schlüter, eb. p. 77 z. Th. Taf. 23. fig. 7—9.
1873. *Scaphites*, cf. *auritus* Redtenb., Cephal. d. Gosausch. (Abh. d. k. k. geol. Reichs-Anst. V. 5. p. 130. Taf. 30. fig. 11.)

Die kleine meist verkieste Schale ist in ihrem ammonitenartigen Theile weit genabelt und bildet regelmässig gewölbte Umgänge mit rundlich-ovaler Mündung, die bald breiter bald schmäler als in Fig. 10.[b] wird. Der daran schliessende gerade gestreckte Theil der Wohnkammer ist meist kurz und biegt sich bald mit einem Bogen schnell um. Hier pflegen sich Mundwulste einzustellen, die bis an die löffelförmig ausgezogenen Seiten der Mündung reichen (vgl. Fritsch u. Schloenbach Taf. 13. fig. 14. 15; Taf. 14. fig. 12). Die Oberfläche erscheint an jungen Exemplaren oft fast glatt oder undeutlich quergestreift, später tritt stets eine deutliche Streifung oder Rippung hervor, die oft sehr gleichmässig ist.

Was man an einigen verkiesten Exemplaren von Loben sah, ist Fig. 10.[c] von der Mitte des Rückens aus bis an die Naht hin ziemlich naturgetreu wiedergegeben worden.

Vorkommen: Sehr verbreitet in dem Baculitenmergel der Eisenbahneinschnitte bei Zatzschke zwischen Copitz und Lohmen, wo ihre Schale meist nur gegen 1 Cm. Grösse erreicht; ebenso in den Baculitenmergeln Böhmens bei Priesen, Luschitz, Dneboh, Böhmisch-Kamnitz u. s. w., und an dem Marterberge bei Passau in Bayern.

Redtenbacher hat sein Vorkommen in den Gosauschichten von Glanegg bei Salzburg erkannt; die von Schlüter beschriebenen Exemplare gehören dem Scaphitenpläner an.

Aptychus H. v. Meyer.

Ueber die Zugehörigkeit der verschiedenen Arten von *Aptychus* zu *Ammonites* oder verwandten Gattungen sind die Ansichten jetzt ziemlich ungetheilt, nachdem man dieselben zu wiederholten Malen in den Mündungen derselben angetroffen hat.

Nach Ausscheidung des gar nicht hierzu gehörenden *Aptychus complanatus* Gein., Char. p. 69. Taf. 17. fig. 27—29, aus dem unteren Quader von Tyssa in Böhmen, welcher auf Bruchstücke der *Perna cretacea* Reuss zurückgeführt werden kann, und dem *Apt. complanatus* bei Reuss, böhm. Kreidef. I. Taf. 7. fig. 14 aus dem Hippuritenkalke von Kutschlin, bleiben aus dem Pläner des Elbthales und von Böhmen noch mehrere wirkliche Aptychi übrig, welche früher unter *Aptychus cretaceus* Mün.[1] zusammengefasst worden sind.

Schon Sharpe hat in »Fossil Mollusca of the Chalk«[2] p. 55 gezeigt, dass sie zu verschiedenen Arten gehören, dem wir ganz beistimmen müssen.

[1] Gein., Char. III. 1842. p. 69. Taf. 17. fig. 25 (nicht 26. welche Abbildung wahrscheinlich auch nur das Bruchstück einer Muschel, vielleicht der *Gervillia solenoides* Defr. darstellt).
[2] Sharpe, Descr. of the Fossil Remains of Mollusca in the Chalk of England. Palaeont. Soc., 1856.

Eine derselben, die sich auf *Scaphites auritus* Fr. u. Schloenb. zurückführen lässt, ist von Fritsch u. Schloenbach, Cephalop. der böhm. Kreideformation Taf. 13. fig. 8, in der Mündung jenes Scaphiten beobachtet worden und mit dieser, einem viertel Kreise sich nähernden Form scheint auch unsere frühere Abbildung eines Exemplares aus den Priesener Schichten bei Luschitz in Böhmen (Gein. Char. Taf. 17. fig. 25.ᵃ) übereinzustimmen, wie denn auch *Anatifa conversa* A. Röm. (Nordd. Kreideg. p. 103. Taf. 16. fig. 7) ihrer Form am nächsten steht.

Aptychus cretaceus aus dem Plänerkalke von Strehlen, ll. Taf. 35. Fig. 5. 6, ist etwas länger gestreckt, an seinem vorderen wirbelartigen Ende etwas zugespitzt, an dem hinteren Ende mehr gerundet. Seine Oberfläche ist mit ziemlich regelmässigen Anwachsstreifen bedeckt, auch das Gein., Quad. Deutschl. Taf. 6. fig. 8 abgebildete Exemplar von Strehlen, sowie wahrscheinlich das von Fritsch u. Schloenbach a. a. O. Taf. 13. fig. 3 unter demselben Namen aufgeführte aus den Priesener Schichten von Bousov bei Sobotka, und jenes Taf. 14. fig. 10 - aus den Priesener Schichten bei Bilin. Dieser *Aptychus* aber lässt sich naturgemäss auf *Scaphites Geinitzi* d'Orb. zurückführen, mit dem er zusammen gefunden wird.

Aus den Baculitenschichten in der Nähe von Zatzschke an dem Gehänge des Wesnitzgrundes in der Nähe von Liebethal liegen nur die etwas zusammengedrückten Exemplare ll. Taf. 35. Fig. 7. 8 vor, welche recht wohl auch der Mündung eines schmalrückigen *Scaphites Geinitzi* entsprechen.

Helicoceras d'Orbigny, 1842.

1. H. Reussianum d'Orb. sp. — ll. Taf. 35. Fig. 11. 12.

1840. *Hamites plicatilis* Gein., Char. II. p. 41. Taf. 12. fig. 4.
1841. Desgl. A. Römer. nordd. Kreideg. p. 94. Taf. 14. fig. 7.
1843. Desgl. Gein., Kiesl. u. Nachtr. z. Char. p. 8. Taf. 5. fig. 1. 2.
1845. Desgl. Reuss, böhm. Kreidef. 1. p. 23. Taf. 7. fig. 5. 6.
1846. *Sc. armatus* und *Sc. plicatilis* Gein., Grundr. p. 304. Taf. 12. fig. 2. 3.
1849. *Sc. armatus* Gein., Quad. Deutschl. p. 122 z. Th.
1850. *Hamites Reussianus* d'Orbigny, Prodr. de Pal. II. p. 216.
     Turrilites plicatilis d'Orb. eb. p. 216. ,
     Helicoceras armatus d'Orb. eb. p. 216.
1870. *Helicoceras annulifer* F. Roemer, Geol. v. Oberschlesien, p. 320. Taf. 36. fig. 2.
1872. *Helicoceras armatus* Fritsch u. Schloenbach. Cephalop. d. böhm. Kreidef. p. 47. Taf. 14. fig. 17.
     Heteroceras Reussianum Schlüter. Cephalop. d. ob. deutsch. Kreide. p. 109. Taf. 32. fig. 18—21.

Ob die im Plänerkalke des Elbthales häufig vorkommende Art von *Hamites plicatilis* Sow. [1]) wirklich verschieden ist, lässt sich noch bezweifeln, von *Hamites armatus* [2]) aber, der als ein wirklicher Hamit sich hakenförmig nur in einer Ebene krümmt, weicht der spiralförmig gebogene *Helicoceras Reussianum* dadurch wesentlich ab. Ein typisches Exemplar des *Hamites armatus* Sow. aus dem oberen Grünsande der Insel Wight hatte ich der Güte meines verstorbenen Freundes Capt. Boscawen Ibbetson zu verdanken, wodurch mein früherer Irrthum in Bezug auf die Vereinigung beider Arten beseitiget worden ist. In Bezug auf die vermuthete Identität des *Helic. Reussianum* mit *Hamites plicatilis* Sow. wird es sich nur darum handeln, ob auch die letztgenannte Art spiralförmig gewunden ist und dann zu *Helicoceras* gehört oder nicht. Schon

---

[1]) Sowerby, Mineral Conch. 1821, Tab. 234. fig. 1. -- Mantell, Geol. of Sussex 1822, p. 121. Tab. 23. fig. 1. 2.
[2]) Sowerby, Min. Conch. 1817. Tab. 168, Tab. 234. fig. 2; Mantell, Geol. of Sussex, Pl. 16. fig. 5 u. Pl. 23. fig. 3. 4 Dixon, Sussex 1850, Tab. 29. fig. 13; d'Orbigny, Pal. fr. I. Pl. 135.

in dem Grundrisse der Versteinerungskunde ist aber p. 304 *Helicoceras* d'Orb. nur als ein *Turrilites* mit mehr von einander entfernten Umgängen betrachtet worden und es erscheint auch diese Art bald mit eng auf einander liegenden Umgängen (Taf. 35. fig. 12, sowie bei A. Römer, Taf. 14. fig. 7 als *Turr. plicatilis* d'Orb.), bald in einer weit auseinander gewundenen Spirale (Taf. 35. fig. 11 u. a. als *Helicoceras armatus* d'Orb.).

Ganz wie bei *Hamites plicatilis* Sow. und Mant. ist die mehr oder minder zusammengedrückte Schale dicht mit zahlreichen ringförmigen Falten bedeckt, die sich in ziemlich regelmässigen Abständen zu wulstförmigen Rippen erheben, welche mit 4 an der Rückenseite oft zu dortigen Spitzen auslaufenden Höckern besetzt sind. Die innere oder concave Seite der Umgänge ist von Höckern befreit und erscheint meist ziemlich gleichartig und schwächer gefaltet. Diese Art erreicht eine beträchtliche Grösse.

Vorkommen: Ausgezeichnet im Plänerkalke von Strehlen und Weinböhla, sowie in dem gleichalterigen Mergel von Oppeln in Oberschlesien, nach Exemplaren in dem Dresdener Museum auch in dem Grünsande von Kieslingswalda im Glatzischen, in den Priesener Schichten von Priesen, Kystra, Wollenitz und Lenesic bei Laun in Böhmen, im Plänerkalke von Quedlinburg, nach A. Roemer im Pläner von Alfeld, Peine, Ahlten, nach Schlüter in dem Scaphiten-Pläner von Salzgitter in Hannover und Oerlinghausen am Teutoburger Walde u. s. w,, sowie wahrscheinlich auch in dem grauen Kreidemergel und der weissen Kreide von England (*Hamites plicatilis* Sow.). — Wir besitzen einen Steinkern aus dem unteren Quadersandsteine von Welschhufa. der mit *H. Reussianum* nahe verwandt ist, dennoch aber durch seinen mehr kreisrunden Querschnitt sich davon unterscheidet und auch in dieser Beziehung mit *Anisoceras plicatile* Schlüter, [1]) aus dem oberen Cenoman im Rhotomagensis-Pläner bei Lichtenau in Westphalen wohl übereinstimmt, welche Art Schlüter für identisch mit *Hamites plicatilis* Sow. und Maut. hält.

2. **H. ellipticum** Mant. sp. — II. Taf. 35. Fig. 13—15. 16?

1822. *Ham. ellipticus* und *Hamites alternatus* Mantell, Geol. of Sussex, p. 122. Tab. 23. fig. 9—11.
1840. Desgl. Gein.. Char. II. p. 41.
1841. Desgl. A. Roemer, norddl. Kreideg. p. 93. Taf. 14. fig. 5.
1842. *Ham. alternans* Gein., Char. III. p. 68. Taf. 17. fig. 36.
1846. *Ham. ellipticus* Gein., Grundr. p. 304.
1849. *H. ellipticus* und *H. alternans* Gein., Quad. Deutschl. p. 118.
1850. *Ham. angustus* Sow. in Dixon, Geol. a. Fossils of Sussex. p. 350. Tab. 29. fig. 12.
1850. *Ancyloceras ellipticus* d'Orbigny, Prodr. II. p. 147.
       Ham. Geinitzi d'Orbigny. Prodr. de Pal. II. p. 215.
? 1872. Desgl. Fritsch u. Schloenbach, Cephalopoden d. böhm. Kreidef. p. 46. Taf. 16. fig. 16.
1872. *Crioceras ellipticum* Schlüter, Cephalopoden d. ob. deutsch. Kreide. p. 100. Taf. 30. fig. 11. 12.

Sämmtliche aus Strehlen vorliegende Exemplare dieser nicht seltenen Art sind aus der Ebene herausgewunden und schliessen sich daher besser an *Helicoceras* als an *Crioceras* an. Die ziemlich regelmässig gebogene Schale ist seitlich zusammengedrückt und hat einen elliptischen Querschnitt. Ihre ganze Oberfläche ist mit Querrippen bedeckt, die durch gleich breite Zwischenräume von einander geschieden und nach dem inneren Rande hin etwas sichelförmig gebogen sind. Sie erheben sich an der Grenze des schmalen Rückens zu einem mehr oder minder deutlichen Knoten und es pflegen bei älteren Bruchstücken die Knoten an den benachbarten Rippen abwechselnd stärker und schwächer zu sein, was zu den Namen *»alternatus«* und *»alternans«* Veranlassung gab.

---

[1]) Schlüter, Cephal. d. ob. deutsch. Kr. p. 114. Taf. 31. fig. 6—8.

Die von F. Roemer, Geol. von Oberschlesien, p. 322, 356, Taf. 37. fig. 10. 11 und Taf. 39. fig. 6 als *Hamites ellipticus* beschriebene Art von Oppeln ist durch einfache ringförmige Rippen und den Mangel an Knoten davon unterschieden und nähert sich dem *H. Roemeri* Gein. (Quad. Deutschl. p. 118) aus dem oberen Quader von Kreibitz und von Kieslingswalda sowie der von A. Roemer, nordd. Kr. p. 92. Taf. 13. fig. 15, aus dem Kreidemergel von Aachen als *H. intermedius* beschriebenen Art. Dagegen lässt sich *H. angustus* Sow. bei Dixon unbedenklich mit *H. ellipticus* Mant. vereinigen.

Vorkommen: Im Plänerkalke von Strehlen und Weinböhla, eine wahrscheinlich dazu gehörende Varietät nach Fritsch in den Priesener Schichten von Lenesic in Böhmen, nach Schlüter im Scaphiten-Pläner am Harzrande, sowie bei Lengerich am Teutoburger Walde, bei Neu-Wallmoden, Salzgitter und Heinigen bei Börsum. In England nach Mantell im *grey chalk marl* von Middleham.

Turrilites Lamarck, 1801.

T. polyplocus A. Roemer sp. — II. Taf. 36. Fig. 1—3.

1840. *Turrilites undulatus* Gein., Char. II. p. 42. 67 z. Th. Taf. 13. fig. 1 (nicht Mantell).
1841. *Turrilites polyplocus* A. Roemer, norddeutsch. Kreideg. p. 92. Taf. 14. fig. 1. 2.
1843. Desgl. Gein., Nachtr. z. Char. p. 8. Taf. 5· fig. 4.
1845. Desgl. Reuss, böhm Kreidef. I. p. 24.
1846. Desgl. Gein., Grundr. p. 305. Taf. 12. fig. 5.
1849. Desgl. Gein., Quad. Deutschl. p. 120.
1850. *Helicoceras polyplocus* und *Heteroceras polyplocus* d'Orbigny, Prodr. de l'al. II. p. 216.
1870. *Helicoceras polyplocus* F. Roemer, Geol. v. Oberschles. p. 321. Taf. 36. fig. 1.
1872. *Heteroceras polyplocum* Schlüter, Cephalopoden der ob. deutsch. Kreide, p. 112. Taf. 33. g. 3—8; Taf. 34. fig. 1—5; Taf. 35. fig. 1—8.
Turrilites Geinitzi ob. p. 113. Taf. 35. fig. 10 (nicht d'Orbigny, Prodr. II. p. 216, welche Art eingezogen werden muss, da sie sich nur auf das nicht sicher zu entziffernde Exemplar in Char. Taf. 13. fig. 3, stützt).

Das thurmförmig gewundene Gehäuse, dessen Umgänge sich meist berühren (*Turrilites*), verlängert sich zuletzt oft in eine freie Spirale (*Helicoceras* und *Heteroceras*). Die ganze Oberfläche ist mit schmalen ringförmigen Rippen bedeckt, welche durch ungefähr doppelt so breite Zwischenräume von einander geschieden werden. Durch Biegungen und Windungen der Schale nehmen diese Rippen verschiedene Richtungen an. Nach Roemer's und Schlüter's Auffassung der Art stellen sich an einigen dieser Querrippen, namentlich an Theilungsstellen, rundliche Knoten ein, die man an Exemplaren des Elbthales vermisst.

Vorkommen: Im Plänerkalke von Strehlen und Weinböhla, sowie bei Hundorf in Böhmen und bei Oppeln in Oberschlesien; nach Schlüter im senonen Kreidemergel von Haldem und Lemförde, sowie im Innern der Baumberge zwischen Billerbeck und Schappdetten.

Baculites Lamarck, 1799.

B. baculoides Mant. sp. — II. Taf. 35. Fig. 17—21.

1822. *Hamites baculoides* Mantell, Geol. of Sussex, p. 123. Tab. 23. fig. 6. 7.
1828. *Baculites obliquatus* Sowerby, Min. Conch. Pl. 592. fig. 3—7.
1837. Desgl. Agassiz in Grossbritanniens Mineral-Conchologie, p. 622. Taf. 592. fig. 3—7.
1841. Desgl. A. Roemer, Norddeutsch. Kreideg. p. 95.
1843. *Bac. anceps* Gein., Char. Nachtr. p. 9.

1845. *B. Fanjasi* und *B. rotundus* Reuss, Verst. der böhmischen Kreidef. I. p. 24. Taf. 7. fig. 3. 4; vielleicht auch *B. anceps* Reuss. eb. Taf. 7. fig. 1. 2.

1849. Desgl. z. Th. u. *B. baculoides* z. Th. Gein., Quad. Deutschl. p. 122.

1850. *Bac. Faujasii* d'Orb., Prodr. de Pal. II. p. 215 z. Th.

1872. *Bac. Faujassi* var. *bohemica* Fritsch u. Schloenbach, Cephalopoden der böhm. Kreidef. p. 49. Taf. 13. fig. 28 25; 29. 30.

1873. *Bac. Faujassi* Redtenbacher, Cephalopodenfauna der Gosauschichten in den nordöstlichen Alpen (Abh. d. k. k. geol. Reichsanst. V. 5). Taf. 30. fig. 13.

Mit allem Rechte hat schon Agassiz *Hamites baculoides* Mant. mit *Baculites obliquatus* Sow. vereint, nur ist der erstere Name der ältere. d'Orbigny folgt ihm in dieser Vereinigung, überträgt aber zugleich den Namen *Bac. baculoides* auf eine weit länger gestreckte Art aus cenomanen Schichten Frankreichs, die auch in Sachsen und Böhmen in Schichten von gleichem Alter vorkommt und (Elbthalgebirge, I. Taf. 63. Fig. 1) als *Bac. subbaculoides* Gein. eingeführt worden ist.

Die Schale des *B. baculoides* Mant. (*obliquatus* Sow.) nimmt schneller an Breite zu, ist mehr oder weniger comprimirt, so dass ihr elliptischer Querschnitt bald eine kürzere bald eine längere Längsaxe zeigt (II. Taf. 35. Fig. 17—21). Wie bei *B. subbaculoides* ist die Oberfläche der Schale durch schiefe Furchen in Rippen zerlegt, die von der Rückenseite, wo sie unter einem nach vorn gerichteten Bogen zusammenstossen, sich nach der Bauchseite hinabziehen und dort nur undeutlicher werden oder auch ganz verschwinden. An älteren Exemplaren werden diese Rippen oft sehr kräftig und stehen von ziemlich gleicher Grösse nahe beisammen (Fig. 19), bei jüngeren Exemplaren pflegt eine grössere Ungleichförmigkeit in diesen Beziehungen einzutreten (Fig. 17). Solche Exemplare, die in grosser Menge in den böhmischen und sächsischen Baculitenmergeln vorkommen, wurden von Fritsch als *B. Faujasi* [1]) var. *bohemicus* unterschieden.

Baculites Faujasi Lam. [2]) aber, der uns in guten Exemplaren von Mastricht vorliegt, ist nicht nur glatt-, oder fast glatt-schalig, mit ovalem Querschnitte, wie schon Agassiz bemerkt, sondern es weicht auch die Beschaffenheit der Loben von der an *B. baculoides* und der hier dazu gezogenen Formen wesentlich ab, was selbst in der unvollkommenen Abbildung bei Faujas angedeutet ist. Unsere von jungen Exemplaren entnommenen Lobenzeichnungen, Taf. 35, Fig. 17.[a] und 18, stehen mit den von Fritsch und Redtenbacher gegebenen Abbildungen in vollem Einklange, wenn man nur Altersverschiedenheiten darin berücksichtigen will.

Vorkommen: Im oberturonen Plänerkalke von Strehlen und Weinböhla, sehr häufig in dem untersenonen Baculitenmergel der Eisenbahneinschnitte bei Zatzschke zwischen Pirna und Lohmen, wo sie nicht selten in Eisenkies umgewandelt sind. In dem oberen Pläner von Oppeln in Oberschlesien, in den Baculitenmergeln oder Priesener Schichten in Böhmen bei Priesen, unweit Laun, Luschitz, Böhmisch Kamnitz u. s. w., dem Pyropen führenden Conglomerat von Meronitz, im Pyropensand von Triblitz etc.; in der Gosauformation der Gosau und Schmohauer Alpe in den nordöstlichen Alpen; nach A. Roemer in dem Pläner von Rethen und Langelsheim, in England sehr häufig in dem Kreidemergel von Lewes und Hamsey!

---

[1]) Irrthümlich schrieben Fritsch und Redtenbacher »Faujassi«.

[2]) 1799. Faujas-Saint-Fond. histoire nat. de la montagne de St-Pierre de Maestricht, p. 140. Pl. 21. fig. 1. 2.

1850. *B. Faujasii* d'Orb., Prodr. de Pal. II. p. 215.

Zur Geologie des Elbthales.

Es sind in dem Jahre 1873 bei dem Bau der von Pirna nach Lohmen führenden Eisenbahnstrecke wichtige neue Aufschlüsse für die Kenntniss des Quadergebirges in Sachsen erlangt worden. Die zwischen den Stationen 16 und 33 dieser Bahnstrecke in der Nähe von Zatzschke gemachten Einschnitte haben jene thonigen Mergel-Schiefer in grosser Ausdehnung und Mächtigkeit aufgeschlossen, welche vorher sehr wenig zugänglich und nur wenig gekannt waren, um so unsicherer aber gedeutet wurden. Man war früher genöthigt, sie theilweise aus dem Bett der Wesenitz oder an dem Ausgang einiger kleinen Quellen oder an den zerfallenen Halden von mehreren vergeblichen Versuchen nach Steinkohlen in der von Zatzschke nach dem Wesenitzgrunde herabführenden Schlucht zu studiren und es hatten sich darin nur wenige bestimmbare Versteinerungen ermitteln lassen.

Da lenkte zuerst Herr Ober-Ingenieur Neumann unsere Aufmerksamkeit von neuem auf die Aufdeckung dieser Mergel in den Einschnitten genannter Bahn und es gelang dem thätigen Interesse des Herrn Ingenieur-Assistenten Hugo Thieme, eine grössere Anzahl Versteinerungen aus diesen Schichten zu sammeln. Alles von ihm Gefundene ist uns bereitwilligst zur Beschreibung überlassen worden und es hat sich daraus, sowie auch von anderen Seiten, wie namentlich von Eugen Geinitz und Herrn Geh. Kriegsrath a. D. Schumann dort gesammelten Gegenständen, die sich jetzt in dem K. Mineralogischen Museum in Dresden befinden, eine Kreidefauna entziffern lassen, welche die jüngste ist, die wir in Sachsen kennen. Diese Fauna entspricht genau jener der senonen Baculitenmergel von Priesen und Luschitz in Böhmen oder von dem Marterberge bei Passau. Ihre Fortsetzung finden diese Schichten auf den Höhen des oberen Quadersandsteines bei Zeichen und Wehlen, wo sie als mergelige Thone mit den 7 von Reuss (Gein. Elbth. II. 4) bereits beschriebenen Foraminiferen den oberen Quadersandstein noch überlagern. (Sitzb. d. Ges. Isis in Dresden, 1873, p. 180).

Es sind aus dem Baculitenmergel in den Eisenbahneinschnitten bei Zatzschke bisher nachstehende Formen unterschieden worden:

A. Fische.

1. *Cyclolepis Agassizi* Gein. 1868, die fossilen Fischschuppen in dem Plänerkalke von Strehlen, p. 39. Taf. 2. fig. 1. 2.
2. *Osmeroides Lewesiensis* Ag., Gein. eb. p. 40. Taf. 2. fig. 7—16.
3. *Cladocyclus Strehlensis* Gein., eb. p. 43. Taf. 2. fig. 24—25; III. fig. 5 -18. 20—22; IV. fig. 6. 7.
4. Fischzahn.

B. Cephalopoden.

5. *Nautilus sublaevigatus* d'Orb., Gein. Elbth. II. p. 182.
6. *Ammonites Orbignyanus*, Gein., Elbth. II. p. 189. Taf. 36. fig. 5.
7. *Scaphites Geinitzi* d'Orb., Gein., Elbth. II. p. 191. Taf. 35. fig. 4.
8. *Scaphites auritus* Schloenb., Gein., Elbth. II. p. 192. Taf. 35. fig. 10.
9. *Aptychus cretaceus* Mün., Gein., Elbth. II. p. 193. Taf. 35. fig. 7. 8.
10. *Hamites* an *Helicoceras* sp.
11. *Baculites baculoides* Mant. Gein., Elbth. II. p. 195. Taf. 35. fig. 17. 18.

C. Gasteropoden.

12. *Natica lamellosa* A. Röm., Gein. Elbth. I. p. 243.
13. *Rissoa Reussi* Gein. (*Turbo concinnus* Reuss), Gein., Elbth. II. pag. 163. Taf. 31. fig. 6.
14. *Pleurotomaria Baculitarum* Gein. (*Pl. sublaevis* Reuss), Gein., Elbth. II. p. 167. Taf. 31. fig. 9.
15. *Pleurotomaria funata* Reuss, Gein. Elbth. II. p. 167. Taf. 31. fig. 7.

16. *Patella inconstans* Gein., Elbth. II. p. 167. Taf. 31. fig. 1—4.
17. *Patella oralis* Nilsson, Petrif. Succ. p. 14. Taf. 3. fig. 8.
18. *Rostellaria Reussi* Gein., Elbth. II. p. 169. Taf. 30. fig. 9.
19. *Rostellaria coarctata* Gein., Elbth. II. p. 170. Taf. 30. fig. 12.
20. *Rostellaria calcarata* Sow., Gein., Elbth. II. p. 170.
21. *Neptunea modesta* Gein., Elbth. II. p. 173. Taf. 31. fig. 8.
22. *Cancellaria Thiemeana* Gein., Elbth. II. p. 175. Taf. 31. fig. 11.
23. *Cerithium Luschitzianum* Gein., Elbth. II. p. 176.
24. *Avellana sculptilis?* Stol., Gein., Elbth. II. p. 178.
25. *Cylichna cylindracea* Gein., Elbth. II. p. 178. Taf. 31. fig. 12.
26. *Dentalium medium* Sow.. Gein., Elbth. II. p. 178. Taf. 30. fig. 4.

D. Pelecypoden.

27. *Gastrochaena Amphisbaena* Goldf., Gein., Elbth. I. p. 235.
28. *Pholadomya Esmarki (Cardita Esmarkii)* Nilss., Petr. Succ. p. 17. Tab. 5. fig. 8.
29. *Cardium bipartitum* d'Orb., Gein., Elbth. II. p. 64.
30. *Cardium alutaceum* Mün., Gein. Elbth. II. p. 65.
31. *Astarte acuta* Reuss, böhm. Kr. I. Taf. 33. fig. 17.
32. *Nucula pectinata* Sow., Gein., Elbth. II. p. 57.
33. *Nucula producta* Nilss. u. Reuss. — Sehr häufig!
34. *Leda siliqua* Goldf., Petr. Germ. II. p. 156. Taf. 125. fig. 13; Reuss, böhm. Kreidef. I. p. 7. Taf. 34. fig. 11.
35. *Pectunculus lens* Nilss., Gein., Elbth. I. p. 224.
36. *Arca undulata* Reuss, böhm. Kreidef. Taf. 34. fig. 33. 39.
37. *Avicula subpectinoides (?)* d'Orb., Prodr. d. Pal. II. p. 197. (*A. pertinoides* Reuss, böhm. Kreidef. p. 23. Taf. 32. fig. 8.)
38. *Gervillia solenoides* Defr., Gein., Elbth. I. p. 209.
39. *Inoceramus latus* Mant., Gein., Elbth. II. p. 45, breite Varietät, die gewöhnlichste Versteinerung!
40. *Pecten Nilssoni* Goldf., Gein., Elbth. II. p. 33. — Häufig!
41. *Lima Hoperi* Mant., Gein. Elbth. II. p. 40.
42. *Lima cf. granulata* Desh., Reuss, böhm. Kr. Taf. 38. fig. 21.
43. *Plicatula nodosa* Duj., Gein., Elbth. II. p. 32.
44. *Anomia semiglobosa* Gein., Quad. Deutschl. p. 206.

E. Brachiopoden.

45. *Magas Geinitzi* Schloenb., Gein., Elbth. I. p. 158. — Sehr selten.
46. *Terebratulina striatula* Mant. sp., Gein. Elbth. II. p. 24. — Sehr selten.
47. *Rhynchonella plicatilis* Sow. sp., Gein. Elbth. II. p. 26. — Sehr selten.

F. Seeigel.

48. *Hemiaster sublacunosus* Gein., Elbth. II. p. 14.
49. *Hemiaster Regulusanus* d'Orb., Gein., Elbth. II. p. 15.
50. *Holaster planus* Mant., Gein., Elbth. II. p. 9.
51. *Micraster cor testudinarium* Goldf. sp., Gein. Elbth. II. p. 11. — Selten.

G. Korallen.

52. *Parasmilia centralis* Mant. sp., Gein., Elbth. II. p. 4.
53. *? Cyclobacia Fromenteli* Bölsche, Gein., Elbth. II. p. 6.

H. Foraminiferen.

54. *Cristellaria rotulata* Lam., Gein., Elbth. II. p. 104.

Malulau & Waldschmidt. Frankfurt a. M.

Cephalopoda (Nachtrag.)

Aptychus H. v. Meyer II. p. 192.

A. ? modiolaeformis Gein. — II. Taf. 37. Fig. 30.

Die halb-eiförmige Schale gleicht bei ihrer langgezogenen Form mit einem diagonalen Kiel, der unter einer schwachen Biegung von dem einen stumpfen Ende bis an das zu einer Ecke ausgezogene andere Ende reicht mehr einer *Modiola* als einem *Aptychus*, doch kommen ähnliche Formen auch bei *Aptychus* vor, wie man durch Vergleichung der Abbildungen von *Aptychus*-Arten bei Scharpe*) erkennt. Für die Zugehörigkeit zu *Aptychus* spricht das Vorhandensein einer Längsfalt dicht an dem schwach gewölbten Rand, welche dem Schlossrande einer *Modiola* entsprechen würde und an welcher die Anwachsstreifen auslaufen; für die Zugehörigkeit zu *Modiola* aber oder einer ähnlichen Gattung spricht die Form und Biegung der Schale.

Vorkommen: Bisher nur einmal in Strehlen gefunden.

Crioceras an Helicoceras d'Orb. — II. p. 197. Taf. 37. Fig. 1.

Als *Hamites* an *Helicoceras* sp. wurde p. 197 eine dem Baculitenmergel von Zatzschke entnommene Art angezeigt, welche jetzt in einem besseren Exemplare vorliegt, das dem Museum der geologischen Landesanstalt in Leipzig gehört.

Dasselbe ist fast in einer Ebene ohrartig gekrümmt und kann daher ebenso gut an *Crioceras* als an *Helicoceras* angeschlossen werden. Der Querschnitt ist breit oval, an dem äusseren Umfange flach gerundet, an der inneren Seite schmäler. Die Oberfläche wird von schmalen, wenig-schiefen Querrippen bedeckt, welche durch gleichbreite concave Zwischenräume geschieden sind. Diese Rippen treten auf der äusseren oder Rückenseite am stärksten hervor, ohne sich zu Knoten zu erheben, und werden nach der Bauchseite hin schwächer. Hier und da ist das Gehäuse, wohl nur in Folge des kränkelnden Zustandes des Thieres, unregelmässig angeschwollen.

Am nächsten verwandt damit scheint *Hamites verus* Fritsch und Schlönbach*) zu sein, der in gleichalterigen Schichten Böhmens vorkommt, doch wird man unser Fossil nicht gerade als einen typischen Hamiten im engeren Sinne auffassen können.

---

*) Description of the Fossil Remains of Mollusca found in the Chalk of England, III. London 1856. p. 57. Pl. 24.
*) Cephalopoden d. böhm. Kreidef. p. 45. Taf. 13. fig. 13. 18. 26.

V. Classe. Vermes. Würmer.

Ordn. Annulata.

Serpula L.

1. S. socialis Goldf. (*S. filiformis* Sow.) — II. Taf. 37. Fig. 2.

1811. A Vermiculite iu the sandstone of Devonshire, Parkinson, Organic Remains, III. Pl. 7. fig. 2.
1833. *Serp. socialis* Goldfuss, Petr. Germ. I. p. 235. Taf. 69. fig 12.
1837. *S. filiformis* Sowerby in Fitton, Observations in some of the strata between the Chalk and Oxford Oolite p. 340. Pl. 16. fig. 2.
1841. *S. filosa* (Dujardin) A. Römer, Norddeutsche Kreideg. p. 99.
1842. *S. filiformis* Gein., Char. III. p. 65.
1845. Desgl. Reuss, Böhm. Kreidef. I. p. 20 (excl. *S. plexus* Sow.), Taf. 5. fig. 26.
1846. Desgl. Gein., Grundr. d. Verst. p. 253. Taf. 16. fig. 25.
1847. *S. socialis* Jos. Müller, Mon. d. Petref. d. Aachener Kreidef. I. p. 12.
1849. Desgl. Gein., Quad. Deutschl. p. 106.
1868. *S. filiformis* Gümbel, Geogn. Beschr. d. Kön. Bayern, II. p. 752.
1872—1873. *S. filiformis* Stolizka, Pal. Ind. Cret. Fauna, Vol. IV. p. 63. Pl. 29 (Corals Pl. 12), fig. 6.

Die langen, dünnen, fadenförmigen, kaum 0,5 Mm. starken Röhren sind walzenförmig und glatt, meist in grosser Anzahl mit einander bündelförmig verwachsen und umschlingen sich mannichfach unter einander.

Vorkommen: Wir haben in dieser Art wiederum ein Beispiel der langen Lebensdauer. Goldfuss führt sie schon aus dem Uebergangskalke der Eifel an, was uns nicht sicher verbürgt scheint; unzweifelhaft nach ihm ist ihr Vorkommen in dem eisenschüssigen Unter-Oolith Bayerns und Schwabens, sowie in der Walkerde von Navenne und Vesul und in dem oberen cretacischen Grünsande von Regensburg. Mit den Abbildungen dieser Art bei Goldfuss stimmen Exemplare der *S. filiformis* aus dem Grünsande von Blackdown bei Parkinson und Sowerby genau überein, ebenso Exemplare aus dem mittleren Hils oder Neokom von Achim bei Wolfenbüttel, gesammelt von U. Schlönbach, und aus dem Hilsconglomerat von Osterwald, aus der Jugler'schen Sammlung, ferner jene der *S. filosa* Duj. aus cenomanen Schichten von le Havre, die wir Prof. Hébert verdanken, und aus dem unteren Quader von Tyssa in Böhmen in dem Dresdener Museum, aber auch jene aus den Quadratenschichten des Salzberges bei Quedlinburg, von Kreibitz in Böhmen, Lückendorf in der Oberlausitz und Kieslingswalda, welche demselben Horizonte angehören, stimmen ebenso damit überein, wie die in den Kreidemergeln von Ilseburg im Harze, Vaclsbrug u. s. w. gefundenen Exemplare.

2. S. gordialis Schl. — I. p. 282. Taf. 63. Fig. 2. 3; II. Taf. 37. Fig. 3. 4.

3. S. ampullacea Sow. — I. p. 284. Taf. 63. Fig. 10—12; II. Taf. 37. Fig. 6—9.

4. S. pustulosa Gein. — II. Taf. 37. Fig. 5.

1842. Gein., Char. III. p. 65. Taf. 22. fig. 5.
1845. Reuss, Böhm. Kreidef. I. p. 19. Taf. 5. fig. 25.
1849. Gein., Quad. Deutschl. p. 102.

Die hakenförmig-gebogene Röhre, welche auf fremden Körpern aufliegt, ist längs ihrer Mitte mit einem linienförmigen, etwas gekräuselten Kiele versehen, an ihren gewölbten Seiten mit herablaufenden Höckern besetzt, in welche sich kleine Vertiefungen einsenken. Aehnliche Höcker nimmt man auch hier und da auf dem Kiele wahr. An dem einzigen uns noch vorliegenden Exemplare von Strehlen ist der Querschnitt der Röhre dreiseitig und die Mündung rundlich (Fig. 5. b).

Vorkommen: Im Plänerkalke von Strehlen auf *Inoceramus Brongniarti* aufgewachsen, und in dem Plänerkalke von Hundorf zwischen Teplitz und Bilin in Böhmen.

5. S. macropus Sow. — II. Taf. 37. Fig. 10—12.

1828. Sowerby, Mineral Conchology, Pl. 597. fig. 6.
1833. *S. triangularis* Münster, Goldfuss, Petr. Germ. I. p. 236. Taf. 70. fig. 4.
1837. *S. macropus* Agassiz in Sowerby's Min. Couch. Grossbrit. p. 628.
1849. *S. triangularis* Gein., Quad. Deutschl. p. 102 z. Th.
1873. *S. triangularis* v. Lagusen, Verstein. d. weissen Kreide im Gouv. Simbirsk (Jubiläums-Schrift d. K. Bergcorps-Inst. in St. Petersburg, p. 269. Taf. 6. fig. 12.

Eine dreieckige Röhre von schlangenartiger Biegung, die mit einem breiten Saume aufgewachsen und ihrer ganzen Länge nach mit einem scharfen, etwas gekräuselten Rückenkiele versehen ist, von welchem die schwach gewölbten Seiten durch eine schwache Furche geschieden sind. Sie bildet hier und da ringförmige Verdickungen, wie *S. cincta, S. ampullacea* u. a. Arten. Anwachsstreifen meist sehr deutlich.

Von *S. ampullacea* ist sie stets durch das haken- oder schlangenförmige hintere Ende und durch ihren nie fehlenden Mittelkiel zu unterscheiden.

Die nächste Verwandte der *S. macropus* ist *S. Trachinus* Goldf., deren vorderer Theil jedoch nicht gekielt ist, während die stärkere Streifung und die breitere Anhaftefläche der *S. macropus* andere Unterscheidungsmerkmale darbieten. Die Identität von *S. triangularis* mit *S. macropus* wird durch die Abbildungen verbürgt. Unsere Strehlener Exemplare unterscheiden sich von beiden nur durch ihre unregelmässigen wulstförmigen Querringe.

Vorkommen: Bis 5 Cm. lang nicht selten in dem Plänerkalke von Strehlen und Weinböhla, auf *Siphonia* in dem senonen Grünsande des Sudmerberges bei Goslar; nach Goldfuss in dem Kreidemergel von Rinkerode bei Münster; nach Sowerby häufig in der Kreide von Norwich.

6. S. granulata Sow. — II. Taf. 37. Fig. 13.

1828. Sowerby, Min. Conch. Pl. 597. fig. 7. 8.
1833. *S. crenalo-striata* Goldfuss, Petr. Germ. I. p. 230. Taf. 71. fig. 2.
1837. Agassiz, in Sowerby's Min. Conch. p. 629.
1841. A. Römer, Norddeutsche Kreidegeb. p. 102.
1845. Reuss, Böhm. Kreidef. I. p. 20. Taf. 13. fig. 96.
1849. Geinitz, Quad. Deutschl. p. 108.

Die kleine, scheibenförmig gewundene Röhre ist mit den ersten Umgängen aufgewachsen. Ihre gerundete Oberfläche ist dicht besetzt mit gekörnten Längslinien. Mündung aufgerichtet und rundlich.

Vorkommen: Selten im Plänerkalke von Strehlen, und nach Reuss im oberen Plänerkalke am Sauerbrunnenberge bei Bilin. Nach Goldfuss in dem senonen Kreidemergel des Baumberges bei Münster und nach A. Römer bei Gehrden, sowie in der oberen Kreide von Rügen und in England.

7. S. umbilicata v. Hag.

1840. v. Hagenow im n. Jahrb. p. 666.
1846. Gein., Grundr. p. 251. Taf. 16. fig. 24.
1849. Gein., Quad. Deutschl. p. 106.

Ihre kleine Röhre besteht aus 4—5 gewölbten, scheibenförmig aufgerollten und mit einander verwachsenen Umgängen, die mit einem Saume auf fremden Körpern aufgewachsen sind und an ihrer oberen Seite einen tiefen Nabel bilden. Oberfläche glatt, Mündung rundlich. Wie an Rügener Exemplaren, die auf *Belemnites mucronatus* aufgewachsen sind, zieht sich auch an Exemplaren von Strehlen eine schmale Furche längs des Umfanges der letzten Windung hin, an welcher der obere Theil der Schale leicht abtrennbar ist. Die ganze Schale erreicht kaum 1 Cm. Durchmesser.

Vorkommen: Auf *Inoceramus*, *Spondylus* und *Terebratula* sitzend im Plänerkalke von Strehlen, auf Siphonien im senonen Grünsande des Sudmerberges bei Goslar, auf Belemniten in der oberen Kreide von Rügen.

VI. Classe. Crustacea. Krebse.

I. Ordn. Cirripedia. Rankenfüsser.

Familie: *Lepadidae.*

Scalpellum Leach, 1817. [1])

1. Sc. angustatum Gein. — II. Taf. 37. Fig. 14—20.

1843. *Pollicipes angustatus* Gein., Char. Nachtr. p. 7. Taf. 4. fig. 10, und *P. maximus* Gein. eb. p. 7. Taf. 5. fig. 14 (scutum).
1848—1849. Desgl. Gein., Quad. Deutschl. p. 100.
1851. *Scapellum angustatum* Darwin, a. a. O. p. 80.

Die Carina oder das Kielstück Fig. 14—16, ist schmal und langgestreckt, regelmässig nach innen gebogen und an seiner Basis unter einem Winkel von etwa 55 Grad zugespitzt. Seine flachgewölbte nur undeutlich gekielte Dachfläche oder Tectum wird jederseits von einer Längsrippe an den steil abfallenden Seitenwänden geschieden, in deren Mitte noch eine Längsrippe hervortritt (Fig. 16).

Die Dachfläche ist mit scharfen spitzwinkeligen Anwachsstreifen bedeckt, während noch einige mehr oder minder deutliche Längsfurchen darauf angedeutet sind.

Das Tergum oder die obere Hinterschale, welche dieser Art entsprechen dürfte, Fig. 17 u. 18, hat eine lanzettförmige Gestalt und wird von einem flachen, diagonalen, schwach gebogenen Wulste durchzogen,

---

[1]) Vergl. Ch. Darwin, A Monograph of the Fossil Lepadidae, or Pedunculated Cirripedes of Great Britain (Palaeontographical Society, London, 1851). — Die von Darwin eingeführten Bezeichnungen für die einzelnen Schalen sind auch für unsere Beschreibungen maassgebend gewesen.

der sich nach unten hin erweitert und verflacht. Ihre ganze Oberfläche ist mit scharfen Anwachslinien bedeckt, welche dem unteren Rande (Scutal- und Carinal-Rande) parallel laufen.

Die Fig. 19 u. 20 abgebildeten Scuta, oder unteren Hinterschalen, entsprechen durch ihre längliche, nach ihrem oberen oder Tergal-Rande zugespitzte Form und das dachförmige Abfallen von einer diagonalen Kante nach dem Seitenrande hin anderen von Darwin zu *Scalpellum* gestellten Arten so nahe, dass man nicht zweifeln kann, dass auch sie zu *Sc. angustatum*, der einzigen bisher in dem Kalke von Strehlen gefundenen Art dieser Gattung, gehören. Charakteristisch dafür scheint zu sein, dass der fast gerade oder nur wenig gebogene Schliessrand (occludent margin) fast rechtwinkelig an den unteren (Basalrand) anstösst, welcher gerade abgeschnitten ist, und dass sich der obere und seitliche Rand (tergal und lateral margin) mit einer stumpfwinkeligen Rundung verbinden. Diese Scuta unterscheiden sich von den zu *Pollicipes glaber* gehörenden durch den Mangel einer zweiten divergirenden Längskante und durch ihre fast wulstförmigen Anwachslinien.

Vorkommen: Selten im Pläuerkalke von Strehlen. Unsere frühere Angabe des Vorkommens dieser Art in dem cenomanen Grünsande von Essen bezieht sich auf eine sehr nahe verwandte Art, die sich durch etwas kürzere Form und einen weit deutlicher ausgebildeten Mittelkiel auf der Dachfläche der Carina unterscheidet.

Pollicipes Leach, 1817. [1])

1. P. glaber A. Römer. — II. Taf. 37. Fig. 21—27.

1840.   Belemniten-Schnabel? Gein., Char. II. p. 43. Taf. 14. fig. 9.
1841.   *Poll. glaber* A. Römer, Norddeutsche Kreidegeb. p. 104. Taf. 16. fig. 11.
1845—1846.   *P. glaber* Reuss, Böhm. Kreidef. l. p. 17. Taf. 5. fig. 45—49; Taf. 13. fig. 86. fig. 91.
1848—1849.   *P. laevis, P. glaber* und *P. radiatus* Gein., Quad. Deutschl. p. 100, z. Th.
1850.   *Xiphidium maximum* J. Sowerby in Dixon, Geol. of Sussex, p. 353. Taf. 28. fig. 6—8.
1851.   *P. glaber* Darwin, Foss. Lepadidae, p. 61, 80. Taf. III. fig. 10.

Die Carina oder das Kielstück (Fig. 21) ist halb pyramidal, gerade oder nur wenig gebogen und erreicht 17 Mm. Länge und an seiner Basis 8 Mm. Breite. Die Basis begrenzt die durch eine Mittelkante regelmässig getheilte Dachfläche unter einem Winkel von etwa 105 Grad. Die meist glatte Oberfläche lässt entweder nur schwache Anwachsstreifen erkennen oder hier und da feine ausstrahlende Linien, wie bei *Var. radialis* (Fig. 22), welche Abänderung auch eine entgegengesetzte Biegung der Carina zeigt und eine andere Basis. Obere Hinterschalen, oder Terga, welche hierzu gehören, sind lanzettförmig-rhomboidal gestaltet, zeichnen sich durch eine schwachgebogene diagonale Kante und eine flache Furche in der Nähe des Schliessrandes aus (Fig. 23—25), wodurch sich der letztere fast faltenartig erhebt. In dieser Beziehung nähern sich die Strehlener Exemplare mehr den von Darwin l. c. Tab. 4. fig. 1. c. d. abgebildeten Schalen des *Pollicipes unguis*, als jenen des *P. glaber* auf Taf. 3. fig. 10. e, bei welchen letzteren die diagonale Rippe eine entgegengesetzte Biegung macht.

Das Zusammenvorkommen dieser Schale mit der Carina des *P. glaber*, während eine Carina des *P. unguis*, einer Gault-Species, hier noch nicht gefunden worden ist, spricht für die Zusammengehörigkeit mit *P. glaber*.

---

[1]) Vergl. Ch. Darwin, A Monograph of the Fossil Lepadidae, 1851.

Scuta oder untere hintere Schalen von *P. glaber*, Fig. 26 u. 27, stimmen im Wesentlichen sehr genau mit der Abbildung von Darwin, Taf. 3. fig. 10. b. c. d. überein. Dieselben sind halbpyramidal und von zwei divergirenden Kanten durchzogen, welche den stärker gewölbten Theil der Schale einschliessen und deren eine bis an die Ecke zwischen dem gebogenen Seitenrande und dem geradlinigen Basalrande läuft, während die zweite etwas hinter der Mitte des letzteren endet. Der nur wenig gebogene Schliessrand (occludent margin) des Scutum, oder der rechte Rand in unseren Figuren 26 und 27 grenzt an den Basalrand fast rechtwinkelig an. Die fast glatte Oberfläche lässt zuweilen auch schwache ausstrahlende Linien erkennen, was schon Darwin hervorgehoben hat.

Vorkommen: Vereinzelte Schalen im Plänerkalke von Strehlen und Weinböhla; nach Reuss im unteren Pläner der Schillinge bei Bilin und bei Weisskirchlitz und im Plänermergel von Luschitz und Kystra, nach A. Römer im Pläner von Sarstedt bei Hildesheim und im unteren Kreidemergel des Lindener Berges bei Hannover, nach Darwin in der unteren Kreide von Stoke Ferry, Norfolk, in der oberen Kreide von Northfleet und Gravesend, Kent, bei Maestricht u. s. w.

2. **P. conicus** Reuss. — II. Taf. 37. Fig. 28. 29. 29 a.

1845. Reuss, Böhm. Kreidef. I. p. 17. Taf. 5. fig. 48.
?   *P. Bronni* Reuss, ib. I. p. 16. z. Th. Taf. 5. fig. 41. (nicht Römer.)
1848—49. Geinitz, Quad. Deutschl. p. 102.

Das Kielstück oder die Carina (Fig. 28) bildet einen langgestreckten Halbkegel, der bei 14 Mm. Länge an seiner Basis nur ca. 3 Mm. breit ist, ziemlich regelmässig gewölbt und sehr undeutlich gekielt erscheint. Basis fast geradlinig. Die glatte Oberfläche lässt nur sehr feine Anwachsstreifen erkennen. Zu dieser Art gehört sehr wahrscheinlich das Fig. 29 abgebildete Scutum, das mit dem Scutum von *Poll. acuminatus* Darwin[1]) manche Aehnlichkeit zeigt, ohne damit identisch zu sein. Diese flach gewölbte glatte Schale bildet ein langgestrecktes ungleichseitiges Dreieck, dessen Spitze ein wenig nach dem Tergum hin gebogen ist. Der längere, auf der linken Seite der Abbildung befindliche Schliessrand ist gebogen und stösst mit einer gerundeten Ecke an den schief abgeschnittenen Basalrand an, welcher letztere mit dem fast geradlinigen Tergo-lateral-Rand einen stumpfen Winkel bildet. Der ganze Schliessrand ist durch eine mit ihm parallel laufende Furche wulstförmig. Das Innere der Schale zeigt Fig. 29a.

Vorkommen: Selten im Plänerkalke von Strehlen und an dem Sauerbrunnenberge bei Bilin in Böhmen.

II. Ordn. Aspidostraca, Entomostraca, Schildkrebse.

Fam. *Ostracoda, Muschelkrebse.*

(S. II. 4. p. 138—154.)

---

[1]) *Foss. Cirripedia.* p. 56. Tab. 3. fig. 6.

III. Ordn. Thoracostraca, Schalenkrebse.

Fam. *Decapoda, Zehnfüsser.* *Macrura, Langschwänze.*

Enoploclytia M'Coy, 1849.

1. E. Leachi Mantell sp. — II. Taf. 37. Fig. 31. 32.

1822. *Astacus Leachii* Mantell, Geol. of Sussex. p. 221. Tab. 29. fig. 1. 4. 5; Tab. 30. fig. 1. 2; Tab. 31.
1839. Desgl. Gein., Char. I. p. 14. 39. Taf. 7. fig. 4; Taf. 9. fig. 1.
1841. *Glyphea ? Leachii* Ad. Römer, Nordd. Kreideg., p. 105.
1845—46. *Klytia Leachii* Reuss, Böhm. Kreidef., I. p. 14. Taf. 6. fig. 1—6; II. p. 103. 118. 121. Taf. 42. fig. 3.
1846. Desgl. Gein., Grundr., p. 206.
1849. Desgl. Gein., Quad. Deutschl., p. 96.
1850. *Palaeastacus macrodactylus* Bell, in Dixon, Geol. a. Foss. of Sussex, p. 345. Tab. 38*. fig. 6.
1851—52. *Enoploclytia Leachi* Bronn, Leth. geogn. 3. Aufl. V. p. 352.
1853. *Clytia Leachi* Reuss, Denkschr. d. k. Ak. d. Wiss. VI. Bd. Wien, mit 5 Tafeln Abbild.
1863. *Klytia Leachi* Gein., im Jahrb. f. Min., p. 758. Taf. 8. fig. 2.
1868. *Klytia Leachi* Gümbel, Geogn. Beschr. d. Königr. Bayern, II. 1. p. 752.
1869. *Hoploparia sp.* Gosselet, Hallez, Chellonneix u. Ortlob, Géol. et Pal. de la craie de Lezennes, Lille, p. 9. fig. 1—4.

Nach Bronn weicht die Gattung *Enoploclytia* von *Clytia* H. v. Meyer ab durch die Grösse des Körpers, die Depression des gezähnten Schnabels und die rauhe Beschaffenheit der ganzen Oberfläche. Die typische Art dieser Gattung, *E. Leachi* Mant. sp., ist am besten von Reuss monographisch behandelt worden. Unter seinen vorzüglichen Abbildungen sind auch die besseren Exemplare des Dresdener Museums zu finden, welche von Strehlen stammen, weshalb wir von neuen Beschreibungen und Abbildungen derselben absehen. Nur das einzige Körperelement des Thieres, welches Reuss unvollständig gekannt hat, die Schwanzflosse, und ein Fragment des Kopfbrustschildes mit einer Scheere aus dem Mittelpläner von Priessnitz sind hier abgebildet worden.

Das parabolische Mittelstück dieser Schwanzflosse ist mit 5 Längsreihen von Höckern bedeckt, neben welchen hie und da noch einige kleinere Höcker hervortreten. Die keilförmig abgerundeten Seitenflossen sind nur längs ihrer Mittelrippe mit deutlichen Höckern besetzt, während ihre übrige Fläche ungleiche ausstrahlende Längsstreifen trägt, welche zum Theil nur weit schwächere längliche Höcker tragen.

Vorkommen: Selten in dem unterturonen Mittelpläner oder den Schichten mit *Inoceramus labiatus* von Priessnitz an der Elbe, häufiger in dem oberturonen Plänerkalke von Strehlen und Weinböhla, auch in dem oberturonen Quadermergel bei Königsbrunn unweit Königstein; nicht selten in dem Pläner des weissen Berges bei Prag und dem Plänerkalke von Hundorf in Böhmen, nach Gümbel in dem Plänerkalke des Buchleitner Bruches bei Passau, nach Gosselet in Kreideschichten von dem Alter des Plänerkalkes mit *Micraster cor testudinarium* bei Lezennes im Französichen Flandern, in senonen Kreidemergeln von Osterfeld bei Essen und Haldem in Westphalen, sowie in der oberen Kreide von Sussex.

VII. Classe. Pisces, Fische.

I. Ordn. Placoiden, Körnschupper, Knorpelfische.

a. Rochen.

Chimaera L. (*Ischyodon* Egerton, 1843).

1. Ch. Agassizi Buckland. — II. Taf. 39. Fig. 8—10.

1833—43. *Chimaera (Ischyodon) Agassizi* Agassiz, Rech. sur les poiss. foss. III. p. 341. Tab. 40 a. fig. 3—5; 40 c. fig. 14—16.

1848—49. Gein., Quad. Deutschl. p. 96.

Bruchstücke der Unterkiefer dieser zu den Rochen gehörenden Fische kommen als Seltenheiten im Plänerkalke von Strehlen vor.

Tab. 39. Fig. 8 ist die äussere grubige Seite von dem hinteren Theile eines rechten Unterkiefers, dessen unten schief abgeschnittene Fläche die charakteristischen Anwachsstreifen zeigt, welche unter einem sanften Bogen nach vorn fast senkrecht an den Unterrand stossen. Dieser Theil entspricht den Abbildungen von Agassiz (Tab. 40a. fig. 3. 4 und Tab. 40c. fig. 16).

Taf. 39. Fig. 9 ist die innere, dem Rande ziemlich parallel gestreifte, fast glatte Fläche der inneren Seite eines linken Unterkiefers, dessen Zahnrand noch ziemlich gut erhalten ist.

Tab. 39. Fig. 10 gibt eine Ansicht der äusseren Seite eines linken Unterkiefers, an dessen unterem Rande theilweise jene senkrechte Streifung wieder deutlich hervortritt.

Hiernach ist der Unterkiefer dieser Art von seiner Mitte aus nach hinten stärker, nach seinem vorderen, schnabelartig verlängerten Ende nur schwach gebogen. Er ist stark comprimirt, auf seiner unteren Seite nach hinten abgestumpft, in der Mitte schief abgeschnitten und nach vorn verschmälert. Auf dieser Fläche tritt die schon hervorgehobene Streifung hervor.

Vorkommen: Ausser dem Plänerkalke von Strehlen in der Kreide von Maidstone in Kent.

2. Ch. Mantelli Buckland. — II. Taf. 39. Fig. 11. 12.

1833—43. *Chimaera (Psittacodon) Mantellii* Agassiz, Rech. sur les poiss. foss. III. p. 348. Tab. 40a. fig. 1. 2.

1850. *Edaphodon Mantellii* Dixon, Geol. a. Foss. of Sussex, p. 203. Tab. 32. fig. 1. 2; Tab. 34. fig. 6. 7.

Der Unterkiefer ist durch den langen Vorsprung seines Vorderrandes ausgezeichnet, dessen Gestalt Agassiz sehr passend mit der eines Papageischnabels vergleicht. Dicht dahinter erhebt sich einer der schlanken Höcker auf der Kaufläche des Unterkiefers, welchem nach hinten ein zweiter ähnlicher folgt.

Diese nach hinten sich zu einer breiten und hohen Fläche ausdehnenden Unterkiefer haben einen gerundeten und nach hinten zu stark ausgerandeten Unterrand, wie es auch der obere oder Zahnrand bis an den Vorsprung hin ist. Die innere Wand ist gerade abgeschnitten und fast glatt, die äussere Seite dagegen längs seines schnabelartigen Vorsprunges von einer scharfen Kante durchzogen und besitzt auf seiner ganzen Oberfläche ein wellenförmig-grubige Structur, die parallel zu dem Zahnrande läuft.

Vorkommen: Aus dem Plänerkalke von Strehlen liegen mehrere Kiefer vor; ausserdem in der Kreide von Lewes und Worthing in England.

b. Haifische.

Oxyrhina Agassiz, 1843.

1. O. Mantelli Ag. — I. p. 294. II. Taf. 38. Fig. 1- 21.

1822. *Squalus Zygaena* Mantell, Geol. of Sussex, p. 227. Tab. 32. fig. 4. 7. 8. 10. 26. 28.
1833—43. Agassiz, Recherches sur les poissons fossiles, III., p. 280. Tab. 33 fig. 1—9.
1839. *Oxyrhina* — Gein., Char. I. p. 12, Taf. 1. fig. 4.
1841. A. Römer, Norddeutsch. Kreideg., p. 108.
1845. Reuss, Böhm. Kreidef. I. p. 5. Taf. 3. fig. 1—6.
1845—46. Gein., Grundr. d. Verst. p. 173. Taf. 7. fig. 13. 14.
1848—49. Gein., Quad. Deutschl. p. 94.
1850. Dixon, Geol. a. Fossils of Sussex. Taf. 30. fig. 24.
1851—52. Bronn, Leth. geogn. 3. Aufl. V. p. 364. Taf. 331. fig. 20.
1868. Gümbel, Geogn. Beschr. d. Königr. Bayern, II. 1. p. 752.
1870. F. Römer, Geol. v. Oberschlesien, p. 323. Taf. 36. fig. 3—5.

Bekanntlich umfasst *Oxyrhina* Zähne ohne Seitenzähne oder Seitenhöcker, welche übrigens ähnlich den Zähnen der Gattung *Otodus* sind. *Oxyrhina Mantelli* erreicht unter allen Zähnen unseres Quadergebirges die bedeutendste Grösse und es liegen uns Zähne vor, deren emaillirte Krone 4,5 Cm. lang ist.

Im Allgemeinen ist die Form dieser Zähne spitz-dreieckig und es nehmen, wie bei vielen anderen Haifischen, die im vorderen Theile der Kiefer sitzenden mehr gerade gestreckte Formen an (Fig. 1—4), während die nach hinten folgenden Zähne ein schiefes Dreieck bilden, dessen längerer Vorderrand schwach convex und kurzer Hinterrand etwas concav ist. Sie werden nach hinten zu niedriger, breiter und schiefer. Ihr Seitenrand ist scharf und jederseits von einer Furche begrenzt (Fig. 2 c. und 4 b). Die äussere Fläche des Zahns ist sehr flach gewölbt, bis in die Mitte hinauf verflacht und dann bis zu der Spitze hin gekielt (Fig. 1. 2 a. 3. 4 a. etc.); die innere Fläche ist regelmässig und stark gewölbt (Fig. 2 b. 4 b. 5. 6. etc.); beide Flächen sind glatt emaillirt, mit Ausnahme einiger unregelmässiger Falten, die sich zuweilen an der äussern Fläche eine Strecke weit emporziehen (Fig. 3 a, 4 a. 15 etc.). Dicht an der breiten und starken Wurzel pflegt sich die Krone des Zahns stark zu erweitern.

Vorkommen: Nur selten und in jüngeren Exemplaren in dem unteren Pläner von Plauen und am Gamighügel, dagegen sehr häufig in dem Plänerkalke von Strehlen und Weinböhla, wo sie von den Arbeitern »Hechtzungen« genannt werden, auch in dem oberturonen Quadermergel von Kritschwitz bei Cotta. Aehnlich fand Reuss ihre Verbreitung in Böhmen, wo sie in den cenomanen Conglomeratschichten am Borzen bei Bilin und dem unteren Pläner an den Schillingen nur als Seltenheit vorkommen, dagegen gemein sind in dem Plänerkalke von Hundorf und Settenz, sowie in dem unteren Plänerkalke von Kosstitz, sie fehlen auch nicht dem turonen Plänersandsteine von Tržiblitz und Zaluz und dem Grünsandsteine von Laun. Wir treffen diese Art in dem Grünsandsteine von Kelheim in Bayern, in dem oberturonen Pläner von Oppeln in Oberschlesien, im Plänerkalke von Quedlinburg und Goslar im Harz, im oberen Kreidemergel von Aachen, und sehr verbreitet in der unteren und oberen Kreide bei Lewes, Brighton u. a. O. in England an.

2. O. angustidens Reuss. — I. p. 293. Taf. 65. Fig. 1—3; II. Taf. 38. Fig. 22—28.

Auch in dem Plänerkalke von Strehlen.

Otodus Agassiz, 1843.

1. O. appendiculatus Ag. — I. p. 294. Tab. 65. Fig. 6. 7; II. Taf. 38. Fig. 37—54.

1799.   Faujas-Saint-Fond, Histoire nat. de la montagne de Saint-Pierre de Maestricht. p. 110. Pl. 18. fig. 2.
1822.   Mantell, Geol. of Sussex, Pl. 32. fig. 2. 3. 5. 6. 9.
1833—43. Agassiz, Rech. sur les poiss. foss. III. p. 270. Tab. 32. fig. 1—25.
1839.   Squalus cornubicus Gein., Char. I. p. 11. Taf. 1. fig. 3. 5.
1841.   A. Römer, Nordd. Kreideg. p. 107.
1845—46. Ot. appendiculatus Reuss, Böhm. Kreidef. I. p. 5. 99. Taf. 3. fig. 23—31 (nicht fig. 22); II. p. 99.
        Ot. latus Reuss, eb. I. p. 5. Taf. 3. fig. 32. 33; II. p. 99.
1848—49. Gein., Quad. Deutschl. p. 92.
1850.   Dixon, Geol. a. Foss. of Sussex. Tab. 30. fig. 25 und 25a.
1851—52. Bronn, Leth. geogn. 3. Aufl. V. p. 365. Taf. 33¹. fig. 21.
1854 ? Ot. basalis Kiprijanoff, Fischüberreste im Kurskschen Eisensandsteine. V. p. 18. Taf. 3. fig. 1—10.
1856.   Hébert, Etudes sur le terrain crétacé (Mém. de la soc. géol. de France. 2. sér. T. V. et VI.). p. 355.
1868.   Gümbel, Geogn. Beschr. d. Königr. Bayern. II. 1. p. 752.
1870.   F. Römer, Geolog. v. Oberschlesien. p. 329. 348. Taf. 36. fig. 6.

Zähne von mittlerer Grösse mit einem spitz-dreieckigen Hauptzahne und jederseits einem fast recht-winkeligen niedrigen Nebenzahn, auf der äusseren Fläche sehr flach-, auf der inneren stark gewölbt, mit scharfen Seitenrändern und glatt.   Die breite Wurzel auf der inneren Fläche mit einem Querwulste (Fig. 50) und nach unten in zwei gerundete Lappen verlaufend.

Wie bei anderen Haifischen sind auch bei dieser Art die vorderen Zähne die längsten und gerade gestreckten (Fig. 37. 38. 39. 47. 48. 49), die hintersten am niedrigsten, breitesten und schiefsten (Fig. 42—45), so dass sie Reuss alt Ot. latus unterschied, bei welchem die Nebenzähne oft noch sehr wenig entwickelt sind. Lamna acuminata Agassiz (Poiss. foss. III. p. 292. Tab. 37a. fig. 56 u. 57) von Strehlen dürfte auf ver-stümmelte Exemplare des Otodus appendiculatus Ag. zurückzuführen sein.

Vorkommen: Selten im unteren Pläner von Plauen und am Gamighügel, sehr gewöhnlich im Plänerkalke von Strehlen und Weinböhla, auch in dem oberturonen Cottaer Grünsande an der Ziegelei von Gross-Cotta.   Als böhmische Fundorte führt Reuss die cenomanen Conglomerate von Boržen bei Bilin, den unteren Pläner der Schillinge und am Sauerbrunnen von Bilin, den Plänerkalk von Kosstitz und insbesondere von Hundorf an, während sie noch als Seltenheiten in dem untersenonen Plänermergel von Luschitz, Priesen und Postelberg vorkommen.   Sie zeigen sich nach Gümbel schon in den cenomanen Regensburger Schichten bei Kelheim und in den untersenonen Mergeln am Marterberge bei Passau, nach F. Römer in dem Pläner-kalke von Oppeln und dem Kalkmergel von Bladen in Oberschlesien, man begegnet diesen Zähnen in dem Plänerkalke von Quedlinburg, Vienenburg im Harze, bei Bochum in Westphalen, im Grünsande von Essen an der Ruhr, in den untersenonen Ablagerungen am Luisberg bei Aachen und in der oberen Kreide von Maestricht, nach Hébert in der Kreide von Mendon, in dem pisolithischen Kalke von Vertus (Marne), in der oberen Kreide von Ciply und Folx-les-Caves, in der Tuffkreide von Villedien und Trehet, in den chloritischen Kreide von Rouen und La Fauge (Isère), sehr häufig in der englischen Kreide von Kent, Lewes in Sussex und Insel Wight, ferner in der Korallenkreide von Faxe auf Seeland, nach Kiprijanoff in dem eisen-haltigen Sandsteine von Kursk (Ot. basalis Kipr.), und nach Agassiz in der Kreide am Delaware-Canal in Nordamerika.

2. Ot. semiplicatus Münster. — II. Taf. 38. Fig. 55—60.

1833—43. Agassiz, Rech. sur les poiss. foss. III. p. 272. Tab. 36. fig. 32.
? Sphyrna denticulata (Zygaena denticulata Mün.) Agassiz. ib. p. 236. Tab. 26 a. fig. 60 u. 61, von Strehlen.
1845. Reuss, Böhm. Kreidef. I. p. 5. Taf. 3. fig. 20. 21. — Ot. appendiculatus, Taf. 3. fig. 22.
1848—49. Gein., Quad. Deutschl. p. 94.
1850. Ot. appendiculatus Dixon, Geol. of Sussex. Tab. 31. fig. 17.
1868. Gümbel, Geogn. Beschr. d. Königr. Bayern. II. 1. p. 752.
1872—73. Stoliczka, Palaeont. Ind., Cretac. Fauna of South. India. IV. p. 67. Pl. 12. fig. 24.

Grosse und kräftige Zähne, von ähnlicher Gestalt wie die des *Ot. sulcatus* Gein. im unteren Pläner, doch grösser und weniger spitz, beiderseits an der Basis des Hauptzahns und der Nebenzähne mit kurzen Längsfalten bedeckt, die jedoch weniger weit emporlaufen als bei *Ot. sulcatus*, was insbesondere auch für die Nebenzähne gilt; an jungen Exemplaren erscheint die Oberfläche meist ganz glatt (Fig. 59. 60). Die Nebenzähne sind breiter und weniger spitz, als bei *Ot. sulcatus*, und werden nicht selten noch von einem zweiten kleineren Nebenzahn begleitet, während auch der Seitenrand des Hauptzahns sich an seiner Basis wohl auch noch zu mehreren kleinen zahnartigen Höckern erhebt (Fig. 55 a.).

Die flache äussere Fläche des Hauptzahns pflegt längs ihrer Mitte deutlich gekielt zu sein (Fig. 55 a 56), die innere Fläche ist stark gewölbt (Fig. 55 b.). Die Wurzel des Zahns ist gross und kräftig, ihrer ganzen Breite nach an der inneren Seite wulstartig verdickt (Fig. 55 b. 58) und meist in schmälere Fortsätze auslaufend, als bei *Ot. appendiculatus* (Fig. 55 a. und 56).

Sphyrna denticulata von Strehlen scheint der abgebrochene Hauptzahn von *Ot. semiplicatus* zu sein, der eine Zähnelung an dem unteren Theile des Vorderrandes besitzt.

Vorkommen: Selten im Plänerkalke von Strehlen[1]), im unteren Plänerkalke von Kosstitz in Böhmen, von Quedlinburg, nach Gümbel schon in den cenomanen Regensburger Schichten bei Kelheim und nach Stoliczka in der Arrialoor-Gruppe von Kunnanore in Südindien.

Lamna Cuvier, 1817. (Odontaspis Agassiz.)

1. L. raphiodon Ag. — I. p. 295. Taf. 65. Fig. 9—11.

Auch in dem Plänerkalke von Strehlen.

2. L. subulata Ag. — Taf. 38. Fig. 29—36.

1822. *Squalus cornubicus* Mantell, Geol. of Sussex, p. 226. Tab. 32. fig. 1.
1833—43. *Lamna subulata* Agassiz, Rech. sur les poissons foss. III. p. 296. Tab. 37 a., fig. 5. (nicht fig. 6. 7., die zu *Lamna raphiodon* zu gehören scheinen).
1845—46. *Lamna undulata* Reuss, Böhm. Kreidef. I. p. 8. Taf. 3. fig. 46—48 (nicht *L. subulata* Reuss, Taf. 24. fig. 25, welche zu *Otodus appendiculatus* gehört).
Odontaspis raphiodon Reuss, eb. p. 7. z. Th. Taf. 3. fig. 34—36.
1848—49. *Lamna subulata* Gein., Quad. Deutschl. p. 94.
1850. *Otodus appendiculatus* Dixon, Geol. and Foss. of Sussex, Tab. 30. fig. 25 b.
1854. Kiprijanoff, Fischreste im Kursk'schen eisenh. Sandsteine, V. pag. 24. Tab. 3. fig. 39 45.
1856. *Odontaspis raphiodon* E. Fischer in Allg. deutsch. naturw. Zeit. II. p. 142. fig. 51.
1856. Hébert, Ét. sur le terr. crét. (Mém. de la Soc. géol. de France, 2. sér. T. V. et VI. p. 355. Pl. 17. fig. 10

---

[1]) Bei Agassiz ist der Name Strehlen irrthümlich als »Strähla« aufgeführt, was der gewöhnlichen Volkssprache entspricht.

Schlanke, oft pfriemenförmige Zähne, ähnlich wie *L. raphiodon*, womit sie oft verwechselt werden, jederseits mit einem spitzen, mehr oder weniger divergirenden Nebenzahn und einer schmalen Wurzel, deren Aeste meist einen ziemlich spitzen Winkel bilden (Fig. 29. 30. 31). Man findet den Hauptzahn oft an seiner Basis verengt, wie dies schon die Abbildungen von Reuss (Taf. 3. fig. 34—36) andeuten (Taf. 38. Fig. 31 und 32). Die Nebenzähne sind kräftiger und weniger nadelförmig, als bei *L. raphiodon*, mit welcher Art diese Zähne die stark gewölbte innere und die flach gewölbte, längs ihrer Mitte oft gekielte äussere Fläche, sowie auch den scharfen Vorder- und Hinterrand gemein haben. Der wesentliche Unterschied von *L. raphiodon*, deren Länge die Zähne dieser Art nicht erreichen, liegt ausserdem in der viel undeutlicheren Streifung im unteren Theile der inneren Fläche, welche bei vielen Exemplaren sogar gänzlich fehlt. Dagegen zeigen sich ausnahmsweise an der äusseren Fläche des Hauptzahns und der Nebenzähne einige kurze Falten, wie bei *Otodus sulcatus*, ohne deren Länge zu erreichen.

Die Biegung der Zähne ist meistens gering, ähnlich wie bei jüngeren Exemplaren der *Lamna raphiodon* und des *Otodus sulcatus*, doch sind sie zuweilen auch stärker und unregelmässig gebogen (Fig. 30. 31), was zur Aufstellung einer besonderen Art als *L. undulata* Reuss veranlasst hat.

Vorkommen: Nicht selten im Plänerkalke von Streblen und Weinböhla; nach Reuss im unteren Plänerkalke von Kosstitz und dem Plänermergel von Kautz in Böhmen; nach Agassiz in dem Kreidemergel von Quedlinburg, wahrscheinlich aus den untersenonen Schichten des Salzberges bei Quedlinburg; in der oberen Kreide von Maestricht und Meudon bei Paris, von Lewes, Brighton, Steyning in England etc.

Notidanus Cuvier, 1817.

N. microdon Agassiz. — II. Taf. 40. Fig. 1.

1822. *Squalus ?* Mantell, Geol. of Sussex. Tab. 32. fig. 22.
1833—43. Agassiz. Rech. sur les poiss. foss. Vol. III. p. 221. Tab. 27. fig. 1; Tab. 36. fig. 1. 2.
1840. Gein., Char. II. p. 38. Taf. 9. fig. 2.
1841. A. Römer, Nordd. Kreidegeb. p. 107.
1846. Reuss, Böhm. Kreidef. II. p. 98. Taf. 42. fig. 8. 9.
1848—49. Gein., Quad. Deutschl. p. 90.
1850. Dixon, Geol. a. Foss. of Sussex. Tab. 30. fig. 30.

Nur 2 Exemplare von Strehlen von 10 und 12 Mm. Länge liegen vor, mit dem schiefen, spitz-kegelförmigen Hauptzahne und 5—6 hinter demselben folgenden Nebenzähnen, welche an Grösse allmählich abnehmen und gleiche Richtung mit dem Hauptzahn haben. Der letztere ist an dem unteren Theile seiner vorderen Kante sägeförmig gezähnelt.

Vorkommen: Sehr selten im Plänerkalke des Elbthales; nach Reuss in dem unteren Plänerkalke von Weisskirchlitz bei Teplitz, nach Münster bei Quedlinburg, nach Mantell in der oberen Kreide von Lewes und nach Ooster in der oberen Kreide von Opetengraben am Thuner See.

Corax Agassiz, 1843.

C. heterodon Reuss. — II. Taf. 40. Fig. 2—15.

1822. *Squalus galeus* Mantell, Geol. of Sussex. Tab. 32. fig. 12—16.
1833—43. *Galeus pristodontus* Ag. z. Th.; *Corax falcatus* Agassiz, poiss. foss. III. p. 226. Tab. 26. fig. 14; Tab. 26.a. fig. 1—15. *Corax appendiculatus* Ag. ib. p. 227. Tab. 26. fig. 3; Tab. 26.a. fig. 16 -20. *Corax affinis* Mün., Ag. ib. p. 227. Tab. 26. fig. 2; Tab. 26.a. fig. 21—24.
1839. *Galeus pristodontus* u. *G. appendiculatus* Gein. Char. I. p. 11. Taf. 1. fig. 1. 2.
1841. Desgl. A. Römer. nordd. Kreideg. p. 107.

— 211 —

1845—46. Corax heterodon Reuss, Böhm. Kreidef. I. p. 3. Taf. 3. fig. 49 –71.
    Corax obliquus Reuss, eb. p. 4. Taf. 4. fig. 2.
1845 · 46. Corax pristodontus Gein., Grundr. p. 170. z. Th. Taf. 7. fig. 11.
1848—49. Corax heterodon Gein., Quad. Deutschl. p. 90.
    1850. Corax falcatus Dixon, Geol. a. Foss. of Sussex. Pl. 30. fig. 18.
1851—52. Bronn, Leth. geogn. 3. Aufl. V. p. 360. Taf. 33. fig. 20 b.
  · 1853. Kiprijanoff, Fischüberreste im Kursk'schen Sandsteine. IV. p. 10. Tab. 2.
    1868. Gümbel, Geogn. Beschr. d. Königr. Bayern, II. 1. p. 751.

Die Zähne der Gattung *Corax* sind stark comprimirt, aussen fast flach, innen gewölbt und stellen ein breites schiefes Dreieck dar, dessen beide obere Schenkel gleichmässig gezähnelt sind.

In der Kreideformation begegnet man vorzugsweise zwei Arten, welche in der Tuffkreide von Maestricht zusammen gefunden wurden, dem *Corax pristodontus* Ag. und dem *Corax heterodon* Reuss. Aus den Plänern des Elbthales ist nur der letztere bekannt, wenigstens fehlt hier die typische Form des *Corax pristodontus* von Maestricht.[1])

Letztere Art besitzt grössere und meist breitere Zähne, deren beide Schenkel schief, der vordere länger und wölbig bogenförmig, der hintere im Ganzen genommen etwas concav und ohne deutlich geschiedenen Fortsatz über der Wurzel sind.

Die Zähne des *Corax heterodon* erreichen gewöhnlich nur die halbe Grösse von jenen, sie werden bei geringerer Breite höher und spitzer, was namentlich für die vorderen Zähne (Fig. 2 u. 3) gilt, ihr langer Vorderrand steigt gleichmässiger an, während der fast geradlinige Hinterrand an seiner Basis unter einem sehr verschieden einspringenden Winkel in einen, oft zahnartigen Fortsatz ausläuft, was in dem auffallendsten Grade bei *Var. appendiculata* (Fig. 9 u. 14) der Fall ist.

Die Verschiedenheit der hier abgebildeten Zähne lässt sich auf die verschiedene Stellung im Kiefer zurückführen.

Vorkommen: Man begegnet diesen Zähnen, wenn auch seltener, schon in dem unteren Pläner von Plauen und am Gamighügel, sehr gewöhnlich sind sie in dem Plänerkalke von Strehlen und Weinböhla. Ebenso beherbergt sie in grosser Menge der Plänerkalk von Hundorf und Kosstitz in Böhmen und sie kommen noch in dem oberen Quadermergel von Kreibitz vor. In Bayern zeigen sie sich gleichfalls schon in den cenomanen Sandsteinschichten von Kelheim; demselben Horizonte gehört auch ihr Vorkommen an der Steinholzmühle bei Quedlinburg, vielleicht auch ein Theil des eisenhaltigen Sandsteines im Kursk'schen an. sie finden sich häufig in der unteren Kreide von Lewes und Brighton in England und fehlen, wie erwähnt, auch nicht der jüngsten Tuffkreide von Maestricht.

Spinax Cuvier, 1817.

Sp. major Agassiz. — II. Taf. 40. Fig. 36—38.

1833—1843. Agassiz, Rech. sur les poissons foss. III. p. 62. Tab. 10 b. fig. 8—14.
    1843. Gein., Char. Nachtrag p. 5. Taf. 4. fig. 4.
    1846. Reuss, Böhm. Kreidef. II. p. 101. Taf. 21. fig. 65.
    1848. *Acanthias major* Giebel, Fauna der Vorwelt. I. 3. p. 301.
1848—1849. Gein., Quad. Deutschl. p. 90.

    1799. Faujas-Saint-Fond, Hist. nat. de la montagne de Saint-Pierre de Maestricht. Pl. 18. fig. 1. 9.
1833—43. Agassiz, Rech. sur les poissons foss. III. p. 224. Tab. 26. fig. 9 -13.
1851—52. Bronn, Lethaea geognostica, 3 Aufl. V. p. 360. Taf. 23. fig. 20. a.

Der ungegliederte Flossenstachel, welcher vor der ersten Rückenflosse eines Haifisches sass, ist schmal und verläuft sehr regelmässig in eine stumpfe Spitze, wobei er sich deutlich nach hinten krümmt. Von der Seite zusammengedrückt, bildet sein Vorderrand einen gerundeten Kiel, während der breite concave Hinterrand senkrecht abfällt.

Die glatte selbst noch glänzende Oberfläche lässt zarte Anwachsstreifen unterscheiden, welche vom Hinterrande aus schief nach unten laufen, wie es der schiefen Stellung des Stachels entspricht; diese werden hier und da von einigen undeutlichen Längsfurchen durchschnitten, im Allgemeinen aber erscheint die Oberfläche glatt. Unter der abgeriebenen Epidermis tritt eine, zuweilen deutlicher gestreifte knochenartige Textur hervor. Länge bis 4 Cm., Breite an der Basis 7—8 Mm. oder auch breiter.

Vorkommen: Selten in dem Plänerkalk von Strehlen, nach Agassiz in der Kreide von Lewes.

Chagrin von Placoiden. — II. Taf. 39. Fig. 13.

Als Seltenheit kommen in Strehlen auch Theile der äusseren Bedeckung, der chagrinartigen Haut von Placoiden vor, welche aus niedrigen, flachen, meist sechseckigen Knochenplättchen von etwa $2/3 - 3/4$ Mm. Durchmesser bestehen und einen undeutlich gezähnelten Rand besitzen.

Auf welche Gattung man sie zurückführen soll, bleibt zweifelhaft. Agassiz hat ähnliche Körper a. a. O. Vol. III. Tab. 10 b. fig. 6. 7 aus der Kreide von England abgebildet, am meisten stimmen sie jedoch mit den von Dixon, Geol. a. Foss. of Sussex, 1850, Tab. 31. fig. 16 abgebildeten Ueberresten überein.

Acrodus Agassiz, 1838.

1. A. affinis Reuss.

1844. Reuss, Geognostische Skizzen aus Böhmen, II. p. 218. 256.
1845—1846. Reuss. Böhm. Kreidef. I. p. 1. Taf. 2. fig. 3. 4.
1848—1849. Gein., Quad. Deutschl. p. 88.

Der kleine verlängerte Zahn erhebt sich in seiner Mitte zu einem niedrigen Kegel, von dessen Spitze einfache oder mehrfach verzweigte Falten auslaufen. Längs der Mitte des Zahnes zieht sich ein Kiel hin, in welchem die nach der einen Seite herablaufenden geraden Falten entspringen, die sich, wie bei *A. poly-dictyos* Reuss im unteren Pläner, nach dem Rande hin netzförmig verzweigen.

Nahe verwandt ist *Ac. Illingworthi* in Dixon, Geol. a. Foss. of Sussex, 1850, p. 364. Tab. 30. fig. 11. 12; Tab. 32. fig. 9. aus der Kreide von Southeram in England.

Vorkommen: Sehr selten im Plänerkalke von Strehlen; nach Reuss im unteren Plänerkalke von Kosstitz in Böhmen.

Ptychodus Agassiz, 1837.

1. Pt. latissimus Ag. — II. Taf. 40. Fig. 16—22.

1822. Mantell, Geology of Sussex, p. 231. Tab. 32. fig. 19.
1823. v. Schlotheim, Nachtrag zur Petrefactenkunde, Taf 18. fig. 2.
1833—1843. Agassiz, Recherches sur les poissons fossils, III. p. 157. Tab. 25 a; 25 b. fig. 24—26.
1839—1842. *Pt. latissimus* u. *Pt. Schlotheimi* Gein., Char. I. p. 12. Taf. 7. fig. 5; III. p. 68. Taf. 17. fig. 1—5.
1840 1845. Owen, Odontography, II. Tab. 17. fig. 1. 2.
1845. Reuss, Böhm. Kreidef. I. p. 1. Taf. 2. fig. 5—8.
1846. Gein., Grundr. p. 167. Taf. 7. fig. 6.
1851—1852. Bronn, Lethaea geogn. 3 Aufl. V. p. 370. Taf. 33. fig. 19.
1852. Kiprijanoff, Fisch-Ueberreste im kurskschen eisenhalt. Sandsteine, Moskau, p. 3. Taf. 12. fig. 1. 2.
1870. F. Römer, Geologie von Oberschlesien, p. 323. Taf. 36. fig. 7.
1872—1873. Stoliczka, Pal. Ind. Cret. Fauna of Southern India, Vol. IV. p. 66. Pl. 12. fig. 16.

Die grossen viereckigen Zähne sind mässig gewölbt und meist mit 5—8 dicken, scharfkantigen und etwas gebogenen Falten bedeckt, welche jedoch einen ansehnlichen Theil des Randes noch frei lassen. Dieser ist mit rundlichen und länglichen Höckern dicht besetzt, von welchen sich mehrere noch zwischen die Falten einzudrängen suchen. Ihre Grösse nimmt nach dem äusseren Rande hin ab. Der breite Vorderrand ist meist flach-gerundet, der Hinterrand mehr oder minder steil abfallend und eingedrückt.

Auf diesem Unterschiede beruhte die Aufstellung von *Pt. Schlotheimi* mit sanfter abfallendem Hinterrande an älteren Exemplaren, als dies in der Regel bei jüngeren Exemplaren der Fall ist. *Pt. paucisulcatus* bei Dixon ist eine andere Varietät des *Pt. latissimus* mit einer geringen Anzahl von um so dickeren Falten, ähnlich einer hier abgebildeten Form von Strehlen.

Auch jüngere Exemplare dieser Art sind von anderen Arten der Gattung leicht zu unterscheiden durch ihre starken, verhältnissmässig kurzen Falten, durch das Eindringen einzelner Höcker zwischen die Falten, und durch die Beschaffenheit der Seitenfläche, welche sie auf den ersten Blick von *Pt. mammillaris*, mit dem sie zusammen vorkommt, oder *Pt. decurrens* und *polygyrus* trennen lassen.

Vorkommen: In ziemlich grossen und kleineren Exemplaren vereinzelt im Plänerkalke von Strehlen und Weinböhla, nach Reuss bei Hundorf und Settenz in Böhmen, in dem turonen Pläner von Bochum in Westphalen bis 4,25 Cm. lang und 3,75 Cm. breit, bei Gross-Schimnitz und Oppeln in Oberschlesien, in der Kreide von England, in dem eisenhaltigen Sandstein von Kursk und nach Stoliczka in der Arrialoor-gruppe O. von Olapaudy in Südindien.

2. Pt. mammillaris Ag. — I. p. 297. Taf. 64. Fig. 26; II. Taf. 40. Fig. 23—29.

Am häufigsten im Plänerkalke von Strehlen.

3. Pt. articulatus Ag. — II. Taf. 41. Fig. 1. 2.

1822. Dorsal fin, Mantell, Geol. of Suss. p. 231. Tab. 34. fig. 8.
1833—1843. Agassiz, Poiss. foss. III. p. 58. Tab. 10a. fig. 5. 6.
1839. Gein., Char. I. p. 12. Taf. 1. fig. 6.
1848—1849. Gein., Quad. Deutschl. p. 90.

Der schon früher von mir abgebildete Flossenstachel besteht aus 10 in einer Ebene liegenden und dicht mit einander parallel verwachsenen rippenartigen Stücken von ungleicher Breite zwischen 3—7 Mm., welche flach gewölbt und im Querschnitte elliptisch sind. Ihre Oberfläche ist durch feine unterbrochene. Längsfurchen ausgezeichnet, unter denselben treten die für die Art charakteristischen schiefen Wellenlinien (Fig. 2a. A.) hervor, welche durch Articulation der knochigen Fasern entstehen. Beide einander sich deckende Exemplare dieser Flossenstachel sind an ihrem unteren Theile durch eine zufällige Biegung aus ihrer ursprünglichen Lage gebracht.

Vorkommen: Selten im Plänerkalke von Strehlen und in der oberen Kreide von Lewes.

Flossenstachel. — II. Taf. 41. Fig. 4 a. b.

Das 3 Cm. lange und nahe 5 Mm. starke Fragment ist linealisch verlängert, auf der einen Seite zugeschärft, auf der anderen gerundet, und besteht aus innig mit einander verbundenen parallelen Knochenfasern von 0,33 Mm. Stärke, welche in walzenförmige Glieder von 1,5—2 Mm. Länge zerlegt sind, deren schwach erhöhte Gelenkflächen schiefe Treppenlinien bilden, ähnlich wie bei *Ptychodus articulatus*. Diese Structur verschwindet nach beiden Seiten hin, wo der Körper fast glatt erscheint. Ohne diese Gliederung gleicht derselbe am meisten der Abbildung des *Coelorhynchus cretaceus* Dixon, Geol. a. Foss. of Sussex, 1850, Pl. 32. fig. 10, wovon jedoch keine Beschreibung vorliegt.

Vorkommen: Im Plänerkalke von Strehlen.

Fischwirbel.

Anknüpfend an die Beschreibung der Fischwirbel aus der unteren Abtheilung unseres Quadergebirges (I. S. 299) folgen zunächst hier Mittheilungen über die Knorpelwirbel mit Kreiswänden, wie sie Kiprijanoff [1] bezeichnet.

I. *Wirbel von Placoiden oder Knorpelfischen.*

1. Knorpel-Wirbel mit concentrischen mit kreisförmigen Wänden. — Taf. 39. Fig. 1—4.

1826—1833. *Coeloptychium acaule* Goldfuss, Petr. Germ. I. p. 220. Taf. 65. fig. 12.
1842. *Patella Reussi* Gein. Char. III. p. 75. Taf. 18. fig. 23.
1845. Wirbel von *Lamna*. Gein.. Grundr. der Verstein. p. 178. Taf. 7. fig. 18.
1845. Reuss, Böhm. Kreidef. I. p. 8.
1848—1849. Placoiden-Wirbel, Gein., Quad. Deutschl. p. 96.
1851—1852. Hai-Wirbel, Bronn, Leth. geogn. 3. Aufl. Bd. V. p. 362. Taf. 27. fig. 24.
1859—1860. Knorpelwirbel mit Kreiswänden, Kiprijanoff a. a. O. p. 2. Tab. 1. fig. 1. 2. Fortsetzung, p. 52, welche der Familie *Squatinae* zugeschrieben werden (vgl. p. 6. u. 7.).

Viele in dem Plänerkalke von Strehlen und Weinböhla vorkommende Haifischwirbel stimmen in Grösse und Structur ganz mit den von Kiprijanoff aus dem kurskischen eisenhaltigen Sandsteine beschriebenen genau überein, wovon sich dieser sorgfältige Beobachter in dem Dresdener Museum selbst überzeugt hat. Solche Wirbel mit Kreiswänden sind cylindrisch und bestehen, wie andere Haifischwirbel aus zwei conischen oder trichterförmigen Seitenwänden von Knorpelmasse, zwischen denen sich die Kreiswände ziehen, die sich aber nicht bis zu der inneren Fläche der Kegel erstrecken, sondern durch die Strahlenrippen zurückgehalten werden. Sie zeigen nach Kiprijanoff im Querschnitte der mittleren Fläche concentrische Ringe, die bisweilen hohl sind, bisweilen aber mit der, den Wirbel selbst versteinernden Masse angefüllt, und mit den ununterbrochenen Knorpelwänden abwechseln, welche sich durch die ganze Höhe des Wirbels ziehen und zwischen denen man am Centrum feine, aber nicht fortlaufende Knorpelfäden bemerkt, die die Strahlenlinie verfolgen. Die Dicke der Kreiswände wie der Strahlenrippen, deren letztere nur an der inneren Oberfläche der Kegelflächen deutlich hervortreten, ist nicht gleichförmig und vermindert sich nicht regelmässig. Dabei ist die Dicke der Kreiswände an den Kegelflächen selbst bedeutender als in der Mitte des Wirbelkörpers.

Wenn man die nur concentrisch gestreifte Oberfläche *d* (II. Taf. 39. fig. 1 nach Kiprijanoff) der trichterförmigen Seite des Wirbels polirt, sieht man die Strahlenrippen auf der Fläche *e*; bei weiter fortgesetztem Poliren zeigen sich, unterhalb der Strahlenrippen, die Kreiswände der Fläche *f*; verfolgt man das Poliren auch dann noch, so erhält man die Strahlenrippen nebst den Kreiswänden in einer Ebene, und reibt man endlich den Wirbelkörper so viel ab, dass von den Strahlenrippen keine Spur mehr nachbleibt, so sieht man nur noch die Kreiswände der Fläche *h*.

----

[1] Val. Kiprijanoff. Bull. de la Soc. imp. des naturalistes de Moscou, 1859, sechster Aufsatz. 12 S. u. Taf. I. II. Fortsetzung im Bull. 1860. 170. S. Taf. 9—12.

An Exemplaren von Strehlen löst sich die obere Schicht der Wirbel als ein patellenartiger Deckel leicht ab (*Patella Reussi* Gein.) und verbleibt der übrige concentrisch und strahlig gestreifte mittlere Theil des Wirbels als damenbretsteinartiger Körper zurück.

Vorkommen: Bis 6 Cm. hoch und ca. 2 Cm. lang in dem Plänerkalke von Strehlen und Weinböhla und in dem Plänerkalke von Hundorf in Böhmen, Oppeln in Oberschlesien, Quedlinburg u. a. Gegenden; nach Goldfuss in der oberen Kreide bei Nienberge unweit Münster und bei Maestricht, nach Kiprijanoff in dem eisenhaltigen Sandstein von Kursk sowie in der Kreide von England.

2. **Wirbel mit Strahlenwänden.** I. Taf. 65. Fig. 34; II. Taf. 39. Fig. 5. 6. 7.

1833—1844. Vertèbres de Squales, Agassiz, Rech. sur les poiss. foss. III. Pl. 40 a. fig. 9—23.
1850. *Ptychodus?* Wirbel, Dixon, Geol. a. Foss. of Sussex, Tab. 31. fig. 8.
1859—1860. Wirbel von *Lamna*, Kiprijanoff, Fischüberreste im kurskischen eisenh. Sandsteine, l. c. p. 8, Fortsetzung. p. 56. Taf. II. fig. 4. 5.

Mit diesen Abbildungen stimmen auch Wirbel von Strehlen überein, die sich von den vorherbeschriebenen schon äusserlich durch die an dem Umfange hervortretenden Längsrippen und elliptischen Zwischenfurchen unterscheiden.

Alle Knorpelwirbel mit Strahlenwänden zeigen nach Kiprijanoff zwischen den dicken, trichterförmigen oder conischen Wänden ziemlich dichte Strahlenwände, die sich durch die ganze Höhe des Wirbels, von der zusammenhängenden mittleren Scheide aus bis zur äussersten Peripherie hinziehen. Manche dieser Strahlenrippen sind auch mit seitlichen, an die Rippen schief anstossenden Stützen versehen, welche als Strahlenstützen bezeichnet werden.

Die Seiten oder Backen der Strahlenrippen sind aber nicht glatt, sondern ihrer ganzen Höhe oder Länge nach mit Unebenheiten bedeckt, ähnlich den Abbrüchen der sich zwischen ihnen hinziehenden schwachen Knorpel, die sich während der Versteinerung nicht erhalten haben. Diese geben auch hier oft zu mehr oder weniger deutlichen concentrischen Linien Veranlassung, die sich jedoch hier nicht, wie bei der vorigen Gruppe, zu förmlichen Kreiswänden ausbilden. Sie treten indess selbst noch an den Taf. 65 abgebildeten Ueberresten aus dem Quadersandsteine hervor, und sind weit deutlicher an den von Kiprijanoff Tab. 1 fig. 3—5 und Taf. II. fig. 2 gegebenen Abbildungen von Strahlenwirbeln aus der Familie der *Alopeciae* hervorgehoben. An ihrer vorderen und hinteren Fläche sind diese Wirbel von den vorigen nicht zu unterscheiden, da ihre Oberfläche wie bei jenen concentrisch gestreift ist. Dagegen finden sich an ihrem Umfange breitere oder schmälere eiförmige oder elliptische Gruben oder Furchen, welche zwischen den bis an den Umfang reichenden Strahlenrippen liegen, die jedoch auf beiden Seiten von dem glatten Rande des Wirbels begrenzt werden. An dem Taf. 39 Fig. 5 abgebildeten kleineren Wirbel, der einen rundlich-vierseitigen Umfang hat, zeigen sich an der unteren Seite des Umfanges drei, an der oberen Seite zwei grosse rundliche Gruben, neben welchen letzteren sich noch eine breitere Vertiefung einsenkt.

An einem andern ähnlich gestalteten Wirbel (Fig. 6), welcher 33 Mm. hoch und nur 7 Mm. dick oder lang ist, treten an der unteren Seite ähnliche breite Gruben hervor, während der ganze Seitenrand nur schmale elliptische Gruben zeigt.

Der ca. 65 Mm. breite, 60 Mm. hohe und gegen 30 Mm. dicke oder lange Wirbel Taf. 39 Fig. 7 lässt an seinem Umfange zwischen den bis 5 Mm. breiten glatten Randflächen nur schmale Längsgruben zwischen den Strahlenrippen und ihren Stützen wahrnehmen.

II. Wirbel von Knochenfischen. — 1. 299. Taf. 65. Fig. 35. 37; 11. Taf. 41. Fig. 21; Taf. 42. Fig. 10; Taf. 43. Fig. 2. 21—32.

Kiprijanoff[1]) theilt die Knochenwirbel in zwei Classen:

1. mit strahligen oder radialen Scheidewänden;

2. Knochenwirbel, deren Körper aus weicher, schwammiger Knochensubstanz, *substantia spongiosa* oder *cellularis*, besteht.

Die erste Classe zerfällt wieder in zwei Abtheilungen, solche mit dünnen strahligen Scheidewänden, welche der Familie der *Salmonidae* oder Lachsforellen mit der Gattung *Osmeroides* Ag. entsprechen, und solche mit dicken oder starken strahligen Scheidewänden, welche auf die Familie der *Scomberidae* oder Makrelen und namentlich die Gattung *Thynnus* Cuv. hinweisen. (Kiprijanoff, Taf. IX. fig. 5—10.)

Die zweite Classe der Knochenwirbel, deren Körper aus schwammiger Knochensubstanz besteht, gleicht durch ihre Form der Abbildung des Wirbels von *Hypsodon Lewesiensis* Ag., wiewohl sie nach Kiprija-noff mehr dem Wirbel von *Saurocephalus* entsprechen mögen (Kiprijanoff, Taf. X. fig. 1. 2.)

Vertreter beider Classen von Knochenwirbeln wurden wiederholt in dem Plänerkalke von Strehlen gefunden.

Unter den zahlreichen mehr oder minder gut erhaltenen Wirbeln von Strehlen verdienen grössere Beachtung:

1. Taf. 43. Fig. 21. Ein kleiner Wirbel von kreisrund-elliptischem Umfang, gegen 10 Mm. breit, 8,5 Mm. hoch und 5 Mm. lang, mit glatten, kegelförmig vertieften Gelenkflächen und an dem schwach ver-tieften Umfange mit einem glatten Rande und ungleich entfernten, schwächeren oder stärkeren Strahlenrippen, die sich nach dem Rande hin verdicken oder theilen. Er nähert sich Kiprijanoff's Abbildung auf Tab. IX. fig. 6, welche dem Wirbel des *Osmeroides Lewesiensis* entspricht.

2. Tab. 43. Fig. 22. Der kleine rundlich-ovale Wirbel ist 10 Mm. breit und fast 9 Mm. hoch und unterscheidet sich von dem vorigen durch eine flache Randfläche, welche die niedrig-kegelförmige Ein-senkung der Gelenkfläche umgibt. Letztere ist, wie bei vorigem, glatt. Der Umfang ist an diesem Exem-plare nicht blossgelegt, zeigt aber an einem andern ähnlichen Wirbel von 9 Mm. Breite, 8 Mm. Höhe und 5 Mm. Länge ähnliche Strahlenrippen wie Kiprijanoff's Abbildung Tab. IX. fig. 5.

Es schliesst sich ein Taf. 43. Fig. 23 abgebildeter Wirbel hier an, in dessen Innerem man noch ausstrahlende Rippen wahrnimmt.

3. Taf. 43. Fig. 24. Mehr als die vorher beschriebenen Wirbel entspricht die Structur an seinem Umfange jener des lebenden Lachs, *Salmo salar* L., auf welchen sich unsere Abbildung Fig. 25 bezieht. Der rundlich-ovale Wirbel ist 18 Mm. breit, gegen 15 Mm. hoch und ca. 9 Mm. lang. Seine kegel-förmig vertiefte Gelenkfläche erscheint glatt, der Umfang ist nach der Mitte hin schwach eingesenkt und zeigt eine unregelmässig-netzförmige Textur, mit grösseren und kleineren, länglichen oder rundlichen Maschen zwischen den anastomosirenden Knochenfasern.

4. Taf. 43. Fig. 26. Der gegen 15 Mm. breite und etwas niedrigere Wirbel zeigt an seinem Umfange ähnliche anastomosirende Knochenfasern, doch herrscht in deren Anordnung die Längenrichtung mehr vor als bei dem vorigen Wirbel. Die davon eingefassten Zwischenräume sind mit kleinen rundlichen Gruben ausgefüllt.

---

[1]) Fischüberreste im Kursk'schen eisenhaltigen Sandsteine. Sechster Aufsatz. Moskau. 1869. p. 55 u. f.

5. Taf. 43. Fig. 27. Ein Wirbel von mittlerer Grösse, mit kreisrundem Umfang, 22 Mm. hoch und breit und gegen 12 Mm. lang, ist auf seiner kegelförmig-vertieften Gelenkfläche concentrisch liniirt und besteht im Innern aus dicht gedrängten, innig verbundenen concentrischen Blätterlagen. Sein Umfang ist am Rande wulstförmig verdickt und lässt mehrere Längsbuchten unterscheiden, welche durch dicke, flachere oder höhere Längswülste geschieden sind. Er nähert sich den von Kiprijanoff Tab. IX. fig. 7—10 abgebildeten Wirbeln aus der Familie der *Scomberoidae*.

6. Taf. 43. Fig. 29. 30. Lang gezogene Wirbel von nahezu gleicher Länge, Höhe und Breite, mit stark vertiefter kegelförmiger Gelenkfläche und an ihrem mehr oder minder eingezogenen Umfange mit entfernt liegenden dicken Längsrippen, die sich nach dem Rande hin erweitern und mit Längsstreifen bedeckt sind, deren Anzahl sich in der Nähe des Randes vermehrt. Es sind Wirbel von *Beryx ornatus* Ag., wie sie Agassiz Poiss. foss. IV. Tab. 14 c. fig. 5. 6 und Tab. 14 d. fig. 4 abbildet.

Taf. 43. Fig. 31 stellt kleine Wirbel mit Stachelfortsätzen dar, welche dem Hinterleibe von *Beryx* angehören mögen, während die sich durch ihre eigenthümlichen Fortsätze auszeichnende Wirbelsäule Taf. 43. Fig. 32 bisher noch einer sicheren Deutung entzogen hat.

7. Taf. 43. Fig. 28. Ein Wirbel ganz eigenthümlicher Art, der nur aus weicher schwammiger Knochensubstanz bestand, mit einer Structur, die an jene von *Amorphospongia* oder andere Seeschwämme erinnert. Dieselbe tritt ausgezeichnet an dem concaven Umfange des Wirbels, sowie auch, wenn auch mit feinerem Gefüge, auf der ganzen, am Rande geebneten oder schwach-gewölbten und nur nach der Mitte hin vertieften Gelenkfläche hervor. Der quer-elliptische, etwas fünfseitige Wirbel ist gegen 25 Mm. breit, 20 Mm. hoch und 6—10 Mm. lang.

— — — — —

II. Ordn. Ganoiden, Glanzschupper, Eckschupper.

Pycnodus Agassiz, 1833.

1. P. cretaceus Ag. — I. p. 300. Taf. 65. Fig. 12—14; II. Taf. 40. Fig. 30—32.

Den schon gegebenen Citaten ist hinzuzufügen:

1870. *W. A. Ooster*, Protozoe helvetica, II. 2. p. 45.

Im unteren und oberen Pläner des Elbthales, sowie nach Ooster in den obersten Kreideschichten von Opetengraben am Nordufer des Thuner Sees mit *Osmeroides Lewesiensis* Ag., *Corax heterodon* Rss., *Notidanus microdon* Ag., *Oxyrhina Mantelli* Ag., *Lamna raphiodon* Ag. etc. zusammen.

2. P. complanatus Ag. — I. p. 301. Taf. 65. Fig. 15—21; II. Taf. 40. Fig. 33.

Der hier nachträglich abgebildete Zahn aus dem Plänerkalke von Strehlen hat eine bohnenförmige Gestalt und gehört wohl der Hauptreihe von Zähnen des Unterkiefers an. Seine fast ebene Kaufläche, von welcher der Zahn an den Seiten steil abfällt, ist glatt, dagegen lässt sich die fasrige Structur seines Innern an der porösen Beschaffenheit des Querschnittes an der Wurzel (Fig. 33 b.) sehr gut erkennen.

Macropoma Agassiz, 1833.

M. Mantelli Ag.

1822. *Amia Lewesiensis* Mantell. Geol. of Sussex. p. 239. Tab. 37. 38.
1833—43. Agassiz, Recherches sur les poissons fossiles. II. 2. p. 174. Tab. 65a.—65d.
1868. Geinitz, Die fossilen Fischschuppen aus dem Plänerkalke in Strehlen. p. 47. Taf. 4. fig. 8. 9.
1871. W. Davies, Alphabet. Catalogue of the Type Specimens of Fossil Fishes in the British Museum. (Geol. Mag. May.)

a. Schuppen. II. Taf. 44. Fig. 1. 2.

Die zu *Macropoma* gezogenen Schuppen zeichnen sich zunächst durch ihre dicke Beschaffenheit aus, zumal die hintere, mit wulstförmigen Höckern bedeckte Fläche von der vorderen, concentrisch liniirten Fläche der Schuppe förmlich wulstförmig ihrer Höhe entlang erhoben ist. Sie endet mit zahlreichen in eine Spitze auslaufenden cylindrischen Wülsten, welche den Hinterrand gezähnt erscheinen lassen, wie bei *Beryx ornatus*. Die etwas weiter zurück in der Nähe des Anheftepunktes liegenden wulstförmigen Erhöhungen, die zum Theil höckerig sind, convergiren meist in der Mitte, wo sie am grössten sind. In der von Agassiz gegebenen Abbildung Tab. 65 b. fig. 3. divergiren sie hier. Andere Unterschiede hiervon liegen bei unseren Schuppen in ihrer grösseren Höhe, die sich zur Breite verhält wie 11 : 7, während jene ohngefähr ebenso breit als lang sind; ferner in dem wellenförmig gebogenen Vorderrande, nach welchem eine grössere Anzahl ungleich breiter, durch tiefere oder seichtere Furchen geschiedene Falten strahlen. Agassiz hat sowohl Vorderrand als Ober- und Unterrand der Schuppe ganzrandig dargestellt.

Vorkommen: Selten im Plänerkalke von Strehlen.

b. Koprolithen. — II. Taf. 40. Fig. 39—45.

1822. *Aments or cones*, Mantell, Geol. of Sussex. p. 103. Tab. 9. fig. 4—11.
1833—43. Agassiz, Recherches sur les poissons fossiles. II. 2. p. 174. Tab. 65a. fig. 3—10.
1836. Agassiz in Buckland's Geologie und Mineralogie, II. Pl. 15. fig. 5—7.
1838. Bronn, Lethaea geogn. II. p. 740. Taf. 34. fig. 8.
1839. Gein., Char. I. p. 13. Taf. 2. fig. 4. 5.
1841. A. Römer, Nordd. Kreideg. p. 108.
1845. Reuss, Böhm. Kreidef. I. p. 11. Taf. 4. fig. 68—76 (nicht 78—80); Taf. 5. fig. 2—4.
1845. Gein., Grundr. p. 151. Taf. 8. fig. 2. 3.
1848—19. Gein., Quad. Deutschl. p. 86.
1850. Dixon, Geol. a. Foss. of Sussex. Tab. 30. fig. 33.
1852. Kiprijanoff, Ueberreste von Fischen im Kursk'schen eisenhaltigen Sandsteine. p. 3. Taf. 10.
1854. Derselbe, Erster Zusatz zur Beschreibung des *Koprolithes Mantellii*, p. 3.
1868. Gümbel, Geogn. Beschr. d. Königr. Bayern, p. 751.

Durch ihre spiralförmig-blätterigen, unregelmässig gefalteten und gefurchten Ueberlagerungen ähneln diese Excremente oft einem Lärchenzapfen, womit man sie so lange verwechselt hat, bis Mantell und Buckland ihre wahre Natur nachwiesen. Sie gleichen einem spiralförmig aufgewundenen Bande und die Furchen und Falten an ihrer Oberfläche rühren vermuthlich von dem Muskeldrucke der Darmwände her.

Wie bekannt, sind diese Koprolithen in der Kreide von Lewes noch in dem Leibe der *Macropoma Mantelli* gefunden worden.

Trotz ihrer sehr mannigfachen Form zeichnen sie sich durch die zahlreichen Windungen der ursprünglich bandförmigen Fläche aus. sowie namentlich dadurch, dass sie in der Nähe ihres hinteren Endes am breitesten sind und sich dann schnell zu einer stumpfen Ecke verengen. Sie verschmälern sich langsam nach vorn und enden stumpf oder gerundet. In unseren Abbildungen ist das hintere Ende dieser Körper nach oben gekehrt. Das Verhältniss ihrer Länge zur Breite ist sehr veränderlich, sie wechselt im Allgemeinen zwischen der Form eines längeren Eies und eines länglichen Tannenzapfens. Die grössten der in Strehlen gefundenen Exemplare haben bei 9 Cm. Länge, 3,5 Cm. grösste Stärke erreicht, in der Regel trifft man sie nur halb so gross oder noch kleiner an. Ihr Bau und ihre Dimensionen sind sehr genau durch Kiprijanoff beschrieben worden, welcher von neuem auch die Frage aufwirft, ob man genöthigt sei, diese Koprolithen gerade auf *Macropoma Mantelli* zurückzuführen, deren andere Ueberreste bisher in dem Kurskschen Sandsteine noch gar nicht gefunden worden sind, und ebenso in dem Pläner unseres Elbthales kaum sicher verbürgt sind, während viele Zähne von *Ptychodus*, wie schon Mantell bemerkt hat, und *Otodus* oder anderen Lamnoiden überall damit häufig zusammen gefunden werden.

In einem grösseren Koprolithen von Plauen, welchen E. Fischer in der Allg. deutsch. Naturh.-Zeitung, 1856, II., p. 139, fig. 22 hervorhebt, wurden von diesem genauen Beobachter zwei Zähne der *Oxyrhina angustidens* eingeschlossen gefunden. Solche fremdartige Einschlüsse gehören indess bei diesen Koprolithen zu den Seltenheiten, in der Regel ist ihre Substanz ziemlich gleichartig erdiger Natur, oft von licht-ockergelber Färbung, wenn nicht gänzlich in Eisenkies, oder aus diesem wieder in Brauneisenocker umgewandelt.[1]

Vorkommen: Nur als Seltenheit im unteren Pläner von Plauen, sehr häufig dagegen im Plänerkalke von Strehlen und Weinböhla und selbst noch in dem Plänermergel zwischen Copitz und Lohmen; nach Reuss im unteren Plänerkalke von Kosstitz, im Plänerkalke von Hundorf, im Baculitenmergel von Priesen in Böhmen; nach Gümbel im Baculitenmergel des Marterberges bei Passau, in dem Kreidemergel von Lewes in Sussex, der weissen Kreide von Kent, dem eisenhaltigen Sande von Kursk etc.

Ganoiden-Schuppen. — II. Taf. 40. Fig. 34. 35.

1. Die in doppelter Grösse gezeichnete rhombische Schuppe Fig. 34 besitzt auf der flachen oberen Fläche ein mit feinen diagonalen Falten verziertes Mittelfeld, das von einem glatten, nur mit feinen Anwachslinien versehenen Rande umgeben wird.

Vorkommen: Selten im Plänerkalke von Weinböhla.

2. Die zweite, Fig. 35 abgebildete Schuppe ist bei rhombischer Form und 4—5 Mm. Grösse beiderseits glatt. Ihre eine Seite ist flach, die andere tafelförmig erhöht und nach ihren Rändern hin flach abgedacht.

Vorkommen: Ebendaher. — Vgl. die von Reuss aus den Kreideschichten in den Ostalpen beschriebenen Schuppen. (Denkschr. d. k. Ak. d. Wiss. in Wien. VII. Bd. 1854. p. 144. Taf. 30. fig. 10—19.)

---

[1] Nach Untersuchung von W. Stein bestand ein Koprolith aus dem Plänerkalke von Strehlen aus:
   1,111 Kieselsäure,
   30,162 kohlensaurem Kalk,
   4,170 kohlensaurer Magnesia,
   3,441 Thonerde,
   54,988 phosphorsaurem Kalk,
   5,335 basisch phosphorsaurer Magnesia und Spuren anderer Substanzen (Gein., Grundr. p. 151).

3. **Hemilampronites** Steinla in litt. — H. Steinlai Gein. — II. Taf. 44. Fig. 3. 4.

1868. Geinitz, Die fossilen Fischschuppen aus dem Plänerkalke in Strehlen (Denkschr. d. Ges. f. Nat. u. Heilkunde in Dresden). p. 48. Taf. 3. fig. 3. 4.

Diese kleinen oblongen und an ihrem freien Hinterrande stumpf gerundeten Schuppen lassen sich ihrer Form und der spiegelglatten Beschaffenheit der hinteren, freiliegenden Oberfläche nach zu den Ganoiden stellen. Ihr fast gerade abgeschnittener bedeckter Vorderrand zeigt Andeutungen für einige Falten, der schwach gerundete Hinterrand ist glatt. Der ganze bedeckte Theil der Schuppe ist mit feinen, aber scharf ausgeprägten, gleich starken Linien verziert, die von dem oberen nach dem unteren Rande fast senkrecht laufen und nur an dem hinteren spiegelglatten Theile der Schuppe plötzlich abbrechen. Ihr Anheftepunkt liegt in der Mitte.

Das eine unserer Exemplare (Fig. 3) ist ziemlich regelmässig gewölbt, das andere (Fig. 4) lässt eine von den Befestigungspunkte nach dem Ober- und Unterrande mit einer Krümmung nach vorn laufende flache Furche wahrnehmen; eine dritte Schuppe dieser Art (No. 577) ist fast halbkreisförmig und flach.

Vorkommen: Selten im Plänerkalke von Strehlen.

4. **Hemicyclus** Gein., 1868.

H. Strehlensis Gein. — II. Taf. 45. Fig. 1.

1868. Gein., Foss. Fischschuppen. p. 44. Taf. 3. fig. 19.

Die bisher zu den Cycloiden gestellte Schuppe nähert sich in Bezug auf Form und Textur jener als *Hemilampronites Steinlai* beschriebenen in einer Weise, dass man sie vielleicht als eine der Seitenlinie angehörende Schuppe dieser Gattung betrachten kann.

Es sind kleine, verhältnissmässig dicke Schuppen von nahezu halbkreisrunder Gestalt, deren Anheftepunkt in der Mitte liegt. Der fast gerade abgeschnittene oder flach wellenförmig gebogene Vorderrand enthält meist nur wenige divergirende kurze Einschnitte. Die äussere Oberfläche ist zum grössten Theile mit höchst feinen parallelen Wellenlinien bedeckt, welche von oben nach unten mit einem stumpfen einspringenden Winkel nach vorn hin laufen. Das breite, freiliegende hintere Feld ist vollkommen glatt. Die Schleimröhre ist kurz. Diese Schuppen werden bei 9 Mm. Höhe gegen 5 Mm. lang.

Vorkommen: Vereinzelt im Plänerkalke von Strehlen.

III. Ordn. Ctenoiden, Kammschupper[1]).

Fam. *Percoidei*, Barsche.

Beryx Cuvier. 1829.

B. ornatus Ag. — II. p. 217. Taf. 43. Fig. 29.—31 (Wirbel); Taf. 44. Fig. 8—12 (Schuppen).

1822. Zeus Lewesiensis Mantell, Geol. of Sussex. p. 234. Tab. 35. 36.

1833—43. Beryx ornatus Agassiz, Poiss. foss. IV. p. 115. Tab. 14a; Tab. 14b. fig. 1. 2; Tab. 14c. fig. 1—6; Tab. 14d.

---

[1]) Taf. 44. Fig. 5. Schuppe des lebenden Sanders, *Lucioperca Sandra* C. zum Vergleiche mit den hier beschriebenen fossilen Schuppen.

Als Vorderrand einer Schuppe ist der nach dem Kopfe des Fisches hin gelegene, von anderen Schuppen bedeckt gewesene Theil, als Hinterrand der freiliegende Theil der Schuppe bezeichnet worden.

1845. Desgl. Reuss, Böhm. Kreidef. 1. p. 12. Taf. 2. fig. 2; Taf. 12. fig. 1. 2.
1850. Dixon, Geol. a. Foss. of Sussex. p. 371. Tab. 34. fig. 1; Tab. 36. fig. 1. 3.
1851—52. *Beryx Lewesiensis* Bronn, Leth. geogn. 3. Aufl. V. p. 358. Taf. 33². fig. 14.
1868. *Beryx ornatus* Gein., Foss. Fischschuppen von Strehlen. p. 15. Taf. 3. fig. 1. 2; Taf. 4. fig. 1 -4. 10.[1])
1871. W. Davies, Alphab. Cat. of Type Specimens of Fossil Fishes in the British Museum. (Geol. Mag., May 1871.)

a. **Schuppen.** — Taf. 44. Fig. 8—12.

Bei einem fast elliptischen, eirunden und nicht selten vieleckigen Umriss sind die meisten Schuppen weit höher als lang und ihr Befestigungspunkt liegt etwas hinter der Mitte; der Hinterrand läuft gewöhnlich in eine Reihe engstehender und spitzer Zähne aus.

Dem meist abgestumpften Vorderrande strahlen von der Nähe des Anheftepunktes aus mehr oder weniger deutliche, sehr flache, fächerartige Falten zu, die jedoch nie von einander wirklich abgetrennt sind und deren Anzahl und Breite sehr verschieden ist. Die Begrenzung des Vorderrandes wird hierdurch oft wellenförmig.

Der grösste Theil der äusseren Oberfläche der Schuppe ist von höchst feinen, gleichstarken und gedrängt liegenden, concentrischen Linien bedeckt (Fig. 8), die sich jedoch zuletzt an dem fast glatten, zuweilen auch rauhen, freiliegenden hinteren Felde verlieren.

Die meisten dieser Schuppen sind mit der äusseren Fläche auf dem Steine befestiget und lassen daher nur die innere Fläche erkennen, mit ihren concentrischen Anwachsringen und in der Regel nur undeutlichen nach vorn strahlenden Furchen und Falten.

An manchen dieser Schuppen erscheint daher der Hinterrand glatt, da die Zähnelung der Aussenfläche angehört und jene meist sehr spitze Zähnchen leicht abbrechen.

Die Schuppen des *Beryx ornatus* erreichen nicht selten die Höhe von 15—20 Mm., während ihre Länge zwischen ½ und ⅗ hiervon zu schwanken pflegt.

Ihre wesentlichsten Abänderungen sind noch specieller in Geinitz, Foss. Fischschuppen, unterschieden worden.

b. **Wirbel** von *Beryx ornatus*. — p. 217. Taf. 43. Fig. 29—31.

Aehnliche Wirbel, wie die dort beschriebenen, oder patellenartige Abdrücke ihrer spitzkegelförmigen Gelenkfläche sind in verschiedenen Schichten des Pläners gefunden worden. Letztere sind früher nach dem Vorgange A. Römer's (Nordd. Kreideg. p. 76. Taf. 11. fig. 1) oft als *Patella orbis* Röm. bezeichnet worden. Wir trafen solche Abdrücke selbst in dem unteren Quadersandsteine bei Goppeln, einer Localität an, welche wieder verschüttet worden ist, sowie im unteren Quadersandsteine von Tyssa in Böhmen, im Plänersandsteine von Zehista bei Pirna etc.

c. Die von anderen Theilen des Körpers herrührenden Ueberreste beschränken sich meist auf Kiemendeckel, während wohlerhaltene oder vollständigere Exemplare von Fischen überhaupt in unserem Plänerkalke noch nicht gefunden worden sind. Man hat dies den zahlreichen grösseren Raubfischen zu verdanken, die uns die Reste der kleineren Fische hier meist nur noch in ihren Koprolithen überlassen haben.

Der Taf. 44. Fig. 13 gezeichnete Kiemendeckel entspricht durch Grösse und Form mehreren der von oben genannten Autoren gegebenen Abbildungen dieses Knochens und zeigt ebenfalls grosse Aehnlichkeit

---

[1]) Andere Citate, die man über diese Art in verschiedenen, auch in des Verfassers Schriften zu finden gewohnt ist, sind hier ausgeschlossen, da sie zum Theil unsicher erscheinen, was auch schon Bronn angedeutet hat.

mit dem Kiemendeckel des *Beryx Zippei* Reuss (Böhm. Kreidef. Taf. 2. fig. 1) aus dem Plänersandsteine von Zaluz in Böhmen. Wahrscheinlich schliesst sich auch das Taf. 43. Fig. 19 gezeichnete *praeoperculum* an *Beryx ornatus* an.

Fam. Scomberesoces Müller, Bronn.

Hypsodon Agassiz, 1838. (Früher *Megalodon* Ag., nicht Sowerby.)

Agassiz hat diese Gattung zu den Cycloiden in die Familie der Sphyraenoiden gestellt, den wahrscheinlich zu ihnen gehörenden Schuppen nach schliessen sie sich vielleicht mehr den Kammschuppern, als den Kreisschuppern an.

H. Lewesiensis Ag. — II. Taf. 42; Taf. 43. Fig. 1. 2.

1822.   Mantell, Geol. of Suss. p. 241. Taf. 42.
1833—43.   *Hypsodon Lewesiensis* Agassiz, Poiss. foss. V. p. 8. 99. Tab. 25a. und 25b. (früher *Megalodon sauroides* Ag.)
1848.   Giebel, Fauna der Vorwelt. I. 3. p. 88.
1848—49.   Gein., Quad. Deutschl. p. 84.
1850.   *Hypsodon minor* Dixon, Geol. a. Foss. of Sussex, Tab. 32*. fig. 9.
1851—52.   Bronn, Leth. geogn. 3. Aufl. V. p. 379. Taf. 33². fig. 2.
1860.   *Saurocephalus* Kiprijanoff, Fischreste im Kursk'schen eisenh. Sandsteine, p. 65. Taf. 10. fig. 1. 2.
1868.   Geinitz, Fossile Fischschuppen in Denkschr. d. Ges. f. Nat.- u. Heilk. in Dresden. p. 45. Taf. 4. fig. 5.
1871.   W. Davies, Alph. Cat. of Type Specimens of Fossil Fishes in the British Museum. (Geol. Mag., May 1871.)

Fast sämmtliche von Agassiz beschriebenen Theile dieses grossen Raubfisches liegen von Strehlen vor.

1. Stücke des Unterkiefers mit dicht an einander stehenden, tief in dem Kiefer eingesenkten kegelförmigen Zähnen mit rundlichem Querschnitt und glatter Oberfläche, wie sie Agassiz Tab. 25b. fig. 3 abbildet (Taf. 42. Fig. 1. 2). Der von Dixon gezeichnete Unterkiefer von *Hypsodon minor* weist auf ein jüngeres Individuum derselben Art hin.

2. Die grossen Zähne Taf. 42. Fig. 3. 4, welche seitlich zusammengedrückt sind und einen ovalen Querschnitt besitzen, biegen sich etwas nach rückwärts, wodurch ihr Vorderrand schwach gewölbt, ihr Hinterrand nach oben hin wenig concav erscheint. Auf der lichtbraunen, fast glatten Emailschicht tritt hier und da eine feine längsrissige Structur hervor. Sie sind der Abbildung von Agassiz Tab. 25.a. fig. 3 am ähnlichsten.

3. Die kürzeren relativ breiteren Zähne Fig. 5 und 6 sind mehr oder minder comprimirt und gehören wohl dem Oberkiefer an, von welchem Agassiz ein schönes Exemplar Tab. 25b. fig. 1b. abgebildet hat.

4. Das Taf. 43 Fig. 1 befindliche Bruchstück eines Oberkiefers lässt die eigenthümliche Form der auf dem Oberkiefer mit einer stark erweiterten Basis aufgewachsenen Zähne, welche sich schnell nach der Spitze verjüngen, sehr wohl erkennen. Wo die Emailschicht verbrochen ist, tritt an der Basis eine feingestreifte Structur hervor, die an der Abbildung von Agassiz klar angedeutet ist. Ihre Beschaffenheit erinnert sehr an die von *Pachyrhizodus basalis* Dixon, Geol. a. Foss. of Sussex, p. 374. Tab. 34. fig. 9. 10.

5. Dem von Agassiz Tab. 25b. fig. 4. 5 gezeichneten Jochbeine, *Os jugale*, mit seinem grossen Gelenkkopfe und seiner Einlenkungsfläche am Unterkiefer entspricht das Taf. 42 Fig. 8 abgebildete Exemplar fast genau, wiewohl es an seiner rechten Seite etwas mit Gestein bedeckt ist. Noch grössere Dimensionen zeigt das Jochbein von Strehlen Fig. 9, an welchem jedoch der Gelenkkopf von dem festen daran sitzenden Gestein nicht ganz entblösst werden konnte.

6. Als Fragment eines Craniums lässt sich das Taf. 42. Fig. 7 abgebildete Stück mit der Figur bei Agassiz Tab. 25 a, fig. 1 vergleichen.

7. Die Wirbel, Taf. 42. Fig. 10 und 43. Fig. 2, welche bei Strehlen unmittelbar mit den hier beschriebenen Stücken zusammen gefunden worden sind, stehen auch dem Wirbel bei Agassiz Tab. 25 b, sehr nahe. Diese Wirbel sind gegen 3 Cm. hoch und kaum halb so lang und besitzen eine wenig vertiefte vordere und hintere Fläche, die aus concentrischen Lagen zusammengesetzt ist und nur an ihrer Oberfläche zarte, von der Mitte ausstrahlende Linien zeigt. Das Innere besteht aus grob poröser Knochensubstanz, wie es sehr gut von Kiprijanoff a. a. O. Tab. X. an Exemplaren aus dem Kursk'schen Sandsteine dargestellt worden ist, so dass uns die dort ausgesprochenen Bedenken gegen die Vereinigung solcher Wirbel mit *Hypsodon Lewesiensis* gehoben erscheinen.

8. Schuppen, die wir auf *Hypsodon Lewesiensis* zurückführen möchten, zumal es die grössten in dem Pläner des Elbthales mit anderen Resten dieses Fisches zusammen vorkommenden Fischschuppen sind, Taf. 44. Fig. 14.

Es sind grosse und dicke, ganzrandige Schuppen von ovalem, schiefovalem, oder fast rhomboidischem Umrisse, bei welchen die Anheftestelle dem Hinterrande und bei einigen ebenso etwas dem Oberrande genähert ist. Von diesem Befestigungspunkte aus ist die ganze nach vorn und den vorderen Seiten hin ausgebreitete Oberfläche mit feinen, dem blossen Auge unsichtbaren, ausstrahlenden Linien dicht bedeckt, welche gleiche Stärke behalten und sich durch Einschiebung neuer Linien ausserordentlich vermehren.

Durch Zusammentreten derselben mit sehr feinen concentrischen Anwachslinien, welche besonders den ganzen hinteren Theil der Schuppe verzieren, haben auch die nach vorn strahlenden Linien eine feinkörnige Beschaffenheit erhalten.

Die hier abgebildete Schuppe erreicht bei 30 Mm. Höhe 25 Mm. grösste Länge, eine andere von derselben Höhe nur 19 Mm. Länge.

Vorkommen: Im Plänerkalke von Strehlen, in der Kreide von Lewes in England und in dem eisenhaltigen Sandsteine von Kursk.

Acrogrammatolepis Steinla in litt.

A. Steinlai Gein. — II. Taf. 45. Fig. 22.

1868. Geinitz, Foss. Fischschuppen, p. 47. Taf. 2. fig. 23.

Die kleine, rundliche, flache Schuppe ist 7 Mm. hoch und 6 Mm. lang und ihr Anheftepunkt liegt fast in der Mitte. Feine, gleichstarke concentrische Anwachslinien, welche im Allgemeinen dem oberen, vorderen und unteren Rande folgen, bewegen sich in dem mittleren Theile der Schuppe etwas wellenförmig und lösen sich in der Nähe des Anheftepunktes zu kleinen Höckern auf, die auch den Anfang des freiliegenden Theiles der Schuppe bedecken. Der letztere ist von einer grossen Anzahl fast parallel in horizontaler Richtung laufender erhöheter Linien bedeckt, welche dem blossen Auge schon sichtbar werden und durch die über sie hinweglaufenden Anwachslinien körnig oder selbst spitzhöckerig erscheinen mögen.

Will man diese, auf der linken Seite der Abbildung befindliche Fläche als die vordere Fläche der Schuppe ansehen, so ergibt sich eine Analogie dieser Verzierung mit jener von *Hypsodon Lewesiensis*, im anderen Falle würde diese Fläche dem gezähnten Hinterrande der Ctenoiden-Schuppen entsprechen.

Zur Zeit liegt davon nur ein einziger Abdruck der Oberfläche vor, der noch theilweise mit Resten der Schuppe selbst bedeckt ist.

IV. Ordn. Cycloiden, Kreisschupper.

1. Fam. *Sphyraenoidei* Agassiz.

Cladocyclus Agassiz, 1840.

Diese Gattung wurde auf Schuppen der Seitenlinie begründet, deren Schleimröhre wie bei *Labrus* verzweigt ist, wodurch der freie Theil der Schuppe in seiner Mitte vielstrahlig erscheinen soll. (Vgl. Agassiz, Poissons foss., V. 1. p. 101. 103. Tab. 25 a. fig. 5. 6. — Bronn, Leth. geogn. 3. Aufl. V. p. 380.) II. Taf. 45. fig. 8. Agassiz, der diese Gattung in die Familie der Sphyraenoiden gestellt hat, unterschied zwei Arten aus der Kreideformation, auf deren eine, *Cl. Lewesiensis* aus der unteren Kreide von Lewes, sich jene Abbildungen beziehen. Eine grosse Anzahl von Schuppen aus dem Plänerkalke von Strehlen lässt den Typus dieser Schuppen nicht verkennen und es kann sich nur noch darum handeln, ob sie auch speciell mit *Cl. Lewesiensis* übereinstimmen, oder nicht vielmehr als *Cl. Strehlensis* davon zu unterscheiden sind.

Für die Identität beider Arten würde die grosse Uebereinstimmung der Mehrzahl der organischen Ueberreste sprechen, welche die untere weisse Kreide von Kent mit dem Plänerkalke von Strehlen überhaupt gemein hat; indess muss man vor der Vereinigung dieser, sowohl in Gestalt als Bedeckung anscheinend verschiedenen Formen zunächst von England noch weitere Unterlagen erwarten.

Cl. Strehlensis Gein. — II. Taf. 45. Fig. 2—9.

1822 ? Mantell, Geol. of Sussex. Tab. 34. fig. 6.
1839—43. *Beryx ornatus* Gein., Char. Taf. 2. fig. 3 c., Nachtrag Taf. 4. fig. 1.
1845. *Cycloiden*-Schuppe, Reuss, Böhm. Kreidef. Taf. 5. fig. 13.
1843—49. *Beryx ornatus* Gein., Quad. Deutschl. p. 86 z. Th.
1868. *Cladocyclus Strehlensis* Gein., Foss. Fischschuppen (Denkschr. d. Ges. f. Nat.- u. Heilk. in Dresden). p. 43. Taf. 2. fig. 24. 25; Taf. 3. fig. 5—18. 20. 21. 22; Taf. 4. fig. 6. 7.

Man hat diese vielgestaltigen Schuppen bisher meist mit jenen von *Beryx ornatus* verwechselt. Im Plänerkalke von Strehlen begegnet man ihnen sehr häufig in allen Grössen zwischen 5 bis 40 Mm. Höhe, welche letztere allermeist wesentlich mehr als die Länge beträgt.

Die Schuppen von der Seitenlinie, Taf. 45. Fig. 8, sind rundlich-oval und besitzen einen etwas vor der Mitte gelegenen Anheftepunkt. Aus dessen unmittelbarer Nähe gehen zwei eng beisammen liegende wulstförmige Aeste der Schleimröhre aus, während mehrere der in der Abbildung sichtbaren tiefen Rinnen, welche zwischen dem Anheftepunkte und dem hinteren Rande fast keulenförmig enden, noch anderen Zweigen der Schleimröhre entsprechen mögen. Als Wülste lassen sich bei einer grösseren Anzahl unserer Schuppen nie mehr als zwei Aeste der Schleimröhre unterscheiden, die eine Strecke weit mit einander verwachsen erscheinen. Bei anderen Schuppen dieser Art sieht man ausser dem nach der einen (nach Bronn hinteren) Seite laufenden Hauptcanale vom Befestigungspunkte aus 2—3 kürzere oder längere, zuweilen selbst den Rand erreichende Rinnen nach der entgegengesetzten Seite gehen, welche mehr oder weniger von einander divergiren (Taf. 45. Fig. 7). An einigen jüngeren Schuppen bildet der Schleimcanal nur ein einfaches Rohr (Taf. 45. Fig. 6. 7). Die oft zahlreichen nach dem Hinterrande strahlenden Furchen lassen sich, wenn auch weit schwächer, auf dem Abdrucke der äusseren Oberfläche als erhöhete ausstrahlende Linien verfolgen, deren flache Zwischenräume von sehr zarten concentrischen Anwachslinien dicht bedeckt sind (Taf. 45. Fig. 4. 5. 7).

Auf der inneren Fläche der Schuppen (Taf. 45. Fig. 2) sind jene Anwachslinien zu stärkeren Anwachsringen zusammengedrängt, wie dies auch bei vielen anderen Fischschuppen der Fall ist. Diese treten am deutlichsten auf dem oberen und unteren Theile der Schuppe hervor und verschwinden gänzlich auf ihrem vorderen Theile. Der letztere ist dagegen oft mit zahlreichen vertieften Punkten und rundlichen, meist geöffneten Tuberkeln versehen, die sich zu ausstrahlenden, oft etwas eingekrümmten Linien anordnen (Taf. 45. Fig. 8. 9).

Die Schuppen von anderen Theilen des Körpers sind nach der verschiedenen Lage äusserst vielgestaltig. Theils noch fast symmetrisch mit elliptischem oder eirundem Umriss (Fig. 3. 9) sind sie allermeist weit höher als lang, theils aber nehmen sie eine unregelmässige Form an (Fig. 5). Die Zahl der am Hinterrande in der Regel auslautenden Furchen oder linienförmigen Einschnitte und Falten ist sehr veränderlich und tritt überhaupt weit mehr auf der inneren als auf der äusseren Fläche hervor. Diese dort abgetrennten Falten sind von sehr ungleicher Länge und Breite und weichen selbst in ihrer Richtung sehr von einander ab.

Die äussere Oberfläche der Schuppen ist im Allgemeinen fast glatt und zeigt meist nur unter einer starken Loupe die höchst feine concentrische Linirung, von welcher jedoch ein breites stumpfdreieckiges Feld, das zwischen dem Anheftepunkte und dem vorderen Rande der Schuppe liegt, befreit ist.

Diese fast glatte Beschaffenheit ihrer Oberfläche muss nach dem, was bis jetzt über *Cladocyclus Lewesiensis* bekannt geworden ist, noch als ein Hauptunterschied für unsere Strehlener Art festgehalten werden.

Vorkommen: Sehr gewöhnlich in dem Plänerkalke von Strehlen und Weinböhla; seltener im Baculitenmergel der Eisenbahneinschnitte bei Zatzschke unweit Pirna, sowie im Baculitenmergel von Priesen in Böhmen.

Saurocephalus Harlan, 1824.

1. S. lanciformis Harlan. — II. Taf. 43. Fig. 10.

1822. Mantell, Geol. of Suss. p. 227. 228. Taf. 33. fig. 7. 9.
1833—43. Agassiz, Poiss. foss. V. p. 8. 102. Tab. 25 c. fig. 21—29.
1850. Dixon, Geol. a. Foss. of Sussex. p. 374. Tab. 30. fig. 21. 21 a; Tab. 31. fig. 12; Tab. 34. fig. 11.
1851—52. Bronn, Leth. geogn. 3. Aufl. V. p. 381. Taf. 33³. fig. 4.

Nur ein einziger Zahn liegt uns von Strehlen vor, welcher dieser vielgestaltigen Art angehören mag. Bei etwa 8 Mm. Länge und 4 Mm. Breite an der Basis bildet er einen schwach seitwärts und rückwärts gebogenen Kegel, dessen Vorderrand scharfkantig ist, und dessen innere und äussere Seite fast gleich stark gewölbt sind. Die Oberfläche ist fein gestreift und mit einzelnen ungleichen Längsfurchen versehen.

Im Allgemeinen entspricht diese Form am meisten der Abbildung Tab. 31. fig. 12 bei Dixon, wiewohl auch eine grosse Aehnlichkeit mit den Zähnen des *Leiodon anceps* Ow. nicht zu verkennen ist.

Vorkommen: S. lanciformis wird in der oberen Kreide von Lewes und in New Jersey gefunden.

2. S. ? dispar Hébert. — II. Taf. 43. Fig. 11.

1856. Hébert, Études sur le terrain crétacé. I. Fossiles de la craie de Meudon, p. 352. Pl. 27. fig. 5.

Dieser Art, die sich durch spitzere Zähne von der vorigen unterscheidet, nähert sich am meisten ein kleinerer, in dem Kalke von Weinböhla gefundener Zahn von spitz-kegelförmiger Gestalt, mit elliptischem Querschnitt, beiderseits gleich stark gewölbt, an der vorderen Seite schwach gekantet und an seiner Oberfläche mit schwachen Längsfalten bedeckt, welche sich nach der Spitze hin verlieren.

Vorkommen: Im Plänerkalke von Weinböhla und in der oberen Kreide von Meudon bei Paris.

3. S. ? marginatus Reuss sp. — II. Taf. 43. Fig. 3—8.

1845—46. *Spinax marginatus* Reuss, Böhm. Kreidef. I. p. 8. Taf. 4. fig. 10. 11.
1848. *Acanthias marginatus* Giebel, Fauna d. Vorw. I. 3. p. 301.
1848—49. *Spinax marginatus* Gein.. Quad. Deutschl. p. 90.
1850. *Saurodon leanus* Dixon, Geol. a. Foss. of Sussex. p. 373. Taf. 30. fig. 28. 29.
? *Saurocephalus lanciformis* Dixon, ib. p. 375. Taf. XXXII*. fig. 10.
1856. *Anenchelum ? marginatum* Hébert, Études sur le terr. crét. p. 350. Pl. 27. fig. 4.

Die von Reuss als Flossenstachel beschriebenen Zähne haben nicht selten 2 Cm. Länge und an ihrer Basis 8 Mm. Breite erreicht, doch kommen auch kleinere und schmälere Exemplare vor. Alle sind von der Seite zusammengedrückt, beiderseits gewölbt und schwach S-förmig gebogen, an dem vorderen Rande der ganzen Länge nach, an dem Hinterrande nur eine Strecke weit von der Spitze herab, scharfkantig oder sehr fein gekerbt, von da an aber unter einer halblanzettförmig vorspringenden Ecke stark gewölbt abfallend. Die eine Seite ist regelmässig gewölbt und schärft sich nach dem Vorderrande hin sogar mit einer Hohlkehle zu, die andere Seite ist etwas stärker und unregelmässiger gewölbt. Einige Verschiedenheit in diesen Zähnen tritt durch die verschiedene Länge des schief abgeschnittenen oberen Theiles an dem einen Rande des Zahnes ein, welcher, nach der Abbildung von Dixon, Tab. 32*. fig. 10 zu schliessen, der Hinterrand ist. Die Oberfläche der mit einem dünnen, licht-braunen oder gelblichen Email bedeckten Zähne erscheint dem blossen Auge glatt und nur unter der Loupe treten an der Basis feine, gedrängt liegende Längslinien hervor.

Vorkommen: Aus dem Plänerkalke von Strehlen liegen 12 einzelne Zähne vor, Dixon fand sie in der oberen Kreide von Charleston bei Woolwich und Hébert in der Kreide von Meudon.

Fam. *Scomberoidei*, Makrelen.

Enchodus Agassiz 1843.

E. halocyon Ag. — II. Taf. 41. Fig. 5; Taf. 42. Fig. 9.

1822. *Esox Lewesiensis* Mantell, Geol. of Sussex. p. 237. Tab. 25. fig. 13; Tab. 33. fig. 2—4; Tab. 41. fig. 1. 2.
1833—43. Agassiz, Poiss. foss. V. p. 6. 64. Tab. 25 c. fig. 1—16.
1839. *Odontaspis raphiodon* Gein., Char. I. Taf. 1. fig. 5 c. (nicht Agassiz).
1841. A. Römer, Nordd. Kreidegeb. p. 111.
1845. Reuss, Böhm. Kreidef. I. p. 13. Taf. 4. fig. 65. 66?
Flossenstachel von *Spinax* Reuss, eb. I. p. 8 z. Th. Taf. 4. fig. 12. 14.
1848. Giebel, Fauna der Vorwelt. I. 3. p. 74.
1849. *Spinax rotundatus* Gein., Quad. Deutschl. p. 90.
1850. Dixon, Geol. a. Foss. of Sussex. p. 373. 407. Tab. 30. fig. 27; Tab. 31. fig. 11.
1850—51. Bronn, Leth. geogn. 3. Aufl. V. p. 385. Taf. 33³. fig. 6.
1856. *Enchodus Lewesiensis* Hébert, Études sur le terr. crét. (Mém. de la Soc. géol. [de France, 2. sér. tome V. et VI. p. 350. Pl. 27. fig. 3.)
1869. Schlüter in Verh. d. naturw. Ver. d. preuss. Rheinl. u. Westph. 26. Jahrg. Sitzb. p. 210.
1871. W. Davies, Alph. Cat. of Type Spec. of Foss. Fishes in the British Mus. (Geol. Mag., May 1871.)

Der sich rasch erweiternde Unterkiefer ist mit ungleichen, meist gekörnten Längsstreifen bedeckt, die sich durch Spaltung nach hinten vermehren und von denen namentlich zwei, in der Nähe des Ober- und Unterrandes, stärker hervorragen. Das vordere kielartige Ende ist an seinem Unterrande oft mit einigen kurzen zahnartigen Fortsätzen versehen (Fig. 10 und bei Dixon, Tab. 30. fig. 27) und trägt an dem vorderen

Ende des Zahnrandes zuweilen ein paar kleine kegelförmige Zähne, welche noch vor dem grossen Fangzahne stehen. Hinter dem letzteren folgt eine geringe Zahl ähnlicher, doch minder grosser, langer und spitzer Zähne, welche entfernt von einander stehen. Ausnahmsweise findet sich auch eine grössere Zahl von kleineren Zähnen zwischen den grösseren Zähnen des Unterkiefers ein (Taf. 42. Fig. 9), was bisher noch nicht beobachtet worden zu sein scheint. Dass man diesen Unterkiefer nicht von *Enchodus halocyon* trennen kann, geht aus seiner ganzen übrigen Beschaffenheit hervor. Der grosse Vorderzahn wendet sich mit seiner dicken wurzelartigen Verdickung nach vorn hin und streckt sich dann fast gerade pfriemenförmig oder mit einer schwachen Biegung nach hinten empor (Fig. 13. 14. 15). Beiderseits scharfkantig, ist er auf beiden gegenüber liegenden Flächen etwas ungleichartig gewölbt, so dass man ihn nahe der Basis und in der Nähe des einen Randes nicht selten eingebuchtet antrifft (Fig. 19 a), wie dies in ähnlicher Weise auch Hébert gut darstellt. Reuss hat solche Zähne z. Th. als Flossenstachel unter *Spinax* beschrieben. An dem unteren Theile des Zahnes pflegen feine gerade Längslinien hervorzutreten, welche bald mehr bald weniger deutlich sind. Die hinteren Zähne sind niedriger, meist weniger schlank, ebenfalls scharfkantig, bald glatt, bald mit Spuren feiner Längsstreifung, ganz den Abbildungen von Agassiz entsprechend.

Unter den auf Taf. 41 befindlichen Ueberresten entbehren einige Unterkiefer der gekörnelten Streifung, welche nur an der Oberfläche der Aussenseite hervorzutreten pflegt, ja es lassen die kleinen Unterkiefer Fig. 6, 8 und 12 kaum eine Längsstreifung erkennen, so dass man sie nur ganz unsicher zu *Enchodus halocyon* rechnen kann, wovon es allenfalls Jugendzustände sein könnten. Es haben ferner die Zähne des Unterkiefers Fig. 9 durch Verstümmelung ihrer Spitzen ein fremdartiges Ansehen erhalten, während Fig. 11 von dem grossen Vorderzahne nur den unteren Theil als Abdruck andeutet.

Das Fig. 20 gezeichnete Operculum nähert sich am meisten den Abbildungen von Agassiz Tab. 25 c. fig. 14 und 15. Der auf Taf. 41. Fig. 21 befindliche Knochenwirbel entspricht durch seine lange Form und spitz-kegelförmige vordere und hintere Vertiefung, sowie auch durch die auf der linken Seite der Zeichnung befindliche wulstförmige Biegung und seine Textur am nächsten den von Agassiz Tab. 25 c. fig. 16 zu dieser Art gezogenen Wirbeln.

Vorkommen: Ueberreste dieses Fisches wurden früher nicht selten in dem Plänerkalke von Strehlen gefunden, da sie in grösserer Anzahl mit der Steinla'schen Sammlung in das Dresdener Museum gelangt sind, in neuester Zeit hat sich die Ergiebigkeit der Strehlener Brüche in jeder Weise sehr verringert. Sie kommen nach Reuss in dem Plänerkalke von Hundorf, seltener in tieferen Schichten bei Kusstitz in Böhmen vor, nach Schlüter in dem Kreidemergel von Darup in Westphalen, nach A. Römer in dem von Aachen, in der oberen Kreide von Maestricht, nach Hébert in der Kreide von Meudon, Bongival, Notre-Dame-du-Thile (Oise), in der Kreide von Lewes in England und nach Agassiz in der Kreide am Canal von Dellaware an der Einmündung des Potomak in Nordamerika.

Cycloiden-Flosse. — II. Taf. 41. Fig. 3.

1843. Geinitz, Char. Nachtr. p. 6. Taf. 4. fig. 3.

Dicht mit den Zähnen des *Enchodus halocyon* zusammen sind im Kalke von Strehlen Abdrücke von Flossen gefunden worden, von welchen das deutlichste Exemplar hier von neuem abgebildet ist. Dasselbe gehört jedenfalls einer der paarigen Flossen des Fisches an, Brust- oder Bauchflossen, die hier durch ein grosses, unregelmässig gefurchtes, lanzettförmiges Feld von einander geschieden sind. Während die eine Flosse von dem Gesteine verdeckt ist, zeigt der sichtbare Abdruck der anderen Flosse, welche der rechten Seite entstammt, zahlreiche feine und enggegliederte Strahlen, die an dem äusseren Rande jenes lanzettförmigen Feldes entspringen und nach dem convexen Unterrande hin sich durch Theilung vermehren.

Welcher Gattung diese Flossen angehören, lässt sich nicht verbürgen, wiewohl das Zusammenvorkommen mit *Enchodus halocyon* zunächst auf diese Art hinweisen dürfte.

Fam. *Halecoidei, Salmonei,* Lachsfische.

Osmeroides Agassiz, 1834.

1. O. Lewesiensis Mant. — II. p. 216. Taf. 43. Fig. 21 (Wirbel); Taf. 45. Fig. 10—14 (Schuppen).

1822. *Salmo Lewesiensis* Mantell, Geol. of Sussex. p. 235. Tab. 33. fig. 12; Tab. 34. fig. 1. 3; Tab. 40. fig. 1.
1833—34. *Osmeroides Lewesiensis* Agassiz, Poiss. foss. V. 2. p. 14. 105. Tab. 60 b und c.
1839. Gein., Char. I. Taf. 2. fig. 3 a. b.
1845—46. Reuss, Böhm. Kreidef. I. p. 12. Taf. 5. fig. 10. 16. 19.
1846. Gein., Grundr. d. Verstein. p. 124. Taf. 7. fig. 30.
1848—49. Gein., Quad. Deutschl. p. 84.
1850. Dixon, Geol. a. Foss. of Sussex, p. 376. Tab. 33. fig. 4.
1851—52. Bronn, Leth. geogn. 3. Aufl. V. p. 377. Taf. 33⁷. fig. 9.
1865—68 ? E. d'Eichwald, Lethaea Rossica. II. p. 1198. Pl. 38. fig. 17.
1868. Gein., Foss. Fischschuppen von Strehlen. p. 40. Taf. 2. fig. 7—16.
1870. W. A. Ooster in Protozoe helvetica. II. 2. p. 45. Taf. 9. fig. 3. 4.
1871. W. Davies, Alph. Cat. of Type Spec. of Foss. Fishes in the British Mus. (Geol. Mag., May 1871.)

a. Die S c h u p p e n sind vierseitig, meist etwas höher als lang, vorn gerade abgeschnitten und wellenförmig gebogen, oder mit flachen von dem Anheftepunkte ausstrahlenden Falten versehen und zwischen letzteren mehr oder weniger tief eingeschnitten, hinten flach gerundet und ganzrandig. Der Anheftepunkt liegt zwischen der Mitte und dem hinteren Rande. Die ganze äussere Oberfläche ist mit zarten, concentrischen Anwachslinien bedeckt, die innere dagegen feinkörnig rauh (Fig. 11. 13).

Es treten auch bei diesen Schuppen mancherlei Abänderungen auf, welche auf Grund der schätzbaren Untersuchungen M. Steinla's, die wir in »Fossile Fischschuppen von Strehlen« niedergelegt haben, mit den von Steinla dafür angewendeten Namen erläutert worden sind. Die hier auf Taf. 45. Fig. 10 gegebene Abbildung lässt sich als besonders typische Form für die Art festhalten.

Bei ihr beginnen die Anwachslinien in der Nähe des Anheftepunktes und verbreiten sich von da an bis zu den Rändern, deren Umrissen sie stets folgen. Vorderrand wellenförmig ohne trennende Einschnitte. An anderen Schuppen dieser Art sind die nach dem Vorderrande laufenden Mittelfalten oder Strahlen durch mehr oder weniger tiefe Einschnitte abgetrennt und die concentrischen Linien haben sich auf diesen ausstrahlenden Falten häufig in feine Punktlinien aufgelöst (Fig. 12 und 14).

b. Wirbel des *Osmeroides Lewesiensis,* Taf. 43. Fig. 21, sind neben anderen Knochenwirbeln p. 216 beschrieben worden, andere in Strehlen vorkommende Fischreste können nur mit Unsicherheit zu dieser Art gezogen werden.

V o r k o m m e n : Die Schuppen des *Osmeroides Lewesiensis* kommen vereinzelt oder in Koprolithen mit anderen Fischresten zusammen am häufigsten im Plänerkalke von Strehlen und Weinböhla vor und haben meistens 5—7 Mm. Länge und 5—6 Mm. Höhe erreicht. Nur ausnahmsweise wird ihre Länge von der Höhe übertroffen. Reuss beschrieb sie mit unzweideutigen Abbildungen aus dem Plänersandsteine von Schirzowitz, aus dem untersenonen Baculitenmergel von Priesen und von Hochpetsch in Böhmen. Aus denselben Schichten kennt man sie auch von Böhmisch-Kamnitz und aus dem Eisenbahneinschnitte zwischen Copitz und Lohmen bei Zatzschke in Sachsen.

Nach W. A. Ooster in den obersten Kreideschichten von Opetengraben am Nordufer des Thuner Sees; nach v. Eichwald bei Ossinovo im Gouv. Kharkow.

In England gehört *Osmeroides Lewesiensis* besonders der unteren Kreide von Lewes an.

2. O. divaricatus Gein. — II. Taf. 45. Fig. 15—19.

1868. Geinitz, Fossile Fischschuppen von Strehlen. (Denkschr. d. Ges. f. Nat.- u. Heilk. in Dresden.) p. 42. Taf. 2. fig. 18—22.

Die Schuppen haben die Form von jenen des *O. Lewesiensis*, die sie jedoch an Grösse und Stärke etwas übertreffen. Der Anheftepunkt liegt in der Nähe des flach gerundeten Hinterrandes. Nach vorn ist die Schuppe durch lange linienförmige Einschnitte in 2—3 breite fächerförmige Strahlenfelder zerspalten, deren Ende gerundet ist, wie bei voriger Art. Die feinen, aber scharf hervortretenden Anwachslinien entfernen sich nicht weit vom Befestigungspunkte und laufen parallel dem oberen und unteren Rande bis zu dem strahligen Theil der Schuppe, welcher von feinen, nach vorn strahlenden und auf jedem der fächer- oder fadenartigen Felder divergirenden Linien von gleicher Stärke bedeckt wird. Der hinterste Theil der Schuppe erscheint glatt.

Die innere Fläche der Schuppen lässt ausser einigen stärkeren Anwachsringen in der Nähe des oberen, unteren und vorderen Randes eine ähnliche feinkörnige Beschaffenheit auf dem strahligen Theile der Schuppe erkennen, wie dies bei *O. Lewesiensis* der Fall ist.

Vorkommen: Vereinzelt im Plänerkalke von Strehlen und Weinböhla.

Cyclolepis Agassizi Gein. — II. Taf. 45. Fig. 20. 21.

1839. *Cycloiden*-Schuppe, Gein., Char. I. p. 11. Taf. 2. fig. 2 a.

1849. *Aulolepis Reussi* Gein., Quad. Deutschl. p. 86 (excl. Synonyme bei Reuss).

1868. Geinitz, Foss. Fischschuppen von Strehlen. (Denkschr. d. Ges. f. Nat.- u. Heilk. in Dresden.) p. 39. Taf. 2. fig. 1. 2.

Kleine, ganzrandige, rundliche, zarte Schuppen, welche ringsum mit feinen concentrischen Anwachslinien bedeckt sind, die sich um den fast in der Mitte gelegenen Anheftepunkt gruppiren. In der Nähe des Randes erheben sich dieselben meist zu drei bis vier oder mehr wellenartigen Wülsten. Die Grösse beträgt oft nur 2—3 Mm. und übersteigt selten 5—6 Mm. Durchmesser.

Wir haben für diese typischen Cycloiden-Schuppen unter den uns bekannten Fischen der Kreideformation bis jetzt noch keine Analogien gefunden, wenn es auch nicht unwahrscheinlich ist, dass sich dieselben an die zur Zeit ziemlich unvollkommen bekannten Gattungen *Aulolepis* und *Acrognathus* Ag.[1]) anschliessen lassen.

Vorkommen: Sie liegen im Plänerkalke von Strehlen oft mit anderen Fischresten in einer Weise zusammen, dass man in ihnen unverdaute Reste oder Koprolithen erkennen muss. Ebenso trafen wir sie in dem Baculitenmergel bei Zatzsche an.

---

[1]) Agassiz, Poiss. foss. V. 2. p. 108. 109.
Bronn, Leth. geogn. 3. Aufl. V. p. 376. Taf. 33². fig. 13.

VIII. Classe. Reptilia.

I. Ordn. Saurier.

Plesiosaurus Conybeare, 1824.

Pl. Bernardi Owen. — II. Taf. 43. Fig. 13—15.

1850. Owen in Dixon, Geol. a. Foss. of Sussex. p. 399. Tab. 37. fig. 8. 9.

Lange, kegelförmige Zähne, deren schwach gebogene Krone bei 4 Cm. Länge gegen 14 Mm. Dicke an der Basis erreicht, mit einem rundlich-elliptischen Querschnitt, ohne jede Spur eines Kieles. Die Oberfläche wird von vereinzelten Längsfalten durchzogen.

Neben diesen Zähnen wurden Knochen gefunden, die ihrer Form und Grösse nach füglich zu dieser Art gehören können, Fragmente von Rippen bis 6 Cm. lang und 7 Mm. dick, Stücke des Oberarmknochens oder Oberschenkelknochens, und vom Becken, indess waren dies immer nur seltene Funde.

Vorkommen: Im Plänerkalke von Strehlen und Weinböhla, sowie in der Kreide von Lewes und Sutheram in Sussex.

Polyptychodon Owen.

P. interruptus Owen. — II. Taf. 43. Fig. 16.

1850. Owen in Dixon, Geol. a. Foss. of Sussex. p. 378. Tab. 37. fig. 16. 17; Tab. 38. fig. 3.

1851—52. Bronn, Leth. geogn. 3. Aufl. V. 395. Taf. 33⁴. fig. 8.

Zwar nicht aus dem Elbthale, wohl aber aus cenomanen Schichten von Essen an der Ruhr liegt ein Zahn dieses seltenen Crocodiliers vor, der mit den Sammlungen von Dr. A. Sack in das Dresdener Museum übergegangen ist und auf den wir die Aufmerksamkeit beiläufig richten möchten. Diese Art kommt in England in dem oberen Grünsande bei Cambridge, in dem Kreidemergel zunächst über demselben und in der unteren Kreide von Sussex und Kent vor. Zähne dieser Art kennt man auch aus dem unteren Quader von Raspenau bei Friedland in Böhmen.

— · —

II. Ordn. Schildkröten.

Chelonia Brongn. Seeschildkröte.

Ch. Carusiana Gein. — II. Taf. 46. Fig. 1. 2.

1847. *Chelonia sp.* Gein. in Sachse's allg. deutsch. Naturf.-Zeit. II. p. 159. Taf. 1. fig. 2.

1848—49. Desgl. Gein., Quad. Deutschl. p. 84.

Dem Andenken von Carl Gustav Carus sollen die Ueberreste des vollkommensten Thieres gewidmet werden, das während der Kreideperiode unser sächsisches Elbthal bewohnt hat. Durch ihn ist zuerst die richtige Deutung des kostbaren Fundes erfolgt. Man kennt erst zwei vollständig erhaltene Oberarmbeine (humerus), ein rechtes, das in dem paläontologischen Museum in Freiberg bewahrt wird, und ein linkes, welches 1857 mit der Steinla'schen Sammlung in das Dresdener Museum gekommen ist.

Seine obere Gelenkfläche ist abgerundet und tritt stark hervor. Neben ihr sieht man zwei starke Fortsätze, von denen der obere der grösste ist, nach rückwärts aufsteigt und die Gelenkfläche überragt. Er wird von der letzteren durch eine tiefe Rinne getrennt. Der untere Fortsatz entwickelt sich mehr auf der inneren Seite des Knochens, während er bei der Riesenschildkröte, *Chelonia Midas* L., seine stärkste Entwickelung fast unmittelbar unter der Gelenkfläche selbst hat.

Unsere beiden Abbildungen, die erste vollkommen treu von A. Krantz gezeichnet, die zweite von M. Steinla selbst, stellen die wirkliche Grösse dar. Schon daraus ergibt sich, dass man das Thier nicht mit *Chelone Benstedi* Owen[1]) vereinigen kann, welche mindestens um das Dreifache der Grösse davon übertroffen wird.

IX. Classe. Pflanzen.

1. Fam. *Algae.*

Chondrites Sternb., 1833.

1. Ch. furcillatus A. Röm. — I. p. 304. Taf. 67. Fig. 7; II. Taf. 46. Fig. 5.
2. Ch. Mantelli A. Röm. — II. Taf. 46. Fig. 6. 7.

1841. *Sphaerococcites Mantellii* A. Römer, Nordd. Kreideg. p. 1. Taf. 1. fig. 2.
1849. Gein., Quad. Deutschl. p. 266.

Ihre flachgedrückten, linealischen Aeste, die in eine kurze Spitze auszulaufen pflegen, verzweigen sich unter spitzwinkeligen Gabelungen. Es liegt kein Grund vor, diese Art in eine andere Gattung zu stellen als die vorige, von welcher sie sich hauptsächlich durch ihre breiteren, meist etwas gebogenen Zweige unterscheidet.

Vorkommen: Vereinzelt im Plänerkalke von Strehlen.

Cylindrites Göppert, 1841.

Die Gattung umfasst zum Theil Seeschwämme aus der Ordnung der *Halisarcinae*. O. Schmidt oder Hornschwämme, theils wirkliche Meeresalgen.

Zu den ersteren gehört jedenfalls:

Cylindrites spongioides Göppert[1]), welche Art mit *Spongia Saxonica* Gein.[2]) identisch ist, zu den Meeresalgen aber:

---

[1]) Ausser der Kreide von England wurde *Chelone Benstedi* Owen auch in dem Plänerkalke von Patek in Böhmen und in der Kreide von Hellemmes bei Lille aufgefunden in einer dem Pläner von Strehlen ganz entsprechenden Stufe, die man in Frankreich als Zone des *Micraster cor testudinarium* zu bezeichnen pflegt. Vgl. Reuss, Paläontolog. Miscellen (Denkschr. d. k. Ak. d. Wiss. in Wien. Bd. X. p. 78. Taf. 2) und Gosselet, Hallez, Chellonneix und Ortlieb, Géol. et Pal. de la craie de Lezennes. Lille 1869. p. 13. avec Pl.

[2]) Göppert, Flora des Quadersandsteines von Schlesien in Act. Ac. C. Leop. Car. Vol. XIX. P. II. p. 115. Tab. 46. fig. 1—5; Tab. 48. fig. 1. 2.

[3]) Elbthalgebirge. I. p. 21. Taf. 1. fig. 1—6.

Cylindrites daedaleus Göppert, Flora des Quadersandsteines von Schlesien l. c. p. 116. Tab. 49.

Das von G ö p p e r t abgebildete Exemplar soll dem Quadersandsteine in der Gegend von Schandau entstammen, wofür auch das Vorkommen ganz ähnlicher Formen in den Sandsteinbrüchen am Fusse des Liliensteins, von Postelwitz und von Schöna gegenüber von Herniskretschen spricht. Hier kommt *Cylindrites daedaleus* mit *Spongia Saxonica* zusammen namentlich in mittleren Sandsteinschichten vor, welche die Grenze zwischen Mittel- und Oberquader zu bilden scheinen. Auch im oberen Qum. v. Tanneberg, Böhmen.

Sie unterscheiden sich von *Spongia Saxonica* durch ihre spitzwinkelige Gabelung und meist nur kurzen, nicht selten etwas rückwärts gebogenen Aeste, welche etwa von der Stärke und Grösse eines menschlichen Fingers in eine stumpfe Spitze auslaufen, hauptsächlich aber auch dadurch, dass ihr verzweigter Stengel stets zusammengedrückt ist, was bei *Spongia Saxonica* in der Regel nicht der Fall ist.

Die grubige Beschaffenheit der Oberfläche macht es nicht unwahrscheinlich, dass diese Alge sich generell an *Phymatoderma* Brongniart[1]) anschliesst, zu welcher Gattung *Algacites granulatus* Schlotheim, Petref. Nachtr. Taf. 5. fig. 1, aus dem Liasschiefer gehört.

2. Fam. *Cycadeae.*

Cycadeites ? Wohlfahrti v. Otto sp. — II. Taf. 4 b. Fig. 3 a. b.

1854. *Arundinites Wohlfahrti* v. Otto, Additamente zur Flora des Quadergebirges. II. p. 27. Taf. 4. fig. 2; Taf. 7. fig. 1—5.

Die von E. v. O t t o bei den Gramineen untergebrachten Stammtheile aus dem unteren Quadersandsteine von Paulshain bei Dippoldiswalda lassen ernste Zweifel über ihre richtige Stellung aufkommen, da von einer regelmässigen Gliederung des Stengels dort nichts zu entdecken ist. An seine Abbildungen Taf. 7 fig. 1 und 4 namentlich schliesst sich das hier abgebildete Fossil an, welches Herr Med. pract. W o h l f a h r t in Dippoldiswalda gleichfalls bei Paulshain entdeckt hat.

Dasselbe lässt sich vielleicht auf den Blüthenkolben einer Cycadee zurückführen und zeigt mit dem der lebenden *Cycas revoluta* manche Aehnlichkeit. Dies gilt unbedenklich für seinen oberen Theil, an welchem nach zwei gegenüberliegenden Seiten hin enganliegende, nach oben sich erweiternde Abzweigungen divergiren, deren untere deutlich, die obersten nur undeutlich von der zusammengedrückten Axe geschieden sind. Für die Länge derselben haben wir keinen sicheren Anhaltepunkt, da ihr oberes Ende verbrochen ist.

An dem unteren Theile dieser Versteinerung wird es dagegen wahrscheinlicher, dass wir mit einem Pflanzenreste zu thun haben, dessen Verzweigungen des Stengels alterniren, wie dies die Seitenansicht des Stückes Taf. 46. Fig. 3 b. angibt, doch ist es nicht unmöglich, dass diese Stellung nur eine scheinbar alternirende, d. h. durch einen zufälligen Druck herbeigeführte ist, zumal die unteren Seitenfortsätze in derselben Richtung zusammengedrückt sind wie die oberen.

Weitere Structur ist an dem in einen mittelkörnigen glimmerreichen Sandstein umgewandelten Fossil nicht zu bemerken.

3. Fam. *Coniferae,* Zapfenbäume, Nadelhölzer.

Cunninghamites Presl, 1838.

C. M a n t e l l i Gein., 1850.

1822 ? *Pinus*-Nadeln Mantell. Geol. of Sussex. p. 157. Tab. 9. fig. 2. 12.
1850. Gein., Quad. Deutschl. p. 274.

---

[1]) 1869. *Phymatoderma liasicum* Schimper, Traité de Paléontologie végétale. I. p. 161. Tab. 2. fig. 7.

Blätter linealisch, lang und schmal, bei 3 Cm. Länge gegen 2 Mm. breit, an der Basis kaum verengt, von mehreren parallelen Nerven durchzogen.

Vorkommen: Gruppenweise im Plänerkalke von Strehlen zusammenliegend, sowie bei Oppeln in Oberschlesien und in der oberen Kreide von Lewes in Brighton.

Sequoia Endlicher, 1847.

S. Reichenbachi Gein. sp. — I. p. 306. Taf. 67. Fig. 6.

Ausser den beblätterten Zweigen kommen im Plänerkalke oder anderen turonen Schichten des Elbthales nicht selten stengel- oder wurzelartige Reste vor, die man vielleicht auf Wurzeln dieser sehr verbreiteten Conifere zurückführen kann. Bei 0,5—2 Cm. Breite zeigen diese immer flachgedrückten Körper bald unregelmässige, gebogene Längslinien, bald sind sie mit Querlinien oder Furchen bedeckt.

Nachdem sie schon in Gein. Char. Taf. 24 fig. 7. 8 abgebildet worden sind, können wir von neuen Abbildungen dieser nur unsicher bestimmbaren Reste hier absehen; dasselbe gilt für jene mannichfach geformten Treibholzstücken, die auch in dem Mittel- und Oberquader zu sogenannten oblongen Höhlungen Veranlassung gaben, welche erfüllt sind mit bröckeliger bituminöser Pechkohle, an ihren Wandungen nicht selten eine netzförmige Aderung zeigen und theilweise noch kugelige oder keulenförmige Bohrlochausfüllungen von Bohrmuscheln enthalten. — Die von Ernst v. Otto beschriebenen Pflanzen vgl. I. S. 309.

Nachträge.

Classe Spongiae. Schwämme. — II. S. 4.

Cliona Grant u. Hancock. (*Vioia* Nardo, *Entobia* Bronn.)

1. Cl. Conybearei Bronn sp. — II. Taf. 36. Fig. 6. 7.

1808. Parkinson, Organic Remains, II. p. 75. 76. Pl. 8. fig. 8. 10.
1822. *Parasitic bodies* Mantell, Geol. of Sussex, p. 218. Tab. 27. fig. 7.
1838. *Entobia* Bronn, Leth. geogn. II. p. 691, Taf. 34. fig. 12.
1848. *Entobia Conybearei* Bronn, Index palaeontologicus, p. 462.
1851. *Clionites Con.* Morris, Ann. a. Mag. of Nat. Hist. Vol. 8. Pl. 4. fig. 8—10.
1851—52. *Cliona Conybearei* Bronn, Leth. geogn. 3. Aufl. V. p. 79. Taf. XXVIII¹. fig. 15.

Man hat diese parasitischen Körper, welche nach Hancock's Untersuchungen zu den Schwämmen gehören, in der englischen Kreide wiederholt in den Schalen von *Inoceramus* oder *Belemnitella mucronata* aufgefunden, die hier abgebildeten Exemplare sind in der Schale eines *Nautilus sublaevigatus* d'Orb. eingebettet. Man unterscheidet daran eine grosse Anzahl vieleckiger, an Kanten und Ecken abgerundeter Kammern, von 3—5 Mm. Grösse, deren niedrige Seitenwände hier und da durch feine röhrenförmige Verbindungscanäle mit benachbarten Kammern in Verbindung treten, während mehrere lange fadenförmige und gabelnde Ausläufer, an der rechten Seite der Abbildung, die hier und da noch zu länglichen Zellen anschwellen, dem äusseren Rande des ganzen Schwammes entsprechen und mit den Arten der nahe verwandten Gattung *Talpina* v. Hagenow, namentlich *T. ramosa* und *T. solitaria*[1]) analog werden.

---

[1]) v. Hagenow im Jahrb. f. Min. 1840. p. 671; Morris a. a. O. Vol. 8. Pl. 4.

Die Oberfläche der verschiedenen Zellen ist unregelmässig fein granulirt, was in der vergrösserten Darstellung Taf. 36. Fig. 7 nicht genügend hervorgehoben worden ist, und mit mehreren grösseren rundlichen Höckern oder Mündungen bedeckt, welche letzteren wohl nur durch Abreibung von hohlen Tuberkeln entstanden sind, die sich an der Seite der Zellen zu jenen röhrenförmigen Verbindungscanälen gestalten. Man wird durch die letzteren einigermaassen an *Pleurodictyum problematicum* Goldf. erinnert, von welchem King, 1856. Ann. a. Mag. of Nat. Hist. S. 2. Vol. 17. Pl. X. gute Abbildungen veröffentlicht hat, worin man die Ausfüllungsmasse der Seitencanäle benachbarter Zellen dieses Polypen sehr deutlich erkennt.

Vorkommen: Selten im mittleren oder oberen Quadersandsteine der Schlemmschuhbrüche bei Königstein auf Steinkernen der *Lima canalifera* Goldf., im oberturonen Plänerkalke von Strehlen, in der Schale von Inoceramen und Belemniten, sowie in der oberen Kreide von Norwich, Northfleet in Kent etc.

Spongia L.

Sp. talpinoides Gein. — II. Taf. 46. Fig. 4.

Es kommen in dem Plänerkalke von Strehlen nicht selten *Chondrites*-artige Reste vor, die wie *Talpina* v. Hagenow's sich in der Schale von Ammoniten, Baculiten, Inoceramen etc. in einer Weise festgesetzt haben, dass sie sich in dieselbe auf irgend welche Weise nur eingedrängt haben können. Das hier abgebildete Exemplar ist an die Schale eines *Inoceramus Brongniarti* gebunden. Es bildet flach gewölbte, unter spitzen Winkeln gabelnde, linealische Verzweigungen, welche etwas gebogen sind und mit einer stumpfen Spitze enden. Ihre rauhe Oberfläche erinnert ganz an die Textur gewisser Seeschwämme, namentlich auch der *Spongia Saxonica* Gein. (vgl. I. p. 21) aus der Ordnung der *Halisarcinae* oder Hornschwämme, und es ist nicht unwahrscheinlich, dass auch diese parasitischen Körper, wie *Cliona*, zu den Meeresschwämmen gehören. Sie lassen niemals Spuren organischer Substanz, wie graue von Kohlenstoff herrührende Färbung, wahrnehmen, was bei Fucoiden-Resten des Pläners allermeist der Fall ist, und unterscheiden sich von den letzteren namentlich durch die rauhe Beschaffenheit ihrer ganzen Oberfläche.

Classe Pisces. Fische.

Nach Cyclolepis Agassizi am Ende der Seite 229 ist einzuschalten:

Aspidolepis Steinla in litt.

A. Steinlai Gein. — II. Taf. 44. Fig. 5—7.

1868. Gein., Fischschuppen von Strehlen, p. 40. Taf. 2. fig. 3—6.

Die dünne, ganzrandige Schuppe gleicht einem Wappenschilde, indem der vordere, fast geradlinige Rand an den oberen und unteren Rand ziemlich rechtwinkelig angrenzt, während der hintere, freie Rand der Schuppe gerundet oder stumpfwinkelig ist. Der Anheftepunkt liegt in der Mitte. Die höchst feinen Anwachslinien, welche die ganze äussere Oberfläche bedecken, richten sich, sowohl von hinten als auch von vorn aus, mehr dem oberen und unteren Rande zu. Auf der inneren Fläche der Schuppen nimmt man nur regelmässige concentrische Anwachsringe wahr, welche nach der Mitte hin undeutlich werden.

Diese Schuppen werden meistens nur 4—5 Mm. gross, sowohl ihrer Länge als Höhe nach, zuweilen wohl auch etwas höher als lang, oder länger als hoch. Sie kommen vereinzelt im Plänerkalk von Strehlen vor.

Zur Geologie des Elbthales.

Nachdem in den vorstehenden Blättern sämmtliche bis jetzt aufgefundene und bestimmbare organische Ueberreste unserer Quader- und Plänerablagerungen untersucht worden sind, kehren wir noch einmal zu der Altersfrage des oberen Quadersandsteines in dem sächsischen Elbthale zurück.

Die darin nachgewiesene Fauna ist leider trotz seiner bedeutenden Mächtigkeit zwischen Pirna und Schandau verhältnissmässig sehr arm und beschränkt sich in diesem Landstriche auf kaum 30 Arten. Unter diesen werden sieben: *Spongia Saxonica* Gein., *Catopygus Albensis* Gein., *Exogyra Columba* Lam., *Pecten membranaceus* Nilss., *Pecten curvatus* Gein., *Gastrochaena Amphisbaena* Goldf. sp. und *Natica lamellosa* Sow., schon in dem unteren cenomanen Quadersandsteine gefunden und gehen durch die verschiedenen jüngeren Etagen bis in den oberen Quadersandstein und zum Theil selbst in die Baculitenmergel von Zatzschke hinauf; eine Art, die schon in dem cenomanen Pläner von Plauen nachgewiesen wurde und in dem Plänerkalke von Strehlen häufiger wird, *Cyprina quadrata* d'Orb. zeigt ihre grösste Entfaltung in dem oberen Quadersandsteine der alten Posta bei Weblen; sechs Arten des oberen Quadersandsteines nehmen ihren Ausgang von dem unterturonen Mittelquader aus: *Rhynchonella plicatilis* (= *octoplicata*) Sow. sp., *Lima canalifera* Goldf., *Inoceramus Cripsi* Mant., *Pinna cretacea* Schl. (= *P. quadrangularis* Goldf.), *Panopaea regularis* d'Orb. und *Ammonites peramplus* Sow.; vier andere wurden zuerst in dem Plänerkalke gefunden: *Cidaris subvesiculosa* d'Orb., *Holaster planus* Mant. sp., *Inoceramus Brongniarti* Sow. und *Arca subglabra* d'Orb., die übrigen zeigen sich im oberen Quadersandsteine zum ersten Male. Unter ihnen sind hervorzuheben: *Cyclobacia Fromenteli* Bölsche, *Cardiaster Ananchytis* Leske sp., *Hemiaster sublacunosus* Gein., *Stellaster Schulzei* Cotta und Reich, *Stellaster Albensis* Gein., *Vola quadricostata* (= *Pecten quadricostatus*) Sow., *Inoceramus Lamarcki* Park., eine zu *Trigonia aliformis* Park. oder *Tr. limbata* d'Orb. gehörende Form und *Pholadomya nodulifera* Mün.

Mehrere der zuletzt genannten Arten gehören bekanntlich zu den charakteristischen Formen der untersenonen Schichten am Salzberge bei Quedlinburg u. a. O., die man als Zone der *Belemnitella quadrata* zu bezeichnen pflegt, andere in dieser Zone vorherrschende Arten, wie *Panopaea Gurgitis* Brongn., *Pholadomya aequivalvis* Goldf. (= *Ph. caudata* A. Röm.), *Pholadomya designata* Goldf. sp. und *Anatina lanceolata* Gein. haben sich wenigstens im oberen Quader der Oberlausitz oder der angrenzenden böhmischen Fundorte, wie Kreibitz und Tanneberg an der böhmischen Nordbahn nachweisen lassen.

Die neuen wichtigen Aufschlüsse in unserem Quadergebirge, welche seit einem Jahre in den Eisenbahneinschnitten bei Zatzschke zwischen Copitz und Lohmen unweit Pirna gemacht worden sind (II. p. 197), üben auch für die Beurtheilung der Stellung des oberen Quadersandsteines einen besonderen Einfluss aus. Es hat sich bei den Arbeiten in diesen Einschnitten mit Bestimmtheit herausgestellt, dass die dort aufgeschlossenen thonigen Mergel, welche die Fauna der senonen Baculitenmergel von Priesen und Luschitz, sowie am Marterberge bei Passau enthalten, dem oberen Quadersandsteine von Pirna aufgelagert und in dessen Buchten eingelagert sind, nicht aber als trennende Schicht in dem Quadersandsteine des Liebethaler Grundes, welcher die Fortsetzung von jenem bei Copitz ist, fortsetzen. Doch findet man diesen Mergel als thonreiches Gestein auf der Höhe des oberen Quadersandsteines unmittelbar über der Ziegelei bei Wehlen noch von einigen schwächeren Bänken des oberen Quadersandsteines überlagert und hier wurden durch Herrn G. Kirsten auch sieben Arten Foraminiferen gesammelt, welche von Reuss (II. p. 73 u. f.) beschrieben worden sind. Es lassen sich die Baculitenmergel bei Zatzschke, in welchen *Inoceramus latus* Mant. die gemeinste Versteinerung ist und worin *Scaphites auritus* Schlönb., *Hemiaster Regulusanus* d'Orb. und viele andere senone Formen gefunden werden (vgl. II. p. 197 u. 198), nicht mehr als Fortsetzung jener thonigen Mergel ansprechen, welche im Elbthale selbst namentlich bei Ober-Vogelgesang im Niveau der Eisenbahn durchschnitten worden sind. Der früher vermuthete Zusammenhang dieser Schichten mit jenen bei Zatzschke, wo sie zum Theil bis in den Wesenitzgrund herabsteigen, würde sich nur durch eine grosse Verwerfung der Schichten erklären, die längs des Elbthales vorhanden sein müsste, für welche Annahme kein rationeller Grund vorliegt; es schliessen sich vielmehr die bei Pirna, Ober-Vogelgesang und im Gottleubethale auftretenden Plänermergel unmittelbar an den oberturonen Pläner (mit Cottaer Grünsand und Strehlener Plänerkalk) an, welcher den unterturonen Mittel-Quader und Mittel-Pläner mit *Inoceramus labiatus* von den oberen Quadersandsteine mit *Inoceramus Brongniarti* trennt. Sie gehören jener Kette von Plänerbildungen an, die fast ununterbrochen von Gauernitz unweit Meissen bis in die Gegend von Pirna, wo sie zuerst den oberen Quadersandstein unterlagert, an dem linken Elbufer fortsetzt und im Gebiete der sächsischen Schweiz, wie im Brunnen der Festung Königstein, bei Königsbrunn im Hüttengrunde und zuletzt noch am Fusse des hohen Schneeberges in Böhmen unter dem oberen Quadersandsteine zum Vorschein kommt (vgl. II. p. III.—VII.).

Der aus Gümbel's schätzbaren Mittheilungen und I. p. 15—17 als Copitzer oder Cottaer Grünsand bekannt gewordene glaukonitische Sandstein an der Basis des Plänerkalkes oder dessen Vertreters im Gottleubethale bei Kritschwitz u. a. O. kann nach seinem ausgezeichneten Vorkommen an der Ziegelei bei Gross-Cotta und in den Umgebungen dieses Dorfes füglich nur »Cottaer Grünsand« genannt werden, nicht aber »Copitzer Grünsand«, da die unbedeutenden glaukonitführenden Schichten bei Copitz dem vorher beschriebenen Baculitenmergel angehören und auf dem oberen Quadersandsteine liegen, oder wie jene thonigen Schichten bei Wehlen zwischen den obersten Schichten desselben eingelagert sind.

Der Plänerkalk von Strehlen und sein Aequivalent in England, der Grey Chalk marl, bildet als Zone des *Spondylus spinosus* und des *Micraster cor testudinarium* einen ganz ausgezeichneten Horizont in der Reihe cretacischer Ablagerungen, womit die oberturone Etage am besten ihren Abschluss erhält.

Unmittelbar darüber lagert an vielen Orten, wie an dem Salzberge bei Quedlinburg, das untere Senon mit seiner eigenthümlichen Fauna, von welcher, wie vorher gezeigt wurde, wenigstens ein Theil auch im oberen Quadersandsteine des Elbthales nachgewiesen worden ist. Man darf ihn daher mit Fug und Recht als untersenon bezeichnen, und zwar parallel der Zone der *Belemnitella quadrata*, wenn auch dieses Fossil selbst bis jetzt noch nicht in ihm entdeckt worden ist.

Wir haben in neuester Zeit noch keine Gelegenheit gefunden, den Quadergebilden der Oberlausitz die Aufmerksamkeit zu schenken, die sie verdienen. Dieser Mangel ist jedoch im Wesentlichen ausgeglichen durch eine sorgfältige Arbeit des Herrn E. Danzig über »Das Quadergebirge südlich von Zittau«, die in den Sitzungsberichten der Gesellschaft »Isis in Dresden« 1874, p. 8—21, mit Profilen, erschienen ist.

Index generum et specierum.